KB179988

Effective Modern C++

C++11과 C++14를 효과적으로 사용하는 42가지 방법

Effective Modern C++

by Scott Meyers

Effective Modern C++

초판 1쇄 발행 2015년 9월 18일 **5쇄 발행** 2023년 12월 6일 **지은이** 스콧 마이어스 **옮긴이** 류광 **펴낸이** 한기성 **펴낸곳** (주)도서출판 인사이트 **영업마케팅** 김진불 **제작·관리** 이유현, 박미경 **용지** 월드페이퍼 **인쇄·제본** 천광인쇄사 **등록번호** 제2002−000049호 **등록일자** 2002년 2월 19일 **주소** 서울시 마포구 연남로5길 19−5 **전화** 02−322−5143 **팩스** 02−3143−5579 **이메일** insight@insightbook.co.kr **ISBN** 978−89−6626−164−2 책값은 뒤표지에 있습니다. 잘못 만들어진 책은 바꾸어 드립니다. 이 책의 정오표는 https://blog.insightbook.co.kr에서 확인하실 수 있습니다.

프로그래밍 **인사이트**

Effective
Modern C++

C++11과 C++14를 효과적으로 사용하는 42가지 방법

스콧 마이어스 지음
류광 옮김

인사이트

보기 드문 검은색 래브라도 리트리버인
달라Darla에게

차례

옮긴이의 글

21세기 들면서 프로그래밍 언어 선택의 폭이 많이 늘었고, 상대적으로 C++은 내림세로 접어든 것이 아닌가 하는 시각도 있었습니다. 2003년의 소폭 개정 이후 C++ 표준 위원회는 C++을 '현대화'하기 위해 이전보다 훨씬 적극적이고 광범위하게 언어를 개정하는 노력을 진행했습니다. 저는 대략 2005년경부터 WG21의 보고서들(*http://www.open-std.org/jtc1/sc22/wg21/*)과 뉴스그룹 comp.std.c++의 논의들을 주시했고, 그 과정에서 다른 프로그래밍 언어들("우아한 해답이 없다면 문제를 잘못 선택한 것이다" 같은 문구가 지혜로 간주되는 부류의)이 감히(?) 해결하려 들지 않는 어려운 문제들을 C++의 진짜 실력자들이 해결해 나가는 감동적인 장면들을 목격할 수 있었습니다. 또한, export의 폐기에 휩쓸려 템플릿의 분리 컴파일 모형이 사실상 매장되는 가슴 아픈 사건도 있었고, 거의 성사된 것 같았던 Concepts의 승인이 극적으로 무산된 일도 있었습니다.

'감사의 글'에도 언급되어 있지만, 저자 스콧 마이어스는 2009년에 comp.std.c++에 (재)등장했습니다. 2009년 5월에 마이어스가 올린 균일 초기화(uniform initialization)에 관한 질문을 보고 직감적으로 "아, Effective C++ 시리즈의 새 책이 곧 나오겠구나"라고 생각한 기억이 납니다. 그러나 '곧'은 틀린 예상이었습니다. C++0x가 2009년을 넘겨서 C++11이 되었고, 스콧의 새 책은 C++11뿐만 아니라 C++14까지 다루는 책이 되어서 2014년 11월에 와서야 나왔습니다. 마이어스가 글을 올린 2009년 5월에만 해도 제가 이 책을 번역하게 되리라는 생각은 하지 못했는데, 지금 이 역자의 글을 쓰고 있노라니 감회가 깊습니다.

이 책을 포함한 Effective C++ 시리즈를 아주 잘 나타내는 말로 '최고의 두 번째 책(the best second book)'이 있습니다. 이는 C++ 전반에 대한 기초를 닦을 수 있는 좀 더 두꺼운 교과서('첫 번째 책')를 읽은 후에 볼 만한 책 중에는 이 시리즈가 최고라는 뜻입니다. 첫 번째 책을 건너뛰고 이 시리즈부터 보기 시작하면 C++이 다소 비틀리고 괴팍한 언어라는 잘못된 인상을 받기 쉽습니다. 이 책의 경우에는 특히 C++11과 C++14에 전반적으로 익숙해질 필요가 있는데, 안타까운 것은 C++에 대한 '최고의 첫 번째 책'이라 할 수 있는 *The C++ Programming*

Language 제4판(C++11에 맞게 상당 부분 개정된)의 번역서가 이 글을 쓰는 현재 아직 나오지 않았다는 점입니다. 아무쪼록, 웹에 있는 자료들이라도 최대한 모아서 미리 기초를 닦으시길 당부합니다. 웹 검색 시 'C++11'뿐만 아니라 'C++0x'도 검색할 필요가 있을 것입니다.

참고로 번역에 사용한 텍스트는 O'Reily가 출간한 *Effective Modern C++* 제1판의 epub 버전 릴리스 4(2015-04-03일 자)이고, 원서 정오표(*http://www.aristeia.com/BookErrata/emc++-errata.html*)의 2015년 7월 7일 자 항목들까지 반영했음을 알려 드립니다. 번역에 관련해서 한 가지 언급하자면, 흔히 쓰이는 또는 제가 이전부터 써 온 용어들 외에 이 책에서 새롭게 시도한 용어들이 있는데, 필요한 경우에는 역주('(옮긴이)'로 시작하는 각주)로 부연 설명을 제공했으니 역주도 눈여겨 살펴보시기 바랍니다. 관련해서, 비록 이 책을 순서대로 읽을 필요는 없지만, 주요 용어와 관례를 설명하는 '소개' 장만큼은 반드시 제일 먼저 읽으시길 권합니다. 그리고 용어 설명을 포함해서 이 책의 학습에 도움이 될 만한 추가적인 정보와 오류 보고 및 의견 교환 공간이 제 웹사이트 occam's Razor(*http://occamsrazr.net*)에 있으니 많이 활용해 주세요. '번역서 정보' 페이지에 이 번역서에 관련된 페이지로 가는 링크가 있습니다.

마지막으로, 고마운 분들께 감사 인사를 전하는 것으로 역자의 글을 마무리할까 합니다. 우선 도서출판 인사이트의 모든 분께, 특히 제게 번역할 기회를 주신 한기성 사장님과 번역 및 교정 과정을 매끄럽게 이끌어 주신 홍원규 님께 감사합니다. 인사이트에 저를 추천해 주신, 그리고 더욱 중요하게는 이전에 Effecitve 시리즈의 여러 책을 훌륭히 번역해서 이 시리즈의 번역서 출판을 당연한 일로 만든 곽용재 님과 번역 원고를 검토하고 좋은 의견을 제시해 주신 하재승 님께도 감사의 말을 전합니다. 끝으로, 번역 원고의 모든 글자를 일일이 검토하고 중요한 오류와 오타를 무수히 잡아낸 아내 오현숙에게 감사와 사랑의 마음을 보냅니다.

옮긴이 류광

감사의 글

내가 당시 C++0x라고 부르던 C++11 초기 버전을 조사하기 시작한 것은 2009년이다. 나는 Usenet 뉴스그룹 comp.std.c++에 수많은 질문을 올렸다. 아주 도움이 되는 글들을 올려준 그 공동체의 구성원들(특히 대니얼 크루글러Daniel Krugler)에게 감사한다. 몇 년 전부터는 C++11과 C++14에 관한 질문이 생기면 Stack Overflow에 도움을 청했다. 현대적 C++의 세밀한 부분을 이해하는 데 도움을 준 Stack Overflow의 공동체에도 마찬가지로 감사한다.

2010년에 나는 C++0x 교육 과정을 위한 자료를 만들었다(그 자료는 나중에 *Overview of the New C++*, Artima Publishing, 2010으로 출판되었다). 스테픈 T. 라와웨이드Stephan T. Lavavej, 버나드 머클Bernhard Merkle, 스탠리 프리슨Stanley Friesen, 레오 졸먼Leor Zolman, 헨드릭 쇼비Hendrik Schober, 앤서니 윌리엄스Anthony Williams가 수행한 상세한 기술적 조사는 그 자료와 내 지식 모두에 큰 도움이 되었다. 그들의 도움이 없었다면 *Effective Modern C++*을 저술하는 임무를 맡지 못했을 것이다. 참고로 *Effective Modern C++*이라는 제목은 2014년 2월 18일 내 블로그에 올린 글 "Help me name my book"에 답한 여러 독자가 제안 또는 지지한 것이다. 그리고 친절하게도, 안드레이 알렉산드레스쿠Andrei Alexandrescu(*Modern C++ Design*, Addison-Wesley, 2001의 저자)는 그 제목이 그의 용어상의 영역을 침범하지 않는다는 축복을 내려주었다.

이 책에 있는 모든 정보의 기원을 식별하는 것은 불가능하지만, 비교적 직접적인 영향을 준 몇몇 자료들은 명확히 기억할 수 있다.

항목 4에서 컴파일러가 형식 정보를 뱉어내게 하기 위해 정의되지 않은 템플릿을 사용하는 기법은 스테픈 T. 라와웨이드Stephan T. Lavavej가 제안했다. 매트 P. 지우빈스키Matt P. Dziubinski는 Boost.TypeIndex를 알려주었다.

항목 5에서 unsigned std::vector<int>::size_type 예제는 안드레이 카르포프Andrey Karpov의 2010년 2월 28일 자 글 "In what way can C++0x standard help you eliminate 64-bit errors"에서 가져온 것이다.[†] 같은 항목에 나오는 std::pair<std::string, int>/std::pair<const std::string, int> 예제의 출처는 *Going Native 2012*에서 스테픈 T. 라와웨이드가 한 강연 "STL11: Magic && Secrets"이다. 항목 6은 허브 서터[Herb Sutter]의 2013년 8월 12일 자 글 "GotW #94 Solution: AAA Style (Almost Always Auto)"에서 영감을 얻었다.

항목 9에 영감을 준 것은 마르티뉴 페르난데스[Martinho Fernandes]의 2012년 5월 27일 자 블로그글 "Handling dependent names"이다.

항목 12의 멤버 함수 참조 한정사 중복적재 예제는 2014년 1월 14일 Stack Overflow에 올라온 질문 "What's a use case for overloading member functions on reference qualifiers?"에 대한 Casey의 답에 기초한 것이다.

항목 15에 나온 C++14의 constexpr 함수에 대한 확장된 지원에 관한 내용은 레인 할베르스마[Rein Halbersma]가 제공한 정보에 기초했다.

항목 16은 허브 서터의 *C++ and Beyond 2012* 강연 "You don't know const and mutable"에 기초했다. 팩터리 함수가 std::unique_ptr를 돌려주게 하라는 항목 18의 조언은 허브 서터의 2013년 5월 30일 자 글 "GotW# 90 Solution: Factories"에 기초한 것이다.

항목 19의 fastLoadWidget은 허버 서터의 *Going Native 2013* 강연 "My Favorite C++ 10-Liner"에서 비롯된 것이다.

항목 22에 나온 std::unique_ptr와 불완전 형식에 관한 내용은 허브 서터의 2011년 11월 27일 자 글 "GotW #100: Compilation Firewalls"와 Stack Overflow의 2011년 5월 22일자 질문 "Is std::unique_ptr⟨T⟩ required to know the full definition of T?"에 대한 하워드 히넌트[Howard Hinnant]의 답을 참고했다.

항목 25의 Matrix 덧셈 예제는 데이비드 에이브럼스[David Abrahams]의 글들에 기초한 것이다. 2012년 11월 30일자 블로그 글 "Another alternative to lambda move capture"에 대한 2012년 12월 8일 자 JoeArgonne의 댓글은 항목 32의 C++11에서 std::bind를 이용해서 초기화 갈무리를 흉내 내는 접근방식의 기초가 되었다.

std::thread 소멸자의 암묵적 탈착에 관한 문제에 대한 항목 37의 설명은 한스-J. 봄[Hans-J. Boehm]의 2008년 12월 4일자 문서 "N2802: A plea to reconsider

---

[†] (옮긴이) 이 문단을 비롯해서, 이 책에 언급된 웹 페이지들의 링크 모음이 역자 웹사이트의 이 책 관련 페이지(역자의 글 참고)에 있으니 참고하기 바란다.

detach-on-destruction for thread objects"에서 가져온 것이다.

항목 41은 원래 데이비드 에이브럼스의 2009년 8월 15일 자 블로그 글 "Want speed? Pass by value"에 관한 논의에서 비롯되었다. 이동 전용 형식을 특별하게 취급해야 한다는 생각은 매튜 피오라반테[Matthew Fioravante]에 기인하며, 배정 기반 복사의 분석은 하워드 히넌트의 댓글들에서 비롯된 것이다.

항목 42에서 스테픈 T. 라와웨이드와 하워드 히넌트는 내가 생성 삽입 (emplacement) 함수와 삽입 함수의 상대적 성능 프로파일을 이해하는 데 도움을 주었으며, 마이클 윈터버그[Michael Winterberg]는 생성 삽입이 자원 누수로 이어질 수 있음을 지적해 주었다. (마이클은 그 부분을 션 페어런트[Sean Parent]의 *Going Native 2013* 강연 "C++ Seasoning"에서 알게 되었다고 밝혔다.) 마이클은 또한 생성 삽입 함수는 직접 초기화를 사용하지만 삽입 함수는 복사 초기화를 사용한다는 점도 지적했다.

기술서 초안을 검토하는 것은 힘들고 시간이 많이 들며 대단히 중요한 과제이다. 다행히 내게는 그런 어려운 일을 해주겠다는 사람이 많이 있었다. *Effective Modern C++*의 초안 전체 또는 일부를 공식적으로 검토한 이는 카시오 네리[Cassio Neri], 네이트 콜[Nate Kohl], 게르하르트 크로이처[Gerhard Kreuzer], 레오 졸먼, 바르트 판데부스티너[Bart Vandewoestyne], 스테픈 T. 라와웨이드, 네빈 ":-)" 리버, 레이첼 쳉, 롭 스튜어트, 밥 스티걸[Bob Steagall], 데미언 왓킨스[Damien Watkins], 브래들리 E. 니덤[Bradley E. Needham], 레이너 그림[Rainer Grimm], 프레드릭 윙클러[Fredrik Winkler], 조너선 웨이클리[Jonathan Wakely], 허브 서터, 안드레이 알렉산드레스쿠, 에릭 니블러[Eric Niebler], 토머스 베커[Thomas Becker], 로저 오어[Roger Orr], 앤서니 윌리엄스, 마이클 윈터버그, 벤자민 허클리[Benjamin Huchley], 톰 커비그린[Tom Kirby-Green], 알렉세이 A 니키틴[Alexey A Nikitin], 윌리엄 딜트리[William Dealtry], 허버트 매튜스[Hubert Matthews], 토마시 카민스키[Tomasz Kamiński]이다. 또한 O'Reilly의 Early Release EBooks와 Safari Books Online의 Rough Cuts, 그리고 내 블로그(*The View from Aristeia*)의 댓글들을 통해서 여러 독자가 의견을 제공했다. 그들의 도움이 없었다면 이보다 **훨씬** 못한 책이 되었을 것이다. 특히, 나만큼이나 이 책에 시간을 많이 들인 게 아닌가 걱정이 될 정도로 엄청나게 상세하고 광범위한 의견을 제공한 스테픈 T. 라와웨이드와 롭 스튜어트에게 큰 빚을 졌다. 또한, 원고를 검토했을 뿐만 아니라 모든 코드 예제를 이중으로 점검한 레오 졸먼에게도 특별한 감사의 마음을 전한다.

이 책의 디지털 버전들은 게르하르트 크로이처, 에미르 윌리엄스[Emyr Williams],

브레들리 E. 니덤이 전담해서 검토했다.

예제 코드에서 한 줄의 길이를 64자(인쇄본은 물론 다양한 디지털 기기들과 기기 방향, 글꼴 구성 전반에서 제대로 나타날 가능성이 가장 큰 최대 길이)로 제한하기로 한 것은 마이클 모어^{Michael Maher}가 제공한 자료에 근거한 것이다.

초판이 나온 후로 Kostas Vlahavas, Daniel Alonso Alemany, Takatoshi Kondo, Bartek Szurgot, Tyler Brock, Jay Zipnick, Barry Revzin, Robert McCabe, Oliver Bruns, Fabrice Ferino, Dainis Jonitis, Petr Valasek, Bart Vandewoestyne, Kjell Hedstrom, Marcel Wid, Mark A. McLaughlin, Miroslaw Michalski, Vlad Gheorghiu, Mitsuru Kariya, 서민구^{Minkoo Seo}, Tomasz Kamiński, Agustin K-ballo Berge, Grebënkin Sergey, Adam Peterson, Matthias J. Sax, Semen Trygubenko, Lewis Stiller, Leor Zolman의 보고 또는 제안에 따라 버그들을 바로잡고 개선했다. *Effective Modern C++*의 정확성과 명확성을 개선하는 데 도움을 준 이 모든 이에게 거듭 감사한다.

애슐리 모건 윌리엄스^{Ashley Morgan Williams} 덕분에 Pizzicato(Lake Oswego점)에서의 저녁 식사가 유례없이 즐거웠다. 그녀에게 특대형 시저스(man-sized Caesars) 정도는 식은 죽 먹기이다.

20년 이상 저술로 생계를 이어나가는 동안 나와 함께 한 아내 낸시 L. 어바노^{Nancy L. Urbano}는 이번에도 수개월간의 성의 없는 대화를 포기와 격분, 그리고 때맞춘 이해와 지원 세례의 칵테일로 건더냈다. 그 수개월간 우리 집 개 달라^{Darla}는 내가 컴퓨터 화면을 들여다보는 동안 혼자 졸면서 시간을 때우는 데 큰 불만이 없었지만, 아내는 키보드 너머에도 삶이 있다는 점을 항상 상기시켜 주었다.

소개

독자가 경험 많은 C++ 프로그래머라면, 그리고 나(저자)와 비슷한 면이 있다면, C++11을 처음 접하고는 그냥 "뭐 좀 바뀌긴 했지만 그래도 C++이겠지"라고 생각했을 것이다. 그러나 더 배울수록 변화의 폭에 놀랐을 것이다. auto 선언, 범위 기반 for 루프, 람다 표현식, 오른값 참조는 C++의 겉모습을 바꾸었다. 새로운 동시성 기능들 역시 마찬가지이다. 게다가 관용구적인 변화도 있다. 0과 typedef가 물러나고 nullptr와 별칭 선언이 등장했다. 이제는 열거형에 범위가 적용되며, 내장 포인터보다 똑똑한 포인터가 선호된다. 대체로 객체를 이동하는 것이 복사하는 것보다 낫다.

C++14는 말할 것도 없고, C++11만으로도 배울 것이 많다.

좀 더 중요하게는, 새 기능들을 **효과적으로** 사용하려면 배울 것이 많다. '현대적인' C++에 관한 기본적인 정보를 원한다면 자료는 널려 있다. 그러나 정확하고 효율적이며 유지보수하기 좋은, 그리고 이식성 있는 소프트웨어를 만들기 위해 그런 기능들을 어떻게 사용해야 하는지에 관한 지침들은 그리 쉽게 찾을 수 없다. 이 책이 제공하려는 것이 바로 그런 지침들이다. 이 책은 C++11과 C++14의 기능들 자체가 아니라 그 기능들의 효과적인 적용 방법을 서술하는 데 전념한다.

이 책에 담긴 정보는 **항목(Item)**이라고 부르는 여러 지침으로 나누어져 있다. 다양한 형태의 형식 유추에 정통하고 싶은가? auto 선언을 사용해야 할 때와 사용하지 말아야 할 때를 알고 싶은가? const 멤버 함수가 스레드에 안전한 이유나 std::unique_ptr를 이용해서 Pimpl 관용구를 구현하는 방법, 람다 표현식의 기본 갈무리 모드를 피해야 하는 이유, std::atomic과 volatile의 차이를 알고 싶은가? 모든 답이 이 책에 있다. 게다가 그 답들은 모두 플랫폼 독립적이고 표준을 준수한다. 이 책은 **이식성 있는**(portable) C++을 다루기 때문이다.

이 책의 항목들에는 예외가 포함되어 있다. 그런 면에서 이 책의 항목들은 규칙(rule)이 아니라 지침(guideline)이다. 각 항목에서 가장 중요한 부분은 해당 항목이 제공하는 조언이 아니라 그 조언에 깔린 논리적 근거(rationale)이다. 일단 해당 근거를 파악하고 나면, 독자의 프로젝트의 상황으로 볼 때 항목의 지침을 위반하는 것이 합당한지를 판단할 수 있다. 이 책의 진정한 목표는 해야할 일과 하지 말아야 할 일을 독자에게 일일이 일러주는 것이 아니라, C++11과 C++14에서 무엇이 어떻게 돌아가는지를 독자가 좀 더 깊게 이해하게 하는 것이다.

용어와 관례

원활한 의사소통을 위해서는 먼저 몇 가지 용어와 어법에 관해 합의하고 넘어가는 것이 중요하다. 공교롭게도 가장 먼저 짚고 넘어갈 용어는 "C++" 자체이다.[†] C++의 공식 버전은 총 네 가지로, 바로 *C++98*, *C++03*, *C++11*, *C++14*이다. 이름 끝의 숫자들은 해당 ISO 표준이 채용된 연도를 가리킨다. C++98과 C++03의 차이는 기술적인 세부사항뿐이라서, 이 책에서는 그 둘을 묶어서 그냥 C++98이라고 칭한다. 이 책에서 C++11은 C++11과 C++14 모두를 의미한다. C++14가 사실상 C++11을 포함하기 때문이다. 반면 C++14는 딱 C++14만 의미한다. 마지막으로, C++의 모든 버전에 유효한 일반적인 사항을 말할 때에는 그냥 C++이라고만 언급한다. 정리하자면 다음과 같다.

용어	의도한 버전
C++	모든 버전
C++98	C++98과 C++03
C++11	C++11과 C++14
C++14	C++14

이를테면, C++은 효율성을 중시하며(모든 버전에 해당), C++98은 동시성 지원

[†] (옮긴이) 이 번역서에는 용어와 관련된 역주들이 많이 있는데, 공교롭게도 가장 먼저 짚고 넘어갈 용어는 "C++" 자체이다. 원칙적으로 C++을 그대로 음차하면 '시플러스플러스'이지만, 이 번역서에서는 '오랜 관례'에 따라 C++을 '씨뿔뿔'이라고 읽는다고 가정한다. 이 점은 C++ 뒤에 붙는 조사에 영향을 미친다. 예를 들어 "C++는"이 아니라 "C++은"이다.

기능이 없으며(C++98과 C++03에만 해당), C++11은 람다 표현식을 지원하며 (C++11과 C++14에 해당), C++14는 일반화된 함수 반환 형식 유추를 지원한다 (C++14에만 해당).

C++11에서 가장 널리 쓰이는 기능은 아마도 이동 의미론(move semantics)일 것이며, 이동 의미론은 **오른값**(rvalue)에 해당하는 표현식과 **왼값**(lvalue)[†]에 해당하는 표현식이 구분된다는 점에 근거한다. 이는, 오른값은 이동 연산이 가능한 객체를 가리키지만 왼값은 일반적으로 그렇지 않기 때문이다. 개념적으로(실제 응용에서 항상 그렇지는 않지만) 오른값은 함수가 돌려준 임시 객체에 해당하고, 왼값은 이름이나 포인터, 왼값 참조를 통해서 지칭할 수 있는 객체에 해당한다.

주어진 한 표현식이 왼값인지의 여부를 결정하는 데 유용한 발견법(heuristic) 하나는 그 표현식의 주소를 취할 수 있는지 보는 것이다. 일반적으로, 주소를 취할 수 있다면 왼값이고 취할 수 없다면 오른값이다. 이 발견법의 한 가지 멋진 특징은, 표현식이 왼값인지 오른값인지의 여부가 그 표현식의 형식과는 무관하다는 점을 기억하는 데 도움이 된다는 점이다.[‡] T라는 형식이 있을 때, 그 형식 자체가 왼값이거나 오른값인 것은 아니다. 그냥 형식 T의 왼값이 있고, 마찬가지로 형식 T의 오른값이 있을 뿐이다. 이 점을 기억하는 것은 오른값 참조 형식의 매개변수를 다룰 때 특히나 중요하다. 매개변수 자체는 왼값이기 때문이다. 예를 들면 다음과 같다.

```
class Widget {
public:
  Widget(Widget&& rhs);      // rhs의 형식은 오른값 참조이지만,
  ...-                        // rhs 자체는 왼값이다
};
```

[†] (옮긴이) 원래 lvalue 또는 l-value는 등호(배정 연산자)의 좌변에 올 수 있는 값을 뜻하는 left value에서 비롯된 것이다. 그래서 이를 '왼쪽 값'이나 '좌측값'으로 옮기기도 한다. 그러나 C++에는 lvalue가 아니면서도 등호의 좌변에 올 수 있는 값이 존재하므로, left value가 lvalue를 정확히 특징짓지는 못한다. 그렇지만 lvalue가 등호의 좌변에 올 수 있다는 점은 여전히 사실이다. lvalue의 *l*이 정확히 left는 아니지만 그래도 left와 완전히 무관한 것도 아니라는(적어도 역사적인 의미에서라도) 점을 나타내기 위해, 온전한 '왼쪽 값'에서 '쪽'을 생략한 신조어 '왼값'을 lvalue의 번역어로 제시한다. rvalue/오른값도 마찬가지 논리에서 선택한 것이다.

[‡] (옮긴이) C++에서 하나의 표현식은 독립적인 두 가지 속성으로 규정되는데, 하나는 형식이고 또 하나는 소위 '값 범주(value category)'이다. 이 문장의 "왼값인지 오른값인지의 여부"가 값 범주에 해당한다. 사실 C++ 표준이 정의하는 값 범주는 세 가지(상위 범주들까지 치면 다섯 가지)이지만, 이 책의 논의에서는 그냥 왼값과 오른값의 구분으로 충분할 것이다. 좀 더 알고 싶은 독자는 비아네 스트롭스트룹의 ""New" Value Terminology"(*http://www.stroustrup.com/terminology.pdf*)를 보기 바란다(안타깝게도 한국어로 된 참고 문헌은 찾지 못했다).

Widget의 이동 생성자 안에서 rhs의 주소를 취하는 것은 완벽하게 유효하다. 따라서, 비록 형식은 오른값 참조이지만, rhs 자체는 하나의 왼값이다. (마찬가지의 논리로, rhs뿐만 아니라 다른 모든 매개변수도 왼값이다.)

앞의 코드 조각은 이 책 전반에 쓰이는 다음과 같은 몇 가지 관례를 보여준다.

- 클래스 이름은 Widget이다. 이 책 전반에서 Widget은 임의의 사용자 정의 형식의 이름으로 쓰인다. 클래스의 구체적인 세부사항을 보여줄 필요가 없는한, Widget의 선언은 생략한다.

- 이 책 전반에서 매개변수 이름으로 쓰이는 *rhs*는 "right-hand side(우변)"를 줄인 것이다. 이 이름은 **이동 연산들**(즉, 이동 생성자와 이동 배정 연산자)과 **복사 연산들**(즉, 복사 생성자와 복사 배정 연산자)의 매개변수에 주로 쓰이며, 또한 이항 연산자의 우변 매개변수 이름으로도 쓰인다.

  ```
  Matrix operator+(const Matrix& lhs, const Matrix& rhs);
  ```

  *lhs*가 "left-hand side(좌변)"를 줄인 것임은 이미 짐작했을 것이다.

- 독자의 주의를 환기하기 위해, 코드 또는 주석의 일부에 특별한 서식을 적용한다. 앞에 나온 Widget 이동 생성자에서는 rhs의 선언 부분과 주석에서 rhs가 왼값임을 언급하는 부분을 특별한 서식으로 강조했다. 강조된 코드가 그 자체로 좋은 코드이거나 나쁜 코드인 것은 아니다. 단지 독자가 그 부분을 좀더 주의 깊게 살펴봐야 함을 뜻할 뿐이다.

- "…"는 "여기에 다른 코드가 들어갈 수 있음"을 뜻한다. 이 좁은 줄임표는 C++11의 가변 인수 템플릿에 관한 소스 코드에 쓰이는 넓은 줄임표("...")와는 다른 것이다. 좀 헷갈릴 것 같지만, 다음 예처럼 실제로 눈으로 보면 별로 헷갈릴 것이 없다.

  ```
  template<typename... Ts>        // 이들은 C++ 소스 코드의
  void processVals(const Ts&... params)  // 줄임표들이다
  {

      …                           // 이것은 "여기에 다른
                                  // 코드가 들어감"을 뜻한다
  }
  ```

위의 processVals의 선언부를 보면 템플릿의 형식 매개변수를 선언할 때 키워드 typename이 쓰였는데, 이는 전적으로 개인적인 취향일 뿐이다. class 키워드를 사용해도 결과는 동일하다. 이 책에서는 종종 C++ 표준에 있는 코드 예

제를 인용하는데, 그럴 때에는 표준 명세서의 관례를 따라 형식 매개변수를 class를 이용해서 선언한다.

객체를 같은 형식의 다른 객체를 이용해서 초기화할 때, 새 객체를 초기화에 쓰인 객체의 **복사본**이라고 부른다. 새 객체가 이동 생성자를 통해서 생성되는 경우에도 그냥 복사본이라고 부름을 주의하기 바란다. 안타깝게도 C++에는 복사 생성자를 통해 생성된(줄여서 복사 생성된) 복사본과 이동 생성자를 통해 생성된(줄여서 이동 생성된) 복사본을 구분하는 용어가 없다.

```
void someFunc(Widget w);        // someFunc의 매개변수 w는
                                // 값으로 전달된다

Widget wid;                     // wid는 Widget의 한 객체이다

someFunc(wid);                  // 이 someFunc 호출에서 w는
                                // 복사 생성된 wid의
                                // 한 복사본이다

someFunc(std::move(wid));       // 이 someFunc 호출에서 w는
                                // 이동 생성된 wid의
                                // 한 복사본이다
```

대체로 오른값의 복사본은 이동 생성되고 왼값의 복사본은 복사 생성된다. 그래서, 한 객체가 다른 객체의 복사본이라는 점만 알고 있다면, 그 복사본의 생성 비용이 비쌌는지 아닌지를 알 수 없다. 예를 들어 위의 코드 예제에서 매개변수 w를 만드는 데 든 비용이 어느 정도인지 파악하려면 someFunc에 전달된 것이 왼값인지 오른값인지 알아야 한다. (또한 Widget의 이동과 복사 비용도 알아야 할 것이다.)

함수 호출의 맥락에서, 호출 지점에서 함수에 전달한 표현식을 **인수**(argument)라고 부른다. 인수는 함수의 **매개변수**(parameter)를 초기화하는 데 쓰인다. 위의 첫 someFunc 호출에서 인수는 wid이다. 둘째 호출에서는 std::move(wid)가 인수이다. 두 호출 모두 매개변수는 w이다. 인수와 매개변수의 구분이 중요한 한 가지 이유는, 매개변수는 왼값이지만 매개변수의 초기화에 쓰이는 인수는 왼값일 수도 있고 오른값일 수도 있다는 점이다. 이 점은 한 함수에 전달된 인수를 그것의 왼값 또는 오른값 여부를 보존해서 또 다른 함수에 전달해야 하는 **완벽 전달**(perfect forwarding) 과정에서 특히나 중요하다. (완벽 전달은 항목 30에서 자세히 논의한다.)

잘 설계된 함수는 예외에 안전하다. 다른 말로 하면, 그런 함수는 적어도 기본 예외 안전성(basic exception safety)을 보장한다. 이를 줄여서 **기본 보장**(basic guarantee)이라고 부른다. 기본 보장 함수를 호출할 때에는 함수 실행 도중 예외가 발생해도 프로그램의 불변식(invariant)들이 위반되지 않으며(즉, 자료구조가 깨지는 일이 없다) 자원이 새지 않을 것을 확신할 수 있다. 더 나아가서 강한 (strong) 예외 안정성을 보장하는 함수, 즉 **강한 보장**(strong guarantee) 함수를 호출할 때에는 예외가 발생해도 프로그램의 상태가 호출 이전 상태와 동일하게 유지될 것임을 확신할 수 있다.

일반적으로 이 책에서 **함수 객체**(function object)라는 용어는 operator() 멤버 함수를 지원하는 형식의 객체를 뜻한다. 다른 말로 하면, 함수 객체는 함수처럼 행동하는 객체이다. 그러나 때에 따라서는 비#멤버(non-member) 함수의 호출 구문, 즉, *"함수이름(인수들)"* 형태를 이용해서 실행할 수 있는 모든 것을 뜻하는 좀 더 넓은 의미로도 쓰인다. 이러한 좀 더 넓은 의미의 함수 객체에는 operator() 를 지원하는 객체뿐만 아니라 보통의 함수와 C 스타일의 함수 포인터도 포함된다. (좁은 의미는 C++98에서 비롯된 것이고 넓은 의미는 C++11에서 비롯된 것이다.) 멤버 함수 포인터를 추가해서 이를 더욱 일반화하면 소위 **호출 가능 객체** (callable object)가 된다. 일반적으로는 이러한 세세한 구분을 무시하고, 함수 객체와 호출 가능 객체라는 것이 그냥 C++에서 일정한 함수 호출 구문을 이용해서 실행할 수 있는 무엇이라고만 생각해도 무방하다.

람다 표현식을 통해 만들어진 함수 객체를 **클로저**closure라고 부른다. 람다 표현식과 그로부터 생성된 클로저를 군이 구분해야 하는 경우는 드물다. 그래서 이 책에서는 둘을 그냥 **람다**lambda라고 칭하는 경우가 많다. 마찬가지로, 이 책에서 **함수 템플릿**(즉, 함수를 산출하는 템플릿)과 **템플릿 함수**(즉, 함수 템플릿으로부터 산출된 함수)를 구분하는 경우는 드물다. 클래스 템플릿과 템플릿 클래스도 마찬가지이다.†

C++에는 선언과 정의가 모두 가능한 것들이 많이 있다. **선언**(declaration)은 이름과 형식을 현재 범위에 도입하기만 하고 그 세부사항(저장 장소나 구현 방식 등)은 지정하지 않는 것을 말한다.

```
extern int x;                    // 객체 선언

class Widget;                    // 클래스 선언

bool func(const Widget& w);      // 함수 선언
```

---

† (옮긴이) 더 나아가서, 원서는 혼동의 여지가 없는 한 함수 템플릿이나 클래스 템플릿을 그냥 템플릿이라고 부르기도 한다. 번역서도 그러한 관례를 따른다.

```
enum class Color;                    // 범위 있는 열거형 선언
                                     // (항목 10 참고)
```

정의(definition)는 저장 장소나 구현 세부사항을 지정한다.

```
int x;                               // 객체 정의

class Widget {                       // 클래스 정의
  ...
};

bool func(const Widget& w)
{ return w.size() < 10; }            // 함수 정의

enum class Color
{ Yellow, Red, Blue };               // 범위 있는 열거형 정의
```

정의는 선언의 요건들도 갖추고 있으므로, 이 책에서는 정의라는 점이 아주 중요한 경우가 아닌 한 그냥 선언이라는 용어를 사용한다.

이 책은 함수의 **서명**(signature)이 함수의 선언 중 매개변수 형식들과 반환 형식을 지정한 부분이라고 정의한다. 함수 이름과 매개변수 이름은 서명에 포함되지 않는다. 앞의 예에서 func의 서명은 bool(const Widget&)이다. 함수의 선언 중 매개변수 형식과 반환 형식이 아닌 부분은(예를 들어 noexcept나 constexpr이 있다면 그것들도) 서명에 포함되지 않는다. (noexcept와 constexpr은 항목 14와 15에서 설명한다.) 이러한 정의는 '서명'의 공식적인 정의와는 조금 다르지만, 적어도 책의 목적에서는 이 정의가 더 유용하다. (공식 정의에서는 함수의 반환 형식이 포함되지 않는 경우가 있다.)

대체로 새로운 C++ 표준들은 기존의 표준들에 맞게 작성된 코드의 유효성을 유지하지만, 가끔은 표준위원회가 특정 기능들을 사용하지 말라고 당부하는 (deprecate) 경우도 있다. 그런 '비권장' 기능들은 표준화의 '사형수 감방'에 들어간 것과 비슷하며, 이후의 표준들에서 언제라도 제거될 수 있다. 비권장 기능을 사용하는 코드를 컴파일러가 경고해 줄 수도 있지만, 독자가 그런 기능들을 파악해서 스스로 피하는 것이 최선이다. 그런 기능들은 이후 이식 과정에서 골칫거리가 될 뿐만 아니라, 대체로 해당 기능을 대체하는 새로운 기능에 비해 열등한 경우가 많다. 예를 들어 C++11에서 std::auto_ptr는 비권장 기능인데, 이는 std::unique_ptr가 같은 일을 더 잘 해내기 때문이다.

표준은 종종 어떤 연산의 결과가 **미정의**^{未定義} 행동(undefined behavior)†이라고 명시한다. 이는 그 연산의 실행시점(runtime) 행동을 예측할 수 없다는 뜻이다. 물론 그런 불확실성은 반드시 피해야 한다. 미정의 행동을 가진 연산의 예로는 std::vector의 한 원소를 대괄호("[]")로 참조할 때 벡터의 범위를 벗어나는 색인을 지정하는 것, 초기화되지 않은 반복자를 역참조(dereferencing)하는 것, 그리고 자료 경쟁(data race; 즉, 적어도 하나의 쓰기 스레드를 포함하는 둘 이상의 스레드들이 같은 메모리 장소에 동시에 접근하는 상황)에 관여하는 것이 있다.

이 책에서는 new가 돌려주는 포인터 같은 내장(built-in) 포인터를 **생**^生 **포인터** (raw pointer)라고 부른다. 생 포인터의 반대는 **똑똑한 포인터**(smart pointer)이다. 대체로 똑똑한 포인터는 포인터 역참조 연산자들(operator->과 operator*)을 중복적재(overloading)하지만, 항목 20에서 설명하듯이 std::weak_ptr는 예외이다.

소스 코드의 식별자 이름에서 종종 보이는 *dtor*는 'destructor(소멸자)'를 줄인 것이다.‡

버그 보고와 개선 사항 제안

이 책을 명확하고 정확하며 유용한 정보로 채우는 데 최선을 다했지만, 더 개선할 방법들도 확실히 존재할 것이다. 그 어떤 종류이든(기술적인 내용에 관한 것이든, 아니면 설명 방식이나, 문법, 조판에 관한 것이든) 실수나 오류를 발견했다면, 또는 책을 개선하는 데 도움이 되는 제안이 있다면, *emc++@aristeia.com*으로 메일을 보내기 바란다. 책을 새로 찍을 때마다 문제점들을 바로잡을 기회가 생기는데, 내가 알지 못하는 문제점들은 바로잡을 수 없다.

이미 알고 있는 문제점들의 목록은 이 책의 정오표 페이지 *http://www.aristeia. com/BookErrata/emc++-errata.html*에 있으니 참고하기 바란다.

---

† (옮긴이) undefined behavior는 두 가지 해석이 가능한데, 하나는 정의되지 "않은"(이를테면 표준 명세서에 해당 정의가 없는) 행동이고 또 하나는 정의되지 '않는'(정의하고 싶어도 정의할 수 없는) 행동이다. '미정의'는 통상적으로 전자를 뜻하지만, 이 책에서는 그 의미를 좀 더 확장해서 후자까지도 포괄한다고 가정한다.

‡ (옮긴이) 원문은 예제 코드의 '주석'에 쓰이는 *ctor*(constructor, 즉 생성자를 줄인 것)와 *dtor*를 언급했지만, 번역서에서는 주석에서 굳이 그런 약자를 쓸 필요가 없기 때문에(생성자와 소멸자도 충분히 짧으므로) *dtor*가 소스 코드의 식별자로 쓰이는 경우에 대한 언급으로 대체했음을 밝혀둔다. 이 외에도 예제 코드에는 expression을 줄인 expr 등 여러 약자가 등장하는데, 필요한 경우에는 해당 위치에 역주로 언급해 두었다.

형식 연역

C++98에서는 형식 연역(type deduction)에 관한 규칙들이 한 종류밖에 없었는데, 바로 템플릿에 대한 것이었다. C++11에서는 그 규칙 집합을 조금 수정하고, 새로운 규칙 집합을 두 개 더 추가했다. 하나는 auto를 위한 규칙들이고 또 하나는 decltype을 위한 규칙들이다. C++14에서는 auto와 decltype을 사용할 수 있는 문맥들이 확장되었다. 형식 연역의 적용 범위가 늘어난 덕분에, 이제는 자명한 또는 이미 언급된 형식들을 여러 번 일일이 지정해야 하는 경우가 크게 줄었다. 이제는 소스 코드의 한 지점에 있는 형식 하나를 변경하면 그 변화가 형식 연역을 통해서 다른 장소들로 자동으로 전파되며, 결과적으로 C++ 소프트웨어의 적응성이 높아졌다. 그러나 코드의 의미를 추론하기는 좀 더 어려워졌다. 컴파일러가 연역하는 형식이 독자가 언뜻 보고 추측한 것과는 다른 경우가 있기 때문이다.

형식 연역이 일어나는 방식을 확실하게 이해하지 않는다면, 현대적인 C++에서 효과적인 프로그래밍이 거의 불가능하다. 사실 형식 연역이 일어나는 문맥은 너무 많다. 형식 연역은 함수 템플릿 호출 지점에서 항상 일어나며, auto가 등장하는 대부분의 상황과 decltype 표현식에서도 발생한다. C++14의 경우에는 난해한 decltype(auto) 구성체(construct)†가 쓰이는 곳에서도 형식 연역이 일어난다.

이번 장은 형식 연역에 관해 모든 C++ 개발자가 알아야 하는 정보를 제공한다. 이번 장에서는 형식 연역의 작동 방식을 설명하고, 형식 연역에 기초한 auto와 decltype의 작동 방식들을 설명한다. 더 나아가서, 컴파일러의 형식 연역 결

---

† (옮긴이) 구성체는 둘 이상의 언어 요소들로 이루어진 코드 조각을 통칭하는 용어이다.

과가 명시적으로 표시되게 만드는 방법도 이야기한다. 그런 결과를 눈으로 볼 수 있으면, 컴파일러가 연역한 형식이 독자가 애초에 원했던 것인지를 확인할 수 있다.

항목 1: 템플릿 형식 연역 규칙을 숙지하라

어떤 복잡한 시스템의 사용자가 그 시스템의 작동 방식은 알지 못하지만 그래도 그 시스템이 하는 일에 만족한다면, 그 시스템은 설계가 잘 된 것이라 할 수 있다. 그런 관점에서, C++의 템플릿 형식 연역은 엄청난 성공작이다. 일상적으로 수백 만의 프로그래머들이 템플릿 함수에 인수들을 전달한다. 그들 중에는 템플릿 함수가 사용하는 형식이 연역되는 방식을 조금이라도 자세히 설명해 보라고 하면 쩔쩔매는 사람들이 많겠지만, 그래도 그 결과에는 완전히 만족한다.

독자 역시 그런 프로그래머 중 하나라면, 여기 좋은 소식과 나쁜 소식이 있다. 우선 좋은 소식은, 현대적 C++의 아주 강력한 기능 중 하나인 auto가 바로 템플릿에 대한 형식 영역을 기반으로 작동한다는 것이다. 만일 C++98에서 컴파일러가 템플릿에 대해 연역한 형식들에 만족했다면, C++11에서 컴파일러가 auto에 대해 연역하는 형식들에도 만족할 것이다. 그러나 나쁜 소식은, 템플릿 형식 연역 규칙들이 auto의 문맥에 적용될 때에는 템플릿에 적용될 때에 비해 덜 직관적인 경우가 있다는 점이다. 그래서 auto를 잘 활용하려면 auto가 기초하고 있는 템플릿 형식 연역의 면모를 제대로 이해하는 것이 중요하다. 이번 항목은 그와 관련해서 독자가 알아야 할 것들을 다룬다.

그럼 의사코드를 하나 보자. 함수 템플릿의 선언은 대체로 이런 모습이다.

```
template<typename T>
void f(ParamType param);
```

그리고 이를 호출하는 코드는 대체로 이런 모습이다.

```
f(expr);                    // 어떤 표현식으로 f를 호출
```

컴파일 도중 컴파일러는 *expr*†을 이용해서 두 가지 형식을 연역하는데, 하나는 T에 대한 형식이고 또 하나는 *ParamType*에 대한 형식이다. 이 두 형식이 다른 경우가 많은데, 이는 *ParamType*에 흔히 const나 참조 한정사‡ 같은 수식어들이 붙

---

† (옮긴이) 표현식을 뜻하는 expression의 약자이다.

‡ (옮긴이) 여기서 참조 한정사(reference qualifier)는 형식에 붙는 & 또는 &&를 말한다. 그러나 엄밀

기 때문이다. 예를 들어 템플릿의 선언이 다음과 같다고 하자.

```
template<typename T>
void f(const T& param);        // ParamType은 const T&
```

그리고 이를 다음과 같이 호출한다고 하자.

```
int x = 0;

f(x);                          // int로 f를 호출
```

이 경우 T는 int로 연역되나 *ParamType*은 const int&로 연역된다.

T에 대해 연역된 형식이 함수에 전달된 인수의 형식과 같을 것이라고, 즉 T가 *expr*의 형식일 것이라고 기대하는 것은 당연하다. 실제로 위의 예제에서 x는 int이고 T는 int로 연역된다. 그러나 항상 그런 것은 아니다. T에 대해 연역된 형식은 *expr*의 형식에 의존할 뿐만 아니라 *ParamType*의 형태에도 의존한다. 그 형태에 따라 총 세 가지 경우로 나뉜다.

- *ParamType*이 포인터[†] 또는 참조 형식이지만 보편 참조(universal reference)는 아닌 경우. (보편 참조는 항목 24에서 설명한다. 일단 지금은, 보편 참조라는 것이 있고 그것이 왼값 참조나 오른값 참조와는 다른 것이라고만 알고 넘어가자.)
- *ParamType*이 보편 참조인 경우.
- *ParamType*이 포인터도 아니고 참조도 아닌 경우.

따라서 세 가지 형식 연역 시나리오를 살펴봐야 한다. 그럼 다음과 같은 일반적인 형태의 템플릿과 그 호출에 기초해서 세 가지 시나리오를 차례로 살펴보자.

```
template<typename T>
void f(ParamType param);

f(expr);                       // expr로부터 T와 ParamType을 연역
```

히 따지면, C++14에서 참조 한정사라고 부를 만한 것은 항목 12에서 소개하는 멤버 함수 참조 한정사뿐이다. C++11과 C++14 표준 명세에서 ref-qualifier라고 부르는 것이 바로 그것이다. 형식에 붙는 & 또는 &&의 공식적인 이름은 없는 것으로 보인다.

† (옮긴이) 원서 정오표에도 언급되어 있지만, 포인터는 값으로 전달되므로 경우 1에 나온 형식 연역 규칙들은 적용되지 않는다. 원서 정오표에 따르면, 아마 원서의 다음 판에서는 *ParamType*이 1) 참조이지만 보편 참조는 아닌 경우, 2) 보편 참조인 경우, 3) 참조가 아닌 경우(포인터 포함)로 단순화될 것 같다. 원서 정오표에 구체적인 대체 내용이나 예제 코드는 아직 없는데, 혹시 추가 내용이 올라오면 역자 웹사이트(역자의 글 참고)에 올리기로 하겠다.

경우 1: *ParamType*이 포인터 또는 참조 형식이지만 보편 참조는 아님

가장 간단한 상황은 *ParamType*이 포인터 형식이나 참조 형식이지만 보편 참조
는 아닌 경우이다. 이 경우 형식 연역은 다음과 같이 진행된다.

1. 만일 *expr*이 참조 형식이면 참조 부분을 무시한다.
2. 그런 다음 *expr*의 형식을 *ParamType*에 대해 패턴 부합(patten-matching) 방
   식으로 대응시켜서 T의 형식을 결정한다.

   예를 들어 함수 템플릿이 다음과 같다고 하자.

   ```
   template<typename T>
   void f(T& param);        // param은 참조 형식
   ```

그리고 이런 변수 선언들이 있다고 하자.

```
int x = 27;              // x는 int
const int cx = x;        // cx는 const int
const int& rx = x;       // rx는 const int인 x에 대한 참조
```

다음은 여러 가지 호출에서 param과 T에 대해 연역된 형식들이다.

```
f(x);                    // T는 int, param의 형식은 int&

f(cx);                   // T는 const int,
                         // param의 형식은 const int&

f(rx);                   // T는 const int,
                         // param의 형식은 const int&
```

둘째, 셋째 호출에서 cx와 rx에 const 값이 배정되었기 때문에 T가 const int로
연역되었음을 주목하기 바란다. 그래서 매개변수 param의 형식은 const int&가
되었다. 이는 호출자에게 중요한 문제이다. const 객체를 참조 매개변수에 전달
하는 호출자는 그 객체가 수정되지 않을 것이라고 기대한다. 즉, 해당 매개변수
가 const에 대한 참조일 것이라고 기대한다. T& 매개변수를 받는 템플릿에 const
객체를 전달해도 안전한 이유가 바로 이것이다. 객체의 const성(const-ness; 상
수성)은 T에 대해 연역된 형식의 일부가 된다.

　셋째 호출에서, 비록 rx의 형식이 참조이지만 T는 비참조로 연역되었음을 주
목하자. 이는 형식 연역 과정에서 rx의 참조성(reference-ness)이 무시되기 때문
이다.

　f의 매개변수의 형식을 T&에서 const T&로 바꾸면 상황이 조금 달라지나, 매
우 놀랄 변화가 생기는 것은 아니다. cx와 rx의 const성은 계속 유지된다. 단, 이

제는 param이 const에 대한 참조로 간주되므로, const가 T의 일부로 연역될 필요는 없다.

```
template<typename T>
void f(const T& param);   // 이제는 param이 const에 대한 참조

int x = 27;               // 이전과 동일
const int cx = x;         // 이전과 동일
const int& rx = x;        // 이전과 동일

f(x);                     // T는 int, param의 형식은 const int&

f(cx);                    // T는 int, param의 형식은 const int&

f(rx);                    // T는 int, param의 형식은 const int&
```

이전처럼, 형식 연역 과정에서 rx의 참조성은 무시된다.

param이 참조가 아니라 포인터(또는 const를 가리키는 포인터)라도 형식 연역은 본질적으로 같은 방식으로 진행된다.

```
template<typename T>
void f(T* param);         // 이번에는 param이 포인터

int x = 27;               // 이전과 동일
const int *px = &x;       // px는 const int로서의 x를 가리키는 포인터

f(&x);                    // T는 int, param의 형식은 int*

f(px);                    // T는 const int,
                          // param의 형식은 const int*
```

여기까지는 너무 쉬워서 하품이 날 지경일 것이다. C++의 형식 연역 규칙들이 참조와 포인터 매개변수에 대해서는 너무나 자연스럽게 적용되기 때문에, 그 적용 과정을 일일이 나열해서 살펴보는 것은 사실 좀 지루하다. 모든 것은 그냥 자명하다. 우리가 형식 연역 체계에서 기대하는 것은 바로 이것이다.

경우 2: *ParamType*이 보편 참조임

템플릿이 보편 참조 매개변수를 받는 경우에는 상황이 조금 불투명해진다. 그런 매개변수의 선언은 오른값 참조와 같은 모습이지만(즉, 형식 매개변수 T를 받는 함수 템플릿에서 보편 참조의 선언 형식은 T&&이다), 왼값 인수가 전달되면 오른값 참조와는 다른 방식으로 행동한다. 자세한 이야기는 항목 24로 미루고, 일단은 요점만 제시하겠다.

* 만일 *expr*이 왼값이면, T와 *ParamType* 둘 다 왼값 참조로 연역된다. 이는 이중으로 비정상적인 상황이다. 첫째로, 템플릿 형식 연역에서 T가 참조 형식으

로 연역되는 경우는 이것이 유일하다. 둘째로, *ParamType*의 선언 구문은 오른
값 참조와 같은 모습이지만, 연역된 형식은 왼값 참조이다.

- 만일 *expr*이 오른값이면, '정상적인'(즉, 경우 1의) 규칙들이 적용된다.

다음 예들을 참고하기 바란다.

```
template<typename T>
void f(T&& param);        // 이번에는 param이 보편 참조

int x = 27;               // 이전과 동일
const int cx = x;         // 이전과 동일
const int& rx = x;        // 이전과 동일

f(x);                     // x는 왼값, 따라서 T는 int&,
                          // param의 형식 역시 int&

f(cx);                    // cx는 왼값, 따라서 T는 const int&,
                          // param의 형식 역시 const int&

f(rx);                    // rx는 왼값, 따라서 T는 const int&,
                          // param의 형식 역시 const int&

f(27);                    // 27은 오른값, 따라서 T는 int,
                          // 그러므로 param의 형식은 int&&
```

이 예들이 각각 해당 형식으로 연역되는 구체적인 이유는 항목 24에서 설명하
겠다. 일단 지금은, 보편 참조 매개변수에 관한 형식 연역 규칙들이 왼값 참조나
오른값 참조 매개변수들에 대한 규칙들과는 다르다는 점만 기억하기 바란다. 특
히, 보편 참조가 관여하는 경우에는 왼값 인수와 오른값 인수에 대해 서로 다른
연역 규칙들이 적용된다. 보편 참조가 아닌 매개변수들에 대해서는 그런 일이
절대 발생하지 않는다.

경우 3: *ParamType*이 포인터도 아니고 참조도 아님

*ParamType*이 포인터도 아니고 참조도 아니라면, 인수가 함수에 값으로 전달
(pass-by-value)되는 상황인 것이다.

```
template<typename T>
void f(T param);          // 이번에는 param이 값으로 전달된다
```

따라서 param은 주어진 인수의 복사본, 즉 완전히 새로운 객체이다. param이 새
로운 객체라는 사실 때문에, *expr*에서 T가 연역되는 과정에서 다음과 같은 규칙
들이 적용된다.

1. 이전처럼, 만일 *expr*의 형식이 참조이면, 참조 부분은 무시된다.
2. *expr*의 참조성을 무시한 후, 만일 *expr*이 const이면 그 const 역시 무시한다.

만일 volatile이면 그것도 무시한다. (volatile 객체는 흔하지 않다. 일반적으로 그런 객체는 장치 구동기(device driver)를 구현할 때에나 쓰인다. 자세한 사항은 항목 40을 보기 바란다.)

다음은 이 규칙들이 적용되는 예이다.

```
int x = 27;          // 이전과 동일
const int cx = x;    // 이전과 동일
const int& rx = x;   // 이전과 동일

f(x);                // T와 param의 형식은 둘 다 int

f(cx);               // 여전히 T와 param의 형식은 둘 다 int

f(rx);               // 이번에도 T와 param의 형식은 둘 다 int
```

cx와 rx가 const 값을 지칭하지만, 그래도 param은 const가 아님을 주목하자. param은 cx나 rx의 복사본이므로, 다시 말해 param은 cx나 rx와는 완전히 독립적인 객체이므로, 이는 당연한 결과이다. cx와 rx가 수정될 수 없다는 점은 param의 수정 가능 여부와는 전혀 무관하다. param의 형식을 연역하는 과정에서 *expr*의 const성이(그리고 volatile이 지정되었다면 그것도) 무시되는 이유가 바로 이것이다. *expr*을 수정할 수 없다고 해서, 그 복사본까지 수정할 수 없는 것은 아니다.

여기서 명심할 것은, const가(그리고 volatile이) 값 전달 매개변수에 대해서만 무시된다는 점이다. 앞에서 보았듯이, const에 대한 참조나 포인터인 매개변수의 경우에는 형식 연역 과정에서 *expr*의 const성이 보존된다. 그러나 *expr*이 const 객체를 가리키는 const 포인터이고 param에 값으로 전달되는 경우는 어떨까? 이런 예를 보자.

```
template<typename T>
void f(T param);        // 인수는 param에 여전히 값으로 전달된다

const char* const ptr = // ptr는 const 객체를 가리키는 const 포인터
  "Fun with pointers";

f(ptr);                 // const char * const 형식의 인수를 전달
```

ptr 선언의 별표(*) 오른쪽에 있는 const 때문에 ptr 자체는 const가 된다. 즉, ptr를 다른 장소를 가리키도록 변경할 수 없으며, ptr에 널^{null}을 배정할 수도 없다. (별표 왼쪽의 const는 ptr가 가리키는 것, 즉 문자열이 const임을 뜻한다. 따라서 그 문자열은 변경할 수 없다.) ptr를 f에 전달하면 그 포인터를 구성하는 비트들이 param에 복사된다. 즉, 포인터 자체(ptr)는 값으로 전달된다. 형식 연역 과정

에서 ptr의 const성은 무시된다. 이는 값 전달 방식의 매개변수에 관한 형식 연역 규칙과 일치한다. 결과적으로, param에 대해 연역되는 형식은 const char*이다. 즉, param은 const 문자열을 가리키는 수정 가능한 포인터이다. 형식 연역 과정에서 ptr가 가리키는 것의 const성은 보존되나, ptr 자체의 const성은 ptr를 복사해서 새 포인터 param을 생성하는 도중에 사라진다.

배열 인수

템플릿 형식 연역이 관여하는 대부분의 상황은 지금까지 이야기한 경우들에 해당한다. 그러나 그 외에도 알아 둘 필요가 있는 틈새 상황이 존재한다. 지금부터 설명하려는 틈새는, 비록 배열과 포인터를 구분하지 않고 사용할 수 있는 경우가 있긴 하지만, 배열 형식은 포인터 형식과 다르다는 사실에서 비롯된 것이다. 배열과 포인터를 맞바꿔 쓸 수 있는 것처럼 보이는 환상의 주된 원인은, 많은 문맥에서 배열이 배열의 첫 원소를 가리키는 포인터로 **붕괴한다**(decay)는 점이다. 이러한 붕괴 때문에 다음과 같은 코드가 오류 없이 컴파일된다.

```
const char name[] = "J. P. Briggs";   // name의 형식은
                                       // const char[13]

const char * ptrToName = name;         // 배열이 포인터로 붕괴된다
```

이 코드 조각은 const char* 형식의 포인터 ptrToName을 name으로 초기화하는데, name 자체는 const char[13] 형식의 배열이다. 이 형식들(const char*와 const char[13])은 서로 같지 않지만, 배열에서 포인터로의 붕괴 규칙 때문에 이 코드가 형식 불일치 오류 없이 잘 컴파일된다.

그런데 배열을 값 전달 매개변수를 받는 템플릿에 전달하면 어떤 일이 발생할까?

```
template<typename T>
void f(T param);     // 값 전달 매개변수가 있는 템플릿
f(name);             // T와 param에 대해 연역되는 형식들은?
```

우선, 배열 형식의 함수 매개변수라는 것은 없다는 점부터 짚고 넘어가자. 물론 다음과 같은 구문 자체는 적법하다.

```
void myFunc(int param[]);
```

그러나 이 경우 배열 선언은 하나의 포인터 선언으로 취급된다. 즉, myFunc의 선언은 사실상 다음과 같은 의미이다.

```
        void myFunc(int* param);           // 위와 동일한 함수
```

이러한 배열 매개변수와 포인터 매개변수의 동치성은 C++이 기초한 C의 뿌리에서 뻗어나온 잎의 한 조각이며, 배열 형식과 포인터 형식이 같다는 환상은 바로이 점에서 비롯된 것이다.

배열 매개변수 선언이 포인터 매개변수처럼 취급되므로, 템플릿 함수에 값으로 전달되는 배열의 형식은 포인터 형식으로 연역된다. 즉, 템플릿 f의 호출에서형식 매개변수 T는 const char*로 연역된다.

```
    f(name);              // name은 배열이지만 T는 const char*로 연역된다
```

그런데 한 가지 교묘한 요령이 있다. 비록 함수의 매개변수를 진짜 배열로 선언할 수는 없지만, 배열에 대한 **참조**로 선언할 수는 있다. 즉, 다음처럼 템플릿 f가인수를 참조로 받도록 수정하고,

```
    template<typename T>
    void f(T& param);      // 참조 전달 매개변수가 있는 템플릿
```

함수에 배열을 전달하면

```
    f(name);              // 배열을 f에 전달
```

T에 대해 연역된 형식은 배열의 실제 형식이 된다! 그 형식은 배열의 크기를 포함하므로, 이 예에서 T는 const char [13]으로 연역되고 f의 매개변수(그 배열에대한 참조)의 형식은 const char (&)[13]으로 연역된다. 유독해 보이는 구문이긴 하지만, 알아두면 이런 쪽에 신경을 쓰는 사람들에게 좋은 점수를 딸 수 있을것이다.

흥미롭게도, 배열에 대한 참조를 선언하는 능력을 이용하면 배열에 담긴 원소들의 개수를 연역하는 템플릿을 만들 수 있다.

```
    // 배열의 크기를 컴파일 시점 상수로서 돌려주는 템플릿 함수
    // (배열 매개변수에 이름을 붙이지 않은 것은, 이 템플릿에
    // 필요한 것은 배열에 담긴 원소의 개수뿐이기 때문이다)
    template<typename T, std::size_t N>         // constexpr과
    constexpr std::size_t arraySize(T (&)[N]) noexcept  // noexcept에
    {                                           // 관해서는 본문의
      return N;                                 // 설명을 보라
    }
```

항목 15에서 설명하겠지만, 이 함수를 constexpr로 선언하면 함수 호출의 결과를 컴파일 도중에 사용할 수 있게 된다. 그러면 다음 예처럼 중괄호 초기화 구문으로 정의된, 기존 배열과 같은 크기(원소 개수)의 새 배열을 선언하는 것이 가능해진다.

```
int keyVals[] = { 1, 3, 7, 9, 11, 22, 35 };      // keyVals의 원소
                                                  // 개수는 7

int mappedVals[arraySize(keyVals)];              // mappedVals의 원소
                                                  // 개수 역시 7
```

물론 현대적인 C++ 개발자라면 당연히 내장 배열보다 std::array를 선호할 것이다.

```
std::array<int, arraySize(keyVals)> mappedVals;   // mappedVals의
                                                  // 크기는 7
```

arraySize를 noexcept로 선언한 것은 컴파일러가 더 나은 코드를 산출하는 데 도움을 주려는 것인데, 자세한 사항은 항목 14를 보기 바란다.

함수 인수

C++에서 포인터로 붕괴하는 것이 배열만은 아니다. 함수 형식도 함수 포인터로 붕괴할 수 있으며, 지금까지 배열에 대한 형식 연역과 관련해서 논의한 모든 것은 함수에 대한 형식 영역에, 그리고 함수 포인터로의 붕괴에 적용된다. 다음은 이 점을 보여주는 예이다.

```
void someFunc(int, double);      // someFunc는 하나의 함수;
                                 // 형식은 void(int, double)

template<typename T>
void f1(T param);                // f1의 param은 값 전달 방식

template<typename T>
void f2(T& param);               // f2의 param은 참조 전달 방식

f1(someFunc);                    // param은 함수 포인터†로 연역됨;
                                 // 형식은 void (*)(int, double)

f2(someFunc);                    // param은 함수 참조로 연역됨;
                                 // 형식은 void (&)(int, double)
```

실제 응용에서 이 점 때문에 뭔가 달라지는 경우는 드물지만, 배열에서 포인터로의 붕괴를 알고 있다면 함수에서 포인터로의 붕괴도 알아 두는 것이 좋을 것이다.

이렇게 해서 템플릿 형식 연역에 대한 auto 관련 규칙들을 모두 살펴보았다. 도입부에서 이 규칙들이 상당히 간단하다고 언급했는데, 실제로 대부분의 규칙

---

† (옮긴이) 이 번역서 전반에서, 종종(주로 지면 제한이 있거나 문장이 장황할 때) "X를 가리키는 포인터"를 줄여서 "X에 대한 포인터"로, 또는 더 줄여서 "X 포인터"로 표기한다. 비슷하게, 종종 "X를 지칭하는 참조"를 "X에 대한 참조" 또는 더 줄여서 "X 참조"로 표기한다. 단, const 포인터는 항상 그 자체가 상수인 포인터(const를 가리키는 포인터가 아니라)를 뜻하며, volatile 포인터 역시 항상 그 자체가 휘발성인 포인터이다.

은 상당히 간단하다. 단, 보편 참조에 대한 형식을 연역할 때 왼값과 관련된 특별한 규정 때문에 물이 조금 흐려졌으며, 배열과 함수의 포인터 붕괴 규칙 역시 혼란을 좀 더 가중했다. 종종 컴파일러에게 "어떤 형식을 연역했는지 알려줘!"라고 외치고 싶을 때도 있는데, 그런 경우에는 항목 4를 참고하기 바란다. 항목 4는 바로 그런 정보를 토해내도록 컴파일러를 설득하는 방법을 집중해서 다룬다.

기억해 둘 사항들

☑ 템플릿 형식 연역 도중에 참조 형식의 인수들은 비참조로 취급된다. 즉, 참조성이 무시된다.

☑ 보편 참조 매개변수에 대한 형식 연역 과정에서 왼값 인수들은 특별하게 취급된다.

☑ 값 전달 방식의 매개변수에 대한 형식 연역 과정에서 const 또는 volatile(또는 그 둘 다인) 인수는 비 const, 비 volatile 인수로 취급된다.

☑ 템플릿 형식 연역 과정에서 배열이나 함수 이름에 해당하는 인수는 포인터로 붕괴한다. 단, 그런 인수가 참조를 초기화하는 데 쓰이는 경우에는 포인터로 붕괴하지 않는다.

항목 2: *auto*의 형식 연역 규칙을 숙지하라

항목 1에서 템플릿 형식 연역을 배웠다면, auto 형식 연역에 관해 알아야 할 것들의 거의 전부를 이미 알고 있는 셈이다. 한 가지 기이한 예외를 빼면, auto 형식 연역이 곧 템플릿 형식 연역이기 때문이다. 어떻게 그럴 수 있을까? 템플릿 형식 연역에는 템플릿과 함수 및 매개변수가 관여하지만, auto는 그런 것들을 전혀 다루지 않는데 말이다.

auto가 그런 것들을 다루지 않는 것은 사실이지만, 그것은 중요하지 않다. 템플릿 형식 연역과 auto 형식 연역 사이에는 직접적인 대응 관계가 존재한다. 그둘을 문자 그대로 알고리즘적으로 상호 변환할 수 있다.

항목 1에서는 다음과 같은 일반적인 함수 템플릿과

```
template<typename T>
void f(ParamType param);
```

다음과 같은 일반적인 호출을 예로 들어서 템플릿 형식 연역을 설명했다.

```
f(expr);                    // 어떤 표현식으로 f를 호출
```

f 호출에서 컴파일러는 *expr*을 이용해서 T의 형식과 *ParamType*의 형식을 연역한다.

auto를 이용해서 변수를 선언할 때 auto는 템플릿의 T와 동일한 역할을 하며, 변수의 형식 지정자(type specifier)는 *ParamType*과 동일한 역할을 한다. 말보다는 예제로 설명하는 편이 더 쉬울 것이다. 다음 예를 보자.

```
auto x = 27;
```

여기서 x의 형식 지정자는 그냥 auto 자체이다. 반면, 다음 선언에서

```
const auto cx = x;
```

형식 지정자는 const auto이다. 그리고 다음 선언에서는

```
const auto& rx = x;
```

형식 지정자가 const auto&이다. 이 예들에서 x와 cx, rx의 형식들을 연역할 때, 컴파일러는 마치 선언마다 템플릿 함수 하나와 해당 초기화 표현식으로 그 템플릿 함수를 호출하는 구문이 존재하는 것처럼 행동한다. 즉:

```
template<typename T>         // x의 형식을 연역하기 위한
void func_for_x(T param);     // 개념적인 템플릿

func_for_x(27);               // 개념적인 호출: param에 대해
                              // 연역된 형식이 바로 x의 형식이다

template<typename T>         // cx의 형식을 연역하기 위한
void func_for_cx(const T param);  // 개념적인 템플릿

func_for_cx(x);               // 개념적인 호출: param에 대해
                              // 연역된 형식이 곧 cx의 형식이다

template<typename T>         // rx의 형식을 연역하기 위한
void func_for_rx(const T& param); // 개념적인 템플릿

func_for_rx(x);               // 개념적인 호출: param에 대해
                              // 연역된 형식이 바로 rx의 형식이다
```

앞에서 말했듯이, auto에 대한 형식 연역은 예외 하나(잠시 후에 논의하겠다)를 빼면 템플릿 형식 연역과 동일하다.

항목 1에서는 템플릿 형식 연역을 일반적인 함수 템플릿의 param의 형식 지정자인 *ParamType*의 특성에 따라 세 가지 경우로 나누어서 이야기했다. auto를 이용한 변수 선언에서는 변수의 형식 지정자가 *ParamType*의 역할을 하므로, auto 형식 연역 역시 세 가지 경우로 나뉜다.

- 경우 1: 형식 지정자가 포인터나 참조 형식이지만 보편 참조(universal reference)는 아닌 경우.

- 경우 2: 형식 지정자가 보편 참조인 경우.
- 경우 3: 형식 지정자가 포인터도 아니고 참조도 아닌 경우.

경우 1과 3의 예는 앞에서 이미 보았다.

```
auto x = 27;            // 경우 3 (x는 포인터도 아니고 참조도 아님)

const auto cx = x;      // 경우 3 (cx 역시 둘 다 아님)

const auto& rx = x;     // 경우 1 (rx는 보편 참조가 아닌 참조)
```

경우 2도 기대한 대로 작동한다.

```
auto&& uref1 = x;       // x는 int이자 왼값이므로
                        // uref1의 형식은 int&

auto&& uref2 = cx;      // cx는 const int이자 왼값이므로
                        // uref2의 형식은 const int&

auto&& uref3 = 27;      // 27은 int이자 오른값이므로
                        // uref3의 형식은 int&&
```

마지막으로, 항목 1에서는 비참조 형식 지정자의 경우 배열과 함수 이름이 포인터로 붕괴하는 방식을 논의했다. auto 형식 연역에 대해서도 그러한 붕괴가 일어난다.

```
const char name[] =      // name의 형식은 const char[13]
  "R. N. Briggs";

auto arr1 = name;        // arr1의 형식은 const char*

auto& arr2 = name;       // arr2의 형식은
                         // const char (&)[13]


void someFunc(int, double);  // someFunc는 함수;
                             // 그 형식은 void(int, double)

auto func1 = someFunc;   // func1의 형식은
                         // void (*)(int, double)

auto& func2 = someFunc;  // func2의 형식은
                         // void (&)(int, double)
```

이상의 예들에서 보듯이, auto의 형식 연역은 템플릿 형식 연역과 똑같이 작동한다. 사실상 이들은 동전의 양면이다.

그러나 다른 점이 하나 있다. 우선, 27을 초기 값으로 해서 int 변수를 선언하는 예를 살펴보자. C++98에서는 다음 두 가지 구문이 가능했다.

```
int x1 = 27;
int x2(27);
```

균일 초기화(uniform initialization)를 지원하는 C++11에서는 위의 두 구문과 더불어 다음과 같은 구문들을 사용할 수도 있다.

```
int x3 = { 27 };
int x4{ 27 };
```

총 네 가지 구문이 존재하나, 결과적으로 값이 27인 int가 생긴다는 점은 모두 동일하다.

그런데, 항목 5에서 설명하겠지만 고정된 형식 대신 auto를 이용해서 변수를 선언하는 데에는 몇 가지 장점이 있다. 따라서 위의 변수 선언들에서 int를 auto로 대체하면 좋을 것이다. int를 auto로 문자 그대로 치환하고 나면 다음과 같은 선언들이 나온다.

```
auto x1 = 27;
auto x2(27);
auto x3 = { 27 };
auto x4{ 27 };
```

이 선언들은 모두 문제없이 컴파일되나, 이전과는 의미가 좀 달라진 것들이 생겼다. 처음 두 선언문은 실제로 형식이 int이고 값이 27인 변수를 선언한다. 그러나 나머지 둘은 값이 27인 원소 하나를 담은 std::initializer_list<int> 형식의 변수를 선언한다!

```
auto x1 = 27;        // 형식은 int, 값은 27

auto x2(27);         // 마찬가지

auto x3 = { 27 };    // 형식은 std::initializer_list<int>,
                     // 값은 { 27 }

auto x4{ 27 };       // 마찬가지
```

이는 auto에 대한 특별한 형식 연역 규칙 때문이다. auto로 선언된 변수의 초기치(initializer)가 중괄호 쌍으로 감싸인 형태이면, 연역된 형식은 std::initializer_list이다.[1] 만일 그런 형식을 연역할 수 없으면(이를테면 중괄호 초기치의 값들의 형식이 서로 달라서) 컴파일이 거부된다.

```
auto x5 = { 1, 2, 3.0 };  // 오류! std::initializer_list<T>의
                          // T를 연역할 수 없음
```

---

[1] 2014년 11월에 C++ 표준위원회는 auto와 직접 초기화 구문을 이용한 중괄호 초기치에 대한 특별한 형식 연역 규칙을 제거하자는 제안 N3922를 받아들였다. 여기서 직접 초기화 구문을 이용한 중괄호 초기치란 중괄호 초기치 앞에 "="가 없는 형태를 말한다(항목 42 참고). N3922(C++11이나 C++14의 일부는 아니지만, 이를 이미 구현하는 컴파일러들이 존재한다)하에서, 위의 예에 나온 x4의 형식은 std::initializer_list<int>가 아니라 int이다.

코드 주석에서 언급했듯이, 이 경우에는 형식 연역이 실패한다. 한 가지 주목할 점은, 이 예에서 사실은 두 종류의 형식 연역이 진행된다는 것이다. 첫 번째는 변수 선언에 auto를 사용했다는, 따라서 x5의 형식을 연역해야 한다는 사실에서 비롯된 형식 연역이다. x5의 초기치가 중괄호 형태이므로 x5의 형식은 반드시 std::initializer_list로 연역된다. 그런데 std::initializer_list는 하나의 템플릿이다. 이 템플릿의 인스턴스는 어떤 형식 T에 대한 std::initializer_list<T>이며, 따라서 선언을 완성하려면 컴파일러는 반드시 T의 형식을 연역해야 한다. 그러한 템플릿 형식 연역이 바로 이 예에서 일어나는 두 번째 종류의 형식 연역이다. 그런데 이 예에서는 중괄호 초기치를 구성하는 값들의 형식이 한 종류가 아니라서 그 형식 연역이 실패한다.

auto 형식 연역과 템플릿 형식 연역은 이처럼 중괄호 초기치가 관여할 때에만 차이를 보인다. auto로 선언된 변수를 중괄호 초기치로 초기화하는 경우, 연역된 형식은 std::initializer_list의 한 인스턴스이다. 그러나 해당 템플릿 함수에 동일한 중괄호 초기치를 전달하면 형식 연역이 실패해서 컴파일이 거부된다.

```
auto x = { 11, 23, 9 };      // x의 형식은
                             // std::initializer_list<int>

template<typename T>         // x의 선언에 해당하는 매개변수
void f(T param);             // 선언을 가진 템플릿

f({ 11, 23, 9 });            // 오류! T에 대한 형식을 연역할 수 없음
```

하지만 param의 형식이 어떤 알려지지 않은 T에 대한 std::initializer_list<T>인 템플릿에 그 중괄호 초기치를 전달하면 템플릿 형식 연역 규칙들에 의해 T의 형식이 제대로 연역된다.

```
template<typename T>
void f(std::initializer_list<T> initList);

f({ 11, 23, 9 });            // T는 int로 연역되며, initList의 형식은
                             // std::initializer_list<int>로 연역된다
```

정리하자면, auto 형식 연역과 템플릿 형식 연역의 실질적인 차이는, auto는 중괄호 초기치가 std::initializer_list를 나타낸다고 가정하지만 템플릿 형식 연역은 그렇지 않다는 것뿐이다.

auto 형식 연역에는 중괄호 초기치에 대한 특별한 규칙이 있지만 템플릿 형식 연역에는 없는 이유가 궁금할 것이다. 사실 나도 궁금하다. 안타깝지만 설득력 있는 원인은 나도 발견하지 못했다. 그러나 규칙은 규칙이며, 따라서 auto를 이용해서 변수를 선언하면서 그 변수를 중괄호 초기치로 초기화할 때에는 변수의

형식이 std::initializer_list로 연역된다는 점을 기억해 둘 필요가 있다. 특히, 독자가 균일 초기화(초기화 값들을 중괄호 쌍으로 감싸는 것)의 철학을 당연한 것으로 받아들인다면 이 점을 명심하는 것이 아주 중요하다. C++11 프로그래밍에서 사람들이 저지르는 전형적인 실수 하나는, 변수를 선언할 때 그 변수가 원래 의도한 형식이 아닌 std::initializer_list로 선언되게 만드는 것이다. 이러한 함정 때문에, 꼭 필요할 때에만 초기치를 중괄호로 감싸는 개발자들도 있다. (반드시 중괄호로 감싸야 하는 상황에 대해서는 항목 7에서 논의한다.)

C++11에서는 여기까지만 알면 되지만, C++14에서는 알아야 할 것이 더 남아 있다. C++14에서는 함수의 반환 형식을 auto로 지정해서 컴파일러가 연역하게 만들 수 있으며(항목 3 참고), 람다의 매개변수 선언에 auto를 사용하는 것도 가능하다. 그러나 auto의 그러한 용법들에는 auto 형식 연역이 아니라 **템플릿 형식 연역**의 규칙들이 적용된다. 그래서 중괄호 초기치를 돌려주는 함수의 반환 형식을 auto로 지정하면 컴파일이 실패한다.

```
auto createInitList()
{
  return { 1, 2, 3 };      // 오류! { 1, 2, 3 }의
}                          // 형식을 연역할 수 없음
```

C++14 람다의 매개변수 형식 명세에 auto를 사용하는 경우에도 마찬가지 이유로 컴파일이 실패한다.

```
std::vector<int> v;
…

auto resetV =
  [&v](const auto& newValue) { v = newValue; };      // C++14

…

resetV({ 1, 2, 3 });        // 오류! { 1, 2, 3 }의
                            // 형식을 연역할 수 없음
```

기억해 둘 사항들

☑ auto 형식 연역은 대체로 템플릿 형식 연역과 같지만, auto 형식 연역은 중괄호 초기치가 std::initializer_list를 나타낸다고 가정하는 반면 템플릿 형식 연역은 그렇지 않다는 차이가 있다.

☑ 함수의 반환 형식이나 람다 매개변수에 쓰인 auto에 대해서는 auto 형식 연역이 아니라 템플릿 형식 연역이 적용된다.

항목 3: *decltype*의 작동 방식을 숙지하라

decltype은 색다른 물건이다. decltype은 주어진 이름이나 표현식의 형식을 알려준다. 대부분의 경우는 decltype이 독자가 예측한 바로 그 형식을 말해 주지만, 아주 가끔은 예상 밖의 결과를 제공하기 때문에 머리를 긁적이면서 온라인 Q&A 사이트들을 뒤져봐야 하는 사태가 벌어지기도 한다.

그럼 대부분의 경우, 즉 뜻밖의 결과 때문에 머리를 긁적일 필요가 없는 경우부터 살펴보자. 템플릿과 auto의 형식 연역(항목 1과 2 참고)에서 일어나는 일과는 달리, decltype은 주어진 이름이나 표현식의 구체적인 형식을 그대로 말해 준다.

```
const int i = 0;           // decltype(i)는 const int

bool f(const Widget& w);   // decltype(w)는 const Widget&
                           // decltype(f)는 bool(const Widget&)

struct Point {
  int x, y;                // decltype(Point::x)는 int
};                         // decltype(Point::y)는 int

Widget w;                  // decltype(w)는 Widget

if (f(w)) …                // decltype(f(w))는 bool

template<typename T>       // std::vector를 단순화한 버전
class vector {
public:
  …
  T& operator[](std::size_t index);
  …
};

vector<int> v;             // decltype(v)는 vector<int>
…
if (v[0] == 0) …           // decltype(v[0])은 int&
```

이 예들에서는 뜻밖의 결과를 볼 수 없었다.

C++11에서 decltype은 함수의 반환 형식이 그 매개변수 형식들에 의존하는 함수 템플릿을 선언할 때 주로 쓰인다. 예를 들어 컨테이너 하나와 색인 하나를 받고, 우선 사용자를 인증한 후 대괄호 색인화를 통해서(즉, *컨테이너[색인]* 구문을 이용해서) 컨테이너의 한 요소를 돌려주는 함수를 작성한다고 하자. 그러한 함수의 반환 형식은 반드시 그러한 색인화 연산의 반환 형식과 동일해야 한다.[†]

---

† (옮긴이) 원서 정오표에 따르면 기본적으로 이 논의는 정수 색인을 지원하는 컨테이너에 관한 것이다. std::map이나 std::unordered_map처럼 임의의 형식의 색인을 받는 컨테이너에서는 값 전달의 복사 또는 이동 비용 문제 때문에 논의가 좀 복잡해진다. 정수 색인으로만 한정한다면, 잠시 후 나오는 "색인 매개변수를 참조가 아니라 값으로 받는 것"이 큰 문제가 되지 않는다.

대체로, 형식 T의 객체들을 담은 컨테이너에 대한 operator[] 연산은 T&를 돌려준다. 예를 들어 std::deque가 그렇고, std::vector도 거의 항상 그렇다. 그러나 std::vector<bool>에 대한 operator[]는 bool&가 아니라 완전히 새로운 객체를 돌려준다. 왜 그런지, 그리고 어떤 일이 일어나는지는 항목 6에서 설명하겠다. 여기서 중요한 점은, 컨테이너의 operator[]의 반환 형식이 컨테이너에 따라 다를 수 있다는 점이다.

decltype을 이용하면 그런 함수의 반환 형식을 손쉽게 표현할 수 있다. 다음은 우리가 작성하고자 하는 템플릿 함수의 첫 버전으로, decltype을 이용해서 반환 형식을 계산하는 방법을 보여준다. 이 템플릿에는 다듬어야 할 부분이 남아있지만, 그러한 정련(refinement)은 나중으로 미루기로 하자.

```
template<typename Container, typename Index>    // 작동하지만,
auto authAndAccess(Container& c, Index i)        // 좀 더 정련할
  -> decltype(c[i])                              // 필요가 있다
{
  authenticateUser();
  return c[i];
}
```

함수 이름 앞에 auto를 지정하는 것은 형식 연역과는 아무런 관련이 없다. 그 auto는 여기에 C++11의 **후행 반환 형식**(trailing return type) 구문이 쓰인다는 점을, 다시 말해서 함수의 반환 형식을 이 위치가 아니라 매개변수 목록 다음에 ("->" 다음 위치에) 선언하겠다는 점을 나타내는 것일 뿐이다. 이러한 후행 반환 형식 구문에는 반환 형식을 매개변수들을 이용해서 지정할 수 있다는 장점이 있다. 예를 들어 authAndAccess에서는 매개변수 c와 i를 이용해서 반환 형식을 지정했다. 만일 통상적인 방식으로 함수 이름 앞에서 반환 형식을 지정한다면, c와 i는 사용할 수 없다(둘 다 아직 선언되지 않았으므로).

이런 식으로 선언된 authAndAccess의 반환 형식은 인수로 주어진 컨테이너에 적용된 operator[]의 반환 형식과 동일하다. 이는 우리가 애초에 원했던 것과 일치하는 결과이다.

C++11은 람다 함수가 한 문장으로 이루어져 있다면 그 반환 형식의 연역을 허용하며, C++14는 허용 범위를 더욱 확장해서 모든 람다와 모든 함수의 반환 형식 연역을 허용한다(심지어 return 문이 여러 개인 함수도 — 단, 모든 return 문의 형식 연역 결과가 일치해야 한다). 따라서, authAndAccess의 경우 C++14에서는 후행 반환 형식을 생략하고 그냥 함수 이름 앞의 auto만 남겨 두어도 된다. 그런 형태의 선언에서는 **실제로 auto가 형식 연역이 일어남을 뜻하는 용도로 쓰**

인다. 좀 더 구체적으로, 그러한 auto는 컴파일러가 함수의 구현으로부터 함수의 반환 형식을 연역할 것임을 뜻한다.

```
template<typename Container, typename Index>   // C++14;
auto authAndAccess(Container& c, Index i)      // 아주 정확한
{                                              // 것은 아님
  authenticateUser();
  return c[i];                    // 반환 형식은 c[i]로부터 연역된다
}
```

항목 2에서 설명했듯이, 함수의 반환 형식에 auto가 지정되어 있으면 컴파일러는 템플릿 형식 연역을 적용한다. 지금 예에서는 그것이 문제가 된다. 앞에서 논의했듯이, T 객체들을 담은 컨테이너에 대한 operator[] 연산은 대부분의 경우에는 T&를 돌려준다. 문제는, 항목 1에서 설명했듯이 템플릿 형식 연역 과정에서 초기화 표현식의 참조성이 무시된다는 점이다. 이 점이 다음과 같은 클라이언트 코드†에 어떤 영향을 미치는지 생각해보기 바란다.

```
std::deque<int> d;
…
authAndAccess(d, 5) = 10;  // 사용자를 인증하고, d[5]를 돌려주고,
                           // 그런 다음 10을 d[5]에 배정한다
                           // 이 코드는 컴파일되지 않는다!
```

여기서 d[5]는 int&를 돌려주나, authAndAccess에 대한 auto 반환 형식 연역 과정에서 참조가 제거되기 때문에 결국 반환 형식은 int가 된다. 함수의 반환값으로서의 이 int는 하나의 오른값이며, 결과적으로 위의 예제 코드는 오른값 int에 10을 배정하려 한다. 그런 일은 C++에서 금지되어 있으므로 이 코드는 컴파일되지 않는다.

authAndAccess가 우리가 원하는 대로 작동하려면, 함수의 반환 형식에 decltype 형식 연역이 적용되게 만들어야 한다. 좀 더 구체적으로는, authAndAccess가 c[i]의 반환 형식과 정확히 동일한 형식을 반환하게 만들어야 한다. 형식 추론이 일어나는 일부 경우에서 decltype 형식 연역 규칙들이 적용되어야 할 필요성을 예측한 C++의 수호자들은 C++14의 decltype(auto) 지정자를 통해서 그러한 일을 가능하게 만들었다. 이 지정자는 언뜻 모순처럼 보이지만(decltype과 auto가 동시에 나온다니!), 좀 더 생각해보면 완전히 합당하다. auto는 해당 형식이 연역되어야 함을 뜻하고, decltype은 그 연역 과정에서 decltype 형식 연역 규칙들이 적용되어야 함을 뜻한다. 다음은 이 지정자를 적용해서 authAndAccess를 작성한 예이다.

---

† (옮긴이) 클라이언트 또는 클라이언트 코드는 어떠한 기능을 사용하는(이를테면 함수를 호출하는) 쪽의 코드를 뜻하는 광범위한 의미로 쓰인다(분산 처리 시스템 구조의 하나인 클라이언트-서버 구조에만 한정되는 것이 아니다).

```
template<typename Container, typename Index>    // C++14;
decltype(auto)                                   // 작동하지만
authAndAccess(Container& c, Index i)             // 좀 더 정련할
{                                                // 필요가 있음
  authenticateUser();
  return c[i];
}
```

이제 authAndAccess의 반환 형식은 실제로 c[i]의 반환 형식과 일치한다. 특히, c[i]가 T&를 돌려주는 일반적인 경우 authAndAccess는 T&를 돌려주고, c[i]가 하나의 객체를 돌려주는 흔치 않은 경우에는 authAndAccess 역시 같은 형식의 객체를 돌려준다.

decltype(auto)를 함수 반환 형식에만 사용할 수 있는 것은 아니다. 변수를 선언할 때에도, 초기화 표현식에 decltype 형식 연역 규칙들을 적용하고 싶은 경우라면 이 지정자가 유용하다.

```
Widget w;

const Widget& cw = w;

auto myWidget1 = cw;             // auto 형식 연역:
                                // myWidget1의 형식은 Widget

decltype(auto) myWidget2 = cw;  // decltype 형식 연역:
                                // myWidget2의 형식은
                                // const Widget&
```

그런데 아직 개운치 않은 사항이 두 개 있다. 하나는 앞에서 언급하고 설명하지 않은, authAndAccess의 정련 방법이다. 그럼 그 부분을 지금 짚어보겠다.

authAndAccess 함수의 C++14 버전의 선언을 다시 보자.

```
template<typename Container, typename Index>
decltype(auto) authAndAccess(Container& c, Index i);
```

컨테이너 c는 비const 객체에 대한 왼값 참조로서 함수에 전달된다. 이는 함수가 돌려준 컨테이너 요소를 클라이언트가 수정할 수 있게 하기 위한 것이다. 문제는, 이 때문에 함수에 오른값 컨테이너는 전달할 수 없다는 것이다. 오른값을 왼값 참조에 묶을 수는 없다(const에 대한 왼값 참조에는 묶을 수 있지만, 지금은 그런 경우가 아니다).

솔직히 말해서 authAndAccess에 오른값 컨테이너를 넘기는 것은 극단적인 경우(edge case)에 해당한다. 임시 객체로서의 오른값 컨테이너는 일반적으로 authAndAccess 호출을 담은 문장의 끝에서 파괴되며, 따라서 그 컨테이너 안의 한 요소를 지칭하는 참조는 그 요소를 생성하는 문장의 끝에서 지칭 대상을 잃게 된다. 그렇긴 하지만, authAndAccess에 임시 객체를 넘겨줄 수 있게 만드는 것

은 여전히 합당한 일이다. 다음 예처럼 클라이언트가 그냥 임시 컨테이너의 한
요소의 복사본을 만들고 싶을 수도 있기 때문이다.

```
std::deque<std::string> makeStringDeque();   // 팩터리 함수

// makeStringDeque가 돌려준 deque의
// 다섯 번째 원소의 복사본을 만든다
auto s = authAndAccess(makeStringDeque(), 5);
```

이런 용법을 지원하려면 authAndAccess가 왼값뿐만 아니라 오른값도 받아들이
도록 선언을 고쳐야 한다. 중복적재를 사용할 수도 있지만(왼값 참조 매개변수
를 받는 중복적재 버전과 오른값 참조 매개변수를 받는 중복적재 버전을 따로
만들어서), 그러면 관리해야 할 함수가 두 개가 된다. 이를 피하는 한 가지 방법
은 왼값과 오른값 모두에 묶일 수 있는 참조 매개변수를 authAndAccess에 도입하
는 것이다. 항목 24에서 설명하겠지만, 보편 참조가 바로 그런 용도로 쓰인다.
다음은 보편 참조 매개변수를 받도록 고친 authAndAccess의 선언이다.

```
template<typename Container, typename Index>   // 이번에는 c가
decltype(auto) authAndAccess(Container&& c,    // 보편 참조
                             Index i);
```

지금 시점에서 이 템플릿이 다루는 컨테이너의 형식과 그 컨테이너의 한 요소
에 접근하는 데 쓰이는 색인 객체의 형식은 알 수 없다. 미지의 형식의 객체에
대해 값 전달 방식을 적용하면 불필요한 복사 때문에 성능이 하락하거나, 객체
가 잘려서(항목 41 참고) 프로그램의 행동에 문제가 생기거나, 또는 동료 개발
자의 비웃음을 살 위험이 있다. 그렇긴 하지만, 컨테이너 색인에 대해서는 표준
라이브러리가 색인 값을 사용하는 방식(이를테면 std::string이나 std::vector,
std::deque의 operator[]에 쓰이는)을 따르는 것이 합당해 보인다. 그래서 색인
매개변수에 대해서는 값 전달 방식을 고수하기로 한다.

변화된 선언에 맞게 템플릿의 구현도 고칠 필요가 있다. 구체적으로, 항목 25
의 조언에 따라 다음과 같이 보편 참조에 std::forward를 적용하기로 한다.

```
template<typename Container, typename Index>   // 최종
decltype(auto)                                 // C++14
authAndAccess(Container&& c, Index i)          // 버전
{
  authenticateUser();
  return std::forward<Container>(c)[i];
}
```

이제 우리가 원하는 방식으로 작동하는 템플릿이 만들어졌다. 그런데 이 템플릿
을 사용하려면 C++14 컴파일러가 필요하다. 혹시 그런 컴파일러가 없는 독자라

면 템플릿의 C++11 버전을 사용할 수밖에 없다. 그 버전은 반환 형식을 명시적으로 지정해야 한다는 점만 빼고는 C++14 버전과 동일하다.

```
template<typename Container, typename Index>    // 최종
auto                                            // C++11
authAndAccess(Container&& c, Index i)           // 버전
-> decltype(std::forward<Container>(c)[i])
{
  authenticateUser();
  return std::forward<Container>(c)[i];
}
```

개운치 않은 사항 두 번째는, 이번 항목의 도입부에서 decltype이 아주 가끔은 예상 밖의 결과를 제공한다고 한 부분이다. 사실 독자가 책임이 막중한 라이브러리 구현자가 아니라면, 그런 규칙상의 예외 상황을 만날 가능성은 아주 낮다.

decltype의 작동 방식을 완전히 이해하려면 몇 가지 특별한 경우에 익숙해질 필요가 있다. 이 특수 경우들 대부분은 이런 종류의 책에서 다루기에는 너무나 미묘하고 드물지만, 그래도 한 가지 정도 알아 두면 decltype의 작동 방식과 용법을 좀 더 잘 이해하는 데 도움이 될 것이다.

decltype을 이름에 적용하면 그 이름에 대해 선언된 형식이 산출된다. 대체로 이름은 왼값 표현식이나, 그 점이 decltype의 행동에 영향을 주지는 않는다. 그런데 이름보다 복잡한 왼값 표현식에 대해서는 일반적으로 decltype이 항상 왼값 참조를 보고한다. 즉, 이름이 아닌, 그리고 형식이 T인 어떤 왼값 표현식에 대해 decltype은 T&를 보고한다. 어차피 대부분의 왼값 표현식에는 태생적으로 왼값 참조가 포함되어 있으므로, 이 점 때문에 뭔가가 달라지는 경우는 드물다. 예를 들어 왼값을 돌려주는 함수는 항상 왼값 참조를 돌려준다.

그러나 이러한 작동 방식이 뭔가 차이를 만드는 경우가 없는 것은 아니다. 다음 코드에서,

```
int x = 0;
```

x는 변수의 이름이므로 decltype(x)는 int이다. 그러나 x를 괄호로 감싸서 "(x)"를 만들면 이름보다 복잡한 표현식이 된다. 이름으로서의 x는 하나의 왼값이며, C++은 (x)라는 표현식도 왼값으로 정의한다. 따라서 decltype((x))는 int&이다. 이름을 괄호로 감싸면 decltype이 보고하는 형식이 달라지는 것이다!

C++11에서는 이것이 그냥 드물게 만나는 신기한 현상 정도이다. 그렇지만 decltype(auto)를 지원하는 C++14에서는 return 문 작성 습관의 사소한(겉으로 보기에) 차이 때문에 함수의 반환 형식 연역 결과가 달라지는 사태가 벌어질 수 있다.

```
decltype(auto) f1()
{
  int x = 0;
  …
  return x;          // decltype(x)는 int이므로 f1은 int를 반환
}

decltype(auto) f2()
{
  int x = 0;
  …
  return (x);        // decltype((x))는 int&이므로 f2는 int&를 반환
}
```

f2가 f1과는 다른 형식을 돌려준다는 점뿐만 아니라, 자신의 지역 변수에 대한 참조를 돌려준다는 점도 주목하기 바란다. 이런 종류의 코드를 작성하는 것은 미정의 행동으로 직행하는 특급 열차에 올라타는 것과 같다. 그런 열차에 기꺼이 탑승하려는 독자는 없을 것이라고 믿는다.

이 예의 주된 교훈은, decltype(auto)는 아주 조심해서 사용해야 한다는 것이다. 형식을 연역하려는 표현식에서 겉으로 보기에는 중요하지 않은 세부사항이라도 decltype(auto)가 보고하는 형식에 영향을 미칠 수 있다. 애초에 예상했던 형식이 실제로 연역되었는지 확인하고 싶다면 항목 4에서 설명하는 기법들을 사용하면 된다.

그렇긴 하지만, 더 큰 그림에 대한 시야를 잃어서도 안 될 것이다. decltype이 (그 자체로 사용하든 auto와 함께 사용하든) 아주 가끔 뜻밖의 형식을 연역하기도 하지만, 그것은 정상적인 상황이 아니다. 보통의 경우 decltype은 기대한 바로 그 형식을 산출한다. 특히 decltype을 이름에 적용할 때에는 반드시 그렇다. 이 경우 decltype은 그 명칭에 걸맞게 행동한다. 즉, 주어진 이름의 선언된 형식(**decl**ared **type**)을 돌려준다.

기억해 둘 사항들

☑ decltype은 항상 변수나 표현식의 형식을 아무 수정 없이 보고한다.

☑ decltype은 형식이 T이고 이름이 아닌 왼값 표현식에 대해서는 항상 T& 형식을 보고한다.

☑ C++14는 decltype(auto)를 지원한다. decltype(auto)는 auto처럼 초기치로부터 형식을 연역하지만, 그 형식 연역 과정에서 decltype의 규칙들을 적용한다.

항목 4: 연역된 형식을 파악하는 방법을 알아두라

형식 연역 결과를 직접 확인하는 수단은 소프트웨어 개발 과정에서 그러한 정보가 필요한 시점에 따라 다르다. 이번 항목에서는 세 가지 시점에서 형식 연역 정보를 얻는 방법을 살펴본다. 하나는 코드를 작성·수정하는 시점이고 또 하나는 컴파일 시점, 나머지 하나는 실행시점이다.

IDE 편집기

IDE(통합 개발 환경)의 코드 편집기 중에는 프로그램 개체(변수, 매개변수, 함수 등) 위에 마우스 커서를 올리면 그 개체의 형식을 표시해 주는 것이 많다. 예를 들어 다음과 같은 코드에 대해,

```
const int theAnswer = 42;

auto x = theAnswer;
auto y = &theAnswer;
```

IDE 편집기는 x의 연역된 형식이 int이고 y의 연역된 형식이 const int*임을 표시해 줄 것이다.

이런 일이 가능하려면 편집기의 코드가 어느 정도는 컴파일 가능한 상태이어야 한다. IDE가 이런 종류의 정보를 제공할 수 있는 것은 IDE 안에서 C++ 컴파일러가(또는, 적어도 그러한 컴파일러의 앞단(front)이) 실행되기 때문이다. 컴파일러가 코드를 파싱해서 형식 연역을 수행할 수 있을 정도로 편집기의 코드가 완성되어 있지 않으면 편집기는 요청된 개체의 형식을 표시할 수 없다.

일반적으로, int 같은 간단한 형식의 경우에는 IDE가 알려준 정보가 쓸만하다. 그러나, 잠시 후에 보겠지만 좀 더 복잡한 형식이 관여할 때에는 IDE가 표시한 정보가 그리 도움이 되지 않을 수도 있다.

컴파일러의 진단 메시지

일반적으로 컴파일러가 연역한 형식을 파악하는 데 효과적인 방법 하나는, 원하는 형식 때문에 컴파일에 문제가 발생하게 만드는 것이다. 거의 항상, 문제를 보고하는 오류 메시지에는 문제를 일으킨 형식이 언급되어 있다.

그럼 앞의 예제 코드에 나온 x와 y에 대해 연역된 형식을 오류 메시지를 이용해서 파악해보자. 우선, 클래스 템플릿 하나를 정의 없이 선언만 해둔다. 다음 예가 적당할 것이다.

```
template<typename T>        // TD를 선언만 해둔다; TD는
class TD;                    // "Type Displayer(형식 표시기)"를
                            // 뜻한다
```

이 템플릿을 인스턴스화하려 하면, 인스턴스화할 템플릿 정의가 없어서 컴파일 오류가 발생한다. 해당 오류 메시지에 우리가 원하는 정보가 들어 있다. 결론적으로, x와 y의 형식을 알고 싶다면 해당 형식들로 TD를 인스턴스화해보면 된다.

```
TD<decltype(x)> xType;      // x와 y의 형식들이 담긴
TD<decltype(y)> yType;      // 오류 메시지들이 나온다
```

이 예제 코드에는 *변수이름*Type 형태의 변수 이름들이 쓰였는데, 이렇게 하면 오류 메시지에서 원하는 변수의 형식을 좀 더 쉽게 찾아낼 수 있다. 다음은 위의 코드에 대해 내가 가진 컴파일러 중 하나가 토해 낸 오류 메시지의 일부분이다. (강조된 부분이 우리가 원했던 정보이다.)

```
error: aggregate 'TD<int> xType' has incomplete type and
    cannot be defined
error: aggregate 'TD<const int *> yType' has incomplete type
    and cannot be defined
```

다른 한 컴파일러도 형태는 다르지만 본질적으로 동일한 정보를 제공한다.†

```
error: 'xType'은(는) 정의되지 않은 class 'TD<int>'을(를) 사용합니다.
error: 'yType'은(는) 정의되지 않은 class 'TD<const int *>'을(를) 사용합니다.
```

서식(formatting)의 차이는 있지만, 이 기법으로 시험해 본 거의 모든 컴파일러는 유용한 형식 정보를 제공했다.

실행시점 출력

형식 정보를 printf를 이용해서 표시하는 접근방식은 실행시점에서만 사용할 수 있지만, 출력의 서식을 완전히 제어할 수 있다는 장점이 있다(그렇다고 내가 printf의 사용을 권장하는 것은 아님을 주의하기 바란다). 이 접근방식에서 까다로운 점 하나는, 원하는 형식으로부터 표시에 적합한 형태의 텍스트를 만들어 내는 것이다. 아마 "별 문제 있겠어? typeid와 std::type_info::name을 사용하면 그만이지"라고 생각할 것이다. 다음은 앞의 예제에 나온 x와 y에 대해 연역된 형식들을 typeid를 이용해서 출력하는 예이다.

```
std::cout << typeid(x).name() << '\n';   // x와 y의 형식들을
std::cout << typeid(y).name() << '\n';   // 출력한다
```

---

†   (옮긴이) 한국어 언어 팩이 적용된 Visual Studio 2013의 컴파일러가 출력한 오류 메시지이다.

이 접근방식은, x나 y 같은 객체에 대해 typeid를 적용하면 std::type_info 형식의 객체가 산출되며, 그 std::type_info 객체에는 name이라는 멤버 함수가 있으며, 그 멤버 함수는 형식의 이름을 나타내는 C 스타일 문자열(즉, const char*)을 돌려준다는 가정을 깔고 있다.

표준에 따르면 std::type_info::name이 의미 있는 뭔가를 돌려준다는 보장은 없지만, 대체로 구현(컴파일러)들은 개발자에게 도움이 되고자 노력한다. 어느 정도 도움이 되는지는 컴파일러마다 다를 수 있다. GNU 컴파일러와 Clang 컴파일러는 x의 형식이 "i"라고 보고하고, y의 형식을 "PKi"라고 보고한다. 이런 컴파일러들의 출력에서 "i"가 "int"를 뜻하고 "PK"가 "pointer to ~~konst~~ const(const를 가리키는 포인터)"를 뜻한다는 점을 알고 나면 이러한 결과를 납득할 수 있을 것이다. (두 컴파일러 모두, 이런 '난도질된(mangled)' 형식들을 해독해 주는 c++filt 도구를 지원한다.) Microsoft 컴파일러의 출력은 이보다 덜 난해해서, x에 대해서는 "int"를, y에 대해서는 "int const *"를 보고한다.

컴파일러 오류 메시지를 이용해서 이 x와 y의 형식들에 대해 정확한 결과를 얻었다고 해서 형식 보고 문제가 완전히 해결되었다는 결론을 내리는 것은 너무 성급한 일이다. 좀 더 복잡한 예를 생각해 보자.

```
template<typename T>              // 호출할 템플릿 함수
void f(const T& param);

std::vector<Widget> createVec();  // 팩터리 함수

const auto vw = createVec();      // vw를 팩터리 함수의
                                  // 반환값으로 초기화한다

if (!vw.empty()) {
  f(&vw[0]);                      // 여기서 f를 호출한다
  …
}
```

사용자 정의 형식 하나(Widget)와 STL 컨테이너 하나(std::vector), 그리고 auto 변수 하나(vw)가 관여하는 이 코드는 컴파일러가 연역하는 형식을 직접 확인해 볼 필요가 있는 상황을 좀 더 잘 나타낸다. 예를 들어 f의 템플릿 형식 매개변수 T와 함수 매개변수 param에 대해 어떤 형식들이 추론되었는지를 직접 확인할 수 있다면 유용할 것이다.

이를 위해 typeid를 사용하는 것의 문제점은 명백하다. 그럼 알고 싶은 형식들을 표시하기 위해 다음과 같은 코드를 추가해 보자.

```
template<typename T>
void f(const T& param)
{
```

```
    using std::cout;
    cout << "T =     " << typeid(T).name() << '\n';      // T를 표시

    cout << "param = " << typeid(param).name() << '\n'; // param의
    …                                                    // 형식을
}                                                        // 표시
```

GNU 컴파일러와 Clang 컴파일러로 만든 실행 파일들의 출력은 다음과 같다.

```
T =     PK6Widget
param = PK6Widget
```

PK가 "const를 가리키는 포인터"를 뜻한다는 점은 이미 알고 있다. 따라서 유일한 미스터리는 숫자 6인데, 이는 그다음에 있는 클래스 이름(Widget)의 글자 수일 뿐이다. 결과적으로, 이 컴파일러들은 T와 param 둘 다 형식이 const Widget*임을 말해준다.

Microsoft의 컴파일러도 동일한 정보를 말해준다.

```
T =     class Widget const *
param = class Widget const *
```

서로 다른 세 컴파일러가 같은 정보를 산출했다는 점을 생각하면, 아마 그 정보는 정확할 것이다. 그러나 좀 더 자세히 살펴보자. 템플릿 f에서 param의 선언된 형식은 const T&이다. 그런데도 T와 param의 형식이 같다는 것은 좀 이상하지 않은가? 예를 들어 T가 int였다면, param의 형식은 그와는 다른 const int&가 되어야 한다.

안타깝게도 std::type_info::name의 정보는 믿을 만하지 않다. 예를 들어 지금 예에서 세 컴파일러는 모두 param의 형식을 틀리게 보고했다. 더 나아가서, 표준을 준수하려면 그렇게 틀리게 보고할 **필요**가 있다. 표준에 따르면, std::type_info::name은 반드시 주어진 형식을 마치 템플릿 함수에 값 전달 매개변수로서 전달된 것처럼 취급해야 한다. 항목 1에서 설명하듯이, 값 전달의 경우 만일 형식이 참조이면 참조성이 무시되며, 참조를 제거한 후의 형식이 const(또는 volatile)이면 해당 const성(또는 volatile성) 역시 무시된다. 그래서 실제로는 const Widget * const&인 param의 형식이 그냥 const Widget*로 보고된 것이다. const Widget*는 원래의 형식에서 먼저 참조성이 제거되고, 그래서 나온 포인터의 const성이 제거된 결과이다.†

---

† (옮긴이) Widget 앞의 const는 포인터의 const성이 아니라 포인터가 가리키는 대상의 const성임을 주의하기 바란다.

마찬가지로 안타까운 일은, IDE 편집기가 표시하는 형식 정보 역시 믿을 만하지 않다는, 또는 적어도 믿을 만하게 유용하지는 않다는 점이다. 같은 예에 대해, 내가 아는 어떤 IDE 편집기는 T의 형식을 다음과 같이 보고한다(내가 임의로 꾸며 낸 것이 아님!).

```
const
std::_Simple_types<std::_Wrap_alloc<std::_Vec_base_types<Widget,
std::allocator<Widget> >::_Alloc>::value_type>::value_type *
```

그리고 param의 형식은 다음과 같이 보고한다.

```
const std::_Simple_types<...>::value_type *const &
```

T에 대한 형식보다는 덜 흉악하지만, 중간의 "…"가 좀 혼동될 것이다. 해당 IDE는 "T의 형식의 일부에 해당하는 모든 것을 생략했음"이라는 뜻을 "…"로 표현했다. 행운이 따른다면, 독자가 사용하는 IDE는 이보다는 나은 결과를 보여줄 것이다.

행운보다는 라이브러리를 더 믿는 독자라면, std::type_info::name과 IDE가 실패하는 경우에서도 Boost TypeIndex 라이브러리(흔히 *Boost.TypeIndex*라고 표기한다)는 성공하도록 설계되어 있다는 점을 반길 것이다. 이 라이브러리는 표준 C++의 일부가 아니지만, 어차피 IDE나 TD 같은 템플릿도 표준 C++에 속하는 것은 아니다. 더 나아가서, Boost 라이브러리들(*boost.org*에서 구할 수 있음)은 크로스 플랫폼이자 오픈소스이며, 극도로 편집증적인 기업 법무팀의 마음에도 들도록 고안된 사용권(라이선스)을 따른다. 따라서 Boost 라이브러리를 사용하는 코드는 표준 라이브러리에 의존하는 코드에 필적할 정도의 이식성을 보장한다.

다음은 앞에 나온 함수 f에 관한 정확한 형식 정보를 Boost.TypeIndex를 이용해서 얻는 방법을 보여주는 예제 코드이다.

```
#include <boost/type_index.hpp>

template<typename T>
void f(const T& param)
{
  using std::cout;
  using boost::typeindex::type_id_with_cvr;

  // T를 표시
  cout << "T =     "
       << type_id_with_cvr<T>().pretty_name()
       << '\n';
```

```
    // param의 형식을 표시
    cout << "param = "
        << type_id_with_cvr<decltype(param)>().pretty_name()
        << '\n';
    …
}
```

이 코드가 우리가 원했던 정보를 출력하는 이유는, 함수 템플릿 boost::
typeindex::type_id_with_cvr이 자신에게 전달된 형식 인수(우리가 알고자 하
는 형식)의 const나 volatile, 참조 한정사들을 그대로 보존하기 때문이다(이
름에 "with_cvr"이 붙은 이유가 바로 그것이다). type_id_with_cvr은 하나의
boost::typeindex::type_index 객체를 산출하며, 그 객체의 pretty_name 멤버 함
수는 형식을 사람이 보기에 좋게 표현한 문자열을 담은 std::string 객체를 돌려
준다.

f에 관한 이러한 정보를 염두에 두고, typeid를 사용했을 때 param에 대해 잘
못된 형식 정보를 산출하는 호출을 다시 살펴보자.

```
std::vector<Widget> createVec();        // 팩터리 함수

const auto vw = createVec();            // vw를 팩터리 함수의
                                        // 반환값으로 초기화한다
if (!vw.empty()) {
  f(&vw[0]);                            // 여기서 f를 호출한다
  …
}
```

GNU 컴파일러와 Clang 컴파일러에서, Boost.TypeIndex를 사용하는 예제는 다
음과 같은 (정확한) 출력을 낸다.

```
T =     Widget const*
param = Widget const* const&
```

Microsoft 컴파일러의 결과도 본질적으로 동일하다.

```
T =     class Widget const *
param = class Widget const * const &
```

이러한 거의 균일한 결과들이 바람직하긴 하지만, IDE 편집기와 컴파일러 오
류 메시지, 그리고 Boost.TypeIndex 같은 라이브러리는 단지 컴파일러가 연역
하는 형식을 파악하는 데 도움이 되는 도구일 뿐임을 명심하기 바란다. 이들이
유용하긴 하지만, 궁극적으로 볼 때 항목 1~3에서 설명하는 형식 연역 규칙들을
숙지하는 것보다 나은 것은 없다.

기억해 둘 사항들

☑ 컴파일러가 연역하는 형식을 IDE 편집기나 컴파일러 오류 메시지, Boost TypeIndex 라이브러리를 이용해서 파악할 수 있는 경우가 많다.

☑ 일부 도구의 결과는 유용하지도 않고 정확하지도 않을 수 있으므로, C++의 형식 연역 규칙들을 제대로 이해하는 것은 여전히 필요한 일이다.

2장

auto

auto는 개념적으로는 더할 나위 없이 간단하지만, 실제로는 보기보다 미묘한 구석이 있다. auto를 잘 활용하면 타자(typing)의 양이 줄어들 뿐만 아니라, 형식을 직접 지정했을 때 겪게 되는 정확성 문제와 성능 문제도 방지할 수 있다. 그러나 가끔은 auto가 프로그래머가 보기에 아주 엉뚱한 형식을 연역하기도 한다(비록 미리 정해진 알고리즘을 충실히 준수한 결과이긴 하지만). 그런 경우 애초에 원했던 결과를 내도록 auto를 이끄는 방법을 알아두는 것이 중요하다. auto를 아예 포기하고 형식을 명시적으로 지정하는 것은 최대한 피하는 것이 좋기 때문이다.

그리 길지 않은 이번 장에서는 auto의 안팎을 속속들이 파헤친다.

항목 5: 명시적 형식 선언보다는 *auto*를 선호하라

간단한 선언 하나의 즐거움을 맛보자:

```
int x;
```

이런, 깜빡 잊고 x를 초기화하지 않았다. 이러면 x의 값이 정해지지 않는다. 꼭 그럴까? 문맥에 따라서는 0으로 초기화될 수도 있다. 어쨌든 더 이상 간단하다고는 말할 수 없다.

그렇다 치고, 이번에는 반복자(iterator)의 역참조를 통해 초기화되는 지역 변수 하나를 간단하게 선언해보자.

```
template<typename It>        // b에서 e까지의 구간에 있는 모든
void dwim(It b, It e)        // 요소에 대해 dwim("do what I mean")†
{                            // 알고리즘을 수행한다
  for (; b != e; ++b) {
    typename std::iterator_traits<It>::value_type
      currValue = *b;
    ...
  }
}
```

안타깝게도, 반복자가 가리키는 값의 형식을 "typename std::iterator_traits
<It>::value_type"이라고 표현해야 한다는 것은 전혀 간단하지 않다. 예전에 내
가 느꼈던 간단한 선언의 즐거움은 대체 어디로 간 것일까?

세 번째 시도로, 이번에는 클로저의 형식으로 지역 변수를 선언해 보자. 그런
데 클로저의 형식은 컴파일러만 알고 있으므로 명시적으로 지정하는 것은 불가
능하다. 간단한 선언의 즐거움은 이번에도 맛볼 수 없다.

맙소사, 세 번의 시도 모두 실패했다. 이래서야 C++ 프로그래밍이 즐겁다고
는 말할 수 없지 않은가!

실제로, 앞에서 본 문제점들 때문에 예전에는 C++ 프로그래밍이 그리 즐겁지
않았다. 다행히 C++11부터는 auto 덕분에 이 문제점들이 모두 사라졌다. auto
변수‡의 형식은 해당 초기치로부터 연역되므로, 반드시 초기치를 제공해야 한
다. 따라서, 현대적인 C++ 초고속도로를 달린다면 변수의 초기화를 빼먹는 실수
를 저지를 여지가 아예 사라진다.

```
int x1;              // 문맥에 따라서는 초기화되지 않을 수 있음

auto x2;             // 오류! 초기치가 꼭 필요함

auto x3 = 0;         // 양호함: x3의 값이 잘 정의됨
```

언급한 고속도로에는 지역 변수 선언에서 변수의 값을 반복자 역참조로 초기화
하는 데 관련된 구멍들도 없다.

---

† (옮긴이) "do what I mean(내가 지시한 것을 곧이곧대로 하지 말고, 그 의사를 잘 파악해서 행하라)"
를 줄인 dwim은 어떤 구체적인 알고리즘의 이름이 아니고, 상황과 문맥에 맞게 지능적으로 작동하
는 알고리즘이나 함수, 시스템을 통칭하는 일종의 개발자 은어이다. C++의 함수 중복적재나 템플릿
함수(정적 다형성), 가상 함수(동적 다형성)는 잠재적으로 dwim이라 할 수 있다.

‡ (옮긴이) auto를 이용해서 선언한 변수를 말한다. 참고로 C++98의 auto 변수는 이와는 전혀 다른 의
미이다. C++98에서 auto는 해당 변수가 "자동" 저장소(간단히 말해 스택)에 저장되는, 따라서 범위를
벗어날 때 자동으로 파괴되는 지역 변수임을 선언하는 용도로 쓰였다. 다행히(?) 그런 용도로 auto를
사용하는 경우는 아주 드물었으며(사실상 모든 지역 변수는 굳이 auto를 지정하지 않아도 "자동으
로" 스택에 저장되므로), 덕분에 10년 넘게 전 세계적으로 수많은 개발자가 사용해 온 프로그래밍 언
어에서 기존 키워드의 의미가 완전히 달라지는 '대격변'이 별 저항 없이 순조롭게 진행되었다.

```
template<typename It>           // 이전과 동일
void dwim(It b, It e)
{
  for (; b != e; ++b) {
    auto currValue = *b;
    …
  }
}
```

그리고 auto는 형식 연역을 사용하므로(항목 2 참고), 예전에는 컴파일러만 알던 형식을 지정할 수 있다.

```
auto derefUPLess =                           // std::unique_ptr들이
  [](const std::unique_ptr<Widget>& p1,      // 가리키는 Widget
     const std::unique_ptr<Widget>& p2)      // 객체들을 비교하는
  { return *p1 < *p2; };                      // 함수
```

아주 후련한 용법이다. C++14에서는 람다 표현식의 매개변수에도 auto를 적용할 수 있어서 더욱 후련해진다.

```
auto derefLess =                  // C++ 14 버전:
  [](const auto& p1,              // 그 어떤 것이든
     const auto& p2)              // 포인터처럼 작동하는
  { return *p1 < *p2; };          // 것들이 가리키는 값들을
                                  // 비교하는 함수
```

후련하긴 하지만, 클로저를 담는 변수를 선언할 때 굳이 auto를 사용할 필요는 없다는 생각이 들지도 모르겠다. 그냥 std::function 객체를 사용하면 되지 않을까? 그럴 수도 있지만, 독자가 정말로 원한 것과는 다른 결과가 날 수도 있다. std::function 객체 자체에 익숙하지 않은 독자도 있을 것이므로, 우선 std::function 객체가 무엇인지부터 살펴보자.

std::function은 C++11 표준 라이브러리의 한 템플릿으로, 함수 포인터 개념을 일반화한 것이다. 단, 함수 포인터는 함수만 가리킬 수 있지만 std::function은 호출 가능한 객체이면 그 어떤 것도 가리킬 수 있다. 즉, 함수처럼 호출할 수 있는 것이면 그 무엇이라도 std::function으로 지칭할 수 있다. 함수 포인터를 만들 때 그 포인터가 가리키는 함수의 형식(즉, 포인터가 가리키는 함수의 서명)을 지정해야 하는 것과 마찬가지로, std::function 객체를 생성할 때에는 그것이 지칭할 함수의 형식을 반드시 지정해야 한다. 함수의 형식은 std::function의 템플릿 매개변수를 통해서 지정한다. 예를 들어 다음과 같은 함수 서명에 해당하는 임의의 호출 가능 객체를 지칭하는 std::function을 생성한다고 하자.

```
bool(const std::unique_ptr<Widget>&,   // C++11 버전
     const std::unique_ptr<Widget>&)   // std::unique_ptr<Widget>
                                       // 비교 함수의 서명
```

그러면 다음과 같은 코드가 필요하다.

```
std::function<bool(const std::unique_ptr<Widget>&,
                   const std::unique_ptr<Widget>&)> func;
```

람다 표현식이 산출하는 클로저는 호출 가능 객체이므로, std::function 객체에 저장할 수 있다. 따라서 C++11 버전의 derefUPLess를 다음처럼 auto를 사용하지 않고 선언할 수 있다.

```
std::function<bool(const std::unique_ptr<Widget>&,
                   const std::unique_ptr<Widget>&)>
derefUPLess = [](const std::unique_ptr<Widget>& p1,
                 const std::unique_ptr<Widget>& p2)
               { return *p1 < *p2; };
```

std::function을 사용하는 것과 auto를 사용하는 것 사이에는, 전자의 경우 구문이 장황하고 매개변수 형식들을 반복해서 지정해야 한다는 외견상의 차이보다 더욱 중요한 차이가 있다. auto로 선언된, 그리고 클로저를 담는 변수는 그 클로저와 같은 형식이며, 따라서 그 클로저에 요구되는 만큼의 메모리만 사용한다. 그러나 클로저를 담는 std::function으로 선언된 변수의 형식은 std::function 템플릿의 한 인스턴스이며, 그 크기는 임의의 주어진 서명에 대해 고정되어 있다. 그런데 그 크기가 요구된 클로저를 저장하기에 부족할 수도 있으며, 그런 경우 std::function은 힙 메모리를 할당해서 클로저를 저장한다. 결과적으로, 대체로 std::function 객체는 auto로 선언된 객체보다 메모리를 더 많이 소비한다. 그리고 인라인화(inlining)를 제한하고 간접 함수 호출을 산출하는 구현 세부사항 때문에, std::function 객체를 통해서 클로저를 호출하는 것은 거의 항상 auto로 선언된 객체를 통해 호출하는 것보다 느리다. 다른 말로 하면, 일반적으로 std::function 접근방식은 auto 접근방식보다 메모리와 시간을 더 많이 소비하며, 때에 따라서는 메모리 부족(out-of-memory) 예외를 유발할 수도 있다. 게다가, 앞의 예들에서 보듯이 std::function 인스턴스의 형식을 직접 타자하는 것보다 그냥 "auto"를 타자하는 것이 훨씬 수월하다. 클로저를 담기 위한 auto와 std::function의 경쟁에서 승자는 명백히 auto이다. (std::bind 호출의 결과를 담기 위한 auto와 std::function의 경쟁 역시 마찬가지이다. 그러나 항목 34에서는 애초에 std::bind 대신 람다를 사용하는 게 낫다는 점을 독자에게 역설한다.)

auto의 장점이 변수 초기화 누락을 방지하고 장황한 변수 선언을 피하는 것, 그리고 클로저를 직접 담는 것에서 그치는 것은 아니다. 또 다른 한 장점, 내가 "형식 단축(type shortcut)"이라고 부르는 것과 관련된 문제를 피할 수 있다는 것이다. 다음은 흔히 볼 수 있는 예이다. 어쩌면 실제로 이런 코드를 작성해 본 독자도 있을 것이다.

```cpp
std::vector<int> v;
…
unsigned sz = v.size();
```

v.size()의 공식적인 반환 형식은 std::vector<int>::size_type인데, 그 점을 아는 개발자는 별로 없다. std::vector<int>::size_type 형식은 부호 없는 정수 형식으로 지정되므로, 많은 프로그래머는 그냥 unsigned로 충분하다고 생각하고 위와 같은 코드를 작성한다. 그런데 이런 용법은 꽤 흥미로운 결과를 빚을 수 있다. 예를 들어 32비트 Windows에서 unsigned와 std::vector<int>::size_type은 같은 크기이지만, 64비트 Windows에서는 unsigned가 32비트인 반면 std::vector<int>::size_type은 64비트이다. 이는 32비트 Windows에서 잘 작동하는 코드가 64비트 Windows에서는 오작동할 수도 있음을 뜻한다. 응용 프로그램을 32비트에서 64비트로 이식할 때 이런 종류의 문제점을 해결하느라 시간을 허비하고 싶은 독자는 없을 것이다.

auto를 사용하면 그런 시간 낭비를 확실히 피할 수 있다.

```cpp
auto sz = v.size();  // sz의 형식은 std::vector<int>::size_type
```

아직도 auto를 선호해야 한다는 점을 확신하지 못하는 독자라면 다음 코드를 보기 바란다.

```cpp
std::unordered_map<std::string, int> m;
…
for (const std::pair<std::string, int>& p : m)
{
    …                    // p로 뭔가를 수행
                         //
}
```

완벽하게 합당해 보이는 코드이지만, 문제점이 하나 있다. 무엇일까?

std::unordered_map의 키 부분이 const라는 점을 기억한다면 이 코드의 문제점을 찾아낼 수 있을 것이다. 키 부분이 const이므로, 해시 테이블(std::unordered_map이 바로 해시 테이블이다)에 담긴 std::pair의 형식은 std::pair<std::string, int>가 아니라 std::pair<const std::string, int>이다. 그런데 이는 루프 위의 변수 p에 대해 선언된 형식과는 다르다. 그래서 컴파일러는 std::pair<const std::string, int> 객체들(즉, 해시 테이블에 담긴 객체들)을 어떻게든 std::pair<std::string, int> 객체들(p의 선언된 형식에 해당하는)로 변환하려 든다. 루프

의 각 반복에서, 컴파일러는 p를 묶고자 하는 형식의 임시 객체를 생성하고, m의 각 객체를 복사하고, 참조 p를 그 임시 객체에 묶음으로써 그러한 변환을 실제로 수행한다. 그 임시 객체는 루프 반복의 끝에서 파괴된다. 아마 이 코드를 작성한 사람의 의도는 그냥 참조 p를 m의 각 요소에 묶는 것이겠지만, 놀랍게도 루프 내부적으로는 상당히 복잡한 작업이 일어난다.

이러한 의도하지 않은 형식 불일치 역시 auto로 날려 보낼 수 있다.

```
for (const auto& p : m)
{
    …                                    // 이전과 동일
}
```

이 버전이 더 효율적일 뿐만 아니라 타자도 더 쉽다. 게다가 이 코드에는 아주 매력적인 특징이 있다. 바로, p의 주소를 취하면 실제로 m 안의 한 요소를 가리키는 포인터를 얻게 된다는 점이다. auto를 사용하지 않는 코드에서는 임시 객체를 가리키는 포인터를 얻게 될 뿐이다. 그 포인터가 가리키는 것은 루프의 각 반복의 끝에서 파괴되어 버린다.

마지막 두 예제, 즉 std::vector<int>::size_type을 사용해야 하는 지점에서 unsigned를 사용하는 예와 std::pair<const std::string, int>라고 지정해야 하는 지점에서 std::pair<std::string, int>를 지정하는 예는 형식을 명시적으로 지정하면 원하지도, 기대하지도 않은 암묵적 변환이 일어날 수 있음을 잘 보여준다. 대상 변수의 형식을 auto로 지정하면 선언할 변수의 형식과 그 변수의 초기화에 쓰이는 표현식의 형식 불일치 문제를 걱정할 필요가 없다.

이처럼, 명시적 형식 선언보다 auto를 선호할 이유는 여러 가지이다. 그렇지만 auto가 완벽한 것은 아니다. 각 auto 변수의 형식은 변수의 초기화에 쓰이는 표현식으로부터 연역되는데, 그러한 초기화 표현식의 형식이 애초에 기대하지 않은, 그리고 바람직하지도 않은 것일 경우도 있다. 그런 경우가 어떤 조건에서 발생하는지, 그리고 그런 경우를 어떤 식으로 처리하면 되는지에 대해서는 항목 2와 항목 6에서 논의하므로, 여기서 이야기하지는 않겠다. 대신, 전통적인 형식 선언 대신 auto를 사용할 때 고려해야 할 또 다른 걱정거리를 살펴보기로 한다. 바로, 해당 소스 코드의 가독성(readability) 문제이다.

우선 심호흡을 하고 긴장을 풀기 바란다. auto는 필수가 아니라 선택이다. 독자의 전문가다운 판단에 의해, 명시적 형식 선언을 사용하는 것이 더 깔끔하거나 유지보수하기 쉬운, 또는 다른 어떤 방식으로 더 나은 코드로 이어진다는 결론을 내렸다면, 명시적 선언을 계속 사용하면 그만이다. 그러나, 프로그래밍 세

계에서 흔히 **형식 추론**(type inference)이라고 부르는 것을 채용하는 데 있어서 C++이 어떤 혁신적인 성과를 내지는 않았음을 명심하기 바란다. 다른 정적 형식 절차적 언어들(이를테면 C#, D, Scala, Visual Basic)에도 auto와 어느 정도 비슷한 기능이 있으며, 여러 정적 형식 함수형 언어들(ML, Haskel, OCaml, F# 등)은 말할 것도 없다. 부분적으로, 형식 추론의 채용은 Perl이나 Python, Ruby처럼 변수의 형식을 명시적으로 지정해야 하는 경우가 아주 드문 동적 형식 언어들의 성공 때문이라 할 수 있다. 소프트웨어 개발 공동체에는 형식 추론에 관한 방대한 경험이 존재한다. 경험에 따르면, 그러한 형식 추론 기술이 대규모 업계 수준 코드 기반의 작성 및 유지보수 능력과 충돌하지는 않는다.

예전에는 소스 코드를 흘깃 보기만 해도 객체의 형식을 파악할 수 있었지만, auto를 사용하면 더는 그럴 수 없다는 점을 걱정하는 개발자들도 있다. 그러나 이 문제는 객체의 형식을 보여주는 IDE의 기능으로 완화되는 경우가 많다(항목 4에서 말한 IDE의 형식 표시의 문제점들을 참작하더라도). 게다가, 많은 경우 객체의 형식을 다소 추상적으로만 파악해도 객체의 정확한 형식을 아는 것만큼이나 도움이 된다. 예를 들어 객체가 구체적으로 어떤 형식의 컨테이너(또는 카운터, 똑똑한 포인터)인지는 몰라도, 컨테이너인지 아니면 카운터나 똑똑한 포인터인지만 알면 충분한 경우가 많다. 변수 이름을 잘 지어 두었다고 가정한다면, auto를 사용한다고 해도 그러한 추상적인 형식 정보는 거의 항상 바로 파악할 수 있다.

사실 형식을 명시적으로 표기하는 것은 그냥 정확성 또는 효율성(또는 둘 다) 면에서 미묘한 실수의 여지가 될 뿐, 별다른 득이 없다. 더 나아가서, auto 형식들은 초기화 표현식의 형식이 변하면 자동으로 변한다. 이는 auto를 사용하면 리팩터링refactoring이 어느 정도 수월해짐을 의미한다. 예를 들어 어떤 함수가 int를 돌려주게 했는데 나중에 long이 더 나은 선택임을 깨달았다고 하자. 만일 그 함수를 호출하는 코드에서 함수의 결과를 항상 auto 변수에 저장하게 했다면, 다음번 컴파일에서 함수 호출 코드가 모두 자동으로 갱신된다. 그러나 호출 결과를 명시적으로 int로 선언한 변수에 저장했다면 호출 지점을 모두 찾아서 일일이 고쳐야 한다.

기억해 둘 사항들

☑ auto 변수는 반드시 초기화해야 하며, 이식성 또는 효율성 문제를 유발할 수 있는 형식 불일치가 발생하는 경우가 거의 없으며, 대체로 변수의 형식을 명시적

으로 지정할 때보다 타자량도 더 적다.

☑ auto로 형식을 지정한 변수는 항목 2와 항목 6에서 설명한 문제점들을 겪을 수
있다.

항목 6: auto가 원치 않은 형식으로 연역될 때에는 명시적 형식의 초기치를 사용하라

항목 5에서 설명했듯이, auto를 사용해서 변수를 선언하면 형식을 명시적으로
지정했을 때보다 기술적으로 여러 가지 장점이 있다. 그러나 가끔은 auto의 형
식 연역이 딴전을 부리기도 한다. 예를 들어 Widget을 하나 받고 std::vector
<bool>을 돌려주는 다음과 같은 함수가 있다고 하자. 해당 bool 값들은 그
Widget이 특정 기능(feature)을 지원하는지를 뜻한다고 가정한다.

```
std::vector<bool> features(const Widget& w);
```

더 나아가서, 5번 비트는 주어진 Widget의 우선순위가 높은지를 나타낸다고 가
정하자. 이 함수를 이용해서 다음과 같은 코드를 작성할 수 있을 것이다.

```
Widget w;
…
bool highPriority = features(w)[5];   // w의 우선순위가 높은가?
…
processWidget(w, highPriority);        // w를 그 우선순위에 맞게
                                       // 처리한다
```

이 코드에 딱히 잘못된 것은 없다. 이 코드는 잘 작동한다. 그러나 highPriority
의 명시적 형식을 auto로 대체하면 어떨까? 언뜻 보기에는 해가 될 것이 없는 변
경이지만, 상황이 아주 달라진다.

```
auto highPriority = features(w)[5];   // w의 우선순위가 높은가?
```

이렇게 바뀐 코드도 여전히 컴파일되나, 이제는 그 행동을 예측할 수 없다.

```
processWidget(w, highPriority);        // 미정의 행동!
```

주석에 나와 있듯이, 이제는 processWidget 호출이 미정의 행동을 유발한다.
그런데 왜 그럴까? 그 이유를 들으면 조금 놀랄 수도 있겠다. auto를 사용하
는 버전에서 highPriority의 형식은 더 이상 bool이 아니다. 개념적으로 std::
vector<bool>은 bool들을 담는 컨테이너이다. 그런데 std::vector<bool>의
operator[]가 돌려주는 것은 그 컨테이너의 한 요소에 대한 참조(bool을 제외

한 모든 형식에 대해 std::vector::operator[]가 돌려주는 것)가 아니라, std::vector<bool>::reference 형식(std::vector<bool> 안에 내포된 클래스)의 객체이다.

std::vector<bool>::reference가 존재하는 것은, std::vector<bool>이 자신의 bool들을 bool당 1비트의 압축된 형태로 표현하도록 명시되어 있기 때문이다. 그런 표현 방식 때문에 std::vector<bool>의 operator[]를 직접적으로 구현할 수 없다. std::vector<T>의 operator[]는 T&를 돌려주도록 되어 있지만, C++에서 비트에 대한 참조는 금지되어 있다. bool&를 직접 돌려줄 수 없다는 제약 때문에, std::vector<bool>의 operator[]는 마치 bool&처럼 작동하는 객체를 돌려주는 우회책을 사용한다. 그러한 '흉내'가 통하려면, bool&가 쓰이는 거의 모든 문맥에서 std::vector<bool>::reference 객체를 bool&처럼 사용할 수 있어야 한다. 이를 가능하게 하는 std::vector<bool>::reference의 기능 중 하나가 bool로의 암묵적 변환이다. (bool&로의 변환이 아니라 *bool*로의 변환이다. std::vector<bool>::reference가 bool&의 행동을 흉내 내는 데 쓰이는 모든 기법을 설명하려면 이번 항목의 논지와 너무 멀어질 것이므로, 그러한 암묵적 변환이 더 큰 모자이크의 한 조각일 뿐이라는 점만 언급하고 넘어가겠다.)

이러한 정보를 염두에 두고, 원래의 코드의 다음 부분을 다시 살펴보자.

```cpp
bool highPriority = features(w)[5];  // highPriority의 형식을
                                     // 명시적으로 선언한다
```

여기서 features는 std::vector<bool> 객체를 돌려주며, 그 객체에 대해 operator[]가 호출된다. operator[]는 std::vector<bool>::reference 객체를 돌려주며, 그 객체가 암묵적으로 bool로 변환되어서 highPriority의 초기화에 쓰인다. 결과적으로 highPriority는 features가 돌려준 std::vector<bool>의 5번 비트의 값을 가지게 된다. 이는 애초에 우리가 원했던 결과이다.

그럼 highPriority를 auto로 선언하면 어떤 일이 발생하는지 살펴보자.

```cpp
auto highPriority = features(w)[5];  // highPriority의 형식을
                                     // 연역한다
```

이번에도 features는 std::vector<bool> 객체를 돌려주며, 그 객체에 대해 operator[]가 호출되고 그 operator[]가 std::vector<bool>::reference 객체를 돌려준다는 점도 이전과 같다. 그러나 그다음부터는 다르다. auto에 의해 highPriority의 형식이 연역되기 때문에, 이제는 highPriority가 features가 돌려준 std::vector<bool>의 5번 비트로 초기화되지 않는다.

highPriority가 가지는 값은 std::vector<bool>::reference의 구현 방식에 따라 다르다. 어떤 한 구현에서 그 객체는 참조된 비트를 담은 기계어 워드^{word}를 가리키는 포인터 하나와 그 워드의 비트들 중 참조된 비트의 위치를 뜻하는 오프셋으로 구성된다. 그럼 std::vector<bool>::reference 객체가 그런 식으로 구현되어 있다는 가정하에서 highPriority가 무엇으로 초기화될지 생각해 보자.

features 호출은 임시 std::vector<bool> 객체를 돌려준다. 이 임시 객체에는 이름이 없지만, 논의를 위해 *temp*라고 부르겠다. *temp*에 대해 호출된 operator[]는 std::vector<bool>::reference 객체를 돌려주며, 그 객체에는 *temp*가 관리하는 비트들을 담은 자료구조의 한 워드를 가리키는 포인터와 그 워드에서 참조된 비트(5번 비트)에 해당하는 비트의 오프셋이 담겨 있다. highPriority는 바로 그 std::vector<bool>::reference 객체의 한 복사본이며, 따라서 highPriority 역시 *temp* 안의 해당 워드를 가리키는 포인터와 5번 비트의 오프셋을 담게 된다. 그런데 *temp*는 하나의 임시 객체이므로 문장의 끝에서 파괴된다. 결과적으로 highPriority의 포인터는 대상을 잃은 포인터(dangling pointer)가 되며, 그래서 processWidget 호출은 미정의 행동을 유발한다.

```
processWidget(w, highPriority);   // 미정의 행동!
                                  // highPriority에 대상을
                                  // 잃은 포인터가 있음!
```

std::vector<bool>::reference는 대리자 클래스(proxy class), 즉 다른 어떤 형식의 행동을 흉내 내고 보강하는 것이 존재 이유인 클래스의 예이다. 대리자 클래스는 다양한 목적으로 도입되는데, std::vector<bool>::reference의 목적은 std::vector<bool>의 operator[]가 마치 비트에 대한 참조를 돌려주는 듯한 환상을 제공하는 것이다. 그리고 표준 라이브러리의 똑똑한 포인터 형식들(제4장 참고)은 생 포인터에 자원 관리 기능을 접목하는 대리자 클래스들이다. 대리자 클래스의 유용함은 널리 인정되고 있다. 사실 '대리자(Proxy)' 설계 패턴은 소프트웨어 설계 패턴 만신전^{萬神殿}을 아주 오래전부터 차지하고 있는 패턴 중 하나이다.

대리자 클래스 중에는 클라이언트에게 명백히 드러나도록 설계된 것들이 있다. std::shared_ptr와 std::unique_ptr가 좋은 예이다. 반면, 그 외의 대리자 클래스들은 다소 은밀하게 작동하도록 설계되었다. std::vector<bool>::reference가 그러한 '보이지 않는' 대리자의 예이며, 그것의 std::bitset 버전이라 할 수 있는 std::bitset::reference 역시 그러한 대리자의 예이다.

표준 라이브러리 외에, 대리자 클래스는 **표현식 템플릿**(expression template)이라는 기법을 사용하는 C++ 라이브러리들에서도 흔히 쓰인다. 그런 라이브러리들은 원래 수치 처리 코드의 효율성을 개선하기 위해 개발된 것이다. 예를 들어 Matrix라는 클래스와 Matrix의 객체 m1, m2, m3, m4를 이용해서 다음과 같은 코드를 작성했다고 하자.

```
Matrix sum = m1 + m2 + m3 + m4;
```

우변의 표현식을 훨씬 더 효율적으로 계산하는 한 가지 방법은, Matrix 객체의 operator+를 연산 결과 자체가 아니라 연산 결과에 대한 대리자를 돌려주도록 구현하는 것이다. 즉, 두 Matrix 객체에 대한 operator+가 하나의 Matrix 객체를 돌려주는 것이 아니라 이를테면 Sum<Matrix, Matrix> 같은 대리자 클래스의 객체를 돌려주게 한다. std::vector<bool>::reference와 bool의 경우처럼, 그러한 대리자 클래스는 Matrix로의 암묵적 변환을 지원할 것이며, 그 덕분에 "=" 우변의 표현식에 의해 산출된 대리자 객체를 이용해서 sum을 초기화하는 것이 가능해진다. (전통적으로, 그러한 대리자 객체의 형식은 초기화 표현식 전체를 부호화한다. 이를테면 Sum<Sum<Sum<Matrix, Matrix>, Matrix>, Matrix> 같은 형식이 되는데, 이런 복잡한 형식은 당연히 클라이언트에게 보여주지 않는 것이 좋다.)

대체로, 이러한 "보이지 않는" 대리자 클래스는 auto와 잘 맞지 않는다. 그런 클래스는 해당 객체의 수명이 한 문장 이상으로 연장되지는 않는다는 가정하에서 설계되는 경우가 많으며, 따라서 그런 형식의 변수를 생성하는 것은 라이브러리 설계의 근본적인 가정들을 위반하는 경향이 있다. std::vector<bool>::reference가 바로 그런 경우이며, 앞의 예제에서 보았듯이 그런 가정을 위반하면 미정의 행동이 발생할 수 있다.

정리하자면, 다음과 같은 형태의 코드는 피해야 한다.

```
auto someVar = "보이지 않는" 대리자 클래스 형식의 표현식;
```

그런데 대리자 객체가 쓰이고 있는지를 어떻게 파악해야 할까? 대리자를 사용하는 소프트웨어가 그 사실을 굳이 광고하려 드는 경우는 별로 없다. 애초에, 대리자 클래스는 **보이지 않는** 존재이다(적어도 개념적으로는). 그리고, 대리자 객체의 존재를 확인했다고 해도, 꼭 auto와 항목 5에서 본 수많은 장점을 포기해야 할까?

우선 대리자 객체의 존재를 확인하는 방법부터 살펴보자. '보이지 않는' 대리자 클래스는 일상적인 용법에서는 그 존재가 드러나지 않도록 설계된 것이지만, 그래도 라이브러리의 문서에는 대리자 클래스의 존재가 명시되어 있는 경우가 많다. 독자가 사용하는 라이브러리의 기본적인 설계상의 결정들에 익숙해질수록, 그 라이브러리 안에서 쓰이는 대리자들의 존재 때문에 낭패를 볼 가능성이 줄어든다.

문서화의 결함을 헤더 파일이 채워주기도 한다. 소스 코드에서 대리자 객체의 존재를 완전히 숨길 수 있는 경우는 거의 없다. 일반적으로 대리자 객체는 클라이언트가 호출하도록 만들어진 어떤 함수가 돌려주며, 그런 함수의 서명을 보면 대리자 객체의 존재를 확인할 수 있는 경우가 많다. 예를 들어 다음은 std::vector<bool>::operator[]의 명세이다.

```
namespace std {                          // C++ 표준에서 발췌

  template <class Allocator>
  class vector<bool, Allocator> {
  public:
    …
    class reference { … };

    reference operator[](size_type n);
    …
  };
}
```

보통의 경우 std::vector<T>의 operator[]가 T&를 돌려준다는 사실을 아는 독자라면 이 operator[]의 반환 형식을 생소하게 느낄 것이며, 그러한 생소함은 곧 이 부분에서 대리자 클래스가 쓰이고 있음을 암시해주는 힌트라 할 수 있다. 이 예에서처럼, 독자가 사용하는 인터페이스들을 세심하게 살펴보면 대리자 클래스의 존재를 파악할 수 있는 경우가 많다.

실제 응용에서 대리자 클래스의 존재를 발견하는 경우는 이해할 수 없는 컴파일 문제를 추적하거나 부정확한 단위 검사(unit test) 결과를 디버깅할 때뿐인 프로그래머들이 많다. 어떤 경로로 발견했든, auto가 대리자 클래스의 형식을 (그것이 대리하는 실제 형식이 아니라) 연역함을 알게 되었다고 하자. 이때 해결책은 auto를 버리는 것이 아니다. auto 자체는 문제가 아니기 때문이다. 문제는 auto가 우리가 원했던 것과는 다른 형식을 연역한다는 점이며, 따라서 진정한 해법은 auto가 다른 형식을 연역하도록 강제하는 것이다. 이 책에서 형식을 명시적으로 지정한 초기치 관용구(explicitly typed initializer idiom), 줄여서 **형식 명시 초기치 관용구**라고 부르는 것이 바로 그러한 해법의 하나이다.

형식 명시 초기치 관용구에서는 변수를 auto로 선언하되, 초기화 표현식의 형식을 auto가 연역하길 원하는 형식으로 캐스팅casting한다. 다음은 highPriority가 bool로 연역되도록 강제하는 예이다.

```
auto highPriority = static_cast<bool>(features(w)[5]);
```

이전처럼 features(w)[5]는 std::vector<bool>::reference 객체를 돌려주나, 캐스팅 때문에 표현식의 형식은 bool이 되며, 결과적으로 auto는 highPriority의 형식을 bool로 연역한다. 실행시점에서 std::vector<bool>::operator[]가 돌려준 std::vector<bool>::reference 객체는 자신이 지원하는 bool로의 변환을 수행하며, 그 변환 도중 features가 돌려준 std::vector<bool>을 가리키는 포인터가 역참조된다. 그 시점에서 그 포인터는 여전히 유효하므로, 이전에 겪었던 미정의 행동 문제는 더 이상 발생하지 않는다. 다음으로, 역참조된 부울 벡터에 대해 색인 5가 적용되며, 결국 highPriority가 5번 비트의 bool 값으로 초기화된다.

Matrix 예의 경우에는 형식 명시 초기치 관용구를 다음과 같이 적용하면 될 것이다.

```
auto sum = static_cast<Matrix>(m1 + m2 + m3 + m4);
```

이 관용구를 대리자 클래스 형식을 산출하는 초기치에만 적용할 수 있는 것은 아니다. 이 관용구는 초기화에 쓰이는 표현식이 산출하는 형식과는 다른 형식으로 변수를 생성하고자 하는 의도를 명확하게 나타내는 데에도 유용하다. 예를 들어 어떤 허용 한계치를 계산하는 다음과 같은 함수가 있다고 하자.

```
double calcEpsilon();          // 허용 한계치를 돌려준다
```

calcEpsilon이 double을 돌려줌은 명백하다. 그런데 독자의 응용 프로그램에는 float의 정밀도로도 충분하며, double이 float에 비해 크다는 점이 걱정이라고 하자. 그러면 다음처럼 calcEpsilon의 결과를 float 변수에 담으면 된다.

```
float ep = calcEpsilon();      // double에서 float로의
                               // 암묵적 변환이 일어남
```

그런데 이 코드는 "함수가 돌려준 값의 정밀도를 일부러 줄이고자 한다"는 의도를 명확하게 표현하지 않는다. 다행히, 형식 명시 초기치 관용구를 이용하면 그런 의도가 표현된다.

```
auto ep = static_cast<float>(calcEpsilon());
```

부동소수점 표현식을 의도적으로 정수 값 형식으로 담는 경우에도 마찬가지 논리가 적용된다. 임의 접근 반복자를 지원하는 어떤 컨테이너(이를테면 std::vector나 std::deque, std::array)의 한 요소의 색인을 0.0에서 1.0 사이의 double 값을 이용해서 계산한다고 하자. 그 double 값은 해당 요소의 위치가 컨

테이너의 시작에서 얼마나 떨어져 있는지를 나타낸다. (예를 들어 **0.5**는 컨테이너의 중앙에 해당한다.) 더 나아가서, 컨테이너가 비어 있지는 않으며 double로부터 계산한 색인 값이 int의 범위를 넘지 않음이 확실하다고 가정하자. 컨테이너가 c, double이 d라고 할 때, 그러한 색인을 다음과 같이 계산하면 될 것이다.

```
int idx = d * c.size();
if (idx == c.size()) --idx;      // d == 1.0일 때에도 idx가
                                 // 유효하게 만든다
```

그런데 이 코드에는 d * c.size()로 구한 double 값을 일부러 int로 변환한다는 의도가 명확히 드러나 있지 않다. 형식 명시 초기치 관용구를 이용하면 그러한 의도가 명확해진다.

```
auto idx = static_cast<int>(d * c.size());
if (idx == c.size()) --idx;      // d == 1.0일 때에도 idx가
                                 // 유효하게 만든다
```

기억해 둘 사항들

☑ "보이지 않는" 대리자 형식 때문에 auto가 초기화 표현식의 형식을 "잘못" 연역할 수 있다.

☑ 형식 명시 초기치 관용구는 auto가 원하는 형식을 연역하도록 강제한다.

3장

현대적 C++에 적응하기

C++11과 C++14에는 자랑할 만한 '거물급' 기능들이 많이 있다. auto, 똑똑한 포인터, 이동 의미론, 람다, 동시성 지원 라이브러리가 그것인데, 이들이 너무나도 중요하기 때문에 이 책은 각각을 개별적인 장에서 살펴본다. 효과적인 현대적 C++ 프로그래머가 되려면 이런 기능들에 숙달하는 것이 필수이긴 하지만, 그 외에도 더 작은 여러 단계를 밟을 필요가 있다. 그러한 각 단계는 C++98에서 현대적 C++로의 여정에서 마주치게 되는 구체적인 질문에 대해 답을 제공한다. 객체를 생성할 때 괄호 대신 중괄호를 사용해야 하는 때는 언제인가? 별칭 선언이 typedef보다 나은 이유는 무엇인가? constexpr은 const와 어떻게 다른가? const 멤버 함수와 스레드 안전성의 관계는 무엇인가? 이번 장에서는 이들을 포함한 여러 질문을 하나씩 살펴보면서 답을 제시한다.

항목 7: 객체 생성 시 괄호(())와 중괄호({})를 구분하라

C++11에서는 객체 생성 구문이 아주 다양해졌다. 이를 두고 선택의 폭이 넓어져서 좋다고 볼 수도 있지만, 불필요한 혼동의 근원으로 볼 수도 있을 것이다. 일반적인 규칙을 말하자면, C++11에서는 초기화 값을 괄호로 지정할 수도 있고, 등호로 지정할 수도 있고, 중괄호로 지정할 수도 있다.

```
int x(0);          // 초기치를 괄호로 감싼 예

int y = 0;         // 초기치를 "=" 다음에 지정한 예

int z{ 0 };        // 초기치를 중괄호로 감싼 예
```

그리고 다음처럼 등호와 중괄호를 함께 사용할 수 있는 경우도 많다.

```
int z = { 0 };          // "="와 중괄호로 초기치를 지정한 예
```

이번 항목의 나머지 부분에서는 이러한 '등호와 중괄호' 구문은 무시한다. 대체로 C++은 이를 중괄호만 사용한 구문과 동일하게 취급하기 때문이다.

다양한 초기화 구문들을 불필요한 혼동의 근원으로 간주하는 사람들의 한 가지 주장은, C++ 초보자는 등호를 이용한 초기화 구문을 보고 배정(assignment)이 일어난다고 오해하는(실제로는 배정이 일어나지 않는다) 경우가 많다는 것이다. int 같은 내장 형식에서 초기화와 배정은 그냥 학술적인 차원에서만 차이가 나지만, 사용자 정의 형식에서는 초기화와 배정이 각자 다른 함수들을 호출하므로 둘을 구분하는 것이 중요하다.

```
Widget w1;              // 기본 생성자를 호출

Widget w2 = w1;         // 배정이 아님; 복사 생성자를 호출

w1 = w2;                // 배정; 복사 배정 연산자(operator=)를 호출
```

C++98도 여러 가지 초기화 구문을 지원했지만, 원하는 초기화를 명시적으로 표현할 수 없는 상황이 있었다. 예를 들어 서로 다른 임의의 값들(이를테면 1, 3, 5 등)을 담는 STL 컨테이너를 직접 생성하는 것이 불가능했기 때문에, 일단 컨테이너를 생성한 후 값들을 추가해야 했다.

여러 가지 초기화 구문이 주는 혼동을 완화하기 위해, 그리고 그 구문들이 모든 가능한 초기화 시나리오를 포괄하지는 않는다는 사실을 해결하기 위해, C++11은 **균일 초기화**(uniform initialization)를 도입했다. 이것은 어디서나 사용할 수 있고 모든 것을 표현할 수 있는(적어도 개념상으로는) 단 한 종류의 초기화 구문이다. 균일 초기화 구문은 중괄호를 사용하며, 그래서 이 책에서는 균일 초기화보다 중괄호로 감싼 초기화(braced initialization), 줄여서 **중괄호 초기화**라는 표현을 선호한다. '균일 초기화'는 하나의 개념이지만, '중괄호 초기화'는 구문적인 구성체이다.

중괄호 초기화를 이용하면 이전에는 표현할 수 없었던 방식의 객체 생성을 표현할 수 있다. 컨테이너의 초기 내용을 중괄호를 이용해서 지정하는 것은 다음과 같이 아주 간단하다.

```
std::vector<int> v{ 1, 3, 5 }; // v의 초기 내용은 1, 3, 5
```

중괄호 구문은 비정적(non-static) 자료 멤버의 기본 초기화 값을 지정하는 데에도 사용할 수 있다. C++11에서 새로 생긴 이러한 능력은 괄호 없이 "="만 있는 초기화 구문으로도 사용할 수 있다.

```
class Widget {
  …

private:
  int x{ 0 };                // OK, x의 기본값은 0
  int y = 0;                 // 역시 OK
  int z(0);                  // 오류!
};
```

반면, 복사할 수 없는 객체(이를테면 std::atomic - 항목 40을 볼 것)는 중괄호나 괄호로는 초기화할 수 있지만 "="로는 초기화할 수 없다.

```
std::atomic<int> ai1{ 0 };     // OK

std::atomic<int> ai2(0);       // OK

std::atomic<int> ai3 = 0;      // 오류!
```

이상의 예를 보면 중괄호 초기화를 '균일' 초기화라고 부르는 이유를 쉽게 이해할 수 있을 것이다. C++이 지원하는 세 가지 초기화 표현식 지정 방법 중 어디서나 사용할 수 있는 것은 중괄호 구문뿐이다.

중괄호 초기화의 혁신적인 기능 하나는, 내장 기능들 사이의 암묵적 좁히기 변환(narrowing conversion)을 방지해 준다는 것이다. 중괄호 초기치에 있는 어떤 표현식의 값을 초기화하려는 객체의 형식으로 온전하게 표현할 수 있음이 보장되지 않는 경우, 컴파일러는 반드시 그 사실을 보고해야 한다.

```
double x, y, z;

  …

int sum1{ x + y + z };     // 오류! double들의 합을 int로
                           // 표현하지 못할 수 있음
```

괄호나 "="를 이용한 초기화는 이러한 좁히기 변환을 점검하지 않는다. 그런 점검을 강제하면 기존의 코드가 더 이상 컴파일되지 않는 경우가 너무 많아지기 때문이다.

```
int sum2(x + y + z);       // OK(표현식의 값이 int에
                           // 맞게 잘려나감)

int sum3 = x + y + z;      // 마찬가지
```

중괄호 초기화의 또 다른 주목할 만한 특징은, C++에서 **가장 성가신 구문 해석**(most vexing parse)에 자유롭다는 점이다. **가장 성가신 구문 해석**은 "선언으로 해석할 수 있는 것은 항상 선언으로 해석해야 한다"는 C++의 규칙에서 비롯된 하나의 부작용인데, 혹시 독자가 그냥 기본 생성자를 이용해서 객체를 생성하려고

했지만 의도와는 달리 함수를 선언하게 된 경험이 있다면 바로 이 부작용에 당한 것이다. 문제의 근원은 이렇다. 다음은 흔히 인수를 지정해서 생성자를 호출하는 코드의 예이다.

```
Widget w1(10);      // 인수 10으로 Widget의 생성자를 호출
```

그런데 이와 거의 비슷한 구문을 이용해서 인수 없이 Widget의 생성자를 호출하려 하면, 사실은 객체가 아니라 함수를 선언하게 된다.

```
Widget w2();        // 가장 성가신 구문 해석! Widget을 돌려주는,
                    // w2라는 이름의 함수를 선언한다
```

그러나 매개변수 목록을 중괄호로 감싸서 함수를 선언할 수는 없으므로, 중괄호를 이용해서 객체를 기본 생성할 때에는 이런 문제를 겪지 않는다.

```
Widget w3{};        // 인수 없이 Widget의 생성자를 호출
```

중괄호 초기화에는 칭찬할 만한 점이 많다. 가장 다양한 문맥에서 사용할 수 있는 구문이며, 암묵적인 좁히기 변환을 방지해주며, C++의 가장 성가신 구문 해석으로부터 자유로우니 삼관왕인 셈이다. 그렇다면 이번 항목의 제목이 이를테면 "중괄호 초기화 구문을 선호하라"가 아닌 이유는 무엇일까?

중괄호 초기화의 단점은 종종 예상치 못한 행동을 보인다는 것이다. 그런 행동은 중괄호 초기치와 std::initializer_list, 그리고 생성자 중복적재 해소 사이의 괴상하게 뒤얽힌 관계에서 비롯된 것이다. 그 셋의 상호작용 때문에, 코드가 마땅히 해야 할 일을 안 하고 엉뚱한 일을 하는 것처럼 보이는 현상이 발생한다. 예를 들어, 항목 2에서 설명하듯이, 다른 방식으로(auto를 사용하지 않고) 선언된 변수에 대해서는 중괄호 초기치가 좀 더 직관적인 형식으로 연역되었지만 auto로 선언된 변수에 대해서는 std::initializer_list 형식으로 연역되는 경우가 많다. 그래서 auto를 좋아하면 할수록 중괄호 초기화를 점점 멀리하는 경향이 생기게 된다.

생성자 호출에서 std::initializer_list 매개변수가 관여하지 않는 한 괄호와 중괄호의 의미는 같다.

```
class Widget {
public:
  Widget(int i, bool b);      // std::initializer_list
  Widget(int i, double d);    // 매개변수를 선언하지 않는
  …                           // 생성자
};

Widget w1(10, true);          // 첫 생성자를 호출
```

```
Widget w2{10, true};        // 역시 첫 생성자를 호출

Widget w3(10, 5.0);         // 둘째 생성자를 호출

Widget w4{10, 5.0};         // 역시 둘째 생성자를 호출
```

그러나 생성자 중 하나 이상이 std::initializer_list 형식의 매개변수를 선언한다면, 중괄호 초기화 구문은 이상하게도 std::initializer_list를 받는 중복 적재 버전을 강하게 선호한다. **강하게**라고 표현한 점을 주의하기 바란다. 중괄호 초기치가 쓰인 호출을 std::initializer_list를 받는 버전의 생성자 호출로 해석할 여지가 조금이라도 있으면, 컴파일러는 반드시 그 해석을 선택한다. 예를 들어 위에 나온 Widget 클래스에 std::initializer_list<long double>을 받는 생성자를 하나 추가해보자.

```
class Widget {
public:
  Widget(int i, bool b);                          // 이전과 동일
  Widget(int i, double d);                         // 이전과 동일
  Widget(std::initializer_list<long double> il);   // 추가됨

  …
};
```

이렇게 하면, 다음 코드의 주석에서 보듯이 Widget의 인스턴스 w2와 w4는 새 생성자를 통해서 생성된다. std::initializer_list의 요소들의 형식(long double)이 주어진 두 인수 형식 모두에 대해 더 나쁜(비std::initializer_list 생성자들보다) 부합임에도 이런 일이 발생함을 주목하기 바란다.

```
Widget w1(10, true);        // 괄호를 사용한 경우; 이전처럼
                            // 첫 생성자를 호출

Widget w2{10, true};        // 중괄호를 사용한 경우; 이번에는
                            // std::initializer_list 생성자 호출
                            // (10과 true가 long double로 변환됨)

Widget w3(10, 5.0);         // 괄호를 사용한 경우; 이전처럼 둘째
                            // 생성자를 호출한다

Widget w4{10, 5.0};         // 중괄호를 사용한 경우; 이번에는
                            // std::initializer_list 생성자 호출
                            // (10과 5.0이 long double로 변환됨)
```

보통은 복사 생성이나 이동 생성이 일어났을 상황에서도 std::initializer_list 생성자가 끼어들어서 기회를 가로챈다.

```
class Widget {
public:
  Widget(int i, bool b);                          // 이전과 동일
  Widget(int i, double d);                         // 이전과 동일
  Widget(std::initializer_list<long double> il);   // 이전과 동일
```

```
    operator float() const;                        // float로
    …                                              // 변환

};

Widget w5(w4);              // 괄호 사용, 복사 생성자 호출

Widget w6{w4};              // 중괄호 사용, std::initializer
                            // _list 생성자 호출
                            // (w4가 float으로 변환되고 그
                            // float이 long double로 변환됨)

Widget w7(std::move(w4));   // 괄호 사용, 이동 생성자 호출

Widget w8{std::move(w4)};   // 중괄호 사용, std::initializer
                            // _list 생성자 호출(w6에서와
                            // 마찬가지의 변환들이 일어남)
```

중괄호 초기치를 std::initializer_list를 받는 생성자에 대응시키고자 하는 컴파일러의 결심이 너무나 강해서, 심지어는 std::initializer_list 생성자가 가능한 최선의 부합인 경우에도 그 생성자를 호출할 수 없는 기현상이 생기기도 한다. 다음 예를 보자.

```
class Widget {
public:
  Widget(int i, bool b);              // 이전과 동일
  Widget(int i, double d);            // 이전과 동일

  Widget(std::initializer_list<bool> il);  // 이제는 요소의
                                            // 형식이 bool

  …                                   // 암묵적 변환
};                                    // 함수는 없음

Widget w{10, 5.0};         // 오류! 좁히기 변환이 필요함
```

이 코드에서 컴파일러는 처음 두 생성자를 무시하고(둘째 생성자가 두 인수 형식에 대해 정확히 부합됨에도) std::initializer_list<bool>을 받는 생성자를 호출하려 한다. 그런데 그 생성자를 호출하려면 int(10)과 double(5.0)을 각각 bool로 변환해야 한다. 두 변환 모두 좁히기 변환일 텐데(일반적으로 bool은 int나 double 값을 온전히 담지 못하므로), 중괄호 초기치 안에서는 좁히기 변환이 허용되지 않는다. 따라서 이 생성자 호출은 유효하지 않으며, 컴파일러는 코드의 컴파일을 거부한다.

컴파일러가 자신의 결심을 포기하고 보통의 중복적재 해소로 물러나는 경우는 중괄호 초기치의 인수 형식들을 std::initializer_list 안의 형식으로 변환하는 방법이 아예 없을 때뿐이다. 예를 들어 std::initializer_list<bool>을 받는 생성자를 std::initializer_list<std::string>을 받는 생성자로 대체한다면,

int와 bool을 std::string으로 변환하는 방법이 없으므로 비std::initializer_list 생성자들이 다시 중복적재 해소의 후보가 된다.

```cpp
class Widget {
public:
  Widget(int i, bool b);               // 이전과 동일
  Widget(int i, double d);             // 이전과 동일

  // 이제는 std::initializer_list의 원소 형식이 std::string
  Widget(std::initializer_list<std::string> il);
  …                                    // 암묵적 변환
};                                     // 함수 없음

Widget w1(10, true);      // 괄호 사용, 여전히 첫 생성자를 호출

Widget w2{10, true};      // 중괄호 사용, 이제는 첫 생성자 호출

Widget w3(10, 5.0);       // 괄호 사용, 여전히 둘째 생성자를 호출

Widget w4{10, 5.0};       // 중괄호 사용, 이제는 둘째 생성자 호출
```

이제 흥미로운 극단적 경우 하나만 살펴보면 중괄호 초기화와 생성자 중복적재에 관한 논의를 마무리 지을 수 있겠다. 기본 생성을 지원하며 std::initializer_list 생성도 지원하는 객체를 빈 중괄호 쌍으로 생성한다고 하자. 컴파일러는 빈 중괄호 쌍을 어떤 뜻으로 받아들일까? 만일 "인수 없음"이라는 뜻이라고 간주한다면 기본 생성자를 호출할 것이고, "빈 std::initializer_list"라고 간주한다면 요소가 하나도 없는 std::initializer_list를 초기치로 사용해서 객체를 생성할 것이다.

표준에 따르면 이 경우에는 기본 생성자가 호출된다. 즉, 빈 중괄호 쌍은 빈 std::initializer_list가 아니라 인수 없음을 뜻한다.

```cpp
class Widget {
public:
  Widget();                            // 기본 생성자

  Widget(std::initializer_list<int> il);  // std::initializer
                                       // _list 생성자

  …                                    // 암묵적 변환
};                                     // 함수 없음

Widget w1;            // 기본 생성자를 호출

Widget w2{};          // 역시 기본 생성자를 호출

Widget w3();          // 가장 성가신 구문 해석! 함수 선언임!
```

빈 std::initializer_list로 std::initializer_list 생성자를 호출하고 싶다면, 다음처럼 빈 중괄호 쌍을 괄호로 감싸거나 빈 중괄호 쌍을 또 다른 중괄호 쌍으로 감싸면 된다.

```
Widget w4({});      // std::initializer_list 생성자를
                    // 빈 초기치 목록으로 호출

Widget w5{{}};      // 마찬가지
```

이쯤 되면 중괄호 초기화와 std::initializer_list, 생성자 중복적재에 관한 난해해 보이는 규칙들이 머리를 어지럽혀서, 이런 정보가 과연 일상적인 프로그 래밍에 얼마나 관련이 있는지 회의가 들 수도 있겠다. 그러나 생각보다 관련이 크다. 이 문제에 직접 영향을 받는 클래스 중 하나가 바로 std::vector이기 때문 이다. std::vector에는 컨테이너의 초기 크기와 컨테이너의 모든 초기 요소의 값 을 지정할 수 있는 비std::initializer_list 생성자가 있다. 그런데 컨테이너의 초기 값들을 지정할 수 있는, std::initializer_list를 받는 생성자도 있다. 수 치 형식의 값들을 담는 std::vector(이를테면 std::vector<int>)를 생성할 때 생 성자에 인수 두 개를 지정한다면, 그 인수들을 괄호로 감싸느냐 중괄호로 감싸 느냐에 따라 아주 다른 결과가 나온다.

```
std::vector<int> v1(10, 20);   // 비std::initializer_list
                               // 생성자를 사용: 모든 요소의
                               // 값이 20인, 요소 10개짜리
                               // std::vector가 생성됨

std::vector<int> v2{10, 20};   // std::initializer_list
                               // 생성자를 사용: 값이 각각 10과
                               // 20인 두 요소를 담은
                               // std::vector가 생성됨
```

그런데 잠시 std::vector는 잊기로 하자. 그리고 괄호와 중괄호, 생성자 중복적 재 해소 규칙들의 세부사항들도 잠시 내려놓자. 이 논의에서 꼭 배워야 할 사항 이 두 가지 있다. 첫째로, 클래스를 작성할 때에는, 만일 일단의 중복적재된 생 성자 중에 std::initializer_list를 받는 함수가 하나 이상 존재한다면, 중괄호 초기화 구문을 이용하는 클라이언트 코드에는 std::initializer_list 중복적재 들만 적용될 수 있음을 주의해야 한다. 그런 이유로, 생성자들을 설계할 때에는 클라이언트가 괄호를 사용하느냐 중괄호를 사용하느냐에 따라 서로 다른 중복 적재 버전이 선택되는 일이 없도록 하는 것이 최선이다. 다른 말로 하면, 이제는 std::vector 인터페이스 설계의 한 오류로 간주하는 이러한 문제점으로부터 교 훈을 얻고, 독자의 클래스를 설계할 때에는 그런 문제점이 없도록 조심해야 한 다는 것이다.

이 문제가 영향을 미치는 흔한 시나리오 하나는, std::initializer_list 생성 자가 없는 클래스에 그런 생성자를 추가하면, 중괄호 초기화를 사용하는 클라이 언트 코드에서 예전에는 비std::initializer_list 생성자로 해소되던 호출이 이

제는 새 생성자로 해소된다는 것이다. 물론 일단의 중복적재들에 새 함수를 추가하는 경우에는 언제라도 그런 종류의 문제(기존 중복적재 중 하나로 해소되던 호출이 새 함수를 호출하기 시작하는)가 발생할 수 있다. 그러나 std::initializer_list 생성자 중복적재는 그런 경우보다 더 심각하다. std::initializer_list 중복적재는 그냥 다른 중복적재들과 경쟁하는 것이 아니라, 다른 중복적재들이 고려 대상에서 거의 완전히 제외될 정도로 가려버린다. 따라서, 그런 강력한 중복적재 후보는 꼭 그래야 할 이유가 있을 때에만 추가해야 한다.

이 논의에서 배워야 할 두 번째 사항은, 클래스 사용자로서 객체를 생성할 때 괄호와 중괄호를 세심하게 선택해야 한다는 것이다. 대부분의 개발자는 둘 중 하나를 기본으로 삼아서 항상 사용하고, 다른 하나는 꼭 필요할 때에만 사용한다. 중괄호를 기본으로 사용하는 부류의 개발자들은 괄호와는 비교할 수 없을 정도로 다양한 문맥에 적용할 수 있다는 점과 좁히기 변환을 방지해 준다는 점, 그리고 C++의 가장 성가신 구문 해석에서 자유롭다는 점에서 중괄호를 선호한다. 그런 개발자들은 괄호가 필요한 경우(이를테면 주어진 크기와 초기 요소 값으로 std::vector를 생성하는 등)가 있음을 이해한다. 반면 철저히 괄호를 기본적인 구분자로 삼는 사람들은 C++의 구문적 전통과의 일관성, auto가 std::initializer_list를 연역하는 문제가 없다는 점, 그리고 객체 생성 시 의도치 않게 std::initializer_list 생성자가 호출되는 일이 없다는 점에 매력을 느낀다. 그런 사람들은 중괄호로만 가능한 경우(구체적인 값들로 컨테이너를 생성하는 등)가 있음을 시인한다. 두 접근방식 중 어느 것이 더 나은지에 대한 공감대는 형성되어 있지 않으므로, 내가 할 수 있는 조언은 둘 중 하나를 선택해서 일관되게 적용하라는 것이다.

템플릿 작성자에게는 객체 생성 시 괄호와 중괄호의 긴장 관계가 특히나 짜증스러울 수 있는데, 왜냐하면 일반적으로 둘 중 어느 것을 사용해야 하는지를 판단하는 것이 불가능하기 때문이다. 예를 들어 임의의 개수의 인수들을 지정해서 임의의 형식의 객체를 생성한다고 하자. 개념적으로는, 가변 인수 템플릿(variadic template)을 이용하면 그런 템플릿을 만드는 것이 전혀 복잡하지 않다.

```cpp
template<typename T,          // 생성할 객체의 형식
         typename... Ts>      // 사용할 인수들의 형식들
void doSomeWork(Ts&&... params)
{
    params...으로부터 지역 T 객체를 생성한다

    …
}
```

의사코드로 표시된 줄을 실제 코드로 바꾸는 방법은 다음 두 가지이다(std::forward에 관해서는 항목 25를 보라).

```
T localObject(std::forward<Ts>(params)...);     // 괄호를 사용
T localObject{std::forward<Ts>(params)...};     // 중괄호를 사용
```

이제 다음과 같은 호출 코드를 생각해 보자.

```
std::vector<int> v;
…
doSomeWork<std::vector<int>>(10, 20);
```

만일 doSomeWork가 괄호를 이용해서 localObject를 생성한다면, 그 결과는 요소가 10개인 std::vector이다. doSomeWork가 중괄호를 이용한다면 결과는 요소가 2개인 std::vector이다. 어느 쪽이 옳은지는 doSomeWork 작성자가 알 수 없다. 오직 호출자만이 알 수 있을 뿐이다.

이는 표준 라이브러리 함수 std::make_unique와 std::make_shared(항목 21 참고)가 해결해야 했던 문제와 정확히 동일하다. 두 함수는 내부적으로 괄호를 사용하고, 그러한 결정을 인터페이스의 일부에 문서화함으로써 이 문제를 해결한다.[1]

기억해 둘 사항들

☑ 중괄호 초기화는 가장 광범위하게 적용할 수 있는 초기화 구문이며, 좁히기 변환을 방지하며, C++의 가장 성가신 구문 해석에서 자유롭다.

☑ 생성자 중복적재 해소 과정에서 중괄호 초기화는 가능한 한 std::initializer_list 매개변수가 있는 생성자와 부합한다(심지어 겉으로 보기에 그보다 인수들에 더 잘 부합하는 생성자들이 있어도).

☑ 괄호와 중괄호의 선택이 의미 있는 차이를 만드는 예는 인수 두 개로 std::vector<*수치 형식*>을 생성하는 것이다.

☑ 템플릿 안에서 객체를 생성할 때 괄호를 사용할 것인지 중괄호를 사용할 것인지 선택하기가 어려울 수 있다.

---

1   템플릿으로부터 만들어진 함수가 괄호를 사용할 것인지 아니면 중괄호를 사용할 것인지를 호출자가 결정할 수 있는 좀 유연한 설계도 가능하다. 자세한 사항은 *Andrzej's C++ blog*의 2013년 6월 5일 자 글 "Intuitive interface - Part I"을 보기 바란다.

항목 8: 0과 NULL보다 nullptr를 선호하라

요점부터 말하자면, 리터럴 0은 int이지 포인터가 아니다. 포인터만 사용할 수 있는 위치에 0이 있으면 C++은 마지못해 그것을 널[null] 포인터로 해석하긴 하지만, 이는 최후의 수단일 뿐이다. C++의 기본적인 방침은, 0은 int이지 포인터가 아니라는 것이다.

실용적인 관점에서는 NULL도 마찬가지이다. 그러나 NULL의 경우에는 다소 불확실한 세부사항이 존재한다. 구현(컴파일러)이 NULL에 int 이외의 정수 형식(이를테면 long)을 부여할 수도 있기 때문이다. 그런 경우가 흔치는 않지만, 그것이 중요한 문제는 아니다. 여기서 중요한 것은 NULL의 구체적인 형식이 아니라, 0과 마찬가지로 NULL도 포인터 형식이 아니라는 점이다.

C++98에서 이 점이 야기하는 주된 문제는 포인터와 정수 형식에 대한 중복적재가 의외의 방식으로 해소된다는 점이었다. 0이나 NULL로 그런 중복적재 함수를 호출했을 때, 포인터를 받는 중복적재가 호출되는 일은 없다.

```
void f(int);        // f의 세 가지 중복적재
void f(bool);
void f(void*);

f(0);               // f(void*)가 아니라 f(int)를 호출

f(NULL);            // 컴파일되지 않을 수도 있지만, 보통은
                    // f(int)를 호출한다. f(void*)를 호출
                    // 하는 경우는 없다
```

f(NULL)의 행동에 관련된 불확실성은 NULL의 구체적인 형식을 구현의 재량에 맡긴 결과이다. NULL이 이를테면 0L(즉, long 형식의 0)로 정의되어 있다면 이 호출은 중의적이다. long에서 int로의 변환, long에서 bool로의 변환, 0L에서 void*의 변환은 우선순위가 모두 같기 때문이다. 이 호출에서 주목할 점은, 소스 코드의 외관상 의미("NULL, 즉 널 포인터로 f를 호출한다")와 실제 의미("널 포인터가 아닌 어떤 정수로 f를 호출한다")가 서로 모순된다는 것이다. 이러한 직관에 반하는 행동 때문에 C++98 프로그래머들은 포인터 형식과 정수 형식들에 대해서는 중복적재를 피하라는 지침을 따랐다. 그 지침은 C++11에서도 여전히 유효하다. 왜냐하면, 이 항목에서 말하듯이 nullptr가 더 나은 선택임에도 0과 NULL을 사용하는 개발자들이 여전히 있을 것이기 때문이다.

nullptr의 장점은 이것이 정수 형식이 아니라는 점이다. 사실 포인터 형식도 아니다. nullptr는 모든 형식의 포인터라고 생각하면 된다. nullptr의 실제 형식은 std::nullptr_t인데, std::nullptr_t 자체는 다시 "nullptr의 형식"으로 정

의된다(멋진 순환 정의이다). std::nullptr_t는 모든 생(raw) 포인터 형식으로
암묵적으로 변환되며, 이 덕분에 nullptr는 마치 모든 형식의 포인터처럼 행동
한다.

앞에 나온 중복적재 함수 f를 nullptr로 호출하면 void* 중복적재(즉, 포인터
를 받는 버전)가 호출된다. 이는 nullptr가 결코 정수 형식으로는 해석되지 않기
때문이다.

```
f(nullptr);          // f(void*) 중복적재를 호출
```

따라서 0이나 NULL 대신 nullptr를 사용하면 중복적재가 예상과 다르게 해소되
는 일이 없다. 그러나 그것이 유일한 장점은 아니다. nullptr는 코드의 명확성도
높여준다. 특히, auto 변수가 관여하는 상황에서 더욱 그렇다. 예를 들어 코드 기
반에서 다음과 같은 코드를 발견했다고 하자.

```
auto result = findRecord( /* 인수들 */ );

if (result == 0) {
    …
}
```

findRecord의 반환 형식을 모른다면(또는 쉽게 파악할 수 없다면), result가 포
인터 형식인지 아니면 정수 형식인지를 명확히 말할 수 없게 된다. 이 문맥에서
0(result와 비교하는)은 포인터 형식으로도, 정수 형식으로도 작용할 수 있다.
반면 다음 코드에는 중의성(ambiguity)이 없다.

```
auto result = findRecord( /* 인수들 */ );

if (result == nullptr) {
    …
}
```

이 경우에는 result가 포인터 형식임이 명백하다.

nullptr는 템플릿이 관여할 때 특히나 빛난다. 적절한 뮤텍스mutex를 잠근 상
태에서만 호출해야 하는 함수들이 있는데, 그 함수들이 다음처럼 각자 다른 종
류의 포인터를 받는다고 하자.

```
int    f1(std::shared_ptr<Widget> spw);   // 이 함수들은 적절한
double f2(std::unique_ptr<Widget> upw);   // 뮤텍스를 잠그고
bool   f3(Widget* pw);                     // 호출해야 한다
```

다음은 널 포인터로 이들을 호출하는 예이다.

```
std::mutex f1m, f2m, f3m;          // f1, f2, f3용 뮤텍스들
```

```
using MuxGuard =                    // C++11 typedef; 항목 9 참고
  std::lock_guard<std::mutex>;
…

{
  MuxGuard g(f1m);           // f1용 뮤텍스를 잠근다
  auto result = f1(0);       // 0을 널 포인터로서 f1에 전달
}                            // 여기서 뮤텍스가 풀린다

…

{
  MuxGuard g(f2m);           // f2용 뮤텍스를 잠근다
  auto result = f2(NULL);    // NULL을 널 포인터로서 f2에 전달
}                            // 여기서 뮤텍스가 풀린다

…

{
  MuxGuard g(f3m);           // f3용 뮤텍스를 잠근다
  auto result = f3(nullptr); // nullptr를 널 포인터로서 f3에 전달
}                            // 여기서 뮤텍스가 풀린다
```

처음 두 호출에서 nullptr를 사용하지 않은 것은 슬픈 일이지만, 그래도 코드가 작
동하며, 그 사실도 나름대로 중요하다. 더 슬픈 것은 호출 코드의 반복된 패턴이
다. 세 경우 모두 뮤텍스를 잠그고, 함수를 호출하고, 뮤텍스를 푸는 패턴을 따른
다는 점이 신경에 거슬린다. 이런 종류의 소스 코드 중복(duplication)을 피하는
것이 템플릿의 목적 중 하나이므로, 이 패턴을 템플릿화(templatization)해보자.

```
template<typename FuncType,
         typename MuxType,
         typename PtrType>
auto lockAndCall(FuncType func,
                 MuxType& mutex,
                 PtrType ptr) -> decltype(func(ptr))
{
  using MuxGuard = std::lock_guard<MuxType>;

  MuxGuard g(mutex);
  return func(ptr);
}
```

이 함수의 반환 형식(auto … -> decltype(func(ptr)))이 잘 이해가 안 되어서 머리
를 긁적이는 독자라면 그만 긁고 항목 3의 설명을 보기 바란다. C++14에서는 해
당 반환 형식을 그냥 decltype(auto)로 간단히 지정할 수 있다는 점도 항목 3에
서 배울 수 있다.

```
template<typename FuncType,
         typename MuxType,
         typename PtrType>
decltype(auto) lockAndCall(FuncType func,          // C++14
                           MuxType& mutex,
                           PtrType ptr)
```

```
    {
      using MuxGuard = std::lock_guard<MuxType>;

      MuxGuard g(mutex);
      return func(ptr);
    }
```

이러한 lockAndCall(C++11 버전이든 C++14 버전이든)을 이용하면 다음과 같은
코드를 작성할 수 있다.

```
    auto result1 = lockAndCall(f1, f1m, 0);            // 오류!

    …
    auto result2 = lockAndCall(f2, f2m, NULL);         // 오류!

    …

    auto result3 = lockAndCall(f3, f3m, nullptr);      // OK
```

그런데, 이런 코드를 작성할 수는 있지만, 주석에서 지적했듯이 처음 두 호출은
컴파일되지 않는다. 첫 호출의 문제는, lockAndCall을 0에 넘겨주면 컴파일러가
0의 형식을 파악하기 위해 템플릿 형식 연역을 적용하는데, 0의 형식은 항상 int
라는 것이다. 그래서 이 lockAndCall 호출에 대한 템플릿 인스턴스 내부에서 매
개변수 ptr 형식은 int가 된다. 안타깝게도 이는 lockAndCall 내부의 func 호출
에 int가 전달된다는 뜻이다. int는 f1이 기대하는 std::shared_ptr<Widget> 매
개변수와 호환되지 않으므로 컴파일 오류가 난다. lockAndCall을 호출할 때의
의도는 0이 널 포인터로 쓰이도록 하는 것이었지만, 실제로는 0이 평범한 int가
된 것이다. 이 int를 std::shared_ptr<Widget>으로서 f1에 넘겨주는 것은 형식
오류에 해당한다. 정리하자면, 0으로 lockAndCall을 호출하는 것이 실패하는 이
유는 std::shared_ptr<Widget>을 요구하는 함수에 int가 전달되기 때문이다.
NULL을 이용한 호출의 분석도 이와 본질적으로 동일하다. NULL이 lockAndCall에
전달되면 매개변수 ptr는 정수 형식으로 연역되며, std::unique_ptr<Widget>을
기대하는 f2에 ptr(int이든 int 비슷한 형식이든)를 넘겨주면 형식 오류가 발생
한다.

반면, nullptr를 이용한 호출에는 아무 문제가 없다. nullptr가 lockAndCall
에 전달되면 ptr의 형식은 std::nullptr_t로 연역된다. ptr를 f3에 전달하면
std::nullptr_t에서 Widget*로의 암묵적 변환이 일어난다. std::nullptr_t는 암
묵적으로 모든 포인터 형식으로 변환되기 때문이다.

템플릿 형식 연역이 0과 NULL을 '틀린' 형식(즉, 최후의 경우에서 널 포인터를
나타내기 위해 쓰이는 형식이 아니라 실제 형식)으로 연역한다는 사실은 널 포

인터를 0이나 NULL 대신 nullptr로 지정하는 것이 바람직한 가장 강력한 이유이
다. 여기에 nullptr에는 0과 NULL에서 발생할 수 있는 '의외의' 중복적재 해소 문
제도 없다는 사실까지 추가되면 nullptr의 우세가 더욱 확고해진다. 정리하자
면, 널 포인터를 지정할 때에는 0이나 NULL이 아니라 nullptr를 사용하라.

기억해 둘 사항들

☑ 0과 NULL보다 nullptr를 선호하라.

☑ 정수 형식과 포인터 형식에 대한 중복적재를 피하라.

항목 9: typedef보다 별칭 선언을 선호하라

STL 컨테이너들을 사용하는 것이 바람직하다는 점은 독자도 동의하리라고 확
신한다. 그리고 항목 18을 읽고 난다면 std::unique_ptr의 사용 역시 바람직
하다는 점에 동의하게 되리라 희망한다. 그러나, 나처럼 독자도 "std::unique_
ptr<std::unordered_map<std::string, std::string>>" 같은 형식을 여러 번 입력
하고 싶지는 않을 것이다. 그냥 생각만 해도 손목 터널 증후군에 걸릴 것 같다.

그런 의학적 비극을 피하기는 쉽다. typedef를 사용하면 된다.

```
typedef
  std::unique_ptr<std::unordered_map<std::string, std::string>>
  UPtrMapSS;
```

그런데 typedef는 너무 C++98스러운 유물이다. 물론 C++11에서도 typedef가 작
동하지만, C++11은 **별칭 선언**(alias declaration)이라는 것도 제공한다.

```
using UPtrMapSS =
  std::unique_ptr<std::unordered_map<std::string, std::string>>;
```

typedef와 별칭 선언이 하는 일은 정확히 동일하다. 따라서 둘 중 하나를 선호해
야 할 확고한 기술적 이유가 있는지 궁금해하는 것도 당연하다.

그런 이유가 있긴 있는데, 그 이야기를 하기 전에 먼저 함수 포인터가 관여하
는 형식을 다룰 때는 별칭 선언 쪽을 더 쉽게 이해하는 사람들이 많다는 점을 짚
고 넘어가자.

```
// FP는 int 하나와 const std::string& 하나를 받고
// 아무것도 돌려주지 않는 함수와 동의어이다
typedef void (*FP)(int, const std::string&);    // typedef

// 위와 같은 의미
using FP = void (*)(int, const std::string&);    // 별칭 선언
```

물론 두 형태 모두 이해하기가 아주 쉬운 것은 아니며, 사실 함수 포인터 형식들에 대한 동의어(synonym)†를 많이 다루어야 하는 사람은 그리 많지 않으므로, 이 예가 typedef 대신 별칭 선언을 선택해야 할 강력한 이유를 제공한다고는 할 수 없다.

강력한 이유는 따로 있다. 바로 템플릿이다. 좀 더 구체적으로 말하면, typedef는 템플릿화할 수 없지만 별칭 선언은 템플릿화할 수 있다. 템플릿화된 별칭 선언을 **별칭 템플릿**(alias templates)이라고 부른다. 템플릿화가 가능한 덕분에, C++98에서는 템플릿화된 struct 안에 내포된 typedef들을 활용하는 편법을 동원해야 표현할 수 있었던 것들을 C++11에서는 좀 더 직접적으로 표현할 수 있다. 예를 들어 MyAlloc이라는 커스텀 할당자(alloator)를 사용하는 연결 목록(linked list)의 동의어를 정의한다고 하자. 별칭 템플릿을 이용하면 식은 죽 먹기이다.

```
template<typename T>                           // MyAllocList<T>는
using MyAllocList = std::list<T, MyAlloc<T>>;  // std::list<T,
                                               //   MyAlloc<T>>와
                                               // 동의어이다

MyAllocList<Widget> lw;                        // 클라이언트 코드
```

typedef로는 좀 더 수고를 들여야 죽을 먹을 수 있다.

```
template<typename T>                           // MyAllocList<T>::type은
struct MyAllocList {                           // std::list<T,
  typedef std::list<T, MyAlloc<T>> type;       //   MyAlloc<T>>와
};                                             // 동의어이다

MyAllocList<Widget>::type lw;                  // 클라이언트 코드
```

상황이 이보다 더 나빠질 수도 있다. 템플릿 매개변수로 지정된 형식의 객체들을 담는 연결 목록을 생성하려는 목적으로 템플릿 안에서 typedef를 사용하려 한다면, typedef 이름 앞에 typename을 붙여야 한다.

```
template<typename T>
class Widget {                                 // Widget<T>에는
private:                                        // MyAllocList<T> 형식의
  typename MyAllocList<T>::type list;          // 자료 멤버가 있다
  ...
};
```

---

† (옮긴이) typedef는 그 이름이 암시하는 것과는 달리 어떤 새로운 형식을 정의하지 않는다. 단지 기존 형식을 나타내는 '또 다른 이름'을 현재 범위에 도입할 뿐이다. C++98에서는 그 '또 다른 이름'을 그냥 alias(별칭)라고 불러도 무방했지만, 이제는 C++11의 별칭 선언과 혼동할 가능성이 있다. 이 책에서 동의어는 typedef로 도입한 이름과 별칭 선언으로 도입한 이름을 통칭하는 용어로 쓰인다.

이 예에서 MyAllocList<T>::type은 템플릿 형식 매개변수(T)에 의존적인 형식을 지칭한다. 즉, MyAllocList<T>::type은 소위 **의존적 형식**(dependent type)이며, C++의 여러 사랑스러운 규칙 중 하나는 의존적 형식의 이름 앞에 반드시 typename을 붙여야 한다는 것이다.

MyAllocList를 별칭 템플릿으로 정의하면 typename을 붙일 필요가 없다(또한, 번거로운 "::type" 접미어도 붙일 필요가 없다).

```
template<typename T>
using MyAllocList = std::list<T, MyAlloc<T>>;  // 이전과 동일

template<typename T>
class Widget {
private:
  MyAllocList<T> list;                          // "typename" 없음
  …                                             // "::type" 없음
};
```

MyAllocList<T>::type(즉, 내포된 typedef의 용례)처럼 MyAllocList<T>(즉, 별칭 템플릿의 용례)도 여전히 템플릿 매개변수 T에 의존하는 것 같지만, 컴파일러는 그렇게 여기지 않는다. 컴파일러가 Widget 템플릿을 처리하는 과정에서 MyAllocList<T>가 쓰인(즉, 별칭 템플릿의 용례) 부분에 도달했을 때, 컴파일러는 그 MyAllocList<T>가 형식의 이름임을 이미 알고 있다. MyAllocList가 형식 템플릿이므로, MyAllocList<T>는 반드시 형식의 이름이어야 하기 때문이다. 즉, MyAllocList<T>는 **비의존적 형식**(non-dependent type)이며, 따라서 typename 지정자를 붙일 필요가 없고 붙여서도 안 된다.

반면, Widget 템플릿 안에서 MyAllocList<T>::type(즉, 내포된 typedef의 용례)을 만난 컴파일러는 그것이 형식의 이름임을 확신하지 못한다. 왜냐하면 MyAllocList의 어떤 특수화(specialization)에서 MyAllocList<T>::type이 형식 이외의 어떤 것을 지칭할 가능성이 남아 있기 때문이다. 그런 일이 실제로 있을 것 같지는 않지만, 컴파일러로서는 그런 가능성을 완전히 배제할 수 없다. 실제로 그런 코드를 작성하는 사람들이 없지 않기 때문이다.

예를 들어 남다른 정신 세계를 가진 어떤 개발자가 이런 코드를 만들어 낼 수도 있다.

```
class Wine { … };

template<>                        // T가 Wine인 경우에 대한
class MyAllocList<Wine> {         // MyAllocList의 특수화
private:
  enum class WineType            // "enum class"에 관해서는
  { White, Red, Rose };          // 항목 10을 보라
```

```
    WineType type;              // 이 클래스에서 type은
    …                           // 자료 멤버임!
};
```

이 경우 MyAllocList<Wine>::type은 형식을 지칭하지 않는다. Wine으로 Widget을 인스턴스화하면 Widget 템플릿 안의 MyAllocList<T>::type은 형식이 아니라 자료 멤버를 지칭한다. 따라서, Widget 템플릿 안에서 MyAllocList<T>::type이 형식을 지칭하는지는 전적으로 T가 무엇인지에 의존한다. 이 때문에, 그것이 형식임을 컴파일러가 안심하고 받아들이게 하기 위해서는 반드시 typename을 붙여 주어야 한다.

어떤 수준에서든 템플릿 메타프로그래밍(template metaprogramming, TMP)을 해 본 적이 있는 독자라면, 템플릿 형식 매개변수를 받아서 그것을 적절히 변경한 형식을 만들어 내야 하는 상황에 마주친 경험이 거의 확실히 있을 것이다. 예를 들어 어떤 형식 T가 주어졌을 때, T에 담긴 임의의 const 한정사나 기타 참조 한정사들을 제거해야 하는 경우가 있다. 이를테면 const std::string&를 std::string으로 바꾸는 것이 그런 경우이다. 또는, 주어진 형식에 const를 추가하거나 주어진 형식을 원값 참조로 바꾸어야 하는 경우도 있다. 이를테면 Widget을 const Widget으로 바꾸거나 Widget&로 바꾸는 등이다. (아직 TMP를 해본 적이 없는 독자에게는 심심한 위로의 말을 전한다. 진정으로 효과적인 C++ 프로그래머가 되려면 C++의 이 측면에 관해서 적어도 기본적인 사항들은 숙달할 필요가 있기 때문이다. 방금 언급한 종류의 형식 변환들을 포함해서 TMP의 응용 사례 몇 가지가 항목 23과 항목 27에 나오니 참고하기 바란다.)

C++11은 이런 종류의 변환을 **형식 특질**(type trait)의 형태로 수행할 수 있는 도구들을 제공한다. 여기서 형식 특질은 <type_traits> 헤더 안에 있는 일단의 템플릿들을 말한다. 그 헤더에는 수십 가지 형식 특질들이 있는데, 그것들이 모두 형식 변환을 수행하지는 않지만, 하나의 예측 가능한 인터페이스를 제공하는 것은 사실이다. 변환을 적용하고자 하는 형식 T가 주어졌을 때, 변환을 적용한 결과로 나온 형식은 항상 std::**변환**<T>::type이다. 예를 들면 다음과 같다.

```
std::remove_const<T>::type             // const T를 T로 변환

std::remove_reference<T>::type         // T&나 T&&를 T로 변환

std::add_lvalue_reference<T>::type     // T를 T&로 변환
```

주석들은 단지 해당 변환이 하는 일을 요약한 것일 뿐이므로, 너무 문자 그대로

받아들이지는 말기 바란다. 이들을 독자의 프로젝트에 사용하기 전에, 먼저 정확한 명세를 찾아보리라고 믿는다.

어쨌거나, 여기서 형식 특질의 사용법을 일일이 이야기하려는 것은 아니다. 그보다는, 이런 변환들을 적용할 때 각 용례의 끝에 "::type"이라는 접미어를 붙인다는 점에 주목하자. 템플릿 안의 형식 매개변수에 그 접미어를 붙인다면(실제 응용에서는 항상 그런 식으로 형식 특질을 사용한다), 그 앞에 typename도 반드시 붙여야 한다. 두 가지 구문적인 과속 방지턱 모두, C++11의 형식 특질들이 모두 템플릿화된 struct 안에 내포된 typedef들로 구현되었다는 사실 때문에 필요한 것이다. 그렇다. 이들은 모두 이번 항목에서 별칭 템플릿보다 못하다는 점을 독자에게 납득시키려 하는 바로 그 형식 동의어 기법을 이용해서 구현되어 있다!

그런 결정에는 역사적인 이유가 깔려 있지만, 그 부분은 그냥 넘어가기로 하자(별로 재미없기 때문임을 믿어 주시길). 별칭 템플릿이 더 나은 방식임을 뒤늦게야 깨달은 표준 위원회는 C++11의 모든 형식 변환에 대한 별칭 템플릿 버전들을 C++14에 포함시켰다. 그 별칭들은 일관된 형태이다. C++11에 있는 std::**변환**<T>::type 형태의 각 형식 특질에 대해, C++14에는 std::**변환_t** 형태의 별칭 템플릿이 있다. 예제를 보면 명확해질 것이다.

```
std::remove_const<T>::type          // C++11: const T → T
std::remove_const_t<T>              // 해당 C++14 버전

std::remove_reference<T>::type      // C++11: T&/T&& → T
std::remove_reference_t<T>          // 해당 C++14 버전

std::add_lvalue_reference<T>::type  // C++11: T → T&
std::add_lvalue_reference_t<T>      // 해당 C++14 버전
```

C++14에는 C++11 버전들도 그대로 남아 있지만, 그것들을 사용할 이유는 찾기 힘들다. C++14를 사용할 수 없는 독자라고 하더라도, 해당 별칭 템플릿들을 스스로 작성하는 것이 아이들 장난 수준이다. C++11의 언어 기능들만 있으면 아이들이라도 얼마든지 패턴을 흉내 낼 수 있다. 나중에 C++14 표준 명세서의 전자적 복사본[†]을 구한다면, 그냥 코드를 조금 복사해 붙이기만 하면 되므로 더욱 쉽다. 다음을 출발점으로 삼기 바란다.

```
template <class T>
using remove_const_t = typename remove_const<T>::type;
```

---

† (옮긴이) 참고로 C++14 표준 명세서에 가장 가까운 작업 초안(working draft) 문서의 번호는 N4140 이다. 웹에서 "N4140 pdf"를 검색하면 해당 PDF 문서를 구할 수 있다. C++11의 경우에는 N3337이 공식 표준 명세서에 가장 가까운 초안이다.

```
template <class T>
using remove_reference_t = typename remove_reference<T>::type;

template <class T>
using add_lvalue_reference_t =
  typename add_lvalue_reference<T>::type;
```

이 예에서 보듯이, 전혀 어렵지 않다.

기억해 둘 사항들

☑ typedef는 템플릿화를 지원하지 않지만, 별칭 선언은 지원한다.

☑ 별칭 템플릿에서는 "::type" 접미어를 붙일 필요가 없다. 템플릿 안에서 typedef를 지칭할 때에는 "typename" 접두사를 붙여야 하는 경우가 많다.

☑ C++14는 C++11의 모든 형식 특질 변환에 대한 별칭 템플릿들을 제공한다.

항목 10: 범위 없는 enum보다 범위 있는 enum을 선호하라

일반적인 규칙은, 한 중괄호 쌍 안에서 어떤 이름을 선언하면 그 이름의 가시성은 해당 중괄호 쌍이 정의하는 범위로 한정된다는 것이다. 그런데 C++98 스타일의 enum으로 선언된 열거자(enumerator)들에 대해서는 그러한 일반적인 규칙이 적용되지 않는다. 그런 열거자 이름들은 enum을 포함하는 범위에 속하며, 따라서 그 범위에 같은 이름이 있으면 안 된다.

```
enum Color { black, white, red };   // black, white, red는
                                    // Color가 속한 범위에 속함

auto white = false;                 // 오류! 이 범위에 이미
                                    // white가 선언되어 있음
```

이 열거자 이름들이 자신을 정의하는 enum의 범위로 새어 나간다는 사실 때문에, 이런 종류의 enum을 공식적으로 범위 없는(unscoped) enum이라고 부른다. 이에 대응되는 C++11의 새로운 열거형인 범위 있는(scoped) *enum*에서는 그러한 이름 누수가 발생하지 않는다.

```
enum class Color { black, white, red };  // black, white, red는
                                         // Color 범위에 속함

auto white = false;              // OK: 이 범위에 다른
                                 //    "white"는 없음

Color c = white;                 // 오류! 이 범위에 "white"라는
                                 // 이름의 열거자가 없음

Color c = Color::white;          // OK
```

```
auto c = Color::white;              // 역시 OK(그리고 항목 5의
                                    // 조언과도 일치함)
```

"enum class"라는 구문으로 선언한다는 점 때문에, 범위 있는 enum을 *enum* 클래스라고 부르기도 한다.

이름공간(namespace) 오염을 줄여준다는 것만으로도 범위 있는 enum을 범위 없는 enum보다 선호할 이유가 충분하다. 그러나 범위 있는 enum에는 또 다른 강력한 장점이 있다. 바로, 그 열거자들에 형식이 훨씬 강력하게 적용된다는 점이다. 범위 없는 enum의 열거자들은 암묵적으로 정수 형식으로 변환된다(그리고 정수 형식으로부터 암묵적으로 부동소수점 형식으로 변환된다). 그래서 다음과 같은 의미론적 재앙이 완벽하게 유효하다.

```
enum Color { black, white, red };        // 범위 없는 enum

std::vector<std::size_t>                 // x의 소인수들을
  primeFactors(std::size_t x);           // 돌려주는 함수

Color c = red;
…

if (c < 14.5) {                          // Color를 double과 비교(!)

  auto factors =                         // Color의 소인수들을
    primeFactors(c);                     // 계산(!)
  …
}
```

그러나 "enum" 다음에 그냥 "class"만 붙이면, 그래서 범위 없는 enum을 범위 있는 enum으로 바꾸면, 이야기가 아주 달라진다. 범위 있는 enum의 열거자는 암묵적으로 다른 형식으로 변환되지 않기 때문이다.

```
enum class Color { black, white, red };  // 이제는 enum에
                                         // 범위가 적용됨
Color c = Color::red;                    // 이전과 동일하나,
…                                        // 범위 한정사가 있음

if (c < 14.5) {                          // 오류! Color와 double을
                                         // 비교할 수 없음
  auto factors =                         // 오류! std::size_t를 기대하는
    primeFactors(c);                     // 함수에 Color를 전달할 수 없음
  …
}
```

어떤 이유로 Color를 다른 형식으로 변환하고 싶으면, 형식 시스템을 원하는 대로 굴복시킬 때 항상 사용하는 바로 그것, 즉 캐스팅을 사용하면 된다.

```
if (static_cast<double>(c) < 14.5) {     // 이상한 코드이지만
                                         // 어쨌든 유효함
```

```
    auto factors =                                    // 의심스럽지만
      primeFactors(static_cast<std::size_t>(c));  // 컴파일은 됨
    …
}
```

추가로, 범위 없는 enum에 비해 범위 있는 enum의 세 번째 장점이라고 할 만한 것이 있다. 바로, 범위 있는 enum은 전방 선언(forward declaration; 또는 선행 선언)이 가능하다는 것이다. 즉, 열거자들을 지정하지 않고 열거형 이름만 미리 선언할 수 있다.

```
enum Color;              // 오류!

enum class Color;        // OK
```

그러나 여기에는 오해의 소지가 있다. 비록 추가적인 작업이 조금 필요하긴 하지만, C++11에서 범위 없는 enum도 전방 선언이 가능하기 때문이다. 이는 C++에서 모든 enum의 **바탕 형식**(컴파일러가 결정하는)이 정수 형식이라는 사실에서 비롯된 것이다. 예를 들어 Color 같은 범위 없는 enum의 경우,

```
enum Color { black, white, red };
```

표현해야 할 값이 세 개뿐이므로 컴파일러는 바탕 형식(underlying type)으로 char를 선택할 것이다. 그러나 다음처럼 값들의 범위가 훨씬 큰 enum은 어떨까?

```
enum Status { good = 0,
              failed = 1,
              incomplete = 100,
              corrupt = 200,
              indeterminate = 0xFFFFFFFF
            };
```

이 enum이 나타내는 값들의 범위는 0에서 0xFFFFFFFF까지이다. char가 적어도 32비트인 보기 드문 컴퓨터들을 제외할 때, Status 값들을 나타내기 위해 컴파일러는 char보다 큰 정수 형식을 선택해야 한다.

메모리를 효율적으로 활용하기 위해, 컴파일러들은 주어진 enum의 열거자 값들의 범위를 표현할 수 있는 가장 작은 바탕 형식을 선택하는 경향이 있다. 그러나 경우에 따라서는 컴파일러가 크기 대신 속도를 위한 최적화를 적용하며, 그런 경우에는 허용되는 가장 작은 바탕 형식을 선택하지 않을 수도 있다. 그렇다고 해도, 컴파일러는 크기를 위해 최적화를 적용할 수 있길 원한다. 이를 가능하게 하기 위해, C++98은 오직 enum 정의(모든 열거자가 나열된)만 지원하고 enum 선언은 허용하지 않는다. 그러면 enum이 실제로 쓰이기 전에 컴파일러가 enum의 바탕 형식을 선택할 수 있기 때문이다.

그러나 enum을 전방 선언할 수 없으면 몇 가지 단점이 생기는데, 가장 주목할 만한 것은 아마도 컴파일 의존 관계가 늘어난다는 점일 것이다. Status enum을 다시 생각해 보자.

```
enum Status { good = 0,
              failed = 1,
              incomplete = 100,
              corrupt = 200,
              indeterminate = 0xFFFFFFFF
            };
```

이것은 시스템 전반에서 쓰일 가능성이 큰 부류의 enum이므로, 시스템의 모든 부분이 의존하는 헤더 파일에 포함된다고 가정해도 안전할 것이다. 그렇다고 할 때, 나중에 다음처럼 새 열거자를 추가하면,

```
enum Status { good = 0,
              failed = 1,
              incomplete = 100,
              corrupt = 200,
              audited = 500,
              indeterminate = 0xFFFFFFFF
            };
```

시스템 전체를 다시 컴파일해야 할 것이다. 새로 추가된 열거자를 하나의 하위 시스템에서, 심지어는 단 하나의 함수에서만 사용한다고 해도 시스템 전체가 다시 컴파일되어야 한다. 이는 사람들이 딱 싫어하는 일에 속한다. 그리고 C++11이 제공하는 enum 전방 선언 능력으로 제거할 수 있는 일이기도 하다. 예를 들어 다음은 범위 있는 enum의 완벽하게 유효한 선언 하나와 그 enum을 매개변수로 받는 함수이다.

```
enum class Status;                   // 전방 선언

void continueProcessing(Status s);   // 전방 선언된 enum 사용
```

Status의 정의가 바뀌어도, 이 선언들을 담은 헤더는 다시 컴파일할 필요가 없다. 더 나아가서, Status가 수정되었지만(이를테면 audited 열거자를 추가해서) 그것이 continueProcessing의 행동에 영향을 주지 않는다면(이를테면 continueProcessing은 audited를 사용하지 않기 때문에), continueProcessing의 구현 역시 다시 컴파일할 필요가 없다.

그러나 enum이 쓰이기 전에 그 크기를 컴파일러가 알아야 한다면, C++11은 C++98이 하지 못했던 enum의 전방 선언을 어떻게 지원하는 것일까? 답은 간단하다. 바로, 범위 있는 enum의 바탕 형식은 컴파일러가 언제라도 알 수 있으며, 범위 없는 enum의 바탕 형식은 프로그래머가 직접 정의할 수 있다는 것이다.

범위 있는 enum의 바탕 형식은 기본적으로 int이다.

```
enum class Status;                    // 바탕 형식은 int
```

그 기본 형식이 마음에 들지 않는다면 다른 형식을 명시적으로 지정하면 된다.

```
enum class Status: std::uint32_t;  // Status의 바탕 형식은
                                   // std::uint32_t
                                   // (<cstdint>에 있음)
```

어떤 방식이든, 컴파일러는 범위 있는 enum의 열거자들의 크기를 미리 알게 된다.

범위 없는 enum의 바탕 형식을 지정하는 방법은 범위 있는 enum에 대한 것과 동일하다. 그리고 바탕 형식이 지정된 범위 없는 enum은 전방 선언을 지원한다.

```
enum Color: std::uint8_t;          // 범위 없는 enum의 전방 선언
                                   // 바탕 형식은 std::uint8_t
```

enum을 '정의'할 때에도 바탕 형식을 지정할 수 있다.

```
enum class Status: std::uint32_t { good = 0,
                                   failed = 1,
                                   incomplete = 100,
                                   corrupt = 200,
                                   audited = 500,
                                   indeterminate = 0xFFFFFFFF
                                 };
```

범위 있는 enum이 이름공간을 오염시키지 않으며 의미 없는 암묵적 형식 변환 문제도 겪지 않는다는 점을 생각하면 범위 없는 enum은 더 이상 필요하지 않다고 생각할 수도 있지만, 놀랍게도 범위 없는 enum이 유용한 상황이 적어도 하나는 존재한다. 바로, C++11의 std::tuple 안에 있는 필드들을 지칭할 때이다. 예를 들어 어떤 소셜 네트워크 웹사이트의 사용자 이름과 이메일 주소, 그리고 평판치(reputation value)를 담는 다음과 같은 튜플^{tuple}이 있다고 하자.

```
using UserInfo =                   // 형식 별칭; 항목 9 참고
  std::tuple<std::string,          // 사용자 이름
             std::string,          // 이메일 주소
             std::size_t> ;        // 평판치
```

주석에는 튜플의 각 필드가 뜻하는 바가 나와 있지만, 다른 어떤 소스 파일에서 다음과 같은 코드와 마주친다면 해당 필드가 무엇을 뜻하는지를 바로 알기 힘들다.

```
UserInfo uInfo;                    // tuple 형식의 객체
…
auto val = std::get<1>(uInfo);   // 필드 1의 값을 얻는다
```

안 그래도 프로그래머는 많은 것을 머리에 담고 있어야 하는데, 과연 독자가 필드 1이 사용자의 이메일 주소라는 점까지 기억하고 있을까? 아마 그렇지는 않을 것이다. 범위 없는 enum으로 필드 번호를 필드 이름에 연관시키면 그런 것들을 일일이 기억할 필요가 없다.

```cpp
enum UserInfoFields { uiName, uiEmail, uiReputation };

UserInfo uInfo;                          // 이전과 동일
…

auto val = std::get<uiEmail>(uInfo);     // 이메일 필드의 값을
                                         // 얻음이 명확함
```

이 코드가 작동하는 것은 UserInfoFields에서 std::size_t(std::get이 요구하는 형식)로의 암묵적 변환 덕분이다.

이에 해당하는 범위 있는 enum 버전은 훨씬 장황하다.

```cpp
enum class UserInfoFields { uiName, uiEmail, uiReputation };

UserInfo uInfo;                          // 이전과 동일
…

auto val =
  std::get<static_cast<std::size_t>(UserInfoFields::uiEmail)>
    (uInfo);
```

열거자 하나를 받아서 그에 해당하는 std::size_t 값을 돌려주는 함수를 작성한다면 장황함이 줄어들겠지만, 그런 함수를 작성하는 것이 다소 까다롭다. std::get은 하나의 템플릿이며, 여기에 넘겨주는 것은 함수 인수가 아니라 템플릿 인수이다(괄호가 아니라 꺾쇠를 사용했음을 주목할 것). 따라서 열거자를 std::size_t로 변환하는 함수는 그 결과를 **컴파일 도중에** 산출해야 한다. 항목 15에서 설명하겠지만, 그러려면 그 함수는 반드시 constexpr 함수이어야 한다.

좀 더 정확하게 말하면 그러한 함수는 constexpr 함수 템플릿이어야 한다. 그 어떤 종류의 enum에 대해서도 작동해야 하기 때문이다. 그리고 만일 그러한 일반화를 시도한다면, 반환 형식도 일반화할 필요가 있다. 즉, std::size_t를 돌려주는 것이 아니라 enum의 바탕 형식을 돌려주어야 한다. 이 부분은 std::underlying_type 형식 특질을 사용하면 된다. (형식 특질에 관해서는 항목 9를 보라.) 마지막으로, 그 함수는 noexcept(항목 14를 보라)로 선언해야 한다. 결코 예외를 던지지 않을 것을 알고 있기 때문이다. 다음은 이상의 사항들을 모두 고려해서 만든, 임의의 열거자 하나를 받아서 그 값을 컴파일 시점 상수로서 돌려주는 함수 템플릿 toUType이다.

```
template<typename E>
constexpr typename std::underlying_type<E>::type
  toUType(E enumerator) noexcept
{
  return
    static_cast<typename
              std::underlying_type<E>::type>(enumerator);
}
```

C++14에서는 typename std::underlying_type<E>::type을 깔끔한 std:: underlying_type_t(항목 9 참고)로 대체해서 toUType을 더욱 단순화할 수 있다.

```
template<typename E>                              // C++14
constexpr std::underlying_type_t<E>
  toUType(E enumerator) noexcept
{
  return static_cast<std::underlying_type_t<E>>(enumerator);
}
```

C++14가 지원하는 auto 반환 형식(항목 3 참고)을 적용하면 더욱 깔끔해진다.

```
template<typename E>                              // C++14
constexpr auto
  toUType(E enumerator) noexcept
{
  return static_cast<std::underlying_type_t<E>>(enumerator);
}
```

어떤 형태로 구현했든, toUType을 이용하면 튜플의 한 필드에 다음과 같이 접근할 수 있다.

```
auto val = std::get<toUType(UserInfoFields::uiEmail)>(uInfo);
```

범위 없는 enum을 사용할 때보다는 여전히 타자량이 많지만, 그래도 이름공간 오염을 피하고 열거자들과 관련된 의도치 않은 변환이 방지된다는 장점이 있다. 글자 몇 개를 더 타자해야 한다고 해도, 2400보[baud] 모뎀이 최첨단 디지털 통신 장비였던 시절에 만들어진 열거형 기술의 함정들을 피하는 것이 더 이득인 경우 가 많다.

기억해 둘 사항들

☑ C++98 스타일의 enum을 이제는 범위 없는 enum이라고 부른다.

☑ 범위 있는 enum의 열거자들은 그 안에서만 보인다. 이 열거자들은 오직 캐스팅 을 통해서만 다른 형식으로 변환된다.

☑ 범위 있는 enum과 범위 없는 enum 모두 바탕 형식 지정을 지원한다. 범위 있는 enum의 기본 바탕 형식은 int이다. 범위 없는 enum에는 기본 바탕 형식이 없다.

☑ 범위 있는 enum은 항상 전방 선언이 가능하다. 범위 없는 enum은 해당 선언에 바탕 형식을 지정하는 경우에만 전방 선언이 가능하다.

항목 11: 정의되지 않은 비공개 함수보다 삭제된 함수를 선호하라

다른 개발자에게 제공할 코드를 작성할 때, 그 개발자가 코드의 특정 함수를 호출하지 못하게 하는 가장 흔한 방법은 그냥 그 함수를 선언하지 않는 것이다. 함수 선언이 없으면 호출할 함수도 없다. 이보다 더 쉬울 수도 없을 것이다. 그러나 C++이 독자 대신 함수들을 선언하는 경우가 있으며, 그런 경우 클라이언트가 그 함수들을 호출하지 못하게 하기는 그리 쉽지 않다.

그런 상황은 소위 "특수 멤버 함수들", 즉 C++이 필요에 따라 자동으로 작성하는 멤버 함수들에서만 발생한다. 그런 함수들은 항목 17에서 좀 더 자세히 논의한다. 일단 지금은 복사 생성자와 복사 배정 연산자만 살펴보기로 한다. 이번 장의 내용 대부분은 C++98의 흔한 관행(practice)들에 대한, C++11이 제공하는 더 나은 관행들에 관한 것이다. C++98에서는, 사용을 금지하려는 멤버 함수가 거의 항상 복사 생성자 또는 복사 배정 연산자(또는 둘 다)였다.

그런 함수들의 사용을 방지하기 위한 C++98의 접근방식은 그런 함수들을 private(비공개)으로 선언하고 정의는 하지 않는 것이다. 예를 들어 C++ 표준 라이브러리의 iostream 계통구조의 뿌리 부근에는 basic_ios라는 클래스 템플릿이 있다. 모든 입출력 스트림 클래스는 이 클래스를 상속한다(직접적으로든 간접적으로든). 입력 스트림 객체나 출력 스트림 객체는 복사하지 않는 것이 좋은데, 이는 그런 객체에 대한 복사 연산이 구체적으로 어떤 일을 해야 할 것인지가 명확하지 않기 때문이다. 예를 들어 입력 값들의 스트림을 나타내는 istream 객체에서 그 입력 값 중 일부는 이미 읽었고 나머지는 이후에 읽힐 가능성이 있다고 하자. istream 객체를 복사한다면, 이후에 읽힐 값들뿐만 아니라 이미 읽은 값들도 복사해야 할까? 이런 질문을 다루는 가장 좋은 방법은, 이런 질문이 제기될 여지를 아예 없애는 것이다. 스트림 객체의 복사를 방지하면 그런 여지가 사라진다.

입·출력 스트림 클래스들의 복사를 방지하기 위해, C++98 표준은 basic_ios를 다음과 같이 정의한다(주석들도 표준에서 가져온 것임).

```
template <class charT, class traits = char_traits<charT> >
class basic_ios : public ios_base {
public:
  …

private:
  basic_ios(const basic_ios&);              // not defined
  basic_ios& operator=(const basic_ios&);  // not defined
};
```

이 함수들은 private 섹션에 선언되어 있으므로 클라이언트가 호출할 수 없다.
또한, 함수들을 의도적으로 정의하지 않았기 때문에(not defined), 이들에 접근
할 수 있는 코드(이를테면 멤버 함수나 클래스의 friend 함수)에서 호출한다고
해도 정의가 없어서 링크가 실패한다.

C++11에서는 같은 목적을 달성하는 더 나은 방법이 있다. 바로, 복사 생성자
와 복사 배정 연산자 선언의 끝에 "= delete"를 붙이는 것이다. = delete를 붙인
함수를 **삭제된 함수**(deleted function)라고 부른다. 다음은 C++11 표준에 명시된
basic_ios의 해당 부분이다.

```
template <class charT, class traits = char_traits<charT> >
class basic_ios : public ios_base {
public:
  …
  basic_ios(const basic_ios&) = delete;
  basic_ios& operator=(const basic_ios&) = delete;
  …
};
```

이 함수들을 삭제하는 것과 private으로 선언하는 것의 차이가 단지 취향 문제
인 것 같지만, 사실 그 차이는 생각보다 크다. 삭제된 함수는 어떤 방법으로든
사용할 수 없다. 따라서 멤버 함수나 friend 함수에서 basic_ios 객체를 복사하
려 하면 컴파일이 실패한다. 이는 부적절한 용례가 링크 시점에 가서야 발견되
는 C++98 방식에 비해 개선된 것이다.

삭제된 함수는 private이 아니라 public으로 선언하는 것이 관례이다. 여기
에는 이유가 있다. 클라이언트 코드가 멤버 함수를 사용하려 할 때, C++은 먼저
그 함수의 접근성을 점검한 후에야 삭제 여부를 점검한다. 그런데 private 함수
를 사용하는 클라이언트 코드에 대해 그 함수가 private이라는 점을 문제 삼는
컴파일러들이 있다. 사실 함수를 사용할 수 없는 주된 이유가 함수의 접근성 때
문이 아니라는 점에서, 이는 오해의 여지를 제공한다. 구식 코드에서 정의되지
않은 private 멤버 함수를 삭제된 함수로 변경할 때에는, 새 함수들을 public으
로 선언하면 대체로 더 나은 오류 메시지가 나온다는 점을 명심하기 바란다.

삭제된 함수의 중요한 장점 하나는, 그 어떤 함수도 삭제할 수 있다는 것이다. 반면 private은 멤버 함수에만 적용할 수 있다. 예를 들어 정수 값을 하나 받아서 그것이 행운의 번호인지의 여부를 돌려주는 비멤버 함수(non-member function)가 있다고 하자.

```cpp
bool isLucky(int number);
```

C에서 물려받은 유산 때문에, 수치로 간주될 여지가 조금이라도 있는 형식은 암묵적으로 int로 변환된다. 그래서 다음 예처럼 별로 논리적이지 않은 코드들이 무사히 컴파일된다.

```cpp
if (isLucky('a')) …          // 'a'가 행운의 번호인가?

if (isLucky(true)) …         // true는 어떤가?

if (isLucky(3.5)) …          // 먼저 소수부를 버려서 3을 만든 후
                             // 행운을 시험해야 할까?
```

행운의 번호가 반드시 정수이어야 한다면, 위의 호출들이 아예 컴파일되지 않게 만드는 것이 바람직하다.

이를 달성하는 한 가지 방법은, 배제할 형식들에 대한 함수 중복적재들을 명시적으로 삭제하는 것이다.

```cpp
bool isLucky(int number);            // 원래의 함수

bool isLucky(char) = delete;         // char를 배제

bool isLucky(bool) = delete;         // bool을 배제

bool isLucky(double) = delete;       // double과 float을 배제
```

(주석에서 보듯이, double 중복적재를 삭제하면 double과 float이 모두 배제된다. 이 점이 의아한 독자도 있겠는데, float을 int로도 변환할 수 있고 double로도 변환할 수 있는 상황에서 C++이 double로의 변환을 선택한다는 점을 생각하면 이해가 될 것이다. 결과적으로, float으로 isLucky를 호출하면 int 버전이 아니라 double 버전이 호출된다. 좀 더 정확히 말하면, double 버전을 호출하려 하지만 그것이 삭제된 함수임을 깨닫고 컴파일에 실패한다.)

삭제된 함수들은 비록 사용할 수는 없지만, 그래도 프로그램의 일부이다. 따라서 이들도 중복적재 해소 과정에서 후보로 간주된다. 앞에 나온 삭제된 함수 선언들이 있다고 할 때, 다음과 같은 바람직하지 않은 isLucky 호출이 거부되는 것도 바로 그 때문이다.

```
if (isLucky('a')) …          // 오류! 삭제된 함수를 호출하려 함

if (isLucky(true)) …         // 오류!

if (isLucky(3.5f)) …         // 오류!
```

삭제된 함수로 수행할 수 있는(그리고 private 멤버 함수로는 할 수 없는) 또
다른 요령은 원치 않는 템플릿 인스턴스화를 방지하는 것이다. 예를 들어 내장
포인터들을 다루는 다음과 같은 템플릿이 있다고 하자(단, 제4장에서 조언하듯
이 생 포인터들보다는 똑똑한 포인터들을 선호하는 것이 바람직하다).

```
template<typename T>
void processPointer(T* ptr);
```

포인터의 세계에는 특별한 포인터가 두 가지 있다. 하나는 void* 포인터이다. 이
포인터는 역참조나 증가, 감소가 아예 불가능하다는 점에서 특별하다. 또 하나
는 char* 포인터로, 개별 문자를 가리키는 것이 아니라 C 스타일 문자열을 나타
낸다는 점에서 특별하다. 이 특수한 포인터들에는 말 그대로 특별한 처리가 필
요한 경우가 많은데, processPointer 템플릿이 이들을 다루는 특별한 방식은 이
형식들을 이용한 호출을 아예 거부하는 것이라고 가정하자. 즉, void* 형식이나
char* 형식의 포인터로는 processPointer를 호출하지 못하게 해야 한다.

이를 달성하는 것은 쉬운 일이다. 그냥 해당 템플릿 인스턴스들을 삭제하면
된다.

```
template<>
void processPointer<void>(void*) = delete;

template<>
void processPointer<char>(char*) = delete;
```

이제 void*나 char*로 processPointer를 호출하는 것은 유효하지 않다. 일반적
으로, void*나 char*가 안 된다면 const void*나 const char*도 안 되어야 마땅하
다. 따라서 해당 인스턴스들도 삭제할 필요가 있다.

```
template<>
void processPointer<const void>(const void*) = delete;

template<>
void processPointer<const char>(const char*) = delete;
```

더욱 철저하게 하고 싶다면 const volatile void* 중복적재 버전과 const
volatile char* 버전, 그리고 다른 표준 문자 형식들인 wchar_t, char16_t,
char32_t의 포인터들에 대한 버전들도 삭제해야 할 것이다.

흥미로운 점 하나는, 클래스 안의 함수 템플릿의 일부 인스턴스화를 방지하려는 목적으로 private 선언 접근방식(고전적인 C++98의 관행인)을 적용할 수는 없다는 것이다. 멤버 함수 템플릿의 한 특수화의 접근 수준을 그 템플릿 자체의 것과는 다른 수준으로 지정하는 것은 불가능하기 때문이다. 예를 들어 processPointer가 Widget 클래스의 한 멤버 함수 템플릿이고 void* 포인터로 그 템플릿을 호출하지 못하게 한다고 할 때, 다음과 같은 C++ 98 접근방식은 컴파일되지 않는다.

```cpp
class Widget {
public:
  …
  template<typename T>
  void processPointer(T* ptr)
  { … }

private:
  template<>                             // 오류!
  void processPointer<void>(void*);

};
```

이것이 불가능한 이유는, 템플릿 특수화는 반드시 클래스 범위가 아니라 이름공간 범위에서 작성해야 한다는 것이다. 삭제된 함수에는 다른 접근 수준을 지정할 필요가 없으므로 이런 문제가 없다. 멤버 함수를 클래스 바깥에서(따라서 이름공간 범위에서) 삭제하는 것이 가능하다.

```cpp
class Widget {
public:
  …
  template<typename T>
  void processPointer(T* ptr)
  { … }
  …
};

template<>                                           // 여전히
void Widget::processPointer<void>(void*) = delete;   // public,
                                                     // 그러나
                                                     // 삭제되었음
```

사실, 함수를 private으로 선언하되 정의를 생략하는 C++ 98의 관행은 C++11의 삭제된 함수가 제공하는 기능을 억지로 흉내 내는 것이었다. 흉내인 만큼, 실제 기능보다는 못하다. C++98의 접근방식은 클래스 바깥에서는 작동하지 않으며, 클래스 안에서도 항상 작동하지는 않는다. 작동한다고 해도 링크 시점에 가서야 작동하는 경우도 있다. 따라서 그냥 삭제된 함수를 사용하는 것이 낫다.

기억해 둘 사항들

☑ 정의되지 않은 비공개 함수보다 삭제된 함수를 선호하라.

☑ 비멤버 함수와 템플릿 인스턴스를 비롯한 그 어떤 함수도 삭제할 수 있다.

항목 12: 재정의 함수들을 override로 선언하라

C++에서 객체 지향 프로그래밍의 세계는 클래스, 상속, 가상 함수(virtual function)를 중심으로 돌아간다. 이 세계의 아주 근본적인 개념 중 하나는, 파생 클래스(derived class)의 가상 함수 구현이 기반 클래스(base class)의 해당 가상 함수 구현을 **재정의한다**(override)는 것이다. 그런데 가상 함수의 재정의가 얼마나 쉽게 잘못될 수 있는지를 안다면 실망할 것이다. C++의 이 부분은 마치, 머피의 법칙을 피할 수 없는 어떤 법칙이 아니라 반드시 지켜야 할 철칙이라고 생각하고 설계한 것이 아닌가 하는 생각이 들 정도이다.

재정의의 원문 "overriding"이 중복적재의 원문 "overloading"과 비슷하긴 하지만, 둘은 완전히 별개의 것이다. 이참에 확실히 기억하기 바란다. 가상 함수 재정의는 파생 클래스 함수를 기반 클래스의 인터페이스를 통해서 호출할 수 있게 만드는 메커니즘이다.

```
class Base {
public:
  virtual void doWork();        // 기반 클래스 가상 함수
  …
};

class Derived: public Base {
public:
  virtual void doWork();        // Base::doWork를 재정의한다
                                // (여기서는 virtual을
  …                             // 생략할 수 있다)
};

std::unique_ptr<Base> upb =     // 파생 클래스 객체를 가리키는
  std::make_unique<Derived>();  // 기반 클래스 포인터를 생성한다
                                // std::make_unique에 관해서는
…                               // 항목 21을 보라

upb->doWork();                  // 기반 클래스 포인터로 doWork을
                                // 호출한다; 파생 클래스의
                                // 함수가 호출된다
```

재정의가 일어나려면 다음과 같은 여러 필수조건을 만족해야 한다.

• 기반 클래스 함수가 반드시 가상 함수이어야 한다.

• 기반 함수와 파생 함수의 이름이 반드시 동일해야 한다(단, 소멸자는 예외).

• 기반 함수와 파생 함수의 매개변수 형식들이 반드시 동일해야 한다.

- 기반 함수와 파생 함수의 const성이 반드시 동일해야 한다.
- 기반 함수와 파생 함수의 반환 형식과 예외 명세(exception specification)가 반드시 호환되어야 한다.

이 제약들은 C++98에도 있던 것들이다. C++11에는 다음과 같은 조건 하나가 추가되었다.

- 멤버 함수들의 **참조 한정사**(reference qualifier)들이 반드시 동일해야 한다. 멤버 함수 참조 한정사는 그리 알려지지 않은 C++11의 기능이므로 여기서 처음 들었다고 해도 놀랄 필요는 없다. 이 기능을 이용하면 멤버 함수를 왼값에만 또는 오른값에만 사용할 수 있게 제한할 수 있다. 가상 함수가 아닌 멤버 함수에도 멤버 함수 참조 한정사를 적용할 수 있다.

```cpp
class Widget {
public:
  …
  void doWork() &;       // doWork의 이 버전은 *this가 왼값일
                         // 때에만 적용된다

  void doWork() &&;      // doWork의 이 버전은 *this가 오른값일
};                       // 때에만 적용된다

…

Widget makeWidget();     // 팩터리 함수(오른값을 돌려줌)

Widget w;                // 보통 객체(왼값을 돌려줌)

…

w.doWork();              // 왼값용 Widget::doWork(즉,
                         // Widget::doWork &)를 호출한다

makeWidget().doWork();   // 오른값용 Widget::doWork(즉,
                         // Widget::doWork &&)를 호출한다
```

참조 한정사가 붙은 멤버 함수에 관해서는 나중에 좀 더 이야기할 것이다. 일단 지금은, 만일 기반 클래스의 가상 함수에 참조 한정사가 있으면, 그 함수를 재정의하는 파생 클래스의 해당 함수에도 정확히 같은 참조 한정사가 있어야 한다는 점만 기억하기 바란다. 만일 그렇지 않으면, 선언된 함수가 파생 클래스에 여전히 존재하긴 하지만, 기반 클래스의 그 어떤 것도 재정의하지 않는다.[†]

[†] (옮긴이) 이를 흔히 파생 클래스의 함수가 기반 클래스의 함수를 "숨긴다(hide)" 또는 "가린다"라고 말한다. 참고로, 의도적으로 기반 함수를 숨기는 경우도 있으며, 파생 클래스의 멤버 함수 안에서 Base::f() 같은 표기를 이용해서 명시적으로 기반 클래스의 버전을 호출할 수도 있다.

이러한 모든 재정의 요구조건들이 뜻하는 것은, 작은 실수가 큰 차이를 빚을 수 있다는 것이다. 재정의 실수가 포함된 코드는 프로그래머가 의도한 것과는 다르게 행동하기 마련이지만, 그래도 여전히 유효한(컴파일 오류가 아닌) 경우가 많다. 따라서 뭔가가 잘못되었다고 컴파일러가 알려주리라고 기대하지는 말아야 한다. 예를 들어 다음 코드는 완벽하게 적법하며, 언뜻 보기에는 합당하다. 그러나 그 어떤 가상 함수 재정의도 일어나지 않는다. 파생 클래스의 함수가 기반 클래스의 함수와 연결되는 경우가 하나도 없는 것이다. 각 경우에서 무엇이 문제인지, 즉 각각의 파생 클래스 함수가 같은 이름의 기반 클래스 함수를 재정의하지 않는 이유가 무엇인지 식별해 보기 바란다.

```
class Base {
public:
  virtual void mf1() const;
  virtual void mf2(int x);
  virtual void mf3() &;
  void mf4() const;
};

class Derived: public Base {
public:
  virtual void mf1();
  virtual void mf2(unsigned int x);
  virtual void mf3() &&;
  void mf4() const;
};
```

답은 다음과 같다.

- Base에서는 mf1이 const로 선언되었지만, Derived에서는 그렇지 않다.
- Base에서는 mf2가 int를 받지만, Derived에서는 unsigned int를 받는다.
- Base에서는 mf3이 왼값으로 한정되지만, Derived에서는 오른값으로 한정된다.
- Base에서 mf4는 virtual로 선언되지 않았다.

아마 "실제 응용에서는 이런 문제들을 컴파일러가 경고를 해주므로 내가 신경 쓸 필요는 없지 않을까?"라고 생각하는 독자도 있을 것이다. 그럴 수도 있지만, 아닐 수도 있다. 내가 점검해 본 두 컴파일러는 모든 경고를 활성화했는데도 위의 코드를 아무 불평 없이 컴파일했다. (다른 컴파일러들은 몇몇 문제점을 경고해주기도 했지만, 모든 문제점을 지적하지는 않았다.)

파생 클래스 재정의 선언은 제대로 해내야 하는 중요한 사항이지만, 프로그래머가 실수하기도 쉽다. 그래서 C++11은 파생 클래스 함수가 기반 클래스의 버전을 재정의하려 한다는 의도를 명시적으로 표현하는 방법을 제공한다. 바로, 그런 파생 클래스 함수를 override로 선언하는 것이다. 다음은 앞에 나온 선언들에 override를 적용한 것이다.

```
class Derived: public Base {
public:
  virtual void mf1() override;
  virtual void mf2(unsigned int x) override;
  virtual void mf3() && override;
  virtual void mf4() const override;
};
```

물론 이 코드는 컴파일되지 않는다. 컴파일되지 않도록 작성되었기 때문이다. 컴파일러는 재정의 관련 문제점들을 모두 지적해준다. 이것이 우리가 원했던 결과이고, 모든 재정의 함수를 override로 선언해야 할 이유이기도 하다.

다음은 override를 사용하는, 그리고 제대로 컴파일되는 코드이다(Derived의 모든 함수가 Base의 가상 함수들을 재정의하는 것이 목표라고 할 때).

```
class Base {
public:
  virtual void mf1() const;
  virtual void mf2(int x);
  virtual void mf3() &;
  virtual void mf4() const;
};

class Derived: public Base {
public:
  virtual void mf1() const override;
  virtual void mf2(int x) override;
  virtual void mf3() & override;
  void mf4() const override;         // virtual을 붙여도 되지만,
};                                   // 꼭 그럴 필요는 없다
```

이 예에서, Base의 mf4를 가상 함수로 선언하는 것도 코드가 제대로 컴파일되게 하는 데 필요한 일임을 주목하기 바란다. 재정의 관련 오류는 대부분 파생 클래스에서 일어나지만, 기반 클래스에서 뭔가 잘못되었을 가능성도 있다.

파생 클래스의 모든 재정의 함수를 override로 선언한다는 방침은, 재정의를 의도한 함수가 실제로는 아무것도 재정의하지 않는다는 점을 컴파일러가 지적해 주는 것 이상의 장점을 제공한다. 그러한 방침은 기반 클래스의 한 가상 함수의 서명을 변경했을 때 그 영향이 어느 정도인지 가늠하려 할 때에도 도움이 된다. 파생 클래스들에서 override를 일관되게 적용했다면, 그냥 기반 함수의 서명을 변경하고, 시스템을 다시 컴파일하고, 피해가 어느 정도인지(즉, 컴파일에 실패한 파생 클래스가 몇 개나 되는지) 파악하고, 그에 따라 해당 서명을 그렇게 변경하는 것이 가치가 있는 일인지 판단하면 된다. 그러나 override를 사용하지

않았다면, 상세한 단위 검사(unit test)들을 마련해 두길 잘했다는 생각이 들(또는 그렇지 않았음을 후회할) 것이다. 왜냐하면, 앞에서 보았듯이 기반 클래스의 함수들을 재정의하려 했지만 실제로는 그렇지 않은 파생 클래스 가상 함수들에 대해 컴파일러가 아무런 경고도 하지 않기 때문이다.

예전에도 C++에는 많은 키워드가 있었지만, C++11은 거기에 두 개의 **문맥 의존 키워드**(contextual keyword) override와 final[2]을 추가했다. 이 키워드들은 오직 특정한 문맥에서만 예약어로 작용한다는 특성을 가지고 있다. override는 멤버 함수 선언의 끝에 나올 때에만 예약된 의미를 가진다. 따라서, override라는 이름을 사용하는 구식 코드가 남아 있다고 해도, C++11을 위해 그 이름을 변경할 필요는 없다.[†]

```
class Warning {          // C++98 시절에 있었을 클래스
public:
  …
  void override();       // C++98과 C++11 모두에서
  …                      // 유효함(의미도 같음)
};
```

이상이 override에 관해 이야기해야 할 전부이다. 그러나 멤버 함수 참조 한정사에 대해서는 아직 할 이야기가 남아 있다. 앞에서 참조 한정사가 붙은 멤버 함수에 관해서는 나중에 좀 더 이야기할 것이라고 했는데, 지금이 바로 그 '나중'이다.

왼값 인수만 받는 함수를 작성하고 싶다면, 비const 왼값 참조 매개변수를 선언하면 된다.

```
void doSomething(Widget& w);      // 왼값 Widget만 받는 함수
```

오른값 인수만 받는 함수를 작성하고 싶다면 오른값 참조 매개변수를 선언하면 된다.

---

2   가상 함수에 final을 적용하면 파생 클래스에서 그 함수를 재정의할 수 없게 된다. 클래스 자체에 final을 적용할 수도 있는데, 그러면 그 클래스는 기반 함수로 쓰일 수 없게 된다.

†   (옮긴이) 간단히(그리고 엄밀히) 말해서 override와 final은 키워드가 아니라 식별자(identifier)이다. contextual keyword는 적어도 C++11 표준 명세서에는 나오지 않는 용어로, 명세서들에서는 "identifiers with special meaning(특별한 의미를 가진 식별자)"이라고 부른다. 이들을 온전한 키워드로 만들지 않은 이유 중 하나는 본문에도 암시되어 있는 기존 코드와의 하위 호환성 문제이다. 한편, C++11 표준 제정 과정에서는 이를테면
```
virtual void mf1 [[override]] () const;
```
처럼 '특성(attribute)'을 이용한 방법도 제안되었지만, 몇 가지 이유로 기각되고 결국은 지금의 방식이 채택되었다.

```
void doSomething(Widget&& w);        // 오른값 Widget만 받는 함수
```

멤버 함수 참조 한정사는 멤버 함수가 호출되는 객체, 즉 *this에 대해 이러한 구분이 가능하게 만드는 것일 뿐이다. 멤버 함수 참조 한정사는 주어진 멤버 함수가 호출되는 대상(즉, *this)이 const임을 명시하기 위해 멤버 함수 선언 끝에 붙이는 const와 딱 비슷하다.

멤버 함수에 참조 한정사를 붙여야 하는 상황이 흔치는 않지만, 없는 것도 아니다. 예를 들어 Widget 클래스에 std::vector 자료 멤버가 있으며, 그것에 직접 접근할 수 있는 접근용 멤버 함수를 클라이언트에게 제공한다고 하자.

```cpp
class Widget {
public:
  using DataType = std::vector<double>;        // using에 관해서는
  …                                            // 항목 9를 보라

  DataType& data() { return values; }
  …

private:
  DataType values;
};
```

이 클래스의 설계가 아주 잘 캡슐화되어 있다고는 할 수 없겠지만, 그 점은 제쳐 놓고 다음과 같은 클라이언트 코드에서 어떤 일이 일어나는지 생각해 보자.

```cpp
Widget w;
…
auto vals1 = w.data();                   // w.values를 vals1에 복사
```

Widget::data의 반환 형식은 왼값 참조(정확히는 std::vector<double>&)이고 왼값 참조는 정의상 왼값으로 취급되므로, 이 코드는 하나의 왼값으로 vals1을 초기화한다. 따라서, 주석에도 나와 있듯이 vals1은 w.values로부터 복사 생성된다.[†]

다음으로, Widget을 생성하는 팩터리 함수가 있다고 하자.

```cpp
Widget makeWidget();
```

그리고 이 makeWidget이 돌려준 Widget 객체 안의 std::vector를 이용해서 변수를 초기화한다고 하자.

```cpp
auto vals2 = makeWidget().data();     // Widget 안에 있는
                                      // values를 vals2에 복사
```

---

† (옮긴이) '복사 생성하다(copy-construct)'는 객체를 복사 생성자를 이용해서 생성하는 것을 뜻한다. 마찬가지로 '복사 배정하다(move-assign)'는 복사 배정 연산자를 이용해서 배정하는 것을 뜻한다.

이번에도 Widgets::data는 왼값 참조를 돌려주며, 언제나 왼값 참조는 하나의 왼값이므로, 역시 이번에도 새 객체(vals2)는 Widget 안의 values로부터 복사 생성된다. 그러나 이번에는 Widget이 makeWidget이 돌려준 임시 객체(즉, 오른값)이다. 따라서 그 임시 객체 안의 std::vector를 복사하는 것은 시간 낭비이다. 복사보다는 이동이 바람직하지만, data가 왼값 참조를 돌려주기 때문에 C++의 규칙들을 준수하는 컴파일러는 반드시 복사 연산을 위한 코드를 작성해야 한다. (소위 "겉보기 규칙(as if rule)†"이라는 것을 통해서 어느 정도 최적화할 여지가 있긴 하지만, 컴파일러가 그 점을 활용하리라고 기대하고 저런 코드를 작성하는 것은 그리 현명하지 않은 일이다.)

정말로 필요한 것은 data가 오른값 Widget에 대해 호출된 경우에는 반드시 오른값을 돌려주게 하는 것이다. data를 왼값 Widget과 오른값 Widget에 대해 개별적으로 중복적재하면 그런 일이 가능하다.

```cpp
class Widget {
public:
  using DataType = std::vector<double>;
  …

  DataType& data() &              // 왼값 Widget에 대해서는
  { return values; }              // 왼값을 반환

  DataType&& data() &&            // 오른값 Widget에 대해서는
  { return std::move(values); }   // 오른값을 반환
  …

private:
  DataType values;
};
```

data 중복적재들의 반환 형식이 서로 다르다는 점에 주목하기 바란다. 왼값 참조 중복적재는 왼값 참조(즉, 하나의 왼값)를 돌려주고 오른값 참조 중복적재는 오른값 참조를 돌려준다(함수 반환 형식으로서의 오른값 참조는 하나의 오른값이다). 이제 클라이언트 코드는 우리가 원했던 방식으로 작동한다.

```cpp
auto vals1 = w.data();             // Widget::data의 왼값
                                   // 중복적재를 호출; vals1은
                                   // 복사 생성됨

auto vals2 = makeWidget().data();  // Widget::data의 오른값
                                   // 중복적재를 호출; vale 2는
                                   // 이동 생성됨
```

---

† (옮긴이) 외부에서 관찰할 수 있는 프로그램 행동이 변하지 않는 한 컴파일러가 임의의 최적화를 적용할 수 있다는 규칙이다. "외부에서 관찰할 수 있는 프로그램 행동"의 구체적인 의미는 다소 난해한데, 관련 자료를 찾아보기 바란다. 이 규칙이 적용되는 대표적인 예는 C++98 시절 원시적인(?) 형태의 이동 의미론이라 할 수 있는 반환 값 최적화(RVO; 항목 25 참고)이다.

확실히 멋진 일이긴 하지만, 행복감은 그만 누리고 이 항목의 진정한 요점으로 넘어가자. 요점은, 기반 클래스의 가상 함수를 재정의하려는 의도를 가진 멤버 함수를 파생 클래스 안에서 선언할 때에는 그 함수를 반드시 override로 선언하라는 것이다.

그런데 한 멤버 함수에 참조 한정사가 붙어 있으면 그 함수의 모든 중복적재에도 참조 한정사를 지정해야 한다. 이는 참조 한정되지 않은 중복적재가 왼값 객체와 오른값 객체 모두에 대해 호출될 수 있기 때문이다. 그런 중복적재는 참조 한정된 중복적재들과 경쟁하며, 따라서 그 함수에 대한 모든 호출이 중의적인 호출로 변한다.

기억해 둘 사항들

☑ 재정의 함수는 override로 선언하라.
☑ 멤버 함수 참조 한정사를 이용하면 멤버 함수가 호출되는 객체(*this)의 왼값 버전과 오른값 버전을 다른 방식으로 처리할 수 있다.

항목 13: iterator보다 const_iterator를 선호하라

const_iterator는 const를 가리키는 포인터의 STL 버전이다. const_iterator는 수정하면 안 되는 값들을 가리킨다. 가능한 한 항상 const를 사용하라는 표준 관행은 반복자에도 적용된다. 즉, 반복자가 가리키는 것을 수정할 필요가 없을 때에는 항상 const_iterator를 사용하는 것이 바람직하다.

이 점은 C++11에서는 물론 C++98에서도 참이었지만, C++98에서는 const_iterator로 이 관행을 지키는 것이 그리 즐겁지 않았다. 그런 반복자를 생성하기가 쉽지 않았으며, 생성했다고 해도 그 활용에 제약이 있었다. 예를 들어 std::vector<int>에서 1983이라는 값(1983은 프로그래밍 언어의 이름으로 "C with Classes" 대신 C++을 사용하기로 한 해이다)이 처음 나오는 지점을 찾고 그곳에 1998이라는 값(1998은 첫 번째 ISO C++ 표준이 채택된 해이다)을 삽입한다고 하자. 벡터에 1983이 하나도 없으면 1998을 벡터의 끝에 삽입해야 한다. C++98에서 iterator를 이용해서 이를 수행하는 것은 쉬운 일이었다.

```
std::vector<int> values;

…

std::vector<int>::iterator it =
```

```
      std::find(values.begin(),values.end(), 1983);
   values.insert(it, 1998);
```

그러나 이 코드는 iterator가 가리키는 것을 전혀 수정하지 않으므로, iterator
가 최선의 선택은 아니다. iterator 대신 const_iterator를 사용하도록 코드를
고치는 것은 간단한 일이어야 마땅하지만, C++98에서는 전혀 그렇지 않았다. 다
음은 개념적으로는 건전하지만 실제로는 정확하지 않은 접근방식이다.

```
typedef std::vector<int>::iterator IterT;            // type-
typedef std::vector<int>::const_iterator ConstIterT;  // def들

std::vector<int> values;

…

ConstIterT ci =
  std::find(static_cast<ConstIterT>(values.begin()),  // 캐스팅
            static_cast<ConstIterT>(values.end()),    // 캐스팅
            1983);

values.insert(static_cast<IterT>(ci), 1998);  // 컴파일이 안
                                              // 될 수 있음;
                                              // 본문 참고
```

물론 typedef가 꼭 필요한 것은 아니나, 이들 덕분에 코드의 캐스팅을 좀 더
쉽게 작성할 수 있다. (별칭 선언을 선호하라는 항목 9의 조언을 따르지 않고
typedef를 사용한 이유는, 별칭 선언이 C++11에서 새로 생긴 기능이기 때문이
다. 이 예는 C++98의 코드를 보여준다.)

std::find 호출에서 정적 캐스팅들을 사용한 것은, values가 비const 컨테이
너이며 C++98에서는 비const 컨테이너로부터 const_iterator를 얻는 간단한
방법이 없었기 때문이다. 사실 이 캐스팅들이 꼭 필요한 것은 아니다. const_
iterator를 얻는 다른 방법들이 존재한다(이를테면 values를 const 참조 변수에
묶은 후 그 변수를 코드의 values들 대신 사용하면 된다). 그러나 어떤 방법을 사
용하든, 비const 컨테이너의 원소를 가리키는 const_iterator를 얻는 과정에는
다소 작위적인 왜곡이 관여하게 된다.

const_iterator를 얻었다고 해도 상황이 더욱 나빠지는 경우가 많다. C++98
에서는 삽입(그리고 삭제) 위치를 iterator로만 지정할 수 있었기 때문이다.
const_iterator는 허용되지 않았다. 앞의 코드에서 const_iterator(std::find
로부터 공들여 얻어 낸)를 다시 iterator로 캐스팅한 것은 바로 그 때문이다.
const_iterator를 insert에 그대로 넘겨주면 컴파일이 되지 않는다.

그러나 그렇게 캐스팅한 코드조차도 컴파일되지 않을 수 있다. static_cast

를 동원한다고 해도, const_iterator에서 iterator로의 이식성 있는 변환은 존재하지 않기 때문이다. reinterpret_cast라는 의미론적 대형 망치로 때려도 안 된다. (이는 C++98의 제약이 아니다. C++11에서도 마찬가지이다. 왠지 될 것 같고 되어야 마땅한 것 같아도, 그냥 const_iterator는 iterator로 변환되지 않는다.) const_iterator가 가리키는 것을 가리키는 iterator를 생성하는 이식성 있는 방법들이 존재하긴 하지만, 그 방법들은 명백하지 않고 보편적으로 적용할 수도 없으며 이 책에서 논의할 가치도 없다. 각설하고, 이제는 내가 말하고자 하는 요점을 확실히 알았을 것이다. 바로, C++98에서 const_iterator는 너무나 골칫거리여서 대부분의 경우에는 그냥 사용하지 않는 것이 좋았다는 것이다. 사실 개발자들이 const를 **가능한 한** 항상 사용하지는 않는다. **실용적일 때에만** 항상 사용할 뿐이다. 그리고 C++98에서 const_iterator는 그리 실용적이지 않았다.

C++11에서는 이 모든 것이 달라졌다. 이제는 const_iterator를 얻기도 쉽고 사용하기도 쉽다. 컨테이너 멤버 함수 cbegin과 cend는 const_iterator를 돌려준다. 심지어 비const 컨테이너도 그렇다. 그리고 삽입·삭제 위치를 지정하는 목적으로 반복자를 사용하는 STL 멤버 함수들(이를테면 insert와 erase)은 실제로 const_iterator를 사용한다. iterator를 사용하는 기존 C++98 코드를 C++11에서 const_iterator를 사용하도록 개정하는 과정은 아주 간단하다.

```cpp
std::vector<int> values;                        // 이전과 동일

…

auto it =                                       // cbegin과
  std::find(values.cbegin(),values.cend(), 1983); // cend를 사용

values.insert(it, 1998);
```

이것이 바로 const_iterator를 사용하는 실용적인 코드이다.

const_iterator에 대한 C++11의 지원에서 뭔가 부족한 점이 발견되는 상황은 최대한 일반적인(maximally generic)† 라이브러리 코드를 작성할 때뿐이다. 그런 코드는 begin 함수와 end 함수(그리고 cbegin, cend, rbegin 등의 함수들)를 멤

---

† (옮긴이) 이 번역서는 generic과 general/generally를 토씨의 유무로 구분한다. 구체적으로 말하면, generic(사실상 템플릿을 뜻하는)은 조사가 없는 '일반적'으로 옮기고(이를테면 '일반적 함수', '일반적 프로그래밍'), general/generally는 '일반적'(문맥에 따라서는 '전반적', '종합적' 등)에 '~인'이나 '~으로' 같은 조사를 붙인다. 그러나 maximally generic을 옮긴 '최대한 일반적인'은 예외이다. 이처럼 generic 앞에 부사가 붙은 경우에는 '일반적'에 조사를 붙이지 않으면 좀 어색하기 때문이다. 한편, generic을 군이 general과 구분할 필요가 있느냐는 주장도 가능한데, 관련 논의가 역자의 블로그 글(*http://occamsrazr.net/tt/298*)에 있으니 참고하기 바란다.

버 함수가 아니라 **비멤버** 함수로서 제공해야 하는 컨테이너들과 컨테이너 비슷한 자료구조들이 존재한다는 점을 고려한다. 내장 배열이 바로 그런 경우에 해당하고, 인터페이스가 오직 자유 함수들로만 이루어진 서드파티 라이브러리들도 그러한 경우이다. 그래서 일반성을 극대화한 코드는 특정 멤버 함수의 존재를 요구하는 대신 그 멤버 함수에 상응하는 비멤버 함수를 사용한다.

예를 들어, 다음은 앞에서 본 검색 및 삽입 코드를 findAndInsert라는 하나의 템플릿으로 일반화한 것이다.

```
template<typename C, typename V>
void findAndInsert(C& container,          // container에서
                   const V& targetVal,    // targetVal의 첫
                   const V& insertVal)    // 출현을 찾고, 그
{                                         // 위치에 insertVal을
  using std::cbegin;                      // 삽입한다
  using std::cend;

  auto it = std::find(cbegin(container),  // 비멤버 cbegin
                      cend(container),     // 비멤버 cend
                      targetVal);

  container.insert(it, insertVal);
}
```

이 템플릿은 C++14에서는 잘 작동하지만, 안타깝게도 C++11에서는 그렇지 않다. C++11 표준화 과정에서 비멤버 함수 begin과 end는 표준에 추가했지만, cbegin과 cend, rbegin, rend, crbegin, crend는 빼먹고 추가하지 않았기 때문이다.

C++11에서 최대한 일반적인 코드를 작성하고 싶다면, 그리고 사용하는 라이브러리들이 모두 누락된 비멤버 cbegin과 친구(friend)들에 대한 템플릿을 제공하지 않는다면, 독자가 직접 구현하는 것도 어렵지 않다. 다음은 비멤버 cbegin의 한 구현이다.

```
template <class C>
auto cbegin(const C& container)->decltype(std::begin(container))
{
  return std::begin(container);         // 본문의 설명을 볼 것
}
```

비멤버 cbegin이 멤버 cbegin을 호출하지 않는다는 점에 놀란 독자도 있을 텐데, 사실 처음엔 나도 놀랐다. 그러나 이는 논리적이다. 이 cbegin 템플릿은 컨테이너 같은 자료구조를 대표하는 임의의 인수 형식 C를 받고, 해당 const 참조 매개변수 container를 통해서 그 자료구조에 접근한다. 만일 C가 통상적인 컨테이너 형식(이를테면 std::vector<int>)이면 container는 그 컨테이너의 const 버전에 대한 참조(이를테면 const std::vector<int>&)가 된다. 그러한 const 컨테이너에

대해 비멤버 begin 함수(C++11이 제공하는)를 호출하면 const_iterator 형식의 반복자가 반환된다. 이 템플릿이 돌려주는 것이 바로 그 반복자이다. 이런 구현 방식의 장점은, begin 멤버 함수를 제공하지만 cbegin 멤버 함수는 제공하지 않는 컨테이너에 대해서도 작동한다는 것이다. 즉, begin만 직접적으로 제공하는 컨테이너에 대해서도 이 비멤버 cbegin을 사용할 수 있다.

이 템플릿은 또한 C가 내장 배열 형식일 때에도 작동한다. 그런 경우 container는 const 배열에 대한 참조가 된다. C++11은 내장 배열에 특화된 버전의 비멤버 begin을 제공한다. 그 버전은 주어진 배열의 첫 원소를 가리키는 포인터를 돌려준다. const 배열의 원소들은 const이므로, const 배열에 대해 비멤버 begin이 돌려주는 포인터는 const를 가리키는 포인터이다. 그리고 const를 가리키는 포인터는 곧 배열의 const_iterator이다. (내장 배열에 대해 템플릿을 특수화하는 방법에 관해서는 항목 1에 나온, 배열에 대한 참조 매개변수를 받는 템플릿의 형식 연역 방식의 논의가 도움이 될 것이다.)

다시 기본으로 돌아가서, 이번 항목의 요점은 가능한 한 const_iterator를 사용하라는 것이다. 이 조언의 근본적인 동기는 const를 사용하는 것이 의미가 있는 경우에는 항상 const를 사용하는 것이 바람직하다는 것인데, 이 조언은 C++11 이전에도 참이었다. 그러나 C++98에서 반복자를 다룰 때에는 이 조언이 전혀 실용적이지 않았다. C++11에서는 두드러지게 실용적이며, C++14는 C++11에서 마무리하지 못한 몇 가지 단점까지 해결한다.

기억해 둘 사항들

☑ iterator보다 const_iterator를 선호하라.

☑ 최대한 일반적인 코드에서는 begin, end, rbegin 등의 비멤버 버전들을 해당 멤버 함수들보다 선호하라.

항목 14: 예외를 방출하지 않을 함수는 noexcept로 선언하라

C++98에서 예외 명세(exception specification)는 다소 변덕스러운 야수였다. 프로그래머는 함수가 방출할(emit)[†] 수 있는 예외 형식들을 요약해야 했으며, 그래

---

† (옮긴이) 예외가 함수 바깥으로 전파되는 것을 말한다. 예외의 '발생' 또는 '던지기'와는 구분되는 개념이다. 예외가 발생하지 않는다면 예외가 방출되는 일도 없지만, 예외가 발생한다고 해서 반드시 방출되는 것은 아니다.

서 함수의 구현을 수정하면 예외 명세도 바꾸어야 할 가능성이 생겼다. 그런데 예외 명세가 변하면 클라이언트 코드가 깨질 수 있다. 호출자가 원래의 예외 명세에 의존할 수도 있기 때문이다. 대체로 컴파일러는 함수 구현과 예외 명세, 그리고 클라이언트 코드 사이의 일관성 유지에 아무런 도움도 주지 않았다. 그래서 대부분의 프로그래머는 결국 C++98의 예외 명세가 득보다 실이 크다고 판단하게 되었다.

C++11 제정 과정에서, 함수의 예외 방출 행동에 관해 정말로 의미 있는 정보는 함수가 예외를 하나라도 방출하는지의 여부라는 점에 대한 공감대가 형성되었다. 즉, 의미 있는 것은 함수가 예외를 하나라도 던질 수 있는지 아니면 절대로 던지지 않는지라는 이분법적 정보뿐이다. 본질적으로 C++98의 것을 대체하는 C++11의 예외 명세에는 바로 그러한 흑백논리가 깔려 있다. (C++98 스타일의 예외 명세도 여전히 유효하나, 비권장(deprecate) 기능으로 분류되었다.[†]) C++11에서 함수 선언 시 그 함수가 예외를 방출하지 않을 것임을 명시할 때에는 noexcept라는 키워드를 사용하면 된다.

함수를 noexcept로 선언할 것인지의 여부는 인터페이스 설계상의 문제이다. 함수의 예외 방출 행동은 클라이언트에게 아주 중요한 사항이다. 함수의 호출자는 함수의 noexcept 여부를 조회할 수 있으며, 그 조회 결과는 호출 코드의 예외 안정성이나 효율성에 영향을 미친다. 그런 만큼, 함수의 noexcept 여부는 멤버 함수의 const 여부만큼이나 중요한 정보이다. 예외를 방출하지 않음이 확실한 함수를 선언할 때 noexcept를 빼먹는 것은 곧 인터페이스 명세가 허술함을 의미한다.

그런데 예외를 만들지 않는 함수에 noexcept를 적용하는 것에는 또 다른 장점이 있다. 바로, 컴파일러가 더 나은 목적 코드(object code)를 산출할 수 있다는 것이다. C++98과 C++11에서 함수가 예외를 방출하지 않음을 명시하는 서로 다른 방법을 조사해 보면 그 이유를 이해하는 데 도움이 된다. 함수 f를 호출했을 때 호출자가 예외를 받게 되는 일이 결코 없음을 약속하고 싶다고 하자. 이를 표현하는 방법은 두 가지이다.

```
int f(int x) throw();     // f는 예외를 방출하지 않음: C++98 방식

int f(int x) noexcept;    // f는 예외를 방출하지 않음: C++11 방식
```

[†] (옮긴이) C++98 스타일의 예외 명세를 이제는 '동적 예외 명세(dynamic exception specification)'라고 부른다. 새로운 noexcept와 거의 같은 의미인 throw()(빈 예외 명세)도 동적 예외 명세에 속하며, 따라서 비권장 기능이다.

실행시점에서 어떤 예외가 f 바깥으로 튀어나오면 f의 예외 명세가 위반된다. C++98에서는 예외 명세가 위반되면 호출 스택이 f를 호출한 지점에 도달할 때까지 풀리며(unwind), 그 지점에서 몇 가지 동작(지금 논의에는 중요하지 않음)이 취해진 후 프로그램 실행이 종료된다(terminate). C++11의 예외 명세에서는 실행시점 행동이 약간 다르다. C++11에서는 프로그램 실행이 종료되기 전에 호출 스택이 풀릴 수도 있고 풀리지 않을 수도 있다.†

호출 스택이 풀리는 것과 풀릴 수도 있는 것의 차이는 컴파일러의 코드 작성에 놀랄 만큼 큰 영향을 미친다. noexcept 함수에서 컴파일러의 최적화기(optimizer)는 예외가 함수 바깥으로 전파될 수 있다고 해도 실행시점 스택을 풀기 가능 상태로 유지할 필요가 없다. 또한, 예외가 noexcept 함수를 벗어난다고 해도 noexcept 함수 안의 객체들을 반드시 생성의 반대 순서로 파괴해야 하는 것도 아니다. 그러나 예외 명세가 "throw()"인 함수에는 그러한 최적화 유연성이 없으며, 예외 명세가 아예 없는 함수 역시 마찬가지로 그런 유연성이 없다. 다음은 이상의 여러 상황을 요약한 것이다.

```
반환형식 함수이름(매개변수목록) noexcept;   // 최적화 여지가 가장 크다

반환형식 함수이름(매개변수목록) throw();    // 최적화 여지가 더 작다

반환형식 함수이름(매개변수목록);           // 최적화 여지가 더 작다
```

예외를 산출하지 않는 함수를 noexcept로 선언하는 것이 좋은 이유는 이 예만으로 충분할 것이다.

그런데 더욱 강력한 이유가 있는 함수들도 있다. 두드러진 예는 이동 연산들이다. std::vector<Widget>을 사용하는 어떤 C++98 코드 기반에서, 종종 Widget들을 push_back을 이용해서 벡터에 추가한다고 하자.

```
std::vector<Widget> vw;

…

Widget w;

…                        // 여기서 w를 사용
```

---

† (옮긴이) 어떤 경우이든 호출자의 나머지 코드(심지어 catch(...) 블록까지도)는 결코 실행되지 않는다. noexcept가 실제로 약속하는 것은 "호출자에게까지 예외가 전달되는 일이 없다"이며, 예외가 방출되면 어차피 프로그램이 종료되므로 호출자의 관점에서는 예외가 방출된 적이 없는 것과 마찬가지이다(프로그램 전체의 관점에서 본다면 다르겠지만). 이를 일종의 말장난으로 받아들일 수도 있겠지만, 그러한 약속은 이 항목에서 주로 이야기하는 컴파일러의 최적화뿐만 아니라 프로그램 코드의 분석과 검증과 관련해서도 장점이 된다(주어진 한 범위의 예외 관련 문제를 분석할 때, 그 범위 안의 noexcept 함수 호출들은 고려 대상에서 제외시킬 수 있다는 점에서).

```
vw.push_back(w);              // w를 vw에 추가

...
```

이 코드가 잘 작동한다고 가정하자. 그리고 독자가 이를 C++11에 맞게 수정할 생각은 없지만, C++11의 이동 의미론이 이동 가능 형식이 관여하는 구식 코드의 성능을 자동으로 향상할 수 있다는 점은 활용하고 싶다고 하자. 그러려면 Widget에 이동 연산들이 갖추어져야 한다. 그 연산들을 독자가 직접 작성해도 되지만, 요건들이 갖추어진다면(항목 17 참고) 컴파일러가 자동으로 작성할 수도 있다.

std::vector에 새 요소를 추가할 때, std::vector에 충분한 공간이 없을 수도 있다. 이를테면 std::vector의 크기(size)가 용량(capacity)과 같은 상황일 수도 있다. 그런 일이 생기면 std::vector는 자신의 요소들을 담을 더 큰 메모리 조각을 새로 할당하고, 기존 메모리 조각의 요소들을 새 조각으로 옮긴다. C++98에서는 기존 메모리에서 새 메모리로 요소들을 일일이 복사하고 기존 메모리에 있는 객체들을 파괴함으로써 이러한 요소 옮기기를 수행했다. 이 접근방식 덕분에 push_back은 강한 예외 안전성을 보장할 수 있었다. 즉, 요소들을 복사하는 도중에 예외가 던져져도 std::vector의 상태는 변하지 않는다. 기존 메모리의 모든 요소가 새 메모리에 성공적으로 복사되기 전에는 기존 메모리의 그 어떤 요소도 파괴되지 않기 때문이다.

C++11에서는 std::vector 요소들의 복사를 이동으로 대체함으로써 요소 옮기기를 최적화하는 것이 자연스러운 방식이다. 그러나 그러면 push_back의 예외 안전성 보장이 위반될 수 있다. 기존 메모리에서 n개의 요소를 이동한 후 ($n+1$)번째 요소를 이동하는 도중에 예외가 발생하면 push_back 연산이 완료되지 못하고 실패한다. 그런데 원래의 std::vector는 이미 수정된 상태이다. 요소 중 n개가 다른 곳으로 이동했는데, 그것들을 원래대로 복원하는 것이 불가능할 수 있다. 각 객체를 원래의 메모리로 다시 이동하는 연산 자체에서도 예외가 발생할 수 있기 때문이다.

기존 코드의 행동이 push_back이 보장하는 강한 예외 안전성에 의존할 수도 있다는 점에서, 이는 심각한 문제이다. 그래서, 이동 연산들이 예외를 방출하지 않음이 확실하지 않은 한 C++11 컴파일러는 push_back 안의 복사 연산들을 소리 없이 이동 연산들로 대체하지 않는다. 이동 연산이 예외를 방출하지 않음이 확실한 경우에는 복사를 이동으로 대체해도 안전하다. 이 경우 유일한 부수 효과

(side effect)는 잠재적인 성능 향상뿐이다.

std::vector::push_back은, 그리고 표준 라이브러리의 여러 함수는 이러한 "가능하면 이동하되 필요하면 복사한다" 전략을 활용한다. 특히, C++98에서 강한 예외 안전성을 보장하는 다른 함수들(이를테면 std::vector::reserve, td::deque::insert 등)이 그런 식으로 작동한다. 이런 함수들은 모두, 오직 이동 연산이 예외를 방출하지 않음이 알려진 경우에만 C++98의 복사 연산을 C++11의 이동 연산으로 대체한다. 그런데 이동 연산이 예외를 방출하지 않음을 함수가 어떻게 알아낼 수 있을까? 답은 명백하다. 주어진 연산이 noexcept로 선언되어 있는지를 점검하면 된다.[3]

noexcept가 특히나 바람직한 또 다른 예로 swap 함수들이 있다. swap은 여러 STL 알고리즘 구현에서 핵심 구성요소이며, 복사 배정 연산자들에서도 흔히 쓰인다. 그처럼 여러 곳에서 쓰이기 때문에, noexcept를 통해서 최적화할 가치가 크다. 흥미롭게도, 표준 라이브러리에 있는 swap들의 noexcept 여부는 사용자 정의 swap들의 noexcept 여부에 어느 정도 의존한다. 예를 들어 다음은 표준 라이브러리에 있는 배열에 대한 swap과 std::pair에 대한 swap의 선언들이다.

```
template <class T, size_t N>
void swap(T (&a)[N],                                    // 본문
         T (&b)[N]) noexcept(noexcept(swap(*a, *b)));  // 참고

template <class T1, class T2>
struct pair {
  …
  void swap(pair& p) noexcept(noexcept(swap(first, p.first)) &&
                             noexcept(swap(second, p.second)));
  …
};
```

이 함수들은 **조건부** *noexcept*이다. 즉, 이들이 noexcept인지의 여부는 noexcept 절 안의 표현식들이 noexcept인지에 의존한다. 예를 들어 Widget 배열이 두 개 있을 때, 그 둘을 교환하는 swap은 오직 배열의 개별 요소들의 swap이 noexcept일 때에만 noexcept이다. 즉, Widget 배열들에 대한 swap은 Widget들에 대한 swap이 noexcept일 때에만 noexcept인 것이다. 따라서, Widget 배열들에 대한 swap이 noexcept인지는 Widget을 위한 swap을 작성한 프로그래머가 결정한다. Widget

---

3　대체로 이 점검은 다소 완곡한 방식으로 일어난다. std::vector::push_back 같은 함수는 std::move_if_noexcept를 호출하는데, 이것은 형식의 이동 생성자의 noexcept 여부에 따라 오른값으로의 조건부 캐스팅을 수행하는, std::move의 한 변형이다(항목 23 참고). 한편 std::move_if_noexcept 자체는 std::is_nothrow_move_constructible을 점검하는데, 이 형식 특질(항목 9 참고)의 값은 컴파일러가 이동 생성자의 noexcept(또는 throw()) 지정 여부를 보고 설정한다.

배열들에 대한 swap의 noexcept 여부는 다른 swap들, 이를테면 Widget 배열들의 배열들에 대한 swap의 noexcept 여부를 결정한다. 마찬가지로, Widget들을 담은 두 std::pair 객체의 swap이 noexcept인지는 Widget들에 대한 swap의 noexcept 여부에 의존한다. 더 높은 수준의 자료구조들의 교환이 일반적으로 noexcept인 지의 여부가 오직 더 낮은 수준의 구성요소들의 교환이 noexcept인지의 여부에 의존한다는 사실은, swap 함수를 작성할 때에는 가능한 한 항상 noexcept를 지정하는 것이 바람직하다는 좋은 이유가 된다.

이제 독자도 noexcept가 제공하는 최적화 기회들에 꽤나 고무되었을 것이다. 그러나, 안됐지만 흥분을 잠시 가라앉힐 필요가 있다. 최적화가 중요하긴 하지만, 더 중요한 것은 정확성(correctness)이다. 이번 항목의 도입부에서 말했듯이, noexcept는 함수의 인터페이스의 일부이다. 따라서 함수의 구현이 예외를 방출하지 않는다는 성질을 오랫동안 유지할 결심이 선 경우에만 함수를 noexcept로 선언해야 한다. 만일 함수를 noexcept로 선언하고는 나중에 마음을 바꾼다면, 딱히 흡족한 수습 방안이 없다. 함수의 선언에서 noexcept를 제거(즉, 함수의 인터페이스를 변경)할 수는 있지만, 그러면 클라이언트 코드가 깨질 위험이 생긴다. 예외를 방출할 수 있도록 함수의 구현을 변경하되 함수의 예외 명세(이제는 정확하지 않은)를 그대로 둘 수도 있지만, 그러면 예외가 실제로 함수를 벗어났을 때 프로그램이 종료된다. 아니면, 기존 구현의 책임자 자리에서 물러나서, 구현을 바꾸려는 시도 자체를 포기할 수도 있다. 어떤 방법이든 별로 마음에 들지 않을 것이다.

중요한 것은, 대부분의 함수가 **예외에 중립적**(exception-neutral)이라는 점이다. 예외 중립적 함수는 스스로 예외를 던지지는 않지만, 예외를 던지는 다른 함수들을 호출할 수는 있다. 다른 함수가 예외를 던지면 예외 중립적 함수는 그 예외를 그대로 통과시킨다(호출 사슬의 위쪽 어딘가에 있는 예외 처리부에서 처리하길 바라면서). 이처럼 "그냥 통과하는" 예외가 존재할 수 있으므로, 예외 중립적 함수는 결코 noexcept가 될 수 없다. 따라서 대부분의 함수에 noexcept가 지정되어 있지 않은 것은 당연한 일이다.

그러나, 예외를 전혀 방출하지 않는 것이 자연스러운 구현인 함수들도 있으며, noexcept로 선언하면 최적화에 큰 도움이 되는 함수들도 많다(특히 이동 연산들과 swap). 그런 함수들을 가능하면 noexcept로 구현하는 것은 가치 있는 일이다.[4] 독자의 어떤 함수가 예외를 방출하지 않는다는 점을 확신할 수 있다면, 당연히 noexcept로 선언해야 한다.

앞에서 어떤 함수들은 noexcept가 자연스러운 구현이라고 말했음을 주목하기 바란다. 함수를 noexcept로 선언하기 위해 함수의 구현을 작위적으로 비트는 것은 마치 꼬리가 개를 흔드는 격이자, 마차를 말 앞에 두는 격이자, 나무만 보고 숲을 보지 않는 격이다. 싱거운 비유는 그만하고, 함수의 직접적인 구현이 예외를 던질 수 있다고 할 때(이를테면 예외를 던질 수 있는 함수를 호출하기 때문에), 그 사실을 호출자에게 숨기기 위해 구현을 억지로 고치면(이를테면 모든 예외를 잡고 그것들을 상태 부호(status code)나 특별한 반환값으로 대체해서) 함수의 구현이 복잡해질 뿐만 아니라 호출 지점의 코드도 복잡해질 가능성이 크다. 예를 들어 호출자는 상태 부호나 특별한 반환값을 점검해야 한다. 그런 복잡성이 유발하는 실행시점 비용(이를테면 분기가 많아진다거나, 함수가 커져서 명령 캐시를 더욱 압박하는 등)은 noexcept를 통해서 가능한 최적화가 주는 성능 향상을 능가할 수 있다. 게다가 소스 코드를 이해하고 유지보수하기도 어려워진다. 이를 두고 훌륭한 소프트웨어 공학이라고 하기는 힘들 것이다.

noexcept로 선언하는 것이 아주 중요한 일부 함수들은 기본적으로 noexcept로 선언된다. C++98에서는 메모리 해제 함수들(즉, operator delete와 operator delete[])이 예외를 방출하는 것이 나쁜 코딩 스타일로 간주되었으며, C++11에서는 그러한 스타일 규칙의 대부분이 언어 차원의 규칙으로 승격되었다. 기본적으로 모든 메모리 해제 함수와 모든 소멸자(사용자 정의 소멸자이든, 컴파일러가 자동으로 작성하는 것이든)는 암묵적으로 noexcept이다. 따라서 그런 함수들은 직접 noexcept로 선언할 필요가 없다. (직접 선언해도 해가 되지는 않는다. 단지 관례에서 벗어나는 일일 뿐이다.) 소멸자가 암묵적으로 noexcept로 선언되지 않는 유일한 경우는, 예외 방출 가능성을 명시적으로 밝힌(즉, noexcept(false)로 선언된) 소멸자를 가진 형식의 자료 멤버가 클래스에 있을 때뿐이다. 그런 소멸자들은 흔치 않다. 표준 라이브러리에는 하나도 없으며, 표준 라이브러리가 사용하는 어떤 객체(이를테면 컨테이너에 담긴 객체나 알고리즘에 전달된 객체)의 소멸자가 예외를 방출하면, 프로그램의 행동은 정의되지 않는다.

---

4   표준 라이브러리에 있는 컨테이너들에 대한 이동 연산들의 인터페이스 명세에는 noexcept가 빠져 있다. 그러나 표준은 C++ 구현이 표준 라이브러리 함수들에 대한 예외 명세를 더 강하게 변경하는 것을 허용한다. 실제로, 적어도 몇몇 컨테이너의 경우에는 이동 연산들을 noexcept로 선언하는 컴파일러가 많다. 그러한 관행은 이 항목의 조언이 바람직함을 보여주는 좋은 예이다. 표준 라이브러리 구현자들은 컨테이너 이동 연산이 예외를 던지지 않아도 된다는 점을 알게 되면, 비록 표준이 요구하지 않더라도, 그런 연산을 noexcept로 선언하는 경우가 많다.

라이브러리 인터페이스 설계자들 중에는 소위 **넓은 계약**(wide contract)들을 가진 함수와 **좁은 계약**(narrow contract)들을 가진 함수를 구분하는 사람들이 있다. 넓은 계약을 가진 함수는 전제조건이 없는 함수를 말한다. 그런 함수는 프로그램의 상태와는 무관하게 호출할 수 있으며, 호출자가 전달하는 인수들에 그어떤 제약도 가하지 않는다.[5] 넓은 계약 함수는 결코 미정의 행동을 보이지 않는다.

넓은 계약을 가진 함수가 아닌 함수들은 모두 좁은 계약을 가진 함수이다. 그런 함수의 경우 함수의 전제조건이 위반되면 그 결과는 미정의 행동이다.

넓은 계약을 가진 함수를 작성하는 경우, 만일 그 함수가 예외를 던지지 않음을 알고 있다면 이 항목의 조언을 따라 함수를 noexcept로 선언하는 것은 쉬운 일이다. 좁은 계약을 가진 함수에 대해서는 상황이 좀 더 까다롭다. 예를 들어 std::string 매개변수를 받는 f라는 함수를 작성하는데, 그 f의 자연스러운 구현이 결코 예외를 방출하지 않는다고 하자. 그렇다면 f를 noexcept로 선언해야 마땅하다.

그런데 f에, std::string 매개변수의 길이가 32자를 넘지 않아야 한다는 전제조건이 있다고 하자. 길이가 32를 넘는 std::string으로 f를 호출한 결과는 미정의 행동에 해당한다. **정의에 의해**, 전제조건 위반의 결과는 곧 미정의 행동이기 때문이다. f에게는 그러한 전제조건을 점검해야 할 의무가 없다. 함수가 자신의 전제조건이 만족되리라고 가정하는 것은 합당한 일이기 때문이다. (전제조건들이 유효한지 확인하는 것은 호출자의 책임이다.) 그렇다면, 비록 전제조건이 있다고 해도, f를 noexcept로 선언하는 것은 합당한 일로 보인다.

```
void f(const std::string& s) noexcept;    // 전제조건:
                                          // s.length() <= 32
```

그런데 f의 구현자가 전제조건 위반을 f에서 직접 점검하기로 했다고 하자. 전제조건 점검이 필수는 아니지만 금지된 것도 아니며, 때에 따라서는(이를테면 시스템 검사 도중에) 유용할 수도 있다. 일반적으로, 던져진 예외를 디버깅하는 것이 미정의 행동의 원인을 추적하는 것보다 더 쉽다. 그런데 전제조건 위반을

---

5   "프로그램의 상태와 무관"하고 "그 어떤 제약도 가하지 않는"다고 해서, 이미 미정의 행동을 보이는 프로그램이 유효해지는 것은 아니다. 예를 들어 std::vector::size는 넓은 계약을 가지고 있지만, 그렇다고 해서 임의의 메모리 조각을 std::vector로 캐스팅해서 그 함수를 호출하는 것이 합당한 일은 아니다. 그러한 캐스팅의 결과는 미정의 행동이며, 따라서 그러한 캐스팅을 포함한 프로그램의 행동에 대해서는 어떠한 보장도 없다.

검사 설비(test harness)나 클라이언트의 오류 처리부가 검출할 수 있도록 보고하려면 어떻게 해야 할까? 직접적인 접근방식 하나는 "전제조건이 위반되었음"을 나타내는 예외를 던지는 것이지만, f는 noexcept로 선언되어 있으므로 그런 방법은 불가능할 수 있다. 예외를 던지면 프로그램이 종료될 것이기 때문이다. 이런 이유로, 넓은 계약과 좁은 계약을 구분하는 라이브러리 설계자들은 넓은 계약을 가진 함수들에 대해서만 noexcept를 사용하는 경향이 있다.

마지막 요점으로, 이 항목의 도입부에서 함수 구현과 예외 명세 사이의 비일관성을 파악하는 데 컴파일러가 별 도움을 주지 않는다는 나의 주장을 좀 더 해명해보겠다. 다음과 같이 완벽히 적법한 코드를 생각해 보자.

```cpp
void setup();          // 다른 어딘가에 정의된 함수들
void cleanup();

void doWork() noexcept
{
  setup();             // 필요한 준비 작업을 수행

  …                    // 실제 작업을 수행

  cleanup();           // 정리 작업을 수행
}
```

여기서 doWork는 비noexcept 함수 setup과 cleanup을 호출함에도 noexcept로 선언되어 있다. 이는 모순된 일로 보이지만, 어쩌면 그냥 문서화의 문제일 수도 있다. 즉, setup과 cleanup이 비록 noexcept로 선언되어 있지는 않지만, 실제로는 예외를 절대로 던지지 않을 수도 있다. 이들을 noexcept로 선언하지 않은 데에는 나름의 이유가 있을 것이다. 이를테면 C로 작성된 라이브러리의 일부일 수도 있다. (std 이름공간으로 옮겨진 C 표준 라이브러리의 함수들조차도 예외 명세가 빠져 있다. 예를 들어 std::strlen은 noexcept로 선언되어 있지 않다.) 아니면, C++98의 예외 명세를 사용하지 않기로 결정한, 그리고 C++11에 맞게 갱신되지는 않은 어떤 C++98 라이브러리의 일부일 수도 있다.

이처럼 noexcept 함수가 적법한 이유로 noexcept 보장이 없는 코드에 의존하는 경우가 있으므로, C++은 이런 코드를 허용하며, 일반적으로 컴파일러는 이에 대해 경고 메시지를 표시하지 않는다.

기억해 둘 사항들

☑ noexcept는 함수의 인터페이스의 일부이다. 이는 호출자가 noexcept 여부에 의존할 수 있음을 뜻한다.

☑ noexcept 함수는 비noexcept 함수보다 최적화의 여지가 크다.

☑ noexcept는 이동 연산들과 swap, 메모리 해제 함수들, 그리고 소멸자들에 특히나 유용하다.

☑ 대부분의 함수는 noexcept가 아니라 예외에 중립적이다.

항목 15: 가능하면 항상 constexpr을 사용하라

C++11에서 가장 헷갈리는 단어를 뽑는다면 아마 constexpr이 승자가 될 것이다. constexpr을 객체에 적용했을 때에는 본질적으로 const의 강화된 버전처럼 작용하지만, 함수에 적용했을 때에는 상당히 다른 의미로 작용한다. 독자가 표현하고자 하는 것이 constexpr에 해당하는 경우에는 constexpr을 적용하는 것이 아주 바람직하므로, constexpr에 관해 헷갈리는 점들을 명확히 밝히는 것은 가치 있는 일이다.

개념적으로, constexpr은 어떠한 값이 단지 상수일 뿐만 아니라 컴파일 시점에서 알려진다는 점을 나타낸다. 그러나 개념만 이해하는 것으로는 부족하다. constexpr을 함수에 적용할 때에는 상황이 생각보다 좀 더 미묘해지기 때문이다. 놀라운 결말을 미리 누설하고 싶지는 않으므로, 일단 지금은 constexpr의 결과가 반드시 const인 것은 아니라는 점과 그 값이 반드시 컴파일 시점에서 알려진다는 보장도 없다는 점만 이야기하겠다. 궁금증을 좀 더 자극하자면, 이는 표준의 결함이 아니라 의도된 **기능**이다. 즉, constexpr 함수의 결과가 const가 아닐 수 있다는 점과 컴파일 시점에서 알려지지 않을 수 있다는 점은 constexpr의 **장점**들이다.

우선은 constexpr이 객체에 적용된 경우부터 보자. constexpr이 적용된 객체(줄여서 constexpr 객체)는 실제로 const이며, 그 값은 실제로 컴파일 시점에서 알려진다. (엄밀히 말해서 그런 객체의 값은 **번역**(translation) 과정에서 결정되며, 번역 과정에는 컴파일뿐만 아니라 링크도 포함된다. 그러나 독자가 C++ 컴파일러 또는 링커를 작성하는 것이 아닌 한 이런 세부사항은 아무런 영향도 주지 않는다. 따라서 그냥 constexpr 객체의 값이 컴파일 도중에 결정된다고 생각하고 프로그램을 작성해도 무방하다.)

컴파일 시점에서 알려지는 값들에는 특별한 권한이 있다. 예를 들어 그런 값들은 읽기 전용 메모리에 배치될 수 있다. 이 점은 특히 내장형 시스템 개발자에게 아주 중요한 특징일 수 있다. 좀 더 광범위한 프로그래머들에게 중요한 점은,

상수이자 컴파일 시점에서 알려진 정수 값을 C++에서 **정수 상수 표현식**(integral constant expression)이 요구되는 문맥에서 사용할 수 있다는 것이다. 배열 크기나 정수 템플릿 인수(이를테면 std::array 객체의 길이), 열거자 값, 정합(alignment)[†] 지정자를 지정하는 등의 여러 문맥이 그런 문맥에 해당한다. 그런 것들을 변수를 이용해서 지정하고 싶다면 그 변수를 constexpr로 선언하는 것이 바람직하다. 그러면 컴파일러는 그것이 컴파일 시점 상수임을 보장해 주기 때문이다.

```
int sz;                          // 비constexpr 변수

…

constexpr auto arraySize1 = sz;  // 오류! sz의 값이 컴파일
                                 // 도중에 알려지지 않음

std::array<int, sz> data1;       // 오류! 같은 문제

constexpr auto arraySize2 = 10;  // OK, 10은 확실히
                                 // 컴파일 시점 상수

std::array<int, arraySize2> data2;  // OK, arraySize2는
                                    // constexpr 객체
```

const가 constexpr에서와 동일한 보장을 제공하지는 않음을 주목하기 바란다. const 객체가 반드시 컴파일 시점에서 알려지는 값으로 초기화되지는 않기 때문이다.

```
int sz;                          // 이전과 동일

…

const auto arraySize = sz;       // OK, arraySize는
                                 // sz의 const 복사본

std::array<int, arraySize> data;  // 오류! arraySize의 값은
                                  // 컴파일 시점에서 알려지지 않음
```

간단히 말해서, 모든 constexpr 객체는 const이지만 모든 const 객체가 constexpr인 것은 아니다. 어떤 변수의 값을 반드시 컴파일 시점 상수를 요구하는 문맥에서 사용할 수 있어야 한다면, 선택할 도구는 const가 아니라 constexpr이다.

constexpr 객체의 사용 시나리오는 constexpr 함수가 관여하면 좀 더 흥미로 워진다. 그런 함수는 **컴파일 시점 상수를 인수로 해서 호출된 경우**에는 컴파일 시점 상수를 산출한다. 실행시점이 되어서야 알려지는 값으로 호출하면 실행시점 값을

[†]   (옮긴이) 흔히 정렬이라고도 하지만, sorting과의 혼동을 피하기 위해 정합이라는 용어를 사용하기로 한다.

산출한다. 이렇게 말하니까 constexpr 함수를 종잡을 수 없게 행동하는 무언가로 생각하는 독자도 있겠지만, 그것은 잘못된 관점이다. 이 함수에 대한 올바른 관점은 다음과 같다.

- 컴파일 시점 상수를 요구하는 문맥에 constexpr 함수를 사용할 수 있다. 그런 문맥에서, 만일 constexpr 함수에 넘겨주는 인수의 값이 컴파일 시점에서 알려진다면, 함수의 결과는 컴파일 도중에 계산된다. 인수의 값이 컴파일 시점에서 알려지지 않는다면, 코드의 컴파일이 거부된다.
- 컴파일 시점에서 알려지지 않는 하나 이상의 값들로 constexpr 함수를 호출하면 함수는 보통의 함수처럼 작동한다. 즉, 그 결과는 실행시점에서 계산된다. 이는 같은 연산을 수행하는 함수를 두 버전, 즉 컴파일 시점 상수를 위한 버전과 다른 모든 값을 위한 버전으로 나누어서 구현할 필요가 없음을 뜻한다. 그냥 하나의 constexpr 함수를 두 가지 용도로 사용하면 된다.

여러 가지 방식으로 실행할 수 있는 어떤 실험의 결과를 담는 자료구조가 필요하다고 하자. 예를 들어 실험 과정에서 조명의 밝기를 높게 설정하거나, 낮게 설정하거나, 아예 끌 수도 있다. 또한 선풍기 속도나 온도도 높음, 낮음, 끔으로 설정할 수 있다. 실험에 관련된 환경 조건이 n개이고 각 조건이 가질 수 있는 상태가 세 가지라고 하면, 가능한 조합은 총 3^n가지이다. 따라서 조건들의 모든 조합에 대한 실험 결과를 저장하려면 적어도 3^n개의 값을 담을 수 있는 자료구조가 필요하다. 각 실험 결과가 하나의 int 값이고 n이 컴파일 도중에 알려진다고(또는 계산할 수 있다고) 가정할 때, 그러한 자료구조로는 std::array가 적당할 것이다. 그런데 컴파일 도중에 3^n을 계산하려면 어떻게 해야 할까? 필요한 수학적 기능성을 제공하는 C++ 표준 라이브러리 함수로는 std::pow가 있지만, 두 가지 문제점 때문에 이것을 그대로 사용할 수는 없다. 첫째로, std::pow는 부동소수점 형식에 대해 작동하지만 지금 필요한 것은 정수 결과이다. 둘째로, std::pow는 constexpr이 아니다(즉, 컴파일 시점 값으로 호출해도 반드시 컴파일 시점 결과를 돌려준다는 보장이 없다). 따라서 std::array의 크기를 지정하는 데에는 사용할 수 없다.

이 두 가지 문제점은 지금 요구에 맞는 pow 함수를 직접 작성하면 해결된다. 구체적인 구현은 잠시 후에 제시하고, 우선 그러한 함수를 선언하고 사용하는 코드부터 보자.

```
constexpr                               // pow는 결코 예외를 던지지
int pow(int base, int exp) noexcept     // 않는 constexpr 함수
{
  …                                     // 구현은 나중에
}

constexpr auto numConds = 5;                    // 조건들의 개수

std::array<int, pow(3, numConds)> results;   // results는
                                             // 3^numConds 개의
                                             // 요소들을 담는다
```

pow 앞에 constexpr이 있다고 해서 pow가 반드시 const 값을 돌려주는 것은 아님을 기억하기 바란다. 그 constexpr은 오직 base와 exp가 컴파일 시점 상수일 때에만 pow의 결과를 컴파일 시점 상수로 사용할 수 있다는 뜻이다. 만일 base나 exp 중 하나라도 컴파일 시점 상수가 아니면 pow의 결과가 실행시점에서 계산될 수 있다. 이는 pow를 이를테면 std::array의 크기를 컴파일 시점에서 계산하는 용도로 사용할 수 있을 뿐만 아니라, 다음 예처럼 실행시점의 문맥에서 사용할 수도 있음을 뜻한다.

```
auto base = readFromDB("base");         // 실행시점에서 값들을
auto exp = readFromDB("exponent");      // 구한다

auto baseToExp = pow(base, exp);        // 실행시점에서 pow 함수를
                                        // 호출한다
```

constexpr 함수는 컴파일 시점 값들로 호출했을 때 반드시 컴파일 시점 결과를 산출할 수 있어야 하므로, 구현에 일정한 제약들이 따른다. 그런데 C++11과 C++14의 제약들이 조금 다르다.

C++11에서 constexpr 함수는 실행 가능 문장이 많아야 하나[†]이어야 하고, 보통의 경우 그 문장은 return 문일 수밖에 없다. 이것이 큰 제약이긴 하지만, 두 가지 요령을 이용하면 constexpr 함수의 표현력을 생각 이상으로 확장할 수 있다. 하나는 조건부 연산자(삼항 연산자) "?:"을 if-else 문 대신 사용하는 것이고, 또 하나는 루프 대신 재귀를 사용하는 것이다. 다음은 이 요령들을 이용해서 pow를 구현한 예이다.[‡]

```
constexpr int pow(int base, int exp) noexcept
{
  return (exp == 0 ? 1 : base * pow(base, exp - 1));
}
```

---

† (옮긴이) "많아야" 하나임을 주의하기 바란다. 즉, 실행 가능 문장의 개수는 0 또는 1이다. 잠시 후에 나오는 Point 생성자의 예에서 보겠지만, 명시적인 실행 가능 문장이 아예 없을 수도 있다.

‡ (옮긴이) 원서 정오표에서 말하듯이, 이 구현 예들의 거듭제곱 계산 알고리즘은 지수가 0 또는 양수일 때에만 유효하다. 따라서 exp 매개변수를 unsigned 형식으로 선언하는 것이 바람직하다.

이 함수가 잘 작동하긴 하지만, 함수형 프로그래밍에 익숙한 프로그래머가 아닌 이상 이런 코드를 좋게 생각하는 사람은 거의 없을 것이다. C++14에서는 constexpr 함수에 대한 제약이 상당히 느슨해져서, 다음과 같은 구현이 허용된다.

```cpp
constexpr int pow(int base, int exp) noexcept        // C++14
{
  auto result = 1;
  for (int i = 0; i < exp; ++i) result *= base;

  return result;
}
```

constexpr 함수는 반드시 **리터럴 형식**(literal type)들을 받고 돌려주어야 한다. 지금 논의에 맞게 간단히 이야기하자면, 리터럴 형식은 컴파일 도중에 값을 결정할 수 있는 형식이다. C++11에서 void를 제외한 모든 내장 형식이 리터럴 형식에 해당한다. 그리고 생성자와 적절한 멤버 함수들이 constexpr인 사용자 형식도 리터럴 형식이 될 수 있다.

```cpp
class Point {
public:
  constexpr Point(double xVal = 0, double yVal = 0) noexcept
  : x(xVal), y(yVal)
  {}

  constexpr double xValue() const noexcept { return x; }
  constexpr double yValue() const noexcept { return y; }

  void setX(double newX) noexcept { x = newX; }
  void setY(double newY) noexcept { y = newY; }

private:
  double x, y;
};
```

여기서 Point의 생성자를 constexpr로 선언할 수 있는 이유는, 주어진 인수들이 컴파일 시점에서 알려진다면 생성된 Point 객체의 자료 멤버들의 값 역시 컴파일 시점에서 알려질 수 있기 때문이다. 따라서, 그런 식으로 초기화된 Point 객체는 constexpr 객체가 될 수 있다.

```cpp
constexpr Point p1(9.4, 27.7);        // OK, constexpr 생성자가
                                      // 컴파일 시점에서 "실행됨"

constexpr Point p2(28.8, 5.3);        // 역시 OK
```

마찬가지로, 컴파일 도중에 알려진 값으로 초기화된 Point 객체(즉, constexpr Point 객체)에 대해 호출된다면 조회용 멤버 함수(getter; 줄여서 조회 함수) xValue와 yValue 역시 constexpr이 될 수 있다. 그런 경우 자료 멤버 x와 y의 값

을 컴파일 도중에 알 수 있기 때문이다. 결과적으로, Point의 조회 함수들을 호출한 결과들로 또 다른 constexpr 객체를 초기화하는 constexpr 함수를 작성하는 것이 가능하다.

```cpp
constexpr
Point midpoint(const Point& p1, const Point& p2) noexcept
{
  return { (p1.xValue() + p2.xValue()) / 2,    // constexpr 멤버
           (p1.yValue() + p2.yValue()) / 2 };  // 함수들을 호출
}

constexpr auto mid = midpoint(p1, p2);    // constexpr 함수의
                                          // 결과를 이용해서
                                          // constexpr 객체를
                                          // 초기화한다
```

이는 아주 고무적인 일이다. 이것이 뜻하는 바는, 초기화 과정에 생성자, 조회 함수, 비멤버 함수의 호출이 관여하는 객체 mid를 읽기 전용 메모리 안에 생성할 수 있다는 것이다! 또한 mid.xValue() * 10 같은 표현식을 템플릿 인수나 열거자의 값을 지정하는 표현식에서 사용할 수 있다![6] 이는, 전통적으로 컴파일 시점에서 일어나는 일들과 실행시점에서 일어나는 일들 사이의 아주 엄격한 경계선이 이제는 흐려지기 시작했으며, 전통적으로 실행시점에서 수행했던 계산들의 일부를 컴파일 시점으로 옮길 수 있음을 뜻한다. 더 많이 옮길수록 독자의 소프트웨어가 더욱 빨리 실행된다(대신 컴파일 시간이 길어지겠지만).

C++11에서는 두 가지 제약 때문에 Point의 멤버 함수 setX와 setY를 constexpr로 선언할 수 없다. 첫째로, 이 멤버 함수들은 작동 대상 객체를 수정하는데, C++11에서 constexpr 멤버 함수는 암묵적으로 const로 선언된다. 둘째로, 이 멤버 함수들은 반환 형식이 void인데, C++11에서 void는 리터럴 형식이 아니다.[†] C++14에서는 두 제약 모두 사라졌다. 그래서 C++14에서는 Point의 설정용 멤버 함수(setter; 줄여서 설정 함수)들도 constexpr이 될 수 있다.

---

6   Point::xValue가 double을 돌려주므로, mid.xValue() * 10의 형식 역시 double이다. 부동소수점 형식은 템플릿을 인스턴스화할 때나 열거자 값을 지정할 때 사용할 수 없지만, 정수 형식을 산출하는 더 큰 표현식의 일부로 사용하는 것은 가능하다. 예를 들어 static_cast<int>(mid.xValue() * 10)은 템플릿 인스턴스화나 열거자 값 지정에 사용할 수 있다.

†   (옮긴이) 앞에서 보통의 경우 C++11의 constexpr 함수의 실행 가능 문장이 return 문일 수밖에 없다고 한 것은 바로 이 때문이다. C++11의 constexpr 함수의 반환 형식은 void 일 수 없으며, 보통의 경우(즉, 생성자나 main 함수가 아닐 때) 반환 형식이 void가 아닌 함수에는 return 문이 '적어도' 하나는 있어야 한다(그리고 C++11의 constexpr 함수의 return 문은 '많아야' 하나이어야 한다). C++14에서는 이러한 제약이 없어졌는데, constexpr 함수가 리터럴 형식이 아닌 형식도 돌려줄 수 있게 되었기 때문이 아니라 void가 리터럴 형식에 속하게 되었기 때문이다. 한편, C++14에서는 constexpr 함수의 return 문이 많아야 하나이어야 한다는 제약도 사라졌다. 따라서 if-else 절들에서 서로 다른 값을 돌려주는 constexpr 함수도 만들 수 있게 되었다.

```
class Point {
public:
  …

  constexpr void setX(double newX) noexcept      // C++14
  { x = newX; }

  constexpr void setY(double newY) noexcept      // C++14
  { y = newY; }

  …

};
```

이를 이용해서 이제 이런 함수를 작성할 수 있다.

```
// 원점을 기준으로 p와 대칭인 Point 객체를 돌려준다(C++14)
constexpr Point reflection(const Point& p) noexcept
{
  Point result;                        // 비const Point를 생성

  result.setX(-p.xValue());            // 그 Point의 x와 y를 설정
  result.setY(-p.yValue());

  return result;                       // 그 복사본을 반환
}
```

다음은 이들을 사용하는 클라이언트 코드의 모습이다.

```
constexpr Point p1(9.4, 27.7);         // 이전과 동일
constexpr Point p2(28.8, 5.3);
constexpr auto mid = midpoint(p1, p2);

constexpr auto reflectedMid =          // reflectedMid의 값은
  reflection(mid);                     // (-19.1 -16.5)이다; 이는
                                       // 컴파일 도중에 알려진다
```

이 항목의 조언은 가능한 한 항상 constexpr을 사용하라는 것이다. 그 이유가 이제는 명확해졌으리라 믿는다. 그 이유를 명시적으로 말하자면, constexpr 객체와 constexpr 함수 모두, 비constexpr 객체나 함수보다 더 넓은 문맥에서 사용할 수 있다는 것이다. 가능한 한 항상 constexpr을 사용한다면, 해당 객체와 함수를 최대한 많은 상황에서 사용할 수 있다.

constexpr이 객체나 함수의 인터페이스의 일부라는 점을 명심하기 바란다. constexpr을 지정한다는 것은 "이 함수(또는 객체)를 C++이 상수 표현식을 요구하는 문맥에서 사용할 수 있다"는 사실을 천명하는 것이다. 독자가 어떤 객체나 함수를 constexpr로 선언한다면, 클라이언트들은 독자를 믿고 그 객체나 함수를 그런 문맥들에서 사용할 것이다. 나중에 독자가 마음을 바꾸어서 constexpr을 제거하면, 갑자기 컴파일이 되지 않는 클라이언트가 얼마나 될지는 아무도 모르는 일이다. (디버깅이나 성능 조율을 위해 함수에 입출력 기능을 추가하면 그런

상황에 빠질 수 있다. 일반적으로 constexpr 함수에서는 입출력 문장들이 허용되지 않기 때문이다.) "가능한 한 항상 constexpr을 사용하라"라는 조언에서 "가능한 한 항상" 부분에는 constexpr을 가능하게 하기 위해 객체나 함수를 적용한 제약들을 최대한 오래 유지하겠다는 독자의 의지가 포함됨을 명심하기 바란다.

기억해 둘 사항들

- ☑ constexpr 객체는 const이며, 컴파일 도중에 알려지는 값들로 초기화된다.
- ☑ constexpr 함수는 그 값이 컴파일 도중에 알려지는 인수들로 호출하는 경우에는 컴파일 시점 결과를 산출한다.
- ☑ constexpr 객체나 함수는 비constexpr 객체나 함수보다 광범위한 문맥에서 사용할 수 있다.
- ☑ constexpr은 객체나 함수의 인터페이스의 일부이다.

항목 16: const 멤버 함수를 스레드에 안전하게 작성하라

수학 분야에서 일하는 독자라면 다항식(polynomial)을 대표하는 클래스를 마련해 두는 것이 편리하다는 점을 알고 있을 것이다. 그런 클래스가 유용하려면 다항식의 근^{根}(root)들, 즉 다항식이 0으로 평가되는 값들을 계산하는 멤버 함수를 갖추어야 할 것이다. 그런 함수는 다항식을 수정하지 않을 것이므로, const로 선언하는 것이 자연스럽다.

```
class Polynomial {
public:
  using RootsType =          // 다항식이 0으로 평가되는 값들을
    std::vector<double>;     // 담는 자료구조(using의 용법에
  …                          // 관해서는 항목 9를 보라)

  RootsType roots() const;

  …
};
```

다항식 근의 계산 비용이 클 수 있으므로, 꼭 필요할 때에만 계산하는 것이 바람직하다. 그리고 근을 꼭 계산해야 할 때에도, 중복해서 계산하는 것은 피해야 한다. 즉, 필요할 때에만 근(들)을 실제로 계산해서 캐시^{cache}에 저장하고, 그렇지 않을 때에는 그냥 캐시에 있는 값을 돌려주도록 roots를 구현하는 것이 바람직하다. 다음은 이를 위한 기본적인 접근방식을 보여주는 코드이다.

```
class Polynomial {
public:
  using RootsType = std::vector<double>;

  RootsType roots() const
  {
    if (!rootsAreValid) {                   // 캐시가 유효하지 않으면

      …                                     // 근들을 계산해서
                                            // rootVals에 저장해 둔다
      rootsAreValid = true;
    }

    return rootVals;
  }
private:
  mutable bool rootsAreValid{ false };      // 중괄호 초기치에 관해서는
  mutable RootsType rootVals{};             // 항목 7을 보라
};
```

roots는 개념적으로는 자신이 속한 Polynomial 객체를 변경하지 않는다. 그러나 캐싱을 위해서는 rootVals과 rootsAreValid의 변경이 필요할 수 있다. 이는 mutable을 적용해야 하는 전형적인 시나리오에 해당하며, 그 자료 멤버들을 mutable로 선언한 것은 바로 이 때문이다.

그런데 두 스레드가 하나의 Polynomial 객체에 대해 roots를 동시에 호출한다고 생각해보자.

```
Polynomial p;

…

/*----- 스레드 1 ----- */      /*------- 스레드 2 ------- */

auto rootsOfP = p.roots();     auto valsGivingZero = p.roots();
```

이 클라이언트 코드는 완벽히 합당하다. roots는 const 멤버 함수이다. 이는 roots가 읽기 연산을 나타낸다는 뜻이다. 여러 스레드가 동기화 없이 읽기 연산을 수행하는 것은 안전한 일이다. 적어도 개념적으로는 그렇다. 그러나 지금 예에서는 안전하지 않다. roots 안에서 두 스레드 중 하나나 둘 다가 자료 멤버 rootsAreValid와 rootVals를 수정하려 들 수 있기 때문이다. 즉, 이 클라이언트 코드는 서로 다른 스레드들이 같은 메모리를 동기화 없이 읽고 쓰려 할 수 있으며, 그러한 상황은 자료 경쟁(data race)의 정의와 일치한다. 결과적으로 이 코드는 미정의 행동을 유발할 수 있다.

근본적인 문제는, roots가 const로 선언되어 있지만 스레드에 안전하지는 않다는 점이다. roots를 const로 선언한 것은 C++11에서는 물론 C++98에서도 옳

은 일이다(다항식의 근을 구한다고 해서 다항식 자체가 변하지는 않으므로). 따라서, 바로잡아야 할 것은 스레드 안전성의 결여이다.

이 문제를 해결하는 가장 쉬운 방법은 통상적인 동기화 수단, 즉 뮤텍스(std::mutex)를 사용하는 것이다.

```cpp
class Polynomial {
public:
  using RootsType = std::vector<double>;

  RootsType roots() const
  {
    std::lock_guard<std::mutex> g(m);      // 뮤텍스를 잠근다

    if (!rootsAreValid) {                   // 캐시가 유효하지 않으면

      …                                     // 근들을 계산, 저장한다

      rootsAreValid = true;
    }

    return rootVals;
  }                                          // 뮤텍스를 푼다
private:
  mutable std::mutex m;
  mutable bool rootsAreValid{ false };
  mutable RootsType rootVals{};
};
```

std::mutex 형식의 객체 m은 mutable로 선언되었는데, m을 잠그고 푸는 멤버 함수들은 비const이지만 roots(const 멤버 함수) 안에서는 m이 const 객체로 간주되므로 이렇게 해야 한다.

std::mutex를 복사하거나 이동할 수 없기 때문에, m을 Polynomial에 추가하면 Polynomial의 복사와 이동 능력도 사라진다는 점을 주목하기 바란다.

그런데 이런 목적으로 뮤텍스를 도입하는 것이 너무 과한 일일 때도 있다. 예를 들어 멤버 함수의 호출 횟수를 세고 싶다면, std::atomic 카운터(즉, 다른 스레드들이 보기에 해당 연산들이 중간에 가로채이지 않고 한 덩어리로 실행됨이 보장되는 카운터 - 항목 40 참고)를 사용해서 비용을 줄일 수 있는 경우가 많다. (실제로 비용이 절감되는지는 프로그램이 실행되는 컴퓨터 하드웨어에 따라, 그리고 표준 라이브러리의 구체적인 뮤텍스 구현 방식에 따라 다를 수 있다.) 다음은 std::atomic을 이용해서 멤버 함수의 호출 횟수를 세는 방법을 보여주는 예제 코드이다.

```
class Point {                               // 2차원 점
public:
  …

  double distanceFromOrigin() const noexcept   // noexcept는
  {                                            // 항목 14 참고

    ++callCount;                            // 원자적 증가

    return std::hypot(x, y);                // std::hypot은
  }                                         // C++11의 새 함수†

private:
  mutable std::atomic<unsigned> callCount{ 0 };
  double x, y;
};
```

std::mutex처럼 std::atomic도 복사와 이동이 불가능하다. 따라서 Point에 이 callCount를 도입하면 Point 역시 복사와 이동이 불가능해진다.

std::atomic 변수에 대한 연산들이 뮤텍스를 획득하고 해제하는 것보다 비용이 싸다는 점에 현혹되어서 std::atomic을 남용하기 쉬우니 조심하기 바란다. 예를 들어 계산 비용이 큰 int 값을 캐시에 저장하는 클래스라면 뮤텍스 대신 한 쌍의 std::atomic 변수들을 사용해볼 만하다.

```
class Widget {
public:
  …

  int magicValue() const
  {
    if (cacheValid) return cachedValue;
    else {
      auto val1 = expensiveComputation1();
      auto val2 = expensiveComputation2();
      cachedValue = val1 + val2;            // !?
      cacheValid = true;                    // !?!?
      return cachedValue;
    }
  }

private:
  mutable std::atomic<bool> cacheValid{ false };
  mutable std::atomic<int> cachedValue;
};
```

이 코드가 작동하긴 하지만, 생각보다 비용이 클 수 있다. 다음과 같은 시나리오를 생각해 보자.

---

† (옮긴이) hypot은 직각 삼각형의 빗변을 뜻하는 hypotenuse의 약자이다. 원서의 이전 쇄(print)에서는 std::sqrt((x * x) + (y * y))가 쓰였으나 최신 쇄에서 std::hypot으로 바뀌었다. 원서 정오표가 지적하듯이, std::hypot은 딱 이런 목적(2차원 거리 계산)으로 만들어진 함수일 뿐만 아니라 중간 계산 과정에서 부동소수점 위넘침(overflow)이 발생할 여지가 적다는 장점이 있다.

- 한 스레드가 Widget::magicValue를 호출한다. cacheValid가 false라고 관측하고, 비용이 큰 두 계산을 수행한 후 둘의 합을 cachedValue에 배정한다.
- 그 시점에서 둘째 스레드가 Widget::magicValue를 호출하는데, 역시 cacheValid가 false라고 관측해서 첫 스레드가 방금 마친 것과 동일한 비싼 계산들을 수행한다. (이 '둘째 스레드'가 실제로는 여러 개의 다른 스레드들일 수도 있다.)

cachedValue와 cacheValid의 배정 순서를 반대로 바꾸면 이 문제가 해결될 것으로 생각하는 독자도 있겠지만, 잘 생각해보면 (1) 그래도 cacheValid가 true로 설정되기 전에 여러 스레드가 val1과 val2를 계산하게 되는, 그래서 배정 순서를 바꾸는 것이 의미가 없어지는 경우가 발생할 수 있으며, (2) 사실 상황이 더 나빠질 뿐이라는 점을 깨닫게 될 것이다. 다음 예를 보자.

```cpp
class Widget {
public:
  …

  int magicValue() const
  {
    if (cacheValid) return cachedValue;
    else {
      auto val1 = expensiveComputation1();
      auto val2 = expensiveComputation2();
      cacheValid = true;                    // !?
      return cachedValue = val1 + val2;     // !?!?
    }
  }

  …

};
```

cacheValid가 false라고 할 때,

- 한 스레드가 Widget::magicValue를 호출해서, cacheValid가 true로 설정되는 지점까지 나아간다.
- 그 시점에서 둘째 스레드가 Widget::magicValue를 호출해서 cacheValid를 점검한다. 그것이 true임을 관측한 둘째 스레드는, 첫 스레드가 cachedValue에 값을 배정하기도 전에 cachedValue를 돌려준다. 따라서 그 반환값은 정확하지 않다.

이상의 예에서 배워야 할 점은 이런 것이다. 동기화가 필요한 변수 하나 또는 메모리 장소 하나에 대해서는 std::atomic을 사용하는 것이 적합하지만, 둘 이상의 변수나 메모리 장소를 하나의 단위(unit)로서 조작해야 할 때에는 뮤텍스를 꺼내는 것이 바람직하다. `Widget::magicValue`를 뮤텍스로 보호한다면 다음과 같은 모습이 될 것이다.

```cpp
class Widget {
public:
  …

  int magicValue() const
  {
    std::lock_guard<std::mutex> guard(m);    // m을 잠근다

    if (cacheValid) return cachedValue;
    else {
      auto val1 = expensiveComputation1();
      auto val2 = expensiveComputation2();
      cachedValue = val1 + val2;
      cacheValid = true;
      return cachedValue;
    }
  }                                          // m을 푼다
  …

private:
  mutable std::mutex m;
  mutable int cachedValue;            // 이제는 atomic이 아님
  mutable bool cacheValid{ false };   // 이제는 atomic이 아님
};
```

이제는 눈치챘겠지만 이 항목의 조언에는 여러 스레드가 하나의 객체에 대해 어떤 const 멤버 함수를 동시에 실행하려 한다는 가정이 깔려 있다. 독자가 작성하려는 const 멤버 함수에 그런 가정이 적용되지 않는다면, 이를테면 하나의 객체에 대해 그 멤버 함수를 호출하려는 스레드가 많아야 하나임을 **보장**할 수 있다면, 그 멤수 함수의 스레드 안전성은 대수롭지 않은 문제이다. 예를 들어 전적으로 단일 스레드 환경에서만 쓰이는 클래스의 멤버 함수들을 스레드에 안전하게 만드는 것은 중요하지 않다. 그런 경우에는 뮤텍스와 std::atomic에 관련된 비용을 피할 수 있으며, 그런 것들을 도입했기 때문에 클래스의 복사와 이동이 불가능해지는 부수 효과도 피할 수 있다. 그러나 그런 스레드에 자유로운 상황은 점점 드물어지고 있으며, 앞으로는 아주 희귀한 경우가 될 가능성이 크다. const 멤버 함수가 언제라도 동시적 실행 상황에 처할 것이라고 가정하는 것이 안전하며, 따라서 const 멤버 함수는 항상 스레드에 안전하게 만드는 것이 바람직하다.

기억해 둘 사항들

☑ 동시적 문맥에서 쓰이지 않을 것이 확실한 경우가 아니라면, const 멤버 함수는 스레드에 안전하게 작성하라.

☑ std::atomic 변수는 뮤텍스에 비해 성능상의 이점이 있지만, 하나의 변수 또는
메모리 장소를 다룰 때에만 적합하다.

항목 17: 특수 멤버 함수들의 자동 작성 조건을 숙지하라

C++의 공식적인 어법에서 **특수 멤버 함수**(special member function)들은 C++이
스스로 기꺼이 작성하는 멤버 함수들을 가리킨다. C++98에서도 그런 멤버 함수
들이 있었다. 기본 생성자, 소멸자, 복사 생성자, 복사 배정 연산자가 바로 그것
이다. 물론 여기에는 세세한 조건들이 존재한다. 이 함수들은 꼭 필요한 경우에
만, 다시 말해 이 함수들이 클래스에 명시적으로 선언되어 있지는 않지만 이 함
수들을 사용하는 클라이언트 코드가 존재할 때에만 작성된다. 기본 생성자는 클
래스에 생성자가 하나도 선언되어 있지 않을 때 작성된다. (이 덕분에, 인수들
을 받는 생성자가 명시적으로 선언된 클래스에 대해서는 기본 생성자가 작성되
지 않는다.) 작성된 특수 멤버 함수들은 암묵적으로 공개(public)이자 인라인
(inline)이며, 가상 소멸자가 있는 기반 클래스를 상속하는 파생 클래스의 소멸
자를 제외하고는 비가상(nonvirtual)이다. 가상 소멸자가 있는 기반 클래스를 상
속하는 경우 파생 클래스의 소멸자는 가상(virtual)으로 선언된다.

그러나 이상의 사실들은 독자도 이미 알고 있을 것이다. 이들은 메소포타미
아나 상殷 왕조, FORTRAN만큼이나 고대의 유물인 C++98에서도 적용되었다. 하
지만 시간이 흘렀고, C++의 특수 멤버 함수 작성에 관한 규칙들도 변했다. 효과
적인 C++ 프로그래밍에 있어서 컴파일러가 언제 소리소문없이 멤버 함수들을
독자의 클래스에 삽입하는지 아는 것만큼 중요한 사항도 별로 없으므로, 새 규
칙들을 숙지하는 것은 중요한 일이다.

C++11은 특수 멤버 함수 그룹에 신참을 둘 추가했다. 하나는 이동 생성자
(move constructor)이고 또 하나는 이동 배정 연산자(move assignment operator)
이다. 이들의 서명은 다음과 같다.

```
class Widget {
public:
  …
  Widget(Widget&& rhs);              // 이동 생성자

  Widget& operator=(Widget&& rhs);   // 이동 배정 연산자
  …
};
```

이들의 작성과 행동방식을 관장하는 규칙들은 복사 버전들의 규칙들과 비슷하

다. 이동 연산들은 필요할 때에만 작성되며, 작성되는 경우에는 클래스의 비정적 자료 멤버들에 대해 "멤버별 이동"을 수행한다. 즉, 이동 생성자는 주어진 매개변수 rhs의 비정적 자료 멤버 각각을 이용해서 클래스의 해당 자료 멤버들을 각각 이동 생성하고, 이동 배정 연산자는 주어진 매개변수 rhs의 비정적 자료 멤버 각각을 클래스의 해당 자료 멤버들에 각각 이동 배정한다.† 이동 생성자는 또한 자신의 기반 클래스 부분을 이동 생성하고(그런 부분이 있으면), 이동 배정 연산자는 자신의 기반 클래스 부분을 이동 배정한다.

그런데, 아래의 내용에서 자료 멤버나 기반 클래스를 이동 생성 또는 이동 배정하는 이동 연산을 언급할 때, 그러한 이동 연산이 실제로 일어난다는 보장은 없음을 주의하기 바란다. 사실 "멤버별 이동"은 멤버별 이동 **요청**에 더 가깝다. **이동이 활성화되지 않은** 형식(즉, 대부분의 C++98 유물 클래스들처럼 이동 연산에 대한 특별한 지원을 제공하지 않는 형식)은 그 형식이 제공하는 복사 연산들을 통해서 '이동'되기 때문이다. 각각의 멤버별 '이동'의 핵심은 이동할 객체(원본)에 std::move를 적용하는 것이고, 그 적용 결과는 함수 중복적재 해소 과정에서 이동과 복사 중 어떤 것을 수행해야 할지를 결정하는 데 쓰인다. 이 과정은 항목 23에서 자세히 설명하겠다. 이번 항목을 위해서는 그냥 멤버별 이동이 이동 연산을 지원하는 자료 멤버들과 기반 클래스들에 대한 이동 연산들로 이루어지며, 만일 이동 연산을 지원하지 않는다면 복사 연산이 수행된다는 점만 기억하기 바란다.

복사 연산들과 마찬가지로, 클래스 작성자가 명시적으로 선언한 이동 연산들은 자동으로 작성되지 않는다. 그러나 이동 연산들이 작성되는 구체적인 조건은 복사 연산들의 것과 조금 다르다.

두 복사 연산은 서로 독립적이다. 즉, 하나를 선언한다고 해서 다른 하나의 작성이 방지되지는 않는다. 즉, 독자가 복사 생성자를 선언했지만 복사 배정 연산자는 선언하지 않았다면, 그러나 복사 배정 연산이 필요한 클라이언트 코드를 작성했다면, 컴파일러가 자동으로 복사 배정 연산자를 작성한다. 마찬가지로, 복사 배정 연산자를 선언했지만 복사 생성자는 선언하지 않았다면, 그러나 복사 생성이 필요한 클라이언트 코드를 작성했다면, 컴파일러가 자동으로 복사 생성자를 작성한다. 이는 C++98에서 참이었고 C++11에서도 여전히 참이다.

---

† (옮긴이) '이동 생성하다(move-construct)'는 객체를 이동 생성자를 이용해서 생성하는 것을 뜻한다. 마찬가지로 '이동 배정하다(move-assign)'는 이동 배정 연산자를 이용해서 배정하는 것을 뜻한다.

그러나 두 이동 연산은 독립적이지 않다. 둘 중 하나를 선언하면 컴파일러는 다른 하나를 작성하지 않는다. 이런 규칙에 깔린 논리적 근거는 이렇다. 예를 들어 독자가 어떤 클래스에 대해 이동 생성자를 선언했다면, 그것은 컴파일러가 작성해주는 기본적인 멤버별 이동 생성이 그 클래스에 그리 적합하지 않아서 다른 방식으로 구현해야 하기 때문일 것이다. 그리고 기본적인 멤버별 이동 생성이 적합하지 않다면, 멤버별 이동 배정 역시 적합하지 않을 가능성이 크다. 그래서 이동 생성자가 선언되어 있으면 컴파일러가 이동 배정 연산자를 작성하지 못하게 하고 이동 배정 연산자가 선언되어 있으면 컴파일러가 이동 생성자를 작성하지 못하게 한 것이다.

더 나아가서, 복사 연산(생성 또는 배정)을 하나라도 명시적으로 선언한 클래스에 대해서는 이동 연산들이 작성되지 않는다. 그 근거는, 복사 연산을 선언했다는 것은 일반적인 객체 복사 방식(멤버별 복사)이 그 클래스에 대해 적합하지 않다는 뜻이고, 만일 복사 연산들에 대해 멤버별 복사가 적합하지 않다면 이동 연산들에 대한 멤버별 이동 역시 적합하지 않을 가능성이 크다는 것이다.

반대 방향도 마찬가지이다. 즉, 이동 연산(생성 또는 배정)을 하나라도 명시적으로 선언하면 컴파일러는 복사 연산들을 비활성화한다. (구체적으로는 복사 연산들을 '삭제'해서 비활성화하는데, 함수의 삭제에 관해서는 항목 11을 보라.) 사실, 멤버별 이동이 적절한 객체 이동 방식이 아니라면, 멤버별 복사가 적절한 객체 복사 방식이라고 기대할 이유는 없다. 복사 연산들이 활성화되는 조건들이 C++98에 비해 C++11에서 더 제한적이라는 점을 생각하면 이런 규칙 때문에 C++98 코드가 제대로 컴파일되지 않을 것 같지만, 실제로는 그렇지 않다. 어차피 C++98은 객체의 '이동'이라는 것이 없으므로, C++98 코드에는 이동 연산이 있을 수 없다. 기존 클래스에 사용자 선언 이동 연산을 추가하는 유일한 방법은 그 클래스를 C++11의 요구에 맞게 고치는 것뿐이며, 이동 의미론의 장점을 취하도록 수정된 클래스는 특수 멤버 함수의 작성에 관한 C++11 규칙들을 반드시 따라야 한다.

아마 **3의 법칙**(Rule of Three)이라고 부르는 지침을 들어본 적이 있을 것이다. 3의 규칙이란, 만일 복사 생성자와 복사 배정 연산자, 소멸자 중 하나라도 선언했다면 나머지 둘도(즉, 셋 다) 선언해야 한다는 것이다. 이 지침의 근원은 이런 것이다. 어떤 클래스의 복사 배정 연산의 의미를 프로그래머가 직접 지정해야 할 필요성은 거의 항상 그 클래스가 어떤 형태로든 자원 관리를 수행하기 때문에 생긴다. 그리고 그런 클래스에서는 거의 항상, (1) 한 복사 연산이 수행하는 자원 관리를 다른 복사 연산에서도 수행해야 하며, (2) 클래스의 소멸자 역시 그 자원의 관리에 참여한다(보통의 경우 자원을 해제). 관리되는 자원의 대표적인 예는 메모리이며, 표준 라이브러리에서 메모리를 관리하는 모든 클래스(이를테 면 동적 메모리 관리를 수행하는 STL 컨테이너들)가 이 '3대 멤버 함수', 즉 두 복 사 연산과 소멸자를 모두 선언하는 것도 바로 이 때문이다.

3의 규칙에 기초해서 추론하자면, 클래스에 사용자가 선언한 소멸자가 있다 는 것은 그 클래스의 복사 연산들에 단순한 멤버별 복사가 적합하지 않음을 뜻 할 가능성이 크다. 추론을 좀 더 연장하면, 만일 클래스에 소멸자가 선언되어 있 으면, 복사 연산들을 자동으로 작성하지 않는 것이 바람직하다는 결론으로 이 어진다(자동으로 작성된 복사 연산들은 그 클래스에 적합하지 않을 것이므로). C++98 표준이 제정될 당시에는 이러한 추론이 충분한 공감대를 얻지 못했다. 그래서 C++98에서는 사용자 선언 소멸자의 존재가 컴파일러의 복사 연산 자동 작성 여부에 아무런 영향을 미치지 않았다. C++11에서도 여전히 그렇지만, 이는 단지 복사 연산들이 작성되는 조건들을 그런 식으로 제한하면 기존 코드가 너무 많이 깨질 것이라는 판단 때문이다.

3의 법칙에 깔린 추론 자체는 여전히 유효하며, 복사 연산을 하나라도 선언하 면 이동 연산들의 암묵적 작성이 배제된다는 점과 그 추론의 결합에 의해, 결과 적으로 C++11은 사용자 선언 소멸자가 있는 클래스에 대해서는 이동 연산들을 작성하지 않는다.

정리하자면, 클래스에 대한 이동 연산들은 다음 세 조건이 모두 만족될 때에 만, 그리고 필요할 때에만, 자동으로 작성된다.

- 클래스에 그 어떤 복사 연산도 선언되어 있지 않다.
- 클래스에 그 어떤 이동 연산도 선언되어 있지 않다.
- 클래스에 소멸자가 선언되어 있지 않다.

복사 연산들에도 이와 비슷한 규칙들을 어느 정도는 적용할 수 있다. C++11 에서는 복사 연산이나 소멸자를 선언하는 클래스에 대한 복사 연산들의 자동 작 성이 비권장 기능으로 분류되었기 때문이다. 즉, 만일 독자의 클래스 중에 소 멸자나 복사 연산 중 하나를 선언하면 복사 연산들이 자동으로 작성된다는 점 에 의존하는 것이 있다면, 그러한 의존성이 사라지도록 클래스를 업그레이드하 는 것이 바람직하다. 컴파일러가 작성한 함수들의 행동이 정확하다면(즉, 클래 스의 비정적 자료 멤버들의 멤버별 복사가 바로 독자가 원하는 것이라면), 그러한 업그레이드는 쉬운 일이다. C++11에서는 기본 행동을 사용하겠다는 의사를 "= default"를 이용해서 명시적으로 표현할 수 있기 때문이다.

```cpp
class Widget {
public:
  …
  ~Widget();                              // 사용자 선언 소멸자

  …                                       // 기본 복사 생성자
  Widget(const Widget&) = default;        // 기본 행동 OK

  Widget&                                 // 기본 복사 배정
    operator=(const Widget&) = default;   // 기본 행동 OK
  …
};
```

이러한 접근방식은 다형적 기반 클래스(polymorphic base class), 즉 파생 클래스 객체들을 조작하는 데 쓰이는 인터페이스를 정의하는 클래스에 유용한 경우가 많다. 대체로 다형적 기반 클래스에는 가상 소멸자가 있다. 소멸자가 가상이 아니면 미정의 행동이나 오해하기 쉬운 결과를 산출하는 연산들이 있기 때문이다(이를테면 기반 클래스 포인터나 참조를 통해서 파생 클래스 객체에 대해 delete나 typeid를 적용하는 등). 이미 가상으로 선언된 소멸자를 상속하는 것이 아닌 한, 소멸자가 가상이 되게 만드는 유일한 방법은 명시적으로 virtual로 선언하는 것뿐이다. 그런데 소멸자를 가상으로 만드는 것 외에는 변경할 것이 없는, 즉 기본 구현이 적합한 경우도 많다. "= default"는 그런 점을 표현하는 좋은 수단이다. "= default"의 용도가 그것만은 아니다. 독자가 소멸자를 직접 선언하면 이동 연산들의 자동 작성이 금지된다. 만일 그러한 사용자 선언 소멸자를 두면서도 이동 능력을 지원하고 싶다면, 이동 연산들에 "= default"를 지정하면 된다. 이동 연산들을 직접 선언하면 복사 연산들이 비활성화되며, 만일 이동과 함께 복사도 지원하고 싶다면 역시 마찬가지로 복사 연산들에 "= default"를 지정하면 된다.

```cpp
class Base {
public:
  virtual ~Base() = default;              // 소멸자를 가상으로

  Base(Base&&) = default;                 // 이동 지원
  Base& operator=(Base&&) = default;

  Base(const Base&) = default;            // 복사 지원
  Base& operator=(const Base&) = default;

  …

};
```

사실 컴파일러가 기꺼이 복사 연산들과 이동 연산들을 작성해주는 클래스에
서도, 그리고 작성된 함수들이 독자가 원하는 방식으로 행동한다고 해도, 그 연
산들을 독자가 직접 선언하고 그 정의들에 "= default"를 적용하는 방침을 택하
는 것이 바람직한 경우가 있다. 그러면 타자가 더 늘긴 하지만, 독자의 의도가
더 명확해질 뿐만 아니라 상당히 미묘한 버그들을 피하는 데에도 도움이 된다.
예를 들어 하나의 문자열 테이블, 즉 정수 ID를 통해서 문자열 값을 빠르게 조회
할 수 있는 자료구조를 나타내는 클래스가 있다고 하자.

```cpp
class StringTable {
public:
  StringTable() {}
  …                        // 삽입, 삭제, 조회 등을 위한 함수들은 있지만
                           // 복사/이동/소멸자 기능성은 없음

private:
  std::map<int, std::string> values;
};
```

이 클래스가 복사 연산들과 이동 연산들, 그리고 소멸자를 전혀 선언하지 않는
다면, 그리고 그런 함수들을 사용하는 클라이언트 코드가 있다면, 컴파일러는
해당 함수들을 자동으로 작성한다. 이는 아주 편리한 기능이다.

그러나 나중에, 이런 객체들의 기본 생성과 소멸을 기록하는 것이 유용하겠
다는 생각이 들었다고 하자. 그런 기능성을 추가하는 것은 쉬운 일이다.

```cpp
class StringTable {
public:
  StringTable()
  { makeLogEntry("Creating StringTable object"); }      // 추가됨

  ~StringTable()                                         // 역시
  { makeLogEntry("Destroying StringTable object"); }     // 추가됨

  …                                  // 다른 함수들은 이전과 동일
private:
  std::map<int, std::string> values;     // 이전과 동일
};
```

이것이 합리적인 해결책처럼 보이지만, 소멸자를 선언하면 의미 있는 부수 효
과가 발생할 수 있다. 바로, 이동 연산들이 자동으로 작성되지 않는다는 것이
다. 그러나 클래스의 복사 연산 작성에는 아무런 영향도 미치지 않는다. 따라
서 이 코드는 문제없이 컴파일되고, 실행되고, 기능 검사를 통과할 가능성이 크
다. 특히, 이동 능력에 관한 검사도 통과할 것이다. 비록 이제는 클래스의 이동
이 비활성화되었지만, 이동 요청들은 아무 문제 없이 컴파일 및 실행되기 때문
이다. 이 항목의 도입부에서 언급했듯이 그런 요청들은 실제 이동이 아니라 복

사에 의해 만족된다. 즉, StringTable 객체를 '이동'하는 코드는 실제로는 바탕 std::map<int, std::string> 객체의 복사본을 생성한다. 그리고 std::map<int, std::string>의 복사에 걸리는 시간은 이동에 걸리는 시간에 여러 자릿수의 배수를 곱한 것(이를테면 수백, 수천 배)일 수 있다. 그냥 클래스에 소멸자를 하나 추가했을 뿐인데 엄청난 성능 문제가 발생하게 되는 것이다! 복사 연산들과 이동 연산들을 "= default"를 이용해서 명시적으로 정의했더라면 이런 문제가 없었을 것이다.

C++11의 복사 및 이동 연산 규칙들에 관한 다소 장황한 이야기를 꾹 참고 들은 독자라면, 다른 두 특수 멤버 함수, 즉 기본 생성자와 소멸자에 관한 규칙들은 언제 나올지가 궁금할 것이다. 이제 그 부분을 이야기하겠다. 뭔가 대단한 것을 기대했을지도 모르겠지만, 할 이야기는 딱 한 문장이다: 그 둘에 관한 C++11의 규칙들은 C++98의 규칙들과 거의 같다.

정리하자면, 특수 멤버 함수들을 관장하는 C++11의 규칙들은 다음과 같다.

- **기본 생성자**: C++98의 규칙들과 같다. 클래스에 사용자 선언 생성자가 없는 경우에만 자동으로 작성된다.
- **소멸자**: C++98의 규칙들과 본질적으로 같다. 유일한 차이는 소멸자가 기본적으로 noexcept라는 점이다(항목 14 참고). C++98에서처럼, 기본적으로 작성되는 소멸자는 오직 기반 클래스 소멸자가 가상일 때에만 가상이다.
- **복사 생성자**: 실행시점 행동은 C++98의 것과 같다. 즉, 비정적 자료 멤버들을 멤버별로 복사 생성한다. 클래스에 사용자 선언 복사 생성자가 없을 때에만 자동으로 작성된다. 클래스에 이동 연산이 하나라도 선언되어 있으면 삭제(비활성화)된다. 사용자 선언 복사 배정 연산자나 소멸자가 있는 클래스에서 이 함수가 자동 작성되는 기능은 비권장이다.
- **복사 배정 연산자**: 실행시점 행동은 C++98의 것과 같다. 즉, 비정적 자료 멤버들을 멤버별로 복사 배정한다. 클래스에 사용자 선언 복사 배정 연산자가 없을 때에만 자동으로 작성된다. 클래스에 이동 연산이 하나라도 선언되어 있으면 삭제(비활성화)된다. 사용자 선언 복사 생성자나 소멸자가 있는 클래스에서 이 함수가 자동 작성되는 기능은 비권장이다.
- **이동 생성자**와 **이동 배정 연산자**: 각각 비정적 자료 멤버의 멤버별 이동을 수행한다. 클래스에 사용자 선언 복사 연산들과 이동 연산들, 소멸자가 없을 때에만 자동으로 작성된다.

멤버 함수 **템플릿**이 존재하면 특수 멤버 함수의 자동 작성이 비활성화된다는 규칙은 없음을 주목하기 바란다. Widget 클래스가 다음과 같은 모습이라고 하자.

```
class Widget {
  …
  template<typename T>        // 그 어떤 것으로도
  Widget(const T& rhs);       // Widget을 생성

  template<typename T>        // 그 어떤 것으로도
  Widget& operator=(const T& rhs);  // Widget을 배정
  …
};
```

이 템플릿들이 복사 생성자나 복사 배정 연산자의 서명과 일치하는 함수들로 인스턴스화될 가능성이 있지만(T가 Widget이면 그런 일이 발생한다), 그래도 컴파일러는 여전히 Widget의 복사 연산들과 이동 연산들을 작성한다(그 작성에 관한 통상적인 조건들이 만족되었다고 할 때). 그럴 가능성이 그리 크지 않으므로 이를 군이 알아 둘 필요가 없는 극단적인 경우로 치부할 수도 있겠지만, 그래도 이점을 언급한 데에는 이유가 있다. 이 점이 중요한 영향을 미칠 수 있음을 항목 26에서 보게 될 것이다.

기억해 둘 사항들

☑ 컴파일러가 스스로 작성할 수 있는 멤버 함수들, 즉 기본 생성자와 소멸자, 복사 연산들, 이동 연산들을 가리켜 특수 멤버 함수라고 부른다.

☑ 이동 연산들은 이동 연산들이나 복사 연산들, 소멸자가 명시적으로 선언되어 있지 않은 클래스에 대해서만 자동으로 작성된다.

☑ 복사 생성자는 복사 생성자가 명시적으로 선언되어 있지 않은 클래스에 대해서만 자동으로 작성되며, 만일 이동 연산이 하나라도 선언되어 있으면 삭제된다. 복사 배정 연산자는 복사 배정 연산자가 명시적으로 선언되어 있지 않은 클래스에 대해서만 자동으로 작성되며, 만일 이동 연산이 하나라도 선언되어 있으면 삭제된다. 소멸자가 명시적으로 선언된 클래스에서 복사 연산들이 자동 작성되는 기능은 비권장이다.

☑ 멤버 함수 템플릿 때문에 특수 멤버 함수의 자동 작성이 금지되는 경우는 전혀 없다.

4장

똑똑한 포인터

시인이나 작사가는 사랑에 집착한다. 때로는 계수(counting; 개수 세기)에 집착한다. 종종 둘 다에 집착하기도 한다. 사랑과 계수에 관한 엘리자베스 배럿 브라우닝Elizabeth Barrett Browning과 폴 사이먼†의 다소 독특한 작품들(각각 "How do I love thee? Let me count the ways"와 "There must be 50 ways to leave your lover")에 영감을 받아서, 생 포인터(raw pointer)를 사랑하기 힘든 이유를 나열해 보기로 하자.

1. 선언만 봐서는 하나의 객체를 가리키는지 배열을 가리키는지 구분할 수 없다.

2. 선언만 봐서는 포인터를 다 사용한 후 포인터가 가리키는 객체(줄여서 피지칭 객체)를 독자가 직접 파괴해야 하는지 알 수 없다. 다른 말로 하면, 포인터가 피지칭 객체를 **소유**하고 있는지 여부를 알 수 없다.

3. 피지칭 객체를 독자가 직접 파괴해야 한다는 점을 알게 된다고 해도, 구체적으로 어떻게 파괴해야 하는지에 대한 정보를 얻을 수 없다. delete를 사용해야 할 수도 있고, 다른 어떤 파괴(소멸) 메커니즘을 사용해야 할 수도 있다 (이를테면 그 포인터를 전용 파괴 함수에 넘겨주는 등).

4. delete를 이용해서 파괴해야 함을 알게 된다고 해도, 1번 이유 때문에 단일 객체 삭제 버전("delete")을 사용해야 할지 아니면 배열 버전("delete []")을 사용해야 할지 알 수 없는 경우가 있다. 만일 잘못된 버전을 사용하면 그 결

---

† (옮긴이) 엘리자베스 배럿 브라우닝은 영미권에서 손꼽는 시인으로, 시인 로버트 브라우닝(바로 그 브라우닝)의 아내이기도 하다. 폴 사이먼은 포크 듀엣 '사이먼&가펑클'의 그 사이먼이다.

과는 미정의 행동이다.

5. 포인터가 피지칭 객체를 소유하고 있으며 그것을 파괴하는 구체적인 방법을 알아냈다고 해도, 코드의 모든 경로에서 파괴가 **정확히 한 번** 일어남을 보장하기가 어렵다(이를테면 예외 때문에). 파괴가 일어나지 않는 경로가 하나라도 있으면 자원 누수가 발생할 수 있으며, 파괴를 여러 번 수행하는 것은 미정의 행동으로 이어진다.

6. 대체로, 포인터가 피지칭 객체를 잃었는지를 알아내는 방법은 없다. 즉, 포인터가 가리키는 메모리 장소에 유효한 객체(포인터가 가리키게 되어 있는)가 더 이상 존재하지 않는 상황을 파악할 수 없다. 포인터가 객체를 여전히 가리키고 있는 상황에서 객체를 파괴하면 포인터는 대상을 잃게 된다.

생 포인터가 강력한 수단임은 확실하다. 그러나, 수십 년의 경험에서 보듯이, 프로그래머의 집중력이나 규율이 조금이라도 흐트러지면 이 수단은 표면상의 주인인 프로그래머에게 반기를 들 수 있다.

이런 문제점들을 해결하는 한 가지 방법은 **똑똑한 포인터**(smart pointer)이다. 똑똑한 포인터는 생 포인터를 감싸는 일종의 래퍼(wrapper)로, 자신이 감싸는 생 포인터와 아주 비슷한 방식으로 작동하되 그 생 포인터가 가진 여러 함정을 피할 수 있게 한다.† 따라서 똑똑한 포인터를 생 포인터보다 선호해야 마땅하다. 똑똑한 포인터는 생 포인터가 할 수 있는 거의 모든 일을 할 수 있으며, 게다가 오류의 여지가 훨씬 적다.

C++11의 똑똑한 포인터는 총 네 가지로, std::auto_ptr와 std::unique_ptr, std::shared_ptr, std::weak_ptr가 그것이다. 이들은 모두 동적으로 할당된 객체의 수명 관리에 도움이 되도록, 구체적으로 말하면 그런 객체들이 적절한 시간에 적절한 방식으로 파괴됨을(예외가 발생한 경우도 포함) 보장함으로써 자원 누수가 생기지 않도록 설계되어 있다.

std::auto_ptr는 C++98에서 물려 받은, 그리고 비권장 기능으로 분류된 클래스이다. std::auto_ptr는 나중에 C++11의 std::unique_ptr가 된 똑똑한 포인터를 표준화하려 한 시도라 할 수 있다. 그것을 제대로 해내려면 이동 의미론이 필요하지만, C++98에는 그런 것이 없었다. 하나의 우회책으로, std::auto_ptr는 이동을 자신의 복사 연산들로 흉내 냈다. 그러나 이는 의외의 코드(std::auto_

---

† (옮긴이) 그래서 'smart(똑똑한)'라는 이름이 붙었다. 생 포인터에게는 안 된 일이지만(?), 그 여파로 생 포인터를 'dumb(멍청한 또는 우둔한)' 포인터라고 부르기도 한다.

ptr를 복사하면 널로 설정된다!)와 성가신 사용 제한(이를테면 std::auto_ptr를 컨테이너에 저장할 수 없는 등†)으로 이어졌다.

std::unique_ptr는 std::auto_ptr가 할 수 있는 모든 것을 더 나은 방식으로 해낸다. std::auto_ptr보다 더 효율적이며, 객체 복사의 의미론을 왜곡하지도 않는다. std::unique_ptr는 모든 면에서 std::auto_ptr보다 낫다. std::auto_ptr는 코드를 C++98 컴파일러로도 컴파일해야 하는 상황에서나 필요할 뿐이다. 그런 제약이 없다면, 코드에서 모든 std::auto_ptr를 std::unique_ptr로 대체한 후 std::auto_ptr에 대해서는 완전히 잊는 것이 좋다.

똑똑한 포인터 API들은 놀랄 만큼 가지각색이다. 네 가지 똑똑한 포인터에 공통인 기능성은 기본 생성(default construction)뿐이다. 이 API들에 관한 상세한 참고자료를 구하는 것은 아주 쉬운 일이므로, 이번 장에서는 API의 개요에 종종 빠져 있는 정보, 이를테면 주목할 만한 용례나 실행시점 비용 분석 등을 논의하는 데 집중하기로 한다. 그런 정보에 정통하면 똑똑한 포인터를 그냥 사용하는 수준에서 벗어나서 **효과적으로** 사용하는 경지에 올라설 수 있을 것이다.

항목 18: 소유권 독점 자원의 관리에는 std::unique_ptr를 사용하라

똑똑한 포인터 중 하나를 고를 때 가장 먼저 고려해야 할 것은 std::unique_ptr 이다. 기본적으로 std::unique_ptr는 생 포인터와 같은 크기라고 가정하는 것이 비합리적인 일이 아니며, 대부분의 연산(역참조를 비롯해서)에서 std::unique_ptr는 생 포인터와 정확히 동일한 명령들을 실행한다. 이는 메모리와 CPU 주기 (cycle)가 넉넉하지 않은 상황에서도 std::unique_ptr를 사용할 수 있음을 뜻한다. 생 포인터가 충분히 작고 충분히 빠른 상황이라면, std::unique_ptr 역시 그럴 것이 거의 확실하다.

std::unique_ptr는 **독점적 소유권**(exclusive ownership) 의미론을 체현하고 있다. 널이 아닌 std::unique_ptr는 항상 자신이 가리키는 객체를 소유한다. std::unique_ptr를 이동하면 소유권이 원본 포인터에서 대상 포인터로 옮겨진다. (원본 포인터는 널로 설정된다.) std::unique_ptr의 복사는 허용되지 않는데, 만

---

† (옮긴이) 원서 정오표에서 지적하듯이, C++11에서는 다시 std::auto_ptr를 표준 컨테이너에 저장할 수 있게 되었다. 복사 생성과 복사 배정이 불가능하다는 점(C++98에서 auto_ptr를 표준 컨테이너에 저장할 수 없었던 이유)은 여전하나, 대신 이동 의미론을 지원하기 때문에 C++98 시절의 문제점이 사라졌다. 그러나 어차피 auto_ptr 자체가 비권장 기능이므로, 이 점은 큰 의미가 없다.

일 std::unique_ptr를 복사할 수 있다면, 두 std::unique_ptr가 같은 자원을 가리킬 뿐만 아니라 두 포인터 모두 자신이 그 자원을 소유하고 있다고(따라서 그 자원을 파괴해야 한다고) 생각하는 상황이 빚어질 것이기 때문이다. 그런 의미에서, std::unique_ptr는 **이동 전용 형식**(move-only type)이다. 널이 아닌 std::unique_ptr는 소멸 시 자신이 가리키는 자원을 파괴한다. 기본적으로, 자원 파괴는 std::unique_ptr 안에 있는 생 포인터에 delete를 적용함으로써 수행된다.

std::unique_ptr의 흔한 용도 하나는, 계통구조(hierarchy) 안의 객체를 생성하는 팩터리 함수의 반환 형식으로 쓰이는 것이다. 주식(stock), 채권(bond), 부동산(real estate) 같은 여러 종류의 투자 대상들을 대표하는, Investment를 기반 클래스로 삼은 다음과 같은 계통구조가 있다고 하자.

```
class Investment { … };

class Stock:
  public Investment { … };

class Bond:
  public Investment { … };

class RealEstate:
  public Investment { … };
```

이런 계통구조에 대한 팩터리 함수는 흔히 힙에 객체를 생성하고 그 객체를 가리키는 포인터를 돌려준다. 그 객체가 더 이상 필요하지 않게 되었을 때 객체를 삭제하는 것은 호출자의 몫이다. std::unique_ptr는 이런 용법에 완벽히 적합하다. 팩터리가 돌려준 자원의 관리는 전적으로 호출자의 책임인데(다른 말로 하면, 호출자가 그 자원을 독점적으로 소유한다), std::unique_ptr는 소멸 시 피지칭 객체를 자동으로 삭제해 주기 때문이다. Investment 계통구조를 위한 팩터리 함수의 선언이 다음과 같다고 하자.

```
template<typename... Ts>        // 주어진 인수들로 생성한
std::unique_ptr<Investment>     // 객체를 가리키는
makeInvestment(Ts&&... params); // std::unique_ptr를 돌려줌
```

다음은 이 팩터리 함수가 반환한 std::unique_ptr를 하나의 범위 안에서 사용하는 예이다.

```
{
  …
  auto pInvestment =          // pInvestment의 형식은
    makeInvestment( 인수들 );  // std::unique_ptr<Investment>

  …

}                             // *pInvestment가 파괴된다
```

그런데 std::unique_ptr를 소유권 이전 시나리오에서 사용할 수도 있다. 예를 들어 팩터리 함수가 돌려준 std::unique_ptr를 어떤 컨테이너 안으로 이동하고, 이후 그 컨테이너 요소를 어떤 객체의 한 자료 멤버로 이동하고, 그 후 어느 시점에서 그 객체가 파괴된다고 하자. 이때 객체의 std::unique_ptr 자료 멤버 역시 파괴되며, 해당 소멸자에 의해 팩터리가 돌려준 자원이 파괴된다. 예외나 기타 비전형적 제어 흐름(이를테면 때 이른 함수 반환이나 루프로부터의 break 등) 때문에 그러한 일련의 소유권 이전이 중도에 가로채이면, 결국에는 관리되는 자원을 소유하고 있던 std::unique_ptr의 소멸자가 호출되며[1], 결과적으로 관리되는 자원이 파괴된다.

그러한 파괴는 기본적으로 delete를 통해서 일어나지만, std::unique_ptr 객체를 생성할 때 **커스텀 삭제자**(custom deleter)를 사용하도록 지정하는 것도 가능하다. 커스텀 삭제자는 해당 자원의 파괴 시점에서 호출되는 임의의 함수(또는, 람다 표현식으로부터 산출되는 것들을 포함한 함수 객체)이다. makeInvestment가 생성한 객체를 직접 delete로 파괴할 수 없고 먼저 로그 항목을 기록한 후에 파괴해야 한다면, makeInvestment를 다음과 같이 구현하면 될 것이다. (코드 다음에 설명이 나오니, 코드만 보고 그 의도가 명확하게 이해되지 않는 부분이 있어도 걱정하지 말기 바란다.)

```cpp
auto delInvmt = [](Investment* pInvestment)       // 커스텀
                {                                 // 삭제자
                    makeLogEntry(pInvestment);    // (람다
                    delete pInvestment;           // 표현식)
                };

template<typename... Ts>                           // 반환 형식이
std::unique_ptr<Investment, decltype(delInvmt)>    // 바뀌었음
makeInvestment(Ts&&... params)
{
  std::unique_ptr<Investment, decltype(delInvmt)> // 돌려줄
    pInv(nullptr, delInvmt);                       // 포인터

  if ( /* Stock 객체를 생성해야 하는 경우*/ )
  {
    pInv.reset(new Stock(std::forward<Ts>(params)...));
  }
  else if ( /* Bond 객체를 생성해야 하는 경우 */ )
  {
    pInv.reset(new Bond(std::forward<Ts>(params)...));
  }
```

---

1   이 규칙에는 몇 가지 예외가 있다. 그 예외들은 대부분 비정상적인 프로그램 종료에서 비롯된다. 예외가 스레드의 주 함수(예를 들어 프로그램의 초기 스레드의 경우에는 main) 바깥으로까지 전파되거나 noexcept 명세가 위반되면(항목 14 참고) 지역 객체들이 파괴되지 않을 수 있으며, std::abort나 어떤 종료 함수(즉 std::_Exit나 std::exit, std::quick_exit)가 호출되면 지역 객체들은 절대로 파괴되지 않는다.

```
    else if ( /* RealEstate 객체를 생성해야 하는 경우 */ )
    {
      pInv.reset(new RealEstate(std::forward<Ts>(params)...));
    }

    return pInv;
}
```

이 함수의 작동 방식은 잠시 후에 설명하고, 먼저 호출자의 관점에서 이 함수를 어떤 식으로 사용해야 하는지부터 살펴보자. makeInvestment 호출 결과를 하나의 auto 변수에 저장한다고 가정할 때, 독자는 삭제 시 특별한 처리가 필요한 자원을 다루고 있음을 알지 못하고 알 필요도 없는 호사를 누리게 된다. 그러한 '무지'는 축복이다. 애초에 std::unique_ptr를 사용한다는 것은, 프로그램의 모든 경로에서 파괴가 정확히 한 번만 일어남이 보장됨을 뜻할 뿐만 아니라, 자원의 파괴 방식에 대해 신경 쓸 필요가 전혀 없음을 뜻하기 때문이다. 그 모든 것을 std::unique_ptr가 자동으로 처리해준다. 클라이언트의 관점에서 makeInvestment의 인터페이스는 그야말로 유쾌하다.

다음 사항들을 이해한다면, 구현 역시 상당히 멋지다는 점을 깨닫게 될 것이다.

- delInvmt는 makeInvestment가 돌려준 객체에 대한 커스텀 삭제자이다. 모든 커스텀 삭제 함수는 파괴할 객체를 가리키는 포인터 하나를 받으며, 그 객체를 파괴하는 데 필요한 일들을 수행한다. 지금 예에서 삭제자가 해야 할 일은 makeLogEntry를 호출한 후 delete를 적용하는 것이다. 람다 표현식을 이용해서 delInvmt를 생성하는 것은 편리할 뿐만 아니라, 잠시 후에 보겠지만 통상적인 함수를 작성하는 것보다 더 효율적이기도 하다.

- 커스텀 삭제자를 사용할 때에는 그 형식을 std::unique_ptr의 둘째 형식 인수로 지정해야 한다. 지금 예에서 삭제자의 형식은 delInvmt의 형식이며, makeInvestment의 반환 형식이 std::unique_ptr<Investment, decltype(delInvmt)>인 것은 바로 그 때문이다. (decltype에 관해서는 항목 3을 보라.)

- makeInvestment의 기본 전략은 널 std::unique_ptr를 만들어서 적절한 형식의 객체를 가리키게 한 후 돌려주는 것이다. 커스텀 삭제자 delInvmt를 pInv에 연관시키기 위해, pInv 생성 시 delInvmt를 둘째 형식으로 지정한다.

- 생 포인터(이를테면 new로 얻은 포인터)를 std::unique_ptr에 배정하는 문장은 컴파일되지 않는다. 그런 문장을 허용한다면, 생 포인터에서 똑똑한 포인터로의 암묵적 변환이 성립하기 때문이다. 그런 암묵적 변환에는 문제가 있

으므로, C++11의 똑똑한 포인터들은 그런 변환을 금지한다. 이 때문에, new로 생성한 객체의 소유권을 pInv에 부여하기 위해 reset을 호출했다.

- 각 new 호출에서는 makeInvestment 함수에 전달된 인수들을 new에 완벽하게 전달하기 위해 std::forward를 사용했다(항목 25 참고). 이렇게 하면 호출자가 함수에 제공한 모든 정보를 함수 안에서 생성할 객체의 생성자에게 손실 없이 넘겨줄 수 있다.

- 커스텀 삭제자는 Investment* 형식의 매개변수를 받는다. makeInvestment 안에서 생성하는 객체의 실제 형식(Stock이나 Bond, RealEstate)이 무엇이든, 그 객체는 람다 표현식 안에서 Investment* 객체로서 delete된다. 즉, 기반 클래스 포인터를 통해서 파생 클래스의 객체를 삭제하는 것이다. 이것이 제대로 작동하려면 기반 클래스, 즉 Investment의 소멸자가 가상 소멸자이어야 한다.

```cpp
class Investment {
public:
  …                                          // 필수적인
  virtual ~Investment();                     // 설계 요소!
  …
};
```

C++14는 함수 반환 형식의 연역을 지원하므로(항목 3 참고), makeInvestment를 다음과 같이 좀 더 간결하고 캡슐화된 방식으로 구현할 수 있다.

```cpp
template<typename... Ts>
auto makeInvestment(Ts&&... params)          // C++14
{
  auto delInvmt = [](Investment* pInvestment)  // 이제는 make-
                  {                            // Investment의
                    makeLogEntry(pInvestment); // 내부에서
                    delete pInvestment;        // 삭제자를 정의
                  };

  std::unique_ptr<Investment, decltype(delInvmt)>  // 이전과 동일
    pInv(nullptr, delInvmt);

  if ( … )                                     // 이전과 동일
  {
    pInv.reset(new Stock(std::forward<Ts>(params)...));
  }
  else if ( … )                                // 이전과 동일
  {
    pInv.reset(new Bond(std::forward<Ts>(params)...));
  }
  else if ( … )                                // 이전과 동일
  {
    pInv.reset(new RealEstate(std::forward<Ts>(params)...));
  }
  return pInv;                                 // 이전과 동일
}
```

앞에서 언급했듯이, 기본 삭제자(즉 delete)를 사용할 때에는 std::unique_ptr 객체의 크기가 생 포인터의 크기와 같으리라고 가정하는 것이 합당하다. 그러나 커스텀 삭제자를 사용하면 상황이 달라진다. 일반적으로, 함수 포인터를 삭제자로 지정한 경우에는 std::unique_ptr의 크기가 1 워드에서 2 워드로 증가한다. 삭제자가 함수 객체일 때에는 std::unique_ptr의 크기가 그 함수 객체에 저장된 상태의 크기만큼 증가한다. 상태 없는 함수 객체(이를테면 갈무리 없는 람다 표현식이 산출한)의 경우에는 크기 변화가 없으며, 따라서 삭제자를 보통의 함수로 구현할 수도 있고 갈무리 없는 람다 표현식으로 구현할 수 있는 경우라면 람다 쪽을 선호하는 것이 바람직하다.

```cpp
auto delInvmt1 = [](Investment* pInvestment)    // 상태 없는
                 {                              // 람다 형태의
                   makeLogEntry(pInvestment);   // 삭제자
                   delete pInvestment;
                 };

template<typename... Ts>                             // 반환 형식은
std::unique_ptr<Investment, decltype(delInvmt1)>    // Investment*와
makeInvestment(Ts&&... args);                        // 같은 크기

void delInvmt2(Investment* pInvestment)    // 함수 형태의
{                                          // 삭제자
  makeLogEntry(pInvestment);
  delete pInvestment;
}

template<typename... Ts>                // 반환 형식의 크기는
std::unique_ptr<Investment,             // Investment*의 크기에
                void (*)(Investment*)>  // 적어도 함수 포인터의
makeInvestment(Ts&&... params);         // 크기를 더한 것임!
```

상태가 많은 함수 객체 삭제자를 사용한다면 std::unique_ptr 객체의 크기가 상당히 커질 수 있다. 커스텀 삭제자 때문에 std::unique_ptr가 허용 가능한 수준 이상으로 커진다면, 설계 자체를 변경해야 할 수 있다.

그런데 std::unique_ptr의 흔한 용도가 팩터리 함수만은 아니다. std::unique_ptr는 Pimpl 관용구의 구현 메커니즘으로 더 인기 있다. 이를 위한 코드가 아주 복잡하지는 않지만 아주 간단하다고 할 수도 없기 때문에, 관련 예제는 그 관용구를 중점적으로 다루는 **항목 22**로 미루기로 한다.

std::unique_ptr는 두 가지 형태인데, 하나는 개별 객체를 위한 것(std::unique_ptr<T>)이고 또 하나는 배열을 위한 것(std::unique_ptr<T[]>)이다. 이처럼 두 가지 형태가 있으므로, std::unique_ptr가 어떤 종류의 개체를 가리키는지 관련된 애매함이 절대 발생하지 않는다. std::unique_ptr API는 사용 대상에 잘 맞는 형태로 설계되어 있다. 예를 들어 개별 객체 버전은 색인 적용 연산

자(operator[])를 제공하지 않으며, 배열 버전은 역참조 연산자들(operator*와 operator->)을 제공하지 않는다.

배열용 std::unique_ptr가 있다는 사실은 그냥 지적인 흥미 거리 정도로만 받아들이기 바란다. 내장 배열보다는 std::array나 std::vector, std::string이 거의 항상 더 나은 선택이기 때문이다. 힙에 생성된 배열을 가리키는 생 포인터를 돌려주는(그리고 그 배열을 클라이언트가 소유하는) C 스타일 API를 다루어야 하는 경우를 제외하면, std::unique_ptr<T[]>를 사용하는 것이 합당한 상황을 생각해내기 힘들다.

C++11에서 독점 소유권을 표현하는 주된 방법이라는 점 외에, std::unique_ptr는 std::shared_ptr로의 변환이 쉽고도 효율적이라는 아주 매력적인 특징도 가지고 있다.

```cpp
std::shared_ptr<Investment> sp =    // std::unique_ptr를
  makeInvestment( 인수들 );          // std::shared_ptr로 변환
```

이는 std::unique_ptr가 팩터리 함수의 반환 형식으로 아주 적합한 이유의 핵심적인 한 부분이다. 팩터리 함수는 자신이 돌려준 객체를 호출자가 독점적으로 소유하려 하는지, 아니면 소유권을 공유하고자 하는지(std::shared_ptr에 해당) 미리 알 수 없다. 팩터리 함수가 std::unique_ptr를 반환한다면 호출자는 가장 효율적인 똑똑한 포인터를 얻게 되며, 게다가 그것을 좀 더 유연한 동기(sibling)로 변환할 수 있는 여지도 생긴다. (std::shared_ptr에 관해서는 다음 항목, 즉 항목 19를 보라.)

기억해 둘 사항들

- ☑ std::unique_ptr는 독점 소유권 의미론을 가진 자원의 관리를 위한, 작고 빠른 이동 전용 똑똑한 포인터이다.
- ☑ 기본적으로 자원 파괴는 delete를 통해 일어나나, 커스텀 삭제자를 지정할 수도 있다. 상태 있는 삭제자나 함수 포인터를 사용하면 std::unique_ptr 객체의 크기가 커진다.
- ☑ std::unique_ptr를 std::shared_ptr로 손쉽게 변환할 수 있다.

항목 19: 소유권 공유 자원의 관리에는 `std::shared_ptr`를 사용하라

쓰레기 수거(garbage collection) 기능을 갖춘 언어를 사용하는 프로그래머들은 C++ 프로그래머들이 자원 누수를 막기 위해 애쓰는 모습을 보고 비웃는다. 그들은 "얼마나 원시적인가! 1960년대 Lisp의 메모를 못 본 모양인데, 자원의 수명은 사람이 아니라 컴퓨터가 관리해야지!"라고 조롱한다. 그러나 C++ 개발자들도 만만치 않다. "무슨 메모? 메모리가 유일한 자원이고 자원 재확보 시점이 비결정론적인 그 메모? 우리는 소멸자들의 일반성과 예측가능성을 선호하니 상관없음." 그러나 이는 부분적으로 허세이다. 쓰레기 수거는 실제로 편리하며, 수동적인 수명 관리는 돌칼과 곰 가죽을 이용해서 니모닉 메모리 회로†를 구축하는 것과 비슷해 보일 정도이다. 두 세계의 장점만 취할 수는 없을까? 즉, 자동으로 작동하지만(쓰레기 수거처럼) 모든 종류의 자원에 적용되며 그 시점을 예측할 수 있는(소멸자처럼) 자원 관리 시스템을 만들 수는 없을까?

C++11에서 두 세계를 합치는 수단이 바로 `std::shared_ptr`이다. 공유 포인터, 즉 `std::shared_ptr`를 통해서 접근되는 객체의 수명은 그 공유 포인터가 **공유된 소유권**(shared ownership) 의미론을 통해서 관리한다. 특정한 하나의 `std::shared_ptr`가 객체를 소유하는 것이 아님을 주의하기 바란다. 그 대신 모든 `std::shared_ptr`는 객체가 더 이상 필요하지 않게 된 시점에서 객체가 파괴됨을 보장하기 위해 협동한다. 객체를 가리키던 마지막 `std::shared_ptr`가 객체를 더 이상 가리키지 않게 되면(이를테면 그 `std::shared_ptr`가 다른 객체를 가리키게 되었거나 자신이 파괴되는 시점이어서), 그 `std::shared_ptr`는 자신이 가리키는 객체를 파괴한다. 쓰레기 수거처럼, 클라이언트는 공유 포인터가 가리키는 객체의 수명에 대해 신경 쓸 필요가 없다. 그러나 소멸자처럼, 객체의 파괴 시점은 결정론적이다.

그런데 `std::shared_ptr`는 자신이 객체를 가리키는 최후의 공유 포인터임을 어떻게 알까? 그 비결은 바로 자원의 **참조 횟수**(reference count)에 있다. 참조 횟수는 관리되는 자원에 연관된 값으로, 그 자원을 가리키는 `std::shared_ptr`들의 개수에 해당한다. `std::shared_ptr`의 생성자는 이 참조 횟수를 증가하

---

† (옮긴이) 니모닉 메모리 회로(mnemonic memory circuit)는 SF 드라마 스타 트렉Star Trek에 나오는 23세기의 컴퓨터 기술 중 하나이다. "돌칼과 곰 가죽"이라는 표현 자체도 스타 트렉에 나오는 것이다.

고(그렇지 않은 경우도 있는데, 잠시 후에 설명한다), 소멸자는 감소한다. 복사 배정 연산자는 증가와 감소를 모두 수행한다. (sp1과 sp2가 서로 다른 객체를 가리키는 std::shared_ptr들이라 할 때, "sp1 = sp2;"에 의해 sp1은 sp2가 가리키던 객체를 가리키게 된다. 이러한 배정의 결과로, 원래 sp1이 가리키던 자원에 대한 참조 횟수가 감소하고 sp2가 가리키는 자원에 대한 참조 횟수는 증가한다.) 어떤 std::shared_ptr가 자원의 참조 횟수를 감소한 후 그 횟수가 0이 되었다면, 그 자원을 가리키는 std::shared_ptr가 더 이상 없다는 뜻이다. 그러면 그 std::shared_ptr는 자원을 파괴한다.

이러한 참조 횟수 관리는 성능에 다음과 같은 영향을 미친다.

- **std::shared_ptr의 크기는 생 포인터의 두 배이다.** 내부적으로 자원을 가리키는 생 포인터뿐만 아니라 자원의 참조 횟수를 가리키는 생 포인터도 저장해야 하기 때문이다.[2]
- **참조 횟수를 담을 메모리를 반드시 동적으로 할당해야 한다.** 개념적으로 참조 횟수는 공유 포인터가 가리키는 객체에 연관된 것이지만, 그 객체 자체는 참조 횟수를 전혀 알지 못한다. 따라서 객체는 참조 횟수를 담을 장소를 따로 마련하지 않는다. (이로부터 비롯된 바람직한 귀결 하나는, 사용자 정의 객체뿐만 아니라 내장 형식들까지 포함한 모든 객체를 std::shared_ptr로 관리할 수 있다는 것이다.) 항목 21에서 설명하겠지만, std::make_shared를 이용해서 std::shared_ptr를 생성하면 동적 할당의 비용을 피할 수 있다. 그러나 std::make_shared를 사용할 수 없는 상황들도 존재한다. 어떤 경우이든, 참조 횟수는 동적으로 할당된 자료로서 저장된다.
- **참조 횟수의 증가와 감소가 반드시 원자적 연산이어야 한다.** 여러 스레드가 참조 횟수를 동시에 읽고 쓰려 할 수 있기 때문이다. 예를 들어 어떤 자원을 가리키는 어떤 std::shared_ptr의 소멸자가 한 스레드에서 실행되는(그래서 그것이 가리키는 자원의 참조 횟수를 감소하는) 도중에 다른 어떤 스레드에서 같은 자원을 가리키는 std::shared_ptr가 복사될(그래서 같은 참조 횟수가 증가할) 수도 있다. 대체로 원자적 연산은 비원자적 연산보다 느리므로, 비록 참조 횟수가 워드 하나 크기라고 해도 그것을 읽고 쓰는 연산이 비교적 느릴 것이라고 가정해야 마땅하다.

---

2 표준이 이러한 구현 방식을 요구하는 것은 아니지만, 내게 익숙한 모든 표준 라이브러리 구현은 이런 방식을 사용한다.

앞에서 std::shared_ptr의 생성자가 피지칭 객체의 참조 횟수를 증가하지 "않는" 경우도 있다고 말했는데, 어떤 경우인지 궁금한 독자를 위해 이제부터 이야기해 보겠다. 어떤 객체를 가리키는 std::shared_ptr를 생성하면, 그 객체를 가리키는 std::shared_ptr의 개수는 반드시 1 이상이 된다. 그렇다면 참조 횟수는 당연히 "항상" 증가해야 할 것이다. 그렇지 않은 경우가 있는 것은 왜일까?

답은 이동 생성이다. 기존의 std::shared_ptr를 이동해서 새 std::shared_ptr를 생성하면, 원본 std::shared_ptr는 널이 된다. 즉, 새 std::shared_ptr의 수명이 시작되는 시점에서 기존의 std::shared_ptr는 더 이상 자원을 가리키지 않는 상태가 된다. 따라서 std::shared_ptr를 이동하는 것이 복사하는 것보다 빠르다. 복사 시에는 참조 횟수를 증가해야 하지만 이동 시에는 증가할 필요가 없다. 배정에서도 마찬가지이다. 이동 생성이 복사 생성보다 빠르듯이, 이동 배정은 복사 배정보다 빠르다.

std::unique_ptr(항목 18 참고)처럼 std::shared_ptr는 delete를 기본적인 자원 파괴 메커니즘으로 사용한다. 또한 커스텀 삭제자를 지원한다는 점도 동일하다. 그러나 삭제자를 지원하는 구체적인 방식은 std::unique_ptr의 것과 다르다. std::unique_ptr에서는 삭제자의 형식이 똑똑한 포인터의 형식의 일부였지만, std::shared_ptr에서는 그렇지 않다.

```
auto loggingDel = [](Widget *pw)        // 커스텀 삭제자
                  {                       // (항목 18의 것과 같음)
                      makeLogEntry(pw);
                      delete pw;
                  };

std::unique_ptr<                         // 삭제자의 형식이
  Widget, decltype(loggingDel)           // 포인터 형식의 일부임
  > upw(new Widget, loggingDel);

std::shared_ptr<Widget>                  // 삭제자의 형식이
  spw(new Widget, loggingDel);           // 포인터 형식의 일부가 아님
```

std::shared_ptr의 설계가 더 유연하다. 사용하는 커스텀 삭제자의 형식이 서로 다른(이를테면 커스텀 삭제자들을 람다 표현식으로 지정했기 때문에) 두 std::shared_ptr<Widget>을 생각해 보자.

```
auto customDeleter1 = [](Widget *pw) { … };    // 커스텀 삭제자들
auto customDeleter2 = [](Widget *pw) { … };    // 형식은 서로 다름


std::shared_ptr<Widget> pw1(new Widget, customDeleter1);
std::shared_ptr<Widget> pw2(new Widget, customDeleter2);
```

pw1과 pw2는 같은 형식이므로, 그 형식의 객체들을 담는 컨테이너 안에 집어넣을 수 있다.

```
std::vector<std::shared_ptr<Widget>> vpw{ pw1, pw2 };
```

또한, 하나를 다른 하나에 배정할 수도 있고, 둘 다 std::shared_ptr<Widget> 형식의 매개변수를 받는 함수에 넘겨줄 수 있다. 그러나 커스텀 삭제자 형식이 다른 두 std::unique_ptr에서는 이런 일이 불가능하다. std::unique_ptr의 형식에는 커스텀 삭제자의 형식이 영향을 미치기 때문이다.

std::unique_ptr와의 또 다른 차이점은, 커스텀 삭제자를 지정해도 std::shared_ptr 객체의 크기가 변하지 않는다는 점이다. 삭제자와 무관하게, std::shared_ptr 객체의 크기는 항상 포인터 두 개 분량이다. 이는 아주 좋은 소식이기도 하지만, 뭔가 꺼림칙한 점도 느꼈을 것이다. 함수 객체를 커스텀 삭제자로 사용할 수 있다는 점과 함수 객체가 임의의 분량의 자료를 담을 수 있다는 점을 조합하면, 커스텀 삭제자가 얼마든지 커질 수 있다는 결론이 나온다. 그렇다면, std::shared_ptr가 임의의 크기의 삭제자를 추가적인 메모리 없이 지칭하는 비결은 무엇일까?

사실 그런 비결은 없다. 즉, std::shared_ptr가 추가적인 메모리를 사용할 수도 있다. 단, 그 메모리는 std::shared_ptr 객체의 일부가 아니다. 기본적으로 그 추가 메모리는 힙에서 할당되며, std::shared_ptr 객체의 생성자가 std::shared_ptr의 커스텀 할당자 지원을 활용하는 경우에는 그 할당자가 관리하는 메모리가 쓰인다. 앞에서 std::shared_ptr 객체가 자신이 가리키는 객체에 대한 참조 횟수를 가리키는 포인터도 담는다고 했다. 그 말이 틀린 것은 아니지만, 오해의 소지가 있다. 사실 참조 횟수는 제어 블록(control block)†이라고 부르는 더 큰 자료구조의 일부이다. std::shared_ptr가 관리하는 객체당 하나의 제어 블록이 존재한다. std::shared_ptr 생성 시 커스텀 삭제자를 지정했다면, 참조 횟수와 함께 그 커스텀 삭제자의 복사본이 제어 블록에 담긴다. 커스텀 할당자를 지정했다면 그

---

† (옮긴이) '제어 블록'은 구현(컴파일러)이 사용할 수 있는 구현 세부사항일 뿐, 표준에 명시된 것은 아니다. 사실 C++11, C++14 표준은 소유권 공유 포인터를 반드시 참조 계수(reference counting) 방식으로 구현해야 한다고 요구하지 않는다. 즉, 참조 횟수라는 것이 아예 없는 소유권 공유 포인터의 구현도 존재할 수 있다. 그러나 현실적으로 소유권 공유 포인터를 참조 계수 방식으로 구현하는 것과 그에 필요한 참조 회수 등의 관리용 자료를 포인터 객체와는 다른 어떤 공간(여기서 말하는 제어 블록)에 저장하는 것이 합리적인(어쩌면 가장 합리적인) 선택이자 보편적으로 쓰이는 방식이라는 점은 사실이다. 이 책에는 이처럼 실제 C++ 표준은 아니지만 '사실상(de facto)' 표준인 기법이나 구현 방식들이 종종 등장한다.

할당자의 복사본도 제어 블록에 담긴다. 그 외에도 제어 블록에는 약한 횟수(항목 21 참고)라고 부르는 이차적인 참조 횟수가 포함되며 그밖의 추가 자료가 포함될 수 있으나, 지금 논의에서는 그런 추가 자료의 존재를 무시하기로 한다. 다음은 하나의 std::shared_ptr<T> 객체에 연관된 메모리를 도식화한 것이다.

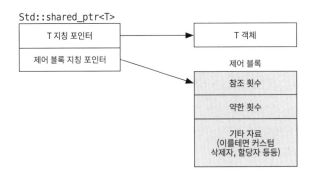

객체의 제어 블록은 그 객체를 가리키는 최초의 std::shared_ptr가 생성될 때 설정된다. 일반적으로 어떤 객체에 대한 std::shared_ptr를 생성하는 코드에서 그 객체를 가리키는 다른 std::shared_ptr가 이미 존재하는지(따라서 제어 블록이 이미 존재하는지)를 알아내는 것은 불가능하지만, 제어 블록의 생성 여부에 관해 다음과 같은 규칙들을 유추할 수 있다.

- **std::make_shared**(항목 21 참고)**는 항상 제어 블록을 생성한다.** 이 함수는 공유 포인터가 가리킬 객체를 새로 생성하므로, std::make_shared가 호출되는 시점에서 그 객체에 대한 제어 블록이 이미 존재할 가능성은 전혀 없다.
- **고유 소유권 포인터(즉, std::unique_ptr나 std::auto_ptr)로부터 std::shared_ptr 객체를 생성하면 제어 블록이 생성된다.** 고유 소유권(unique-ownership) 포인터는 제어 블록을 사용하지 않으므로, 피지칭 객체에 대한 제어 블록이 이미 존재할 가능성은 전혀 없다. (생성 과정에서 std::shared_ptr 객체는 피지칭 객체의 소유권을 획득하므로, 고유 소유권 포인터는 널로 설정된다.)
- **생 포인터로 std::shared_ptr 생성자를 호출하면 제어 블록이 생성된다.** 이미 제어 블록이 있는 객체로부터 std::shared_ptr를 생성하고 싶다면, 생 포인터가 아니라 std::shared_ptr나 std::weak_ptr(항목 20 참고)를 생성자의 인수로 지정하면 된다. std::shared_ptr나 std::weak_ptr를 받는 std::shared_ptr 생성자들은 새 제어 블록을 만들지 않는다. 전달된 똑똑한 포인터들이 이미

필요한 제어 블록을 가리키고 있을 것이기 때문이다.

이 규칙들에서 비롯되는 한 가지 결과는, 하나의 생 포인터로 여러 개의 std::shared_ptr를 생성하면 피지칭 객체에 여러 개의 제어 블록이 만들어지므로, 의문의 여지 없이 미정의 행동이 된다는 점이다. 제어 블록이 여러 개라는 것은 참조 횟수가 여러 개라는 뜻이며, 참조 횟수가 여러 개라는 것은 해당 객체가 여러 번 파괴된다는 뜻이다(참소 횟수마다 한 번씩). 간단히 말해서, 다음과 같은 코드는 엄청나게 나쁘다.

```cpp
auto pw = new Widget;                        // pw는 생 포인터

…

std::shared_ptr<Widget> spw1(pw, loggingDel); // *pw에 대한 제어
                                             // 블록이 생성됨
…

std::shared_ptr<Widget> spw2(pw, loggingDel); // *pw에 대한
                                             // 두 번째 제어
                                             // 블록이 생성됨
```

동적으로 할당된 객체를 가리키는 생 포인터 pw를 만드는 것 자체도 나쁜 일이다. 이번 장 전체에 깔린 조언, 즉 똑똑한 포인터를 생 포인터보다 선호하라는 조언에 반하는 일이기 때문이다. (혹시 그 조언의 동기를 까먹었다면, 이번 장 도입부를 다시 읽어보기 바란다.) 그러나 그 점은 일단 제쳐놓기로 하자. pw를 생성하는 문장은 코딩 스타일 면에서 역겹긴 하지만, 프로그램의 미정의 행동을 유발하지는 않는다.

그다음 문장에서는 생 포인터로 spw1의 생성자를 호출하며, 이에 의해 피지칭 객체에 대한 제어 블록이(따라서 참조 횟수가) 생성된다. 이 경우 피지칭 객체는 *pw(즉, pw가 가리키는 객체)이다. 여기까지는 별 문제가 없다. 그러나 그다음에 같은 생 포인터로 spw2의 생성자를 호출하면서부터 문제가 발생한다. 그러면 *pw에 대한 또 다른 제어 블록이(따라서 참조 횟수가) 생성된다. 이제 *pw에는 두 개의 참조 횟수가 있다. 두 참조 횟수 모두 결국에는 0이 될 것이며, 그러면 *pw의 파괴가 두 번 시도된다. 두 번째 파괴는 곧 미정의 행동의 원인이 된다.

std::shared_ptr의 이러한 잘못된 용법에서 배울 점이 두 가지 있다. 첫째로, std::shared_ptr 생성자에 생 포인터를 넘겨주는 일은 피하라는 것이다. 흔히 쓰이는 대안은 std::make_shared(항목 21 참고)를 사용하는 것이나, 지금 예에서는 커스텀 삭제자를 사용하는데 std::make_shared로는 커스텀 삭제자를 지정할수 없다. 둘째로, std::shared_ptr 생성자를 생 포인터로 호출할 수밖에 없는 상

황이라면, 생 포인터 변수를 거치지 말고 new의 결과를 직접 전달하라는 것이다. 앞의 예제 코드의 첫 부분을 다음과 같이 고친다면,

```
std::shared_ptr<Widget> spw1(new Widget,      // new를 직접 사용
                             loggingDel);
```

같은 생 포인터로 또 다른 std::shared_ptr를 생성하려는 유혹에 빠질 염려가 없다. 이제는, spw2를 생성하는 코드의 작성자가 자연스럽게 spw1을 초기화 인수로 사용하게 될 것이다(즉, std::shared_ptr의 복사 생성자를 호출할 것이다). 그러면 아무런 문제도 생기지 않는다.

```
std::shared_ptr<Widget> spw2(spw1);      // spw2는 spw1과 동일한
                                         // 제어 블록을 사용한다
```

생 포인터 변수를 std::shared_ptr 생성자의 인수로 사용했기 때문에 제어 블록이 여러 개 만들어지는 문제에 this 포인터가 관여하면 특히나 놀라운 결과가 빚어진다. 독자의 프로그램에서 std::shared_ptr들을 이용해서 Widget 객체들을 관리한다고 하자. 그리고 처리가 끝난 Widget들을 다음과 같은 자료구조를 이용해서 추적한다고 하자.

```
std::vector<std::shared_ptr<Widget>> processedWidgets;
```

더 나아가서, Widget에 어떤 처리 작업을 수행하는 process라는 멤버 함수가 있다고 하자.

```
class Widget {
public:
  …
  void process();
  …
};
```

Widget::process의 구현은 이런 형태일 것이다.

```
void Widget::process()
{
  …                                       // 이 Widget을 처리

  processedWidgets.emplace_back(this);    // 이 Widget을 처리된
}                                         // Widget들의 목록에 추가
                                          // 잘못된 방식임!
```

주석에 나와 있듯이 이는 잘못된 방식인데, 좀 더 설명이 필요하겠다. (일단, emplace_back을 사용하는 것이 잘못이 아니고, 그 함수에 this를 넘겨주는 것이 잘못이다. emplace_back이 생소한 독자라면 항목 42를 보라.) 이 코드는 컴파일되지만, 생 포인터(this)를 std::shared_ptr들의 컨테이너에 넘겨준다는 문제점

이 있다. 이에 의해 std::shared_ptr 객체가 생성되면서, 피지칭 Widget 객체(즉 *this)에 대한 새 제어 블록이 만들어진다. 그 자체가 해가 되지는 않지만, 멤버 함수 바깥에 이미 그 Widget을 가리키는 다른 std::shared_ptr들이 있다면, 필연적으로 미정의 행동이 발생한다.

std::shared_ptr API에는 바로 이런 종류의 상황을 위한 수단이 포함되어 있다. std::enable_shared_from_this라는 템플릿이 바로 그것인데, 이 템플릿의 이름은 아마도 표준 C++ 라이브러리에서 가장 이상한 이름일 것이다. std::shared_ptr로 관리하는 클래스를 작성할 때, 그 클래스의 this 포인터로부터 std::shared_ptr를 안전하게 생성하려면 이 템플릿을 그 클래스의 기반 클래스로 삼으면 된다. 다음은 Widget이 std::enable_shared_from_this를 상속하게 만든 예이다.

```
class Widget: public std::enable_shared_from_this<Widget> {
public:
    …
    void process();
    …
};
```

앞에서 말했듯이 std::enable_shared_from_this는 기반 클래스 템플릿이다. 이 템플릿의 형식 인수로는 항상 파생할 클래스의 이름을 지정해야 한다. 결과적으로, Widget이 상속할 구체적인 기반 클래스는 std::enable_shared_from_this<Widget>이다. 이처럼 파생 클래스가 파생 클래스 자신을 형식 인수로 해서 인스턴스화한 기반 클래스를 상속받는 방식이 잘 이해가 안 된다면, 굳이 이해하려 들 필요는 없다. 이 코드는 완벽히 적법하며, 이에 깔린 설계 패턴은 표준적인 이름이 있을 정도로 잘 알려져 있다. 그런데 그 이름 자체도 std::enable_shared_from_this만큼이나 이상하다. 그 이름은 **묘하게 되풀이되는 템플릿 패턴**(Curiously Recurring Template Pattern, CRTP)[†]이다. 이 패턴에 대해서는 이 정도로 하고(더 공부하고 싶은 독자는 웹을 검색해 보길 바란다), 이제 std::enable_shared_from_this로 돌아가자.

---

† (옮긴이) 이 이름에서 'Curiously Recurring'은 파생 클래스와 기반 클래스 사이에 존재하는 신기한 재귀적 관계를 암시하기도 하지만, 사실 이 표현은 이런 패턴을 서로 다른 여러 개발자의 코드나 책 등에서 되풀이해서 발견한 제임스 코플리엔[James Coplien](이 이름을 고안한 사람)이 그것을 신기하게 느낀 데에서 비롯된 것으로 보는 것이 더 정확할 것이다(이 점을 생각하면 "묘하게 자꾸 나타나는 템플릿 패턴"이라고 번역하는 것이 더 적합할 수도 있겠다). 이 패턴을 여러 번 만난 경험을 두고 코플리엔은 "대통일 이론을 발견한 문화인류학자 같은 느낌이었다"라고 썼다(Coplien, James O. "Curiously Recurring Template Patterns". *C++ Report*: 24-27. 1995년 2월).

std::enable_shared_from_this는 현재 객체를 가리키는 std::shared_ptr를 생성하되 제어 블록을 복제하지는 않는 멤버 함수 하나를 정의한다. 그 멤버 함수는 shared_from_this이다. this 포인터와 같은 객체를 가리키는 std::shared_ptr가 필요할 때에는 언제라도 이 멤버 함수를 사용하면 된다. 다음은 Widget::process의 안전한 구현이다.

```
void Widget::process()
{
  // 이전과 마찬가지로 Widget을 처리
  …

  // 현재 객체를 가리키는 std::shared_ptr를 processedWidgets에 추가
  processedWidgets.emplace_back(shared_from_this());
}
```

내부적으로 shared_from_this는 현재 객체에 대한 제어 블록을 조회하고, 그 제어 블록을 지칭하는 새 std::shared_ptr를 생성한다. 이러한 설계는 현재 객체에 이미 제어 블록이 연관되어 있다고 가정한다. 이는 곧, 현재 객체를 가리키는 기존의(즉, shared_from_this를 호출하는 멤버 함수 바깥에 있는) std::shared_ptr가 반드시 존재한다는 가정에 해당한다. 그런 std::shared_ptr가 존재하지 않는다면(즉, 현재 객체에 제어 블록이 연관되어 있지 않으면) 함수의 행동은 정의되지 않는다.

std::shared_ptr가 유효한 객체를 가리키기도 전에 클라이언트가 shared_from_this를 호출하는 일을 방지하기 위해, std::enable_shared_from_this를 상속받은 클래스는 자신의 생성자들을 private으로 선언한다. 그리고 클라이언트가 객체를 생성할 수 있도록, std::shared_ptr를 돌려주는 팩터리 함수를 제공한다. 다음은 Widget 클래스를 그런 식으로 선언한 예이다.

```
class Widget: public std::enable_shared_from_this<Widget> {
public:
  // 팩터리 함수; 인수들을 전용 생성자에
  // 완벽하게 전달한다
  template<typename... Ts>
  static std::shared_ptr<Widget> create(Ts&&... params);

  …
  void process();                 // 이전과 동일
  …

private:
  …                               // 생성자들
};
```

std::shared_ptr에 연관된 비용을 설명하는 과정에서 시작한 제어 블록에 관한 논의가 어쩌다 보니 여기까지 흘러왔다. 어쨌든, 제어 블록을 필요 이상으로

많이 생성하지 않는 방법은 이제 확실히 이해했을 것이다. 그럼 원래의 주제로 돌아가자.

대체로 제어 블록의 크기는 몇 워드 정도이지만, 커스텀 삭제자나 할당자 때문에 그보다 더 커질 수도 있다. 통상적인 제어 블록 구현은 독자가 예상한 것보다 좀 더 복잡하다. 통상적인 구현은 상속을 활용하며, 심지어 가상 함수도 있다. (그 가상 함수는 피지칭 객체가 제대로 파괴되게 만드는 데 쓰인다.) 따라서 std::shared_ptr를 사용하면 제어 블록에 쓰이는 가상 함수의 작동에 필요한 비용도 부과된다.

제어 블록이 동적으로 할당되고, 삭제자와 할당자가 얼마든지 클 수 있고, 가상 함수 메커니즘이 쓰이고, 참조 횟수를 원자적으로 조작해야 한다는 이야기를 듣고 나니 std::shared_ptr를 사용하기가 좀 꺼려질 수도 있겠다. 뭐 그럴만도 하다. 사실 std::shared_ptr가 모든 자원 관리 문제에 대한 최고의 해법은 아니다. 그러나 std::shared_ptr가 제공하는 기능을 생각하면 그 비용은 아주 합당하다. 전형적인 경우, 즉 기본 삭제자와 기본 할당자가 쓰이며 std::shared_ptr를 std::make_shared로 생성하는 경우, 제어 블록의 크기는 워드 세 개 정도이고 그 할당은 본질적으로 무료이다. (이 경우 제어 블록을 위한 메모리는 피지칭 객체를 위한 메모리와 함께 할당된다. 자세한 사항은 항목 21을 보라.) std::shared_ptr의 역참조 비용은 생 포인터의 역참조 비용보다 크지 않다. 참조 횟수 조작을 요구하는 연산(이를테면 복사 생성, 복사 배정, 객체 파괴)에는 원자적 연산 한두 개가 더 소비되나, 일반적으로 그 연산들은 각각 하나의 기계어 명령에 대응되므로, 비원자적 연산에 비해 비싸긴 해도 그냥 하나의 명령일 뿐이다. 제어 블록을 위한 가상 함수 메커니즘은 일반적으로 std::shared_ptr가 관리하는 객체당 한 번만, 구체적으로 말하면 객체가 파괴될 때 한 번만 쓰인다.[†]

이러한 그리 크지 않은 비용을 치르는 대신, 동적 할당 자원의 수명이 자동으로 관리된다는 이득이 생긴다. 대부분의 경우 std::shared_ptr를 사용하는 것이 소유권 공유 객체의 수명을 직접 관리하는 것보다 훨씬 나은 선택이다. std::shared_ptr가 유발하는 추가 비용이 걱정된다면, 우선은 소유권 공유가 꼭 필요한지부터 생각해볼 필요가 있다. 독점 소유권으로도 충분하다면, 심지어는 반드시 충분하지는 않더라도 충분할 **가능성**이 있다면, std::unique_ptr

---

† (옮긴이) 원서 정오표는 이 문단에서 말한 여러 비용 외에 복사 또는 이동 시 참조 횟수 갱신 비용이 발생할 수 있다는(일반적으로 이동 배정의 대상은 그때까지 자신이 가리키던 제어 블록의 참조 횟수를 감소해야 하기 때문에) 점도 지적한다.

가 더 나은 선택이다. std::unique_ptr의 성능 프로파일은 생 포인터의 것에 가까우며, 언제라도 std::unique_ptr로부터 std::shared_ptr를 생성할 수 있으므로 std::unique_ptr를 std::shared_ptr로 '업그레이드'하기도 쉽다.

그 역은 참이 아니다. 즉, 자원의 수명 관리를 일단 std::shared_ptr에게 맡기고 나면, 그 전으로 돌아갈 수는 없다. 참조 횟수가 1이라고 해도 자원의 소유권을 재확보하는 것은(이를테면 자원을 다시 std::unique_ptr로 관리하기 위해) 불가능하다. std::shared_ptr와 그것이 가리키는 자원 사이의 소유권 계약은 결혼 서약의 "죽음이 우리를 갈라놓을 때까지"만큼이나 엄중하다. 이혼이나 무효 선언, 재산 분배 같은 것은 없다.

std::shared_ptr가 할 수 없는 일로는 배열 관리가 있다. std::unique_ptr와의 또 다른 차이점은, std::shared_ptr의 API가 단일 객체를 가리키는 포인터만 염두에 두고 설계되었다는 점이다. std::shared_ptr<T[]> 같은 것은 없다. std::shared_ptr<T>로 배열을 가리키되, 배열 삭제(즉, delete [])를 수행하는 커스텀 삭제자를 지정하면 되지 않겠느냐는 발상을 제안하는 '영리한' 프로그래머가 종종 등장한다. 그런 코드가 컴파일되긴 하지만, 그리 좋은 발상은 아니다. 한 가지 이유는, std::shared_ptr는 operator[]를 제공하지 않으므로 색인으로 배열 원소에 접근하려면 포인터 산술에 기초한 어색한 표현식을 동원해야 한다는 것이다. 또 다른 이유로, std::shared_ptr가 지원하는 파생 클래스 포인터에서 기반 클래스 포인터로의 변환은 단일 객체에는 합당하지만, 배열에 적용하면 형식 시스템에 구멍이 생긴다. (그래서 std::unique_ptr<T[]> API는 그러한 변환을 금지한다.) 가장 중요하게는, C++11은 내장 배열에 대한 다양한 대안들(이를테면 std::array나 std::vector, std::string)을 제공하며, 따라서 멍청한(dumb) 배열을 가리키는 똑똑한 포인터를 선언한다는 것은 거의 항상 나쁜 설계의 징조이다.

기억해 둘 사항들

☑ std::shared_ptr는 임의의 공유 자원의 수명을 편리하게(쓰레기 수거에 맡길 때만큼이나) 관리할 수 있는 수단을 제공한다.

☑ 대체로 std::shared_ptr 객체는 그 크기가 std::unique_ptr 객체의 두 배이며, 제어 블록에 관련된 추가 부담을 유발하며, 원자적 참조 횟수 조작을 요구한다.

☑ 자원은 기본적으로 delete를 통해 파괴되나, 커스텀 삭제자도 지원된다. 삭제자의 형식은 std::shared_ptr의 형식에 아무런 영향도 미치지 않는다.

☑ 생 포인터 형식의 변수로부터 std::shared_ptr를 생성하는 일은 피해야 한다.

항목 20: std::shared_ptr처럼 작동하되 대상을 잃을 수도 있는 포인터가 필요하면 std::weak_ptr를 사용하라

모순적이게도, 똑똑한 포인터가 std::shared_ptr(항목 19 참고)처럼 행동하되 피지칭 자원의 소유권 공유에는 참여하지 않는 것이 편리한 상황도 있다. 다른 말로 하면, std::shared_ptr와 비슷하되 객체의 참조 횟수에는 영향을 미치지 않는 포인터가 바람직한 경우도 있는 것이다. 그런 종류의 똑똑한 포인터는 std::shared_ptr에서는 볼 수 없는 문제점, 즉 자신이 가리키는 대상이 이미 파괴되었을 수도 있다는 문제를 극복할 수 있어야 한다. 진정으로 똑똑한 포인터는 **피지칭 대상을 잃은** 상황, 즉 자신이 가리키게 되어 있는 객체가 사실은 더 이상 존재하지 않는 상황을 검출할 수 있어야 한다. 표준 라이브러리가 제공하는 똑똑한 포인터의 하나인 std::weak_ptr가 바로 그런 포인터이다.

피지칭 자원과의 관계가 '약한' 포인터인 std::weak_ptr가 어떻게 유용할지 궁금한 독자도 있을 것이다. std::weak_ptr의 API를 보면 그 궁금증이 해소되기는 커녕 더 커질 수도 있다. API 자체는 별로 똑똑해 보이지 않는다. std::weak_ptr는 역참조할 수 없으며, 널인지 판정할 수도 없다. 이는 std::weak_ptr가 그 자체로 독립적인 똑똑한 포인터가 아니기 때문이다. std::weak_ptr는 std::shared_ptr를 보강하는 포인터이다.

둘 사이의 관계는 그 탄생에서부터 시작된다. 대체로 std::weak_ptr는 std::shared_ptr를 이용해서 생성한다. std::weak_ptr는 자신을 생성하는 데 쓰인 std::shared_ptr가 가리키는 것과 동일한 객체를 가리키나, 그 객체의 참조 횟수에는 영향을 주지 않는다.

```cpp
auto spw =                      // spw가 생성된 후, 피지칭
  std::make_shared<Widget>();   // Widget의 참조 횟수(이하
                                // 간단히 횟수)는 1이다
                                // (std::make_shared에
…                               // 관해서는 항목 21을 보라)

std::weak_ptr<Widget> wpw(spw); // wpw는 spw와 같은 Widget을
                                // 가리킨다; 횟수는 여전히 1이다
…

spw = nullptr;                  // 횟수가 0이 되고 Widget이
                                // 파괴된다; 이제 wpw는
                                // 대상을 잃은 상태이다
```

대상을 잃은 std::weak_ptr를 가리켜 **만료되었다**(expired)라고 말한다. 만료 여부를 다음과 같이 직접 판정할 수 있다.

```
if (wpw.expired()) …            // wpw가 객체를
                                // 가리키지 않으면…
```

여기까지만 보고, std::weak_ptr의 만료를 검사해서 만료되지 않았으면(즉, 피지칭 객체를 잃지 않은 상태이면) 피지칭 객체에 접근하는 방식의 코드를 떠올릴 수도 있을 것이다. 그러나 그런 용법은 허용되지 않는다. std::weak_ptr에는 역참조 연산이 없으므로 그런 코드는 애초에 작성할 수 없다. 가능하다고 해도, 만료 점검과 참조를 분리하면 경쟁 조건이 발생할 수 있다. 즉, expired 호출과 역참조 사이에서 다른 어떤 스레드가 해당 객체를 가리키는 마지막 std::shared_ptr를 재배정 또는 파괴할 수도 있기 때문이다. 그러면 해당 객체가 파괴되며, 포인터를 역참조하면 미정의 행동이 나온다.

제대로 된 용법은, std::weak_ptr의 만료 여부를 점검하고 아직 만료되지 않았으면 피지칭 객체에 대한 접근을 돌려주는 연산을 하나의 원자적 연산으로 수행하는 것이다. std::weak_ptr로부터 std::shared_ptr를 생성하면 되는데, 그 생성 방법은 이미 만료된 std::weak_ptr로 std::shared_ptr를 생성했을 때의 행동 방식에 따라 두 가지로 나뉜다. 첫 번째 생성 방법은 std::weak_ptr::lock을 사용하는 것이다. 이 멤버 함수는 std::shared_ptr 객체를 돌려준다. 만일 std::weak_ptr가 만료되어 있었다면, 그 std::shared_ptr는 널이다.

```
std::shared_ptr<Widget> spw1 = wpw.lock();  // wpw가 만료이면
                                            // spw1은 널

auto spw2 = wpw.lock();                      // 위와 동일하나
                                            // auto를 사용했음
```

또 다른 방법은 std::weak_ptr를 인수로 받는 std::shared_ptr 생성자를 사용하는 것이다. 이 경우, 만일 std::weak_ptr가 만료되었다면 예외가 발생한다.

```
std::shared_ptr<Widget> spw3(wpw);    // wpw가 만료이면 std::
                                     // bad_weak_ptr가 발생
```

그런데 std::weak_ptr가 어떻게 유용할 수 있는지 아직도 잘 납득이 되지 않는 독자가 있을 것이다. 어떤 팩터리 함수가, 주어진 고유 ID에 해당하는 읽기 전용 객체를 가리키는 똑똑한 포인터를 돌려준다고 하자. 팩터리 함수의 반환 형식에 관한 항목 18의 조언에 따라, 그 팩터리 함수는 std::unique_ptr를 돌려준다.

```
std::unique_ptr<const Widget> loadWidget(WidgetID id);
```

이 loadWidget의 비용이 크다고 하자(이를테면 ID 조회를 위해 파일이나 데이터베이스 입출력을 수행하는 등). 그리고 ID들이 되풀이해서 쓰이는 경우가 많

다고 하자. 그렇다면, 한 가지 자연스러운 최적화 방안은 loadWidget과 같은 일을 하되 호출 결과들을 캐싱하는 함수를 작성하는 것이다. 그런데 요청된 모든 Widget을 캐시에 담아 둔다면 그 자체로 성능상의 문제가 발생할 것이므로, 더이상 쓰이지 않는 Widget은 캐시에서 삭제하는 것이 또 다른 자연스러운 최적화 방안일 것이다.

이러한 캐시 적용 팩터리 함수의 반환 형식을 std::unique_ptr로 두는 것은 그리 바람직하지 않다. 호출자가 캐싱된 객체를 가리키는 똑똑한 포인터를 받아야 한다는 점은 확실하며, 그 객체들의 수명을 호출자가 결정할 수 있어야 한다는 점도 확실하다. 캐시에 있는 포인터들은 자신이 대상을 잃었음을 검출할 수 있어야 한다. 팩터리 함수가 돌려준 객체를 클라이언트가 다 사용하고 나면 그 객체는 파괴되며, 그러면 해당 캐시 항목은 대상을 잃게 될 것이기 때문이다. 따라서 캐시에 저장할 포인터는 자신이 대상을 잃었음을 감지할 수 있는 포인터, 즉 std::weak_ptr이어야 한다. 이는 팩터리 함수의 반환 형식이 반드시 std::shared_ptr이어야 함을 뜻한다. std::weak_ptr는 객체의 수명을 std::shared_ptr로 관리하는 경우에만 자신이 대상을 잃었음을 감지할 수 있기 때문이다.

다음은 간단히 구현해 본 loadWidget의 캐싱 버전이다.

```cpp
std::shared_ptr<const Widget> fastLoadWidget(WidgetID id)
{
  static std::unordered_map<WidgetID,
                            std::weak_ptr<const Widget>> cache;

  auto objPtr = cache[id].lock();  // objPtr는 캐시에 있는 객체를
                                   // 가리키는 std::shared_ptr
                                   // (단, 객체가 캐시에 없으면 널)

  if (!objPtr) {                   // 캐시에 없으면
    objPtr = loadWidget(id);       // 적재하고
    cache[id] = objPtr;            // 캐시에 저장
  }
  return objPtr;
}
```

이 구현은 C++11의 해시 테이블 컨테이너 중 하나인 std::unordered_map을 사용한다. 이 코드가 제대로 작동하려면 WidgetID를 해싱하는 함수와 상등을 비교하는 함수도 지정해야 하지만, 그 부분은 생략했다.

이 fastLoadWidget 구현은 더 이상 쓰이지 않는(따라서 파괴된) Widget들에 해당하는 만료된 std::weak_ptr들이 캐시에 누적될 수 있다는 사실을 무시한다. 그 부분을 좀 더 개선할 수도 있지만, 지금의 std::weak_ptr 논의 자체에 도움이

되는 것은 아니므로 이 정도로 마무리하고, std::weak_ptr가 유용하게 쓰이는 두 번째 사례로 넘어가자. 이제부터 살펴볼 것은 소위 관찰자(Observer) 설계 패턴이다. 이 패턴의 주된 구성 요소는 관찰 대상(subject; 상태가 변할 수 있는 객체)과 관찰자(observer; 상태 변화를 통지받는 객체)이다. 대부분의 관찰자 패턴 구현에서, 각 관찰 대상 객체에는 자신의 관찰자들을 가리키는 포인터들을 담은 자료 멤버가 있다. 이런 자료 멤버가 있으면 상태 변화를 관찰자들에게 손쉽게 통지할 수 있다. 관찰 대상은 관찰자들의 수명을 제어하는 데에는(즉, 관찰자들의 파괴 시점에는) 관심이 없지만, 자신이 파괴된 관찰자에 접근하는 일이 없도록 보장하는 데에는 관심이 아주 많다. 그러한 관찰 대상에 합당한 설계 하나는, 관찰자들을 가리키는 std::weak_ptr들의 컨테이너를 자료 멤버로 두는 것이다. 그러면 먼저 만료 여부(대상을 잃었는지의 여부)를 보고 관찰자가 유효한지 점검한 후에 관찰자에 접근할 수 있다.

std::weak_ptr가 유용한 마지막 예로, 객체 A, B, C로 이루어진 자료구조에서 A와 C가 B의 소유권을 공유하는, 그래서 B를 가리키는 std::shared_ptr를 가지고 있는 상황을 생각해 보자.

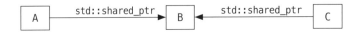

그런데 B에서 다시 A를 가리키는 포인터가 필요하게 되었다고 하자. 그 포인터는 어떤 종류의 포인터이어야 할까?

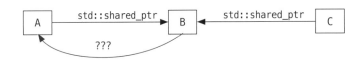

선택은 세 가지이다.

- **생 포인터**. 이 접근방식에서는 만일 C가 여전히 B를 가리키고 있는 상황에서 A가 파괴되면, B가 가진 포인터(A를 가리키는)는 대상을 잃게 되나, B는 그 사실을 알지 못한다. 따라서 B가 대상을 잃은 포인터를 의도치 않게 역참조해서 미정의 행동이 발생할 수 있다.

- **std::shared_ptr**. 이 설계에서 A와 B는 서로를 가리키는 std::shared_ptr들을 가진다. 그러면 std::shared_ptr들의 순환 고리(cycle; A가 B를 가리키고 B가 A를 가리키는)가 생기며, 결과적으로 A와 B 둘 다 파괴되지 못한다. 프로그

램의 다른 자료구조에서 A와 B에 접근할 수 없게 된다고 해도(이를테면 C가 더 이상 B를 가리키지 않게 되어서), 둘의 참조 횟수는 여전히 1이다. 그런 일이 생기면, A와 B는 사실상 누수가 일어난 것이라 할 수 있다. 프로그램이 둘에 접근할 수 없으므로, 해당 자원들을 재확보할 수도 없다.

- **std::weak_ptr**. 이 경우에는 앞의 두 문제 모두 해결된다. A가 파괴되면 A를 가리키는 B의 포인터가 대상을 잃지만, B는 그 사실을 알 수 있다. 더 나아가서, 비록 A와 B가 서로를 가리키지만, B의 포인터는 A의 참조 횟수에 영향을 미치지 않으며, 따라서 std::shared_ptr들이 더 이상 A를 가리키지 않게 되면 A가 정상적으로 파괴된다.

세 경우 중 std::weak_ptr가 제일 나은 선택이다. 그러나 잠재적인 std:: shared_ptr 순환 고리를 깨기 위해 std::weak_ptr를 사용해야 하는 상황이 아주 흔한 것은 아니라는 점도 기억해 두기 바란다. 트리^{tree}(나무 구조)처럼 엄격히 계통적인 자료구조에서는 일반적으로 자식 노드들을 오직 그 부모만 소유한다. 부모 노드가 파괴되면 자식 노드들도 파괴되어야 한다. 따라서 부모에서 자식으로의 링크는 일반적으로 std::unique_ptr로 표현하는 것이 최선이다. 자식에서 부모로의 역링크(backlink)는 생 포인터로 구현해도 안전하다. 어차피 자식 노드의 수명이 부모의 수명보다 길 수는 없기 때문이다. 즉, 자식 노드가 대상(부모)을 잃은 포인터를 역참조할 위험은 없다.

물론 모든 포인터 기반 자료구조가 엄격히 계통적이지는 않다. 캐싱이나 관찰자 목록을 구현할 때와 마찬가지로, 엄격히 계통적이지는 않은 자료구조를 다룰 때에는 std::weak_ptr가 만반의 준비를 하고 기다리고 있음을 기억해 두기 바란다.

효율성 면에서 std::weak_ptr는 std::shared_ptr와 본질적으로 동일하다. std::weak_ptr 객체는 그 크기가 std::shared_ptr 객체와 같으며, std::shared_ptr가 사용하는 것과 같은 제어 블록(항목 19 참고)을 사용하며, 생성이나 파괴, 배정 같은 연산에 원자적 참조 횟수 조작이 관여한다. 그런데 마지막 사항은 이번 항목의 시작 부분에서 std::weak_ptr가 참조 횟수 관리에 관여하지 않는다고 말한 것과 모순인 것처럼 보일 것이다. 사실 앞에서 조금 모호하게 말했는데, 여기서 정확히 말하자면 이렇다: std::weak_ptr는 객체의 **소유권 공유**에 참여하지 않으며, 따라서 **피지칭 객체의 참조 횟수**에 영향을 미치지 않는다. 앞에서 언급했듯이 제어 블록에는 '두 번째' 참조 횟수가 있으며 그것이 바로 std::weak_ptr가 조작하는 참조 횟수이다. 이 부분은 다음 항목(항목 21)에서 좀 더 자세히 이야기 하겠다.

기억해 둘 사항들

☑ std::shared_ptr처럼 작동하되 대상을 잃을 수도 있는 포인터가 필요하면 std::weak_ptr를 사용하라.

☑ std::weak_ptr의 잠재적인 용도로는 캐싱, 관찰자 목록, 그리고 std::shared_ptr 순환 고리 방지가 있다.

항목 21: new를 직접 사용하는 것보다 std::make_unique와 std::make_shared를 선호하라

우선 std::make_unique와 std::make_shared의 기본부터 짚고 넘어가자. std::make_shared는 C++11의 일부이지만 아쉽게도 std::make_unique는 아니다. std::make_unique는 C++14에서 표준 라이브러리에 포함되었다. 그러나 C++11 을 사용하는 독자라도 걱정할 필요는 없다. std::make_unique의 기본적인 버전 을 독자가 직접 작성하는 것이 어렵지 않기 때문이다. 다음이 바로 기본적인 구 현이다.

```
template<typename T, typename... Ts>
std::unique_ptr<T> make_unique(Ts&&... params)
{
    return std::unique_ptr<T>(new T(std::forward<Ts>(params)...));
}
```

이 코드에서 보듯이, make_unique는 그냥 자신의 매개변수들을 생성할 객체의 생성자로 완벽 전달하고, new가 돌려준 생 포인터로 std::unique_ptr를 생성해서 돌려줄 뿐이다. 이런 형태의 구현은 배열을 지원하지 않지만, 필요하다면 make_unique를 독자가 직접 만드는 것이 그리 어렵지 않다는 점은 잘 보여준다.[3] 단, 독자가 직접 만든 구현을 std 이름공간에 집어넣지는 말아야 한다. 그러면 나중에 C++14 표준 라이브러리 구현으로 업그레이드했을 때 표준 라이브러리 제작사가 제공한 버전과 충돌할 것이기 때문이다.

std::make_unique와 std::make_shared는 임의의 개수와 형식의 인수들을 받아

---

3 완전한 기능을 갖춘 make_unique를 최대한 쉽게 만들어 내는 한 가지 방법은 make_unique의 표준화에 쓰인 제안 문서를 찾아서 거기에 나온 구현을 복사해 쓰는 것이다. 그 문서는 스테픈 T. 라와웨이드Stephan T. Lavavej가 작성한 N3656(2013년 4월 18일자)이다.

서 그것들을 생성자로 완벽 전달해서 객체를 동적으로 생성하고, 그 객체를 가리키는 똑똑한 포인터를 돌려주는 세 가지 *make* 함수 중 둘이다. 나머지 하나는 std::allocate_shared이다. 이 함수는 std::make_shared처럼 작동하되, 첫 인수가 동적 메모리 할당에 쓰일 할당자 객체라는 점이 다르다.

똑똑한 포인터를 make 함수들을 이용해서 생성하는 것과 그냥 생성하는 것을 단순하게 비교해 보기만 해도 make 함수들을 선호할 첫 번째 이유가 명백해진다. 다음 예를 생각해 보자.

```
auto upw1(std::make_unique<Widget>());      // make 함수를 사용

std::unique_ptr<Widget> upw2(new Widget);   // 사용하지 않음


auto spw1(std::make_shared<Widget>());      // make 함수를 사용

std::shared_ptr<Widget> spw2(new Widget);   // 사용하지 않음
```

강조된 부분들이 두 방식의 본질적인 차이점이다. new를 사용하는 버전에서는 생성할 객체의 형식이 되풀이해서 나오지만, make 함수 버전은 그렇지 않다. 형식을 여러 번 되풀이하는 것은 소프트웨어 공학의 핵심 교의敎義 중 하나인 "코드 중복을 피하라"와 충돌한다. 소스 코드에 중복(duplication)이 있으면 컴파일 시간이 늘어나고, 목적 코드의 덩치가 커지고, 일반적으로 코드 기반(code base)을 다루기가 좀 더 어려워진다. 중복된 코드는 일관성이 없는 코드로 진화하기 일쑤이고, 코드 기반의 비일관성은 버그로 이어지는 경우가 많다. 그런 점들은 차치하더라도, 뭔가를 두 번 타자하는 것이 한 번만 타자하는 것보다 수고롭다는 점은 명백하다. 타자량이 줄어드는 것을 싫어할 사람이 있겠는가?

make 함수들을 선호할 둘째 이유는 예외 안전성과 관련이 있다. 어떤 Widget 객체를 그 객체의 우선순위(priority)에 따라 적절히 처리하는 함수가 있다고 하자.

```
void processWidget(std::shared_ptr<Widget> spw, int priority);
```

std::shared_ptr를 값으로 전달하는 것이 좀 꺼림칙할 수 있겠지만, 항목 41에서 설명하듯이 만일 processWidget이 항상 std::shared_ptr의 복사본을 만든다면 (이를테면 그것을 이미 처리된 Widget들을 관리하는 자료구조에 저장해서), 이러한 값 전달 방식은 합당한 설계상의 결정이다.

다음으로, 우선순위를 다음과 같은 함수로 계산한다고 하자.

```
    int computePriority();
```

그리고 std::make_shared 대신 new를 사용한 processWidget 호출에서 이 함수를
사용한다고 하자.

```
processWidget(std::shared_ptr<Widget>(new Widget),   // 자원 누수
              computePriority());                     // 위험이
                                                       // 있음!
```

주석에서 언급했듯이, new로 생성한 Widget에 대한 누수가 발생할 수 있다.
왜 그럴까? 호출하는 코드와 호출된 함수 모두 std::shared_ptr를 사용하며,
std::shared_ptr는 자원 누수를 방지하도록 설계되어 있다. 어떤 객체를 가리키
는 마지막 std::shared_ptr가 그 객체를 더 이상 가리키지 않게 되면 그 객체는
자동으로 파괴된다. 다른 모든 곳에서도 std::shared_ptr가 쓰인다고 하면, 이
코드에서 누수가 발생할 여지는 없어야 하지 않을까?

　그래도 누수가 발생할 수 있는 이유는 컴파일러가 소스 코드(원시 코드)를
목적 코드(object code)로 번역하는 방식과 관련이 있다. 실행시점에서 함수
가 호출될 때, 함수의 코드가 실행되기 전에 함수의 인수들이 먼저 평가된다.
processWidget 호출의 경우 processWidget 자체가 실행되기 전에 다음과 같은 일
들이 일어난다.

- 표현식 "new Widget"이 평가된다. 즉, Widget이 힙에 생성된다.
- new가 산출한 포인터를 관리하는 std::shared_ptr<Widget>의 생성자가 실행
  된다.
- computePriority가 실행된다.

그런데 컴파일러가 이 세 가지 일을 딱 이 순서대로 실행하는 코드를 생성해야
하는 것은 아니다. std::shared_ptr 생성자가 호출되려면 그 인수가 먼저 평가되
어야 하므로 "new Widget"이 std::shared_ptr 생성자보다 먼저 평가되는 것은 확
실하다. 그러나 computePriority는 그 호출들보다 먼저 실행될 수도 있고, 그다
음에 실행될 수도 있고, 더욱 중요하게는 호출들 사이에서 실행될 수도 있다. 즉,
컴파일러가 이 연산들을 다음과 같은 순서로 실행하는 목적 코드를 산출할 수도
있다.

1. "new Widget"을 실행한다.
2. computePriority를 실행한다.
3. std::shared_ptr 생성자를 실행한다.

그런 코드가 만들어졌다면, 그리고 실행시점에서 computePriority가 예외를 던졌다면, 단계 1에서 동적으로 할당된 Widget 객체가 새게 된다. 그 객체를 관리할 std::shared_ptr는 단계 3에서야 생성되며, 따라서 예외가 던져진 시점에서 Widget 객체는 그냥 생 포인터가 가리키는 동적 할당 객체일 뿐이다.

std::make_shared를 사용하면 이런 문제가 생기지 않는다. 이 경우 호출 코드는 다음과 같은 모습이다.

```
processWidget(std::make_shared<Widget>(),    // 자원 누수의
              computePriority());            // 위험이 없음
```

실행시점에서 std::make_shared가 먼저 호출될 수도 있고 computePriority가 먼저일 수도 있다. 만일 std::make_shared가 먼저라면, 동적으로 할당된 Widget을 가리키는 생 포인터는 computePriority가 호출되기 전에 반환된 std::shared_ptr 안에 안전하게 저장된다. 그런 다음 computePriority가 예외를 방출한다면, std::shared_ptr의 소멸자가 피지칭 Widget 객체를 파괴한다. 만일 computePriority가 먼저라면, 그리고 예외를 방출한다면, std::make_shared는 아예 호출되지 않으므로 Widget이 동적으로 할당되지 않으며, 따라서 누수를 걱정할 자원이 아예 없는 것이다.

std::shared_ptr와 std::make_shared를 std::unique_ptr와 std::make_unique로 대체해도 정확히 동일한 추론이 적용된다. 따라서, new 대신 std::make_unique를 사용하는 것은 std::make_shared를 이용해서 예외에 안전한 코드를 작성하는 것만큼이나 중요하다.

std::make_shared의 특징(new를 직접 사용하는 것에 비한) 하나는 향상된 효율성이다. std::make_shared를 사용하면 컴파일러가 좀 더 간결한 자료구조를 사용하는 더 작고 빠른 코드를 산출할 수 있게 된다. 다음처럼 new를 직접 사용한다고 하자.

```
std::shared_ptr<Widget> spw(new Widget);
```

이 코드가 한 번의 메모리 할당을 실행한다는 점은 자명하다. 그러나 실제로는 두 번의 할당이 일어난다. 항목 19에서 설명하듯이, 모든 std::shared_ptr에는 피지칭 객체의 참조 횟수를 비롯한 여러 가지 관리 자료를 담는 제어 블록을 가리키는 포인터가 있다. std::shared_ptr 생성자는 이 제어 블록을 위한 메모리를 할당한다. 즉, new를 직접 사용해서 std::shared_ptr를 생성하면 Widget 객체를 위한 메모리 할당과 제어 블록을 위한 또 다른 메모리 할당이 일어난다.

대신 std::make_shared를 사용하면,

```
auto spw = std::make_shared<Widget>();
```

한 번의 할당으로 충분하다. 이는 std::make_shared가 Widget 객체와 제어 블록 모두를 담을 수 있는 크기의 메모리 조각을 한 번에 할당하기 때문이다. 이런 최적화를 적용하면 메모리 할당 호출 코드가 한 번만 있으면 되므로 프로그램의 정적 크기가 줄어든다. 또한, 실행시점에서 메모리를 한 번만 할당하므로 실행 코드의 속도도 빨라진다. 더 나아가서, std::make_shared를 사용하면 제어 블록에 일정 정도의 내부 관리용 정보를 포함할 필요가 없어져서 프로그램의 전체적인 메모리 사용량이 줄어들 여지가 생긴다.

std::make_shared의 효율성 분석은 std::allocate_shared에도 거의 그대로 적용되므로, std::make_shared의 성능상의 이점들은 그 함수로도 확장된다.

이처럼, new를 직접 사용하는 것보다 make 함수들을 선호하라는 조언에는 강력한 근거들이 존재한다. 그러나, 비록 make 함수들이 소프트웨어 공학과 예외 안전성, 효율성 면에서 유리하긴 하지만, 이 항목의 조언은 이 함수들을 항상 사용하라는 것이 아니라 **선호하라**는 것임을 주의하기 바란다. 이는 이들을 사용할 수 없거나 사용하지 않아야 하는 상황이 존재하기 때문이다.

예를 들어, make 함수들 중에는 커스텀 삭제자(항목 18과 19 참고)를 지정할 수 있는 것이 없다. 그러나 std::unique_ptr와 std::shared_ptr는 커스텀 삭제자를 받는 생성자들을 제공한다. Widget을 위한 다음과 같은 커스텀 삭제자가 있다고 할 때,

```
auto widgetDeleter = [](Widget* pw) { … };
```

이 삭제자를 사용하는 똑똑한 포인터를 new를 이용해서 생성하는 것은 다음과 같이 아주 간단하다.

```
std::unique_ptr<Widget, decltype(widgetDeleter)>
  upw(new Widget, widgetDeleter);

std::shared_ptr<Widget> spw(new Widget, widgetDeleter);
```

그러나 make 함수로는 이런 일을 할 수 없다.

make 함수들의 두 번째 한계는 그 구현들의 구문적 세부사항에서 비롯된 것이다. 항목 7에서 설명하듯이, std::initializer_list를 받는 생성자와 받지 않는 생성자를 모두 가진 형식의 객체를 생성할 때, 생성자 인수들을 중괄호로 감

싸면 중복적재 해소 과정에서 `std::initializer_list`를 받는 버전이 선택되고, 괄호로 감싸면 `std::initializer_list`를 받지 않는 버전이 선택된다. make 함수들은 자신의 매개변수들을 객체의 생성자에 완벽하게 전달한다. 그런데 이때 중괄호를 사용할까, 아니면 괄호를 사용할까? 일부 형식에서는 이 질문의 답에 따라 커다란 차이가 생길 수 있다. 예를 들어 다음과 같은 호출들에서,

```
auto upv = std::make_unique<std::vector<int>>(10, 20);

auto spv = std::make_shared<std::vector<int>>(10, 20);
```

똑똑한 포인터들은 값이 20인 요소 열 개를 담은 `std::vector`를 가리킬까, 아니면 값이 각각 10과 20인 두 요소를 담은 `std::vector`를 가리킬까? 또는, 둘 중 하나로 딱 정해지지는 않는 문제일까?

다행히 그런 비결정론적인 상황은 아니다. 두 호출 모두, 모든 요소의 값이 20인 요소 열 개짜리 `std::vector`를 생성한다. 이는 make 함수들이 내부적으로 매개변수들을 완벽 전달할 때 중괄호가 아니라 괄호를 사용함을 뜻한다. 그러나 불행한 일은, 피지칭 객체를 중괄호 초기치로 생성하려면 반드시 new를 직접 사용해야 한다는 것이다. make 함수 중 하나로 그런 일을 하려면 중괄호 초기치를 완벽하게 전달할 수 있어야 하는데, 항목 30에서 설명하듯이 중괄호 초기치의 완벽 전달은 불가능하다. 그러나 항목 30에 우회책이 하나 나온다. auto 형식 연역을 이용해서 중괄호 초기치로부터 `std::initializer_list` 객체를 생성하고(항목 2 참고), 그것을 make 함수에 넘겨주면 된다.

```
// std::initializer_list 객체를 생성
auto initList = { 10, 20 };

// 그 std::initializer_list 객체를 이용해서 std::vector를 생성
auto spv = std::make_shared<std::vector<int>>(initList);
```

`std::unique_ptr`의 경우에는 이상의 두 시나리오가 make 함수들이 문제가 되는 상황의 전부이다. `std::shared_ptr`와 해당 make 함수들의 경우에는 문제가 되는 시나리오가 두 개 더 있다. 둘 다 극단적인 경우이지만, 극단이 일상인 개발자들도 있으며, 독자 역시 그런 개발자일 수도 있다.

클래스 중에는 자신만의 operator new와 operator delete를 정의하는 것들이 있다. 어떤 형식에 이 두 함수가 존재한다는 것은, 전역 메모리 할당 루틴과 해제 루틴이 그 형식의 객체에 적합하지 않음을 뜻한다. 이런 클래스 고유(class-specific) 메모리 관리 루틴들은 단지 클래스의 객체와 정확히 같은 크기의 메

모리 조각들만 할당, 해제하는 경우가 많다. 예를 들어 Widget 클래스를 위한 operator new와 operator delete라면 크기가 정확히 sizeof(Widget)인 메모리 조각들의 할당과 해제를 처리하는 데 특화된 경우가 많다. 그런 루틴들은 커스텀 std::shared_ptr의 커스텀 할당(std::allocate_shared를 통한)과 커스텀 해제(커스텀 삭제자를 통한)에는 잘 맞지 않는다. 왜냐하면, std::allocate_shared가 요구하는 메모리 조각의 크기는 동적으로 할당되는 객체의 크기가 아니라 그 크기에 제어 블록의 크기를 **더한** 것이기 때문이다. 결과적으로, 클래스 고유 operator new와 operator delete가 있는 형식의 객체를 make 함수로 생성하는 것은 대체로 바람직하지 않은 선택이다.

new의 직접 사용에 비한 std::make_shared의 크기 및 속도상의 장점은 std::shared_ptr의 제어 블록이 관리 대상 객체와 동일한 메모리 조각에 놓인다는 점에서 비롯된다. 그 객체의 참조 횟수가 0이 되면 객체가 파괴된다(즉, 해당 소멸자가 호출된다). 그러나 객체가 차지하고 있던 메모리는 해당 제어 블록이 파괴되기 전까지는 해제될 수 없다. 객체와 제어 블록이 동적으로 할당된 같은 메모리 조각에 들어 있기 때문이다.

앞에서 언급했듯이, 제어 블록에는 참조 횟수 외에도 여러 관리용 정보가 들어 있을 수 있다. 참조 횟수는 제어 블록을 참조하는 std::shared_ptr들의 개수를 뜻한다. 그런데 제어 블록에는 제어 블록을 참조하는 std::weak_ptr들의 개수에 해당하는 또 다른 참조 횟수도 있다. 이 둘째 참조 횟수를 **약한 횟수**(weak count)라고 부른다.[4] 만료 판정(항목 19 참고) 시 std::weak_ptr는 자신이 가리키는 제어 블록에 있는 참조 횟수(약한 횟수가 아님)를 점검한다. 그 참조 횟수가 0이면(즉, 피지칭 객체를 가리키는 std::shared_ptr가 하나도 없어서 그 객체가 이미 파괴된 후이면) std::weak_ptr는 만료된 것이고, 0이 아니면 만료된 것이 아니다.

제어 블록을 참조하는 std::weak_ptr들이 존재하는 한(즉, 약한 횟수가 0보다 크다면), 제어 블록은 계속해서 존재해야 한다. 그리고 제어 블록이 존재하는 한, 제어 블록을 담고 있는 메모리는 여전히 할당된 상태이어야 한다. 따라서, std::shared_ptr용 make 함수가 할당한 메모리 조각은 그것을 참조하는 마지막

---

[4] 실제 응용에서는 약한 횟수가 제어 블록을 참조하는 std::weak_ptr들의 개수와 다를 수도 있다. 라이브러리 구현자가, 컴파일러가 더 나은 코드를 산출할 수 있게 하는 어떤 추가적인 정보를 참조 횟수에 포함시켰을 수도 있기 때문이다. 그러나 이 항목의 목적에서는 그럴 가능성을 무시하고, 참조 횟수의 값이 항상 제어 블록을 참조하는 std::weak_ptr들의 개수와 같다고 가정한다.

std::shared_ptr와 마지막 std::weak_ptr 둘 다 파괴된 후에만 해제될 수 있다. 객체 형식이 상당히 크고 마지막 std::shared_ptr의 파괴와 마지막 std::weak_ptr의 파괴 사이의 시간 간격이 꽤 길다면, 객체가 파괴된 시점과 객체가 점유하던 메모리가 해제되는 시점 사이에 시간 지연이 생길 수 있다.

```
class ReallyBigType { … };

auto pBigObj =                              // 아주 큰 객체를
  std::make_shared<ReallyBigType>();        // std::make_shared를
                                            // 이용해서 생성

…               // 큰 객체를 가리키는 std::shared_ptr들과
                // std::weak_ptr들을 생성해서 사용한다

…               // 여기서 객체를 가리키는 마지막 std::shared_ptr가
                // 파괴되나, std::weak_ptr들은 여전히 남아 있다

…               // 이 부분에서, 큰 객체가 차지하던 메모리는
                // 여전히 할당된 상태이다

…               // 여기서 객체를 가리키는 마지막 std::weak_ptr가 파괴
                // 된다; 이제 제어 블록과 객체가 차지하던 메모리가 해제된다
```

new를 직접 사용하는 경우에는 ReallyBigType 객체를 가리키던 마지막 std::shared_ptr가 파괴되는 즉시 그 객체의 메모리가 해제될 수 있다.

```
class ReallyBigType { … };                  // 이전과 동일

std::shared_ptr<ReallyBigType> pBigObj(new ReallyBigType);
                                            // 아주 큰 객체를
                                            // new를 이용해서 생성

…               // 이전처럼 객체를 가리키는 std::shared_ptr들과
                // std::weak_ptr들을 생성해서 사용한다

…               // 여기서 객체를 가리키는 마지막 std::shared_ptr가
                // 파괴되나, std::weak_ptr들은 여전히 남아 있다
                // 객체의 메모리는 해제된다

…               // 이 부분에서, 제어 블록을 위한 메모리만
                // 할당된 상태이다

…               // 여기서 객체를 가리키는 마지막 std::weak_ptr가 파괴
                // 된다; 이제 제어 블록이 차지하던 메모리가 해제된다
```

혹시라도 std::make_shared를 사용할 수 없거나 사용이 부적합한 상황에 부닥친다면, 이전에 본 종류의 예외 안전성 문제들을 세심하게 방지할 필요가 있다. new를 직접 사용하면서도 예외 안전성 문제를 겪지 않는 최선의 방책은, new의 결과를 다른 일은 전혀 하지 않는 문장에서 똑똑한 포인터의 생성자에 즉시 넘겨주는 것이다. 그러면 new 연산자의 호출과 그 new로 생성한 객체를 관리할 똑똑한 포

인터 생성자 호출 사이에 예외를 방출할 수 있는 다른 어떤 코드를 컴파일러가 생성할 여지가 사라진다.

한 예로, 이전에 본 예외에 안전하지 않은 processWidget 함수 호출 예제를 조금 고쳐서 살펴보자. 이번에는 커스텀 삭제자를 사용한다.

```
void processWidget(std::shared_ptr<Widget> spw,  // 이전과 동일
                   int priority);

void cusDel(Widget *ptr);                        // 커스텀
                                                 // 삭제자
```

다음은 예외에 안전하지 않은 호출이다.

```
processWidget(                                    // 이전처럼
  std::shared_ptr<Widget>(new Widget, cusDel),   // 자원 누수
  computePriority()                              // 위험이 있음!
);
```

이전에도 설명했듯이, 만일 computePriority가 "new Widget" 이후에, 그러나 std::shared_ptr 생성자 이전에 호출된다면, 그리고 computePriority가 예외를 방출한다면, 동적으로 할당된 Widget이 새게 된다.

이번 예제에서는 커스텀 삭제자 때문에 std::make_shared를 사용할 수 없다. 따라서 예외 안전성 문제를 피하는 방법은 Widget의 할당과 std::shared_ptr의 생성을 개별적인 문장으로 두고, 그 문장에서 생성한 std::shared_ptr로 processWidget을 호출하는 것이다. 다음은 이러한 기법의 기본을 보여주는 예인데, 잠시 후에 살펴보겠지만 성능을 개선할 여지가 남아 있다.

```
std::shared_ptr<Widget> spw(new Widget, cusDel);

processWidget(spw, computePriority());     // 정확하지만 최적은
                                           // 아님; 본문 참고
```

이 코드가 예외에 안전한 이유는, 비록 생성자에서 예외가 발생한다고 해도, std::shared_ptr는 생성자로 전달된 생 포인터의 소유권을 확보하기 때문이다. 이 예에서 만일 spw의 생성자가 예외를 던진다고 해도(이를테면 제어 블록을 위한 메모리의 동적 할당에 실패해서), "new Widget"으로 만들어진 포인터에 대해 cusDel이 확실히 호출되므로 메모리 누수는 발생하지 않는다.

그럼 성능상의 작은 비효율성 문제를 살펴보자. 예외에 안전하지 않은 호출에서는 processWidget에 오른값을 넘겨준다.

```
processWidget(
  std::shared_ptr<Widget>(new Widget, cusDel),  // 인수가 오른값
  computePriority()
);
```

그러나 예외에 안전한 호출에서는 왼값을 넘겨준다.

```
processWidget(spw, computePriority());          // 인수가 왼값
```

processWidget의 std::shared_ptr 매개변수는 값 전달 방식이므로, 오른값을 넘겨줄 때에는 std::shared_ptr 객체가 이동 생성에 의해 만들어진다. 그러나 왼값을 넘겨주면 복사 생성이 일어난다. std::shared_ptr의 경우 이동과 복사의 차이가 클 수 있다. std::shared_ptr를 복사하려면 참조 횟수를 원자적으로 증가해야하지만, std::shared_ptr를 이동할 때에는 참조 횟수를 조작할 필요가 없기 때문이다. 예외에 안전한 코드의 성능을 예외에 안전하지 않은 코드의 수준으로 끌어올리려면, std::move를 적용해서(항목 23 참고) spw를 오른값으로 변환해야한다.

```
processWidget(std::move(spw),          // 예외 안전성과 효율성을
              computePriority());      // 모두 갖춘 방식
```

이것이 재미있고 유익한 지식이긴 하지만, 실제로 써먹는 상황은 그리 많지 않을 것이다. make 함수를 사용할 수 없는 상황을 그리 자주 만나지는 않기 때문이다. 사용하지 않을 특별히 강력한 이유가 없는 한, make 함수를 사용하는 것이 옳은 선택이다.

기억해 둘 사항들

☑ new의 직접 사용에 비해, make 함수를 사용하면 소스 코드 중복의 여지가 없어지고, 예외 안전성이 향상되고, std::make_shared와 std::allocate_shared의 경우 더 작고 빠른 코드가 산출된다.

☑ make 함수의 사용이 불가능 또는 부적합한 경우로는 커스텀 삭제자를 지정해야 하는 경우와 중괄호 초기치를 전달해야 하는 경우가 있다.

☑ std::shared_ptr에 대해서는 make 함수가 부적합한 경우가 더 있는데, 두 가지 예를 들자면 (1) 커스텀 메모리 관리 기능을 가진 클래스를 다루는 경우와 (2) 메모리가 넉넉하지 않은 시스템에서 큰 객체를 자주 다루어야 하고 std::weak_ptr들이 해당 std::shared_ptr들보다 더 오래 살아남는 경우이다.

항목 22: Pimpl 관용구를 사용할 때에는 특수 멤버 함수들을 구현 파일에서 정의하라

너무 긴 빌드 시간을 줄이느라 고생한 경험이 있는 독자라면 *Pimpl* 관용구 ("pointer to implementation" idiom)†를 알 것이다. 이 관용구는 클래스의 자료 멤버들을 구현 클래스(또는 구조체)를 가리키는 포인터로 대체하고, 일차 클래스에 쓰이는 자료 멤버들을 그 구현 클래스로 옮기고, 포인터를 통해서 그 자료 멤버들에 간접적으로 접근하는 기법이다. 예를 들어 다음과 같은 모습의 Widget 클래스가 있다고 하자.

```
class Widget {                    // "widget.h" 헤더 파일 안에서
public:
  Widget();
  …
private:
  std::string name;
  std::vector<double> data;
  Gadget g1, g2, g3;              // Gadget은 어떤 사용자 정의
};                                // 형식
```

Widget의 자료 멤버들이 std::string, std::vector, Gadget 형식이므로, Widget을 컴파일하려면 그 형식들의 헤더들이 있어야 한다. 즉, Widget의 클라이언트는 반드시 #include를 이용해서 <string>과 <vector>, gadget.h를 포함해야 한다. 이 헤더들 때문에 Widget 클라이언트의 컴파일 시간이 증가하며, 또한 클라이언트가 그 헤더들의 내용에 의존하게 된다. 한 헤더의 내용이 변하면 Widget 클라이언트도 반드시 다시 컴파일해야 한다. 표준 헤더인 <string>과 <vector>는 자주 바뀌지 않지만, gadget.h는 자주 바뀔 수 있다.

C++98에서 Pimpl 관용구를 Widget에 적용했다면, Widget의 자료 멤버들을 다음과 같이 선언만 하고 정의는 하지 않은 구조체(struct)를 가리키는 포인터로 대체했을 것이다.

```
class Widget {                    // 여전히 "widget.h" 헤더 안
public:
  Widget();
  ~Widget();                      // 소멸자가 필요함—본문 설명 참고
  …
```

---

† (옮긴이) Pimpl 관용구를 널리 알린 허브 서터의 글 "GotW #100: Compilation Firewalls"에 따르면 Pimpl이라는 이름은 허브 서터의 동료 제프 섬너[Jeff Sumner]가 고안한 것으로, 구현을 뜻하는 impl에 포인터를 뜻하는 접두사 p(헝가리식 표기법에 흔히 쓰이는)를 붙여서 만든 변수 이름 pimpl에서 비롯된 것이라고 한다. 그러나 자신처럼 제프도 "종종 조악한 말장난(horrid puns)을 즐기는" 친구라고 언급한 것으로 볼 때, 같은 발음의 영어 단어인 pimple(여드름)과 완전히 무관하다고는 할 수 없다.

```
private:
  struct Impl;            // 구현용 구조체와 그것을
  Impl *pImpl;            // 가리키는 포인터를 선언
};
```

이제는 Widget이 std::string이나 std::vector, Gadget 형식을 언급하지 않으므로, Widget의 클라이언트는 그 형식들의 헤더들을 #include로 포함시킬 필요가 없다. 이 덕분에 컴파일이 빨라지며, 또한 그 헤더들에서 뭔가가 바뀌어도 Widget 클라이언트에는 영향이 미치지 않는다.

선언만 하고 정의는 하지 않은 형식을 **불완전 형식**(incomplete type)이라고 부르기도 한다. Widget::Impl이 그런 형식이다. 불완전 형식을 가리키는 포인터를 선언하는 것은 불완전 형식으로 할 수 있는 몇 안 되는 일 중 하나이고, Pimpl 관용구는 바로 그러한 능력을 활용한다.

이처럼 불완전 형식을 가리키는 포인터를 하나의 자료 멤버로 선언하는 것이 Pimpl 관용구 적용의 첫 단계이다. 둘째 단계는 원래의 클래스에서 사용하던 자료 멤버들을 담는 객체를 동적으로 할당, 해제하는 코드를 추가하는 것이다. 그러한 할당 및 해제 코드는 클래스를 구현하는 소스 코드 파일에 둔다. Widget이라면 widget.cpp에 두면 될 것이다.

```
#include "widget.h"           // 구현 파일 "widget.cpp" 안에서
#include "gadget.h"
#include <string>
#include <vector>

struct Widget::Impl {          // 전에 Widget에 있던
  std::string name;            // 자료 멤버들을 담은
  std::vector<double> data;    // Widget::Impl의 정의
  Gadget g1, g2, g3;
};

Widget::Widget()               // 이 Widget 객체를 위한
: pImpl(new Impl)              // 자료 멤버들을 할당
{}

Widget::~Widget()              // 이 객체를 위한 자료
{ delete pImpl; }             // 멤버들을 파괴
```

std::string과 std::vector, Gadget의 헤더들에 대한 전반적인 의존성이 아예 사라진 것은 아니라는 점을 확실히 하기 위해, 예제 코드에 해당 #include 지시문들도 표시했다. 그러나 중요한 것은, 이 의존성들이 widget.h(Widget 클라이언트가 볼 수 있고 사용하는)에서 widget.cpp(Widget의 구현자만 볼 수 있고 사용하는)로 옮겨졌다는 점이다. 또한 예제 코드에는 Impl 객체를 동적으로 해제하고 할당하는 코드가 강조되어 있다. Widget이 파괴될 때 이 객체도 해제되어야 하므로, Widget에 반드시 소멸자가 필요하다.

그런데 이는 C++98용 코드이며, 그래서 지난 세기의 악취 나는 유산이 그대로 남아 있다. 이 코드는 생 포인터를 사용한다는 점과 new와 delete를 직접 호출한다는 점에서 너무나 원시적이다. 이번 장의 핵심은 생 포인터보다 똑똑한 포인터를 선호하라는 것이고, 우리가 원하는 것이 Widget 생성자에서 Widget::Impl 객체를 할당하고 Widget이 파괴될 때 그 객체를 해제하는 것이라는 점을 생각하면, 지금 딱 필요한 수단은 바로 std::unique_ptr(항목 18 참고)임이 분명해 보인다. 다음은 헤더 파일에서 생 포인터 pImpl을 std::unique_ptr로 대체한 결과이다.

```cpp
class Widget {                      // 헤더 "widget.h" 안에서
public:
  Widget();
  …

private:
  struct Impl;
  std::unique_ptr<Impl> pImpl;      // 생 포인터 대신 똑똑한
};                                  // 포인터를 사용한다
```

그리고 다음은 이에 맞게 구현 파일을 수정한 결과이다.

```cpp
#include "widget.h"                 // "widget.cpp" 파일 안에서
#include "gadget.h"
#include <string>
#include <vector>

struct Widget::Impl {               // 이전과 동일
  std::string name;
  std::vector<double> data;
  Gadget g1, g2, g3;
};

Widget::Widget()                    // 항목 21의 조언을 따라,
: pImpl(std::make_unique<Impl>())   // std::make_unique를
{}                                  // 이용해서 std::unique_
                                    // ptr를 만든다
```

이제는 Widget 클래스에 소멸자가 없는 점이 눈에 띌 것이다. 소멸자를 없앤 것은, 딱히 소멸자에 집어넣을 코드가 없기 때문이다. std::unique_ptr가 파괴될 때, std::unique_ptr는 자신이 가리키는 객체를 자동으로 삭제한다. 따라서 이 클래스에서 따로 삭제할 것은 없다. 이처럼 자원을 프로그래머가 손수 해제할 필요가 없다는 것이 똑똑한 포인터의 매력 중 하나이다.

이 코드 자체는 잘 컴파일되지만, 다음과 같이 자명한 클라이언트 쪽 용법은 컴파일되지 않는다.

```cpp
#include "widget.h"

Widget w;                           // 오류!
```

구체적인 오류 메시지는 독자가 사용하는 컴파일러에 따라 다르겠지만, 대부분 불완전한 형식에 sizeof나 delete를 적용하는 것과 관련된 불평이 메시지에 포함되어 있을 것이다. 그런 연산들은 불완전한 형식으로 할 수 있는 몇 안 되는 일에 포함되지 않는다.

std::unique_ptr를 이용한 Pimpl 관용구의 이러한 명백한 실패는 (1) std::unique_ptr가 불완전한 형식을 지원한다고 광고된다는 점과 (2) Pimpl 관용구가 std::unique_ptr의 가장 흔한 용도 중 하나라는 점에서 놀라운 일이다. 다행히, 이런 클라이언트 코드가 컴파일되게 만드는 것은 어렵지 않다. 문제의 원인을 기본적으로 이해하기만 하면 된다.

이 문제는 w가 파괴되는 지점(이를테면 범위에서 벗어나는 지점)에 대해 컴파일러가 작성하는 코드에서 기인한다. 그 지점에서 w의 소멸자가 호출되는데, std::unique_ptr를 이용하는 Widget 클래스에 따로 소멸자를 선언되어 있지는 않다(소멸자에서 따로 해야 할 일이 없기 때문). 이 경우, 컴파일러가 생성하는 특수 멤버 함수에 관한 통상적인 규칙들(항목 17 참고)에 의해 컴파일러가 대신 소멸자를 작성해 준다. 컴파일러는 그 소멸자 안에 Widget의 자료 멤버 pImpl의 소멸자를 호출하는 코드를 삽입한다. pImpl은 std::unique_ptr<Widget::Impl>, 즉 기본 삭제자를 사용하는 std::unique_ptr이고, 그 기본 삭제자는 std::unique_ptr 안에 있는 생 포인터에 대해 delete를 적용하는 함수이다. 그런데 대부분의 표준 라이브러리 구현들에서 그 삭제자 함수는 delete를 적용하기 전에, 혹시 생 포인터가 불완전한 형식을 가리키지는 않는지를 C++11의 static_assert를 이용해서 점검한다. 컴파일러가 Widget 객체 w의 파괴를 위한 코드를 산출하는 과정에서 일반적으로 그 static_assert가 참이 아닌 것으로 판정되며, 그러면 앞에서 언급한 오류 메시지가 나타난다. 그 메시지는 w가 파괴되는 지점과 연관되는데, 이는 컴파일러가 자동 작성하는 다른 모든 특수 멤버 함수처럼 Widget의 소멸자는 암묵적으로 inline이기 때문이다. 오류 메시지 자체는 소스 코드에서 w가 생성되는 행 번호를 가리키는 경우가 많다. 이후의 암묵적 파괴로 이어지는 객체를 명시적으로 생성하는 부분이 바로 그 행이기 때문이다.

std::unique_ptr<Widget::Impl>을 파괴하는 코드가 만들어지는 지점에서 Widget::Impl이 완전한 형식이 되게 하면 문제가 바로 해결된다. 컴파일러는 형식의 정의를 보게 되면 그 형식을 완전한 형식으로 간주한다. 그리고 Widget::Impl의 정의는 widget.cpp에 있다. 따라서, Widget::Impl의 정의 이후에 컴파일러가 그 소스 파일에만 있는 Widget의 소멸자의 본문(즉, 컴파일러가

std::unique_ptr 자료 멤버를 파괴하는 코드를 작성하는 곳)을 보게 한다면 클라 이언트 코드가 문제없이 컴파일된다.

그런 식으로 코드를 배치하는 것은 간단하다. widget.h에서 Widget의 소멸자 를 선언하되 정의는 하지 않는다.

```
class Widget {                     // 이전처럼 "widget.h" 안에서
public:
  Widget();
  ~Widget();                       // 선언만 해둔다
  …

private:                           // 이전과 동일
  struct Impl;
  std::unique_ptr<Impl> pImpl;
};
```

widget.cpp에서는, Widget::Impl 정의 다음에서 Widget의 소멸자를 정의한다.

```
#include "widget.h"                // 이전처럼 "widget.cpp" 안에서
#include "gadget.h"
#include <string>
#include <vector>

struct Widget::Impl {              // Widget::Impl의 정의
  std::string name;                // (이전과 동일)
  std::vector<double> data;
  Gadget g1, g2, g3;
};

Widget::Widget()                   // 이전과 동일
: pImpl(std::make_unique<Impl>())
{}

Widget::~Widget()                  // ~Widget의 정의
{}
```

이 코드가 잘 작동하고 필요한 타자량도 최소이지만, 컴파일러가 자동 작성한 소멸자 자체에 딱히 문제가 있는 것은 아니라는 점을 강조하고 싶다면, 다시 말해서 소멸자의 정의가 Widget의 구현 파일 안에서 생성되게 만드는 것이 소 멸자를 선언한 유일한 이유임을 강조하고 싶다면, 다음과 같이 생성자 본문을 "= default"로 정의하면 된다.

```
Widget::~Widget() = default;       // 앞에서와 같은 효과
```

Pimpl 관용구를 사용하는 클래스는 이동 연산들을 지원하기에 자연스러운 후보이다. 컴파일러가 자동으로 작성하는 이동 연산들이 그런 클래스의 요구에 딱 맞는, 바탕 std::unique_ptr에 대한 이동을 수행하기 때문이다. 그러나 항목 17에 나오듯이, Widget에 소멸자를 선언하면 컴파일러는 이동 연산들을 작성하 지 않는다. 따라서 이동을 지원하려면 해당 이동 연산들을 직접 선언해야 한다.

컴파일러가 작성하는 이동 연산들이 Widget에 적합하다고 가정할 때, 그냥 다음
처럼 기본 구현을 지정하면 되지 않을까?

```
class Widget {                                    // 여전히
public:                                           // "widget.h"
  Widget();
  ~Widget();

  Widget(Widget&& rhs) = default;                 // 발상은 좋았지만
  Widget& operator=(Widget&& rhs) = default;     // 코드는 틀렸음!

  …

private:                                           // 이전과 동일
  struct Impl;
  std::unique_ptr<Impl> pImpl;
};
```

그러나 이 접근방식은 소멸자가 없는 클래스를 선언했을 때와 동일한 문제를 일
으키며, 그런 문제가 발생하는 근본적인 이유도 동일하다. 컴파일러가 자동으로
작성한 이동 배정 연산자는 pImpl을 재배정하기 전에 pImpl이 가리키는 객체를
파괴해야 하는데, Widget 헤더 파일 안에서 pImpl은 불완전한 형식을 가리킬 뿐
이다. 이동 생성자에서는 상황이 좀 다르다. 이 경우 문제는, 일반적으로 컴파일
러는 이동 생성자 안에서 예외가 발생했을 때 pImpl을 파괴하기 위한 코드를 작
성하는데, pImpl을 파괴하려면 Impl이 완전한 형식이어야 한다는 것이다.

문제가 이전과 동일하므로 그 해결책도 동일하다. 즉, 이동 연산들의 정의를
구현 파일로 옮기면 된다.[†]

```
class Widget {                          // 여전히 "widget.h"
public:
  Widget();
  ~Widget();

  Widget(Widget&& rhs);                 // 선언만 하고
  Widget& operator=(Widget&& rhs);      // 정의는 하지 않는다

  …

private:                                // 이전과 동일
  struct Impl;
  std::unique_ptr<Impl> pImpl;
};

#include <string>                       // 이전처럼
…                                       // "widget.cpp" 안에서

struct Widget::Impl { … };              // 이전과 동일
```

---

† (옮긴이) 원서 정오표에 나와 있듯이, 클래스 정의 바깥에서 = default로 정의된 이동 연산들은 암
묵적으로 noexcept로 선언된다. std::unique_ptr처럼 Widget도 예외를 방출하지 않게 만들고 싶다
면 이동 연산들을 선언과 정의 모두에서 명시적으로 noexcept로 선언하면 된다.

```
Widget::Widget()                              // 이전과 동일
: pImpl(std::make_unique<Impl>())
{}

Widget::~Widget() = default;                  // 이전과 동일

Widget::Widget(Widget&& rhs) = default;                 // 여기서
Widget& Widget::operator=(Widget&& rhs) = default;      // 정의
```

Pimpl 관용구는 클래스의 구현과 클래스의 클라이언트 사이의 컴파일 의존성을 줄이는 한 방법으로, 개념적으로 보았을 때 이 관용구를 사용한다고 해도 클래스가 나타내는 것 자체가 변하지는 않는다. 원래의 Widget 클래스에는 std::string, std::vector, Gadget 형식의 자료 멤버들이 있었다. 만일 std::string이나 std::vector처럼 Gadget이 복사가 가능한 형식이라면, Widget 역시 복사 연산들을 지원하는 것이 합당하다. 그런데 복사 연산들은 우리가 직접 정의해 주어야 한다. 왜냐하면 (1) std::unique_ptr 같은 이동 전용 형식이 있는 클래스에 대해서는 컴파일러가 복사 연산들을 작성해 주지 않으며, (2) 작성한다고 해도, 작성된 함수들은 std::unique_ptr 자체만 복사하는 **얕은 복사**(shallow copy)를 수행하기 때문이다. 우리가 원하는 것은 포인터가 가리키는 대상까지 복사하는 것, 즉 **깊은 복사**(deep copy)이다.

지금까지 해온 방식대로, 그 복사 연산들을 헤더 파일에 선언하고 구현 파일에서 구현한다.

```
class Widget {                        // 여전히 "widget.h" 안에서
public:
  …                                   // 다른 함수들은 이전과 동일

  Widget(const Widget& rhs);          // 이 함수들은
  Widget& operator=(const Widget& rhs);    // 선언만 해둔다

private:                              // 이전과 동일
  struct Impl;
  std::unique_ptr<Impl> pImpl;
};


#include "widget.h"                   // 이전처럼
…                                    // "widget.cpp" 안에서

struct Widget::Impl { … };           // 이전과 동일

Widget::~Widget() = default;         // 다른 함수들은 이전과 동일

Widget::Widget(const Widget& rhs)             // 복사 생성자
: pImpl(nullptr)
{ if (rhs.pImpl) pImpl = std::make_unique<Impl>(*rhs.pImpl); }

Widget& Widget::operator=(const Widget& rhs)  // 복사 배정 연산자
{
  if (!rhs.pImpl) pImpl.reset();
```

```
    else if (!pImpl) pImpl = std::make_unique<Impl>(*rhs.pImpl);
    else *pImpl = *rhs.pImpl;

    return *this;
  }
```

이 구현들은 복사 생성자의 매개변수 rhs(복사 배정 연산자의 경우에는 *this)가 이미 이동되어서 해당 pImpl 포인터가 널인 경우를 반드시 처리해 주어야 한다는 점만 빼면 간단하다. 전체적으로 이 구현들은 컴파일러가 Impl에 대해 복사 연산들을 작성해 준다는 사실과 그 연산들이 각 필드를 자동으로 복사할 것이라는 사실을 활용한다. 즉, Widget의 복사 연산들은 컴파일러가 작성한 Widget::Impl의 복사 연산들을 호출한다. 두 함수 모두, new를 직접 사용하는 것보다 std::make_unique를 선호하라는 항목 21의 조언을 따랐음을 주목하기 바란다.

객체 내부의(지금 예에서는 Widget 안의) pImpl 포인터가 해당 구현 객체(지금 예에서는 Widget::Impl 객체)를 독점적으로 소유한다는 점에서, Pimpl 관용구의 구현에 사용하기에 적합한 똑똑한 포인터는 std::unique_ptr이다. 그렇긴 하지만, std::unique_ptr가 아니라 std::shared_ptr를 pImpl로 사용하면(즉, Impl 구조체의 값들을 여러 Widget이 공유할 수도 있게 한다면) 어떨지도 궁금할 것이다. 흥미로운 점은, 그런 경우 이 항목의 조언이 더 이상 적용되지 않는다는 것이다. 그런 경우 Widget에서 소멸자를 선언할 필요가 없으며, 사용자 선언 소멸자가 없으므로 컴파일러는 기꺼이 이동 연산들을 작성한다. 그리고 그 이동 연산들은 우리가 원하는 방식으로 작동한다. 즉, widget.h의 코드가 다음과 같고

```
class Widget {                        // "widget.h" 안에서
public:
  Widget();
  …                                   // 소멸자나 이동 연산들의
                                      // 선언이 전혀 없음
private:
  struct Impl;
  std::shared_ptr<Impl> pImpl;        // std::unique_ptr 대신
};                                    // std::shared_ptr를 사용
```

이 widget.h를 #include로 포함하는 클라이언트 코드가 다음과 같다고 할 때,

```
Widget w1;

auto w2(std::move(w1));               // w2를 이동 생성

w1 = std::move(w2);                   // w1을 이동 배정
```

모든 것이 제대로 컴파일되고 우리가 기대한 대로 실행된다. w1은 기본 생성되고, 그 값이 w2로 이동하고, 그 값이 다시 w1로 이동하고, w1과 w2 둘 다 파괴된다(따라서 피지칭 Widget::Impl 객체도 파괴된다).

pImpl 포인터에 대한 std::unique_ptr와 std::shared_ptr의 서로 다른 행동 방식은 이 똑똑한 포인터들이 커스텀 삭제자를 지원하는 방식의 차이에서 비롯된 것이다. std::unique_ptr에서 삭제자의 형식은 해당 똑똑한 포인터 형식의 일부이며, 이 덕분에 컴파일러는 더 작은 실행시점 자료구조와 더 빠른 실행시점 코드를 만들어 낼 수 있다. 이러한 더 큰 유연성이 빚어내는 결과 하나는, 컴파일러가 작성한 특수 멤버 함수(소멸자나 이동 연산 등)가 쓰이는 시점에서 피지칭 형식들이 완전한 형식들이어야 한다는 것이다. 반면 std::shared_ptr에서는 삭제자의 형식이 똑똑한 포인터 형식의 일부가 아니다. 이 때문에 실행시점 자료구조가 더 커지고 실행 코드가 다소 더 느려지지만, 컴파일러가 작성한 특수 멤버 함수들이 쓰이는 시점에서 피지칭 형식들이 완전한 형식이어야 한다는 요구 조건이 사라진다.

Pimpl 관용구의 경우 std::unique_ptr의 특징과 std::shared_ptr의 특징 사이에 어떤 절충 관계(trade-off)가 존재하는 것은 아니다. Widget 같은 클래스와 Widget::Impl 같은 클래스 사이의 관계는 독점적 소유 관계이므로 std::unique_ptr가 적합한 수단임이 확실하기 때문이다. 그렇긴 하지만, 다른 상황들, 즉 소유권이 공유되는 상황에서는(따라서 std::shared_ptr가 더 적합한 설계상의 선택일 때에는), std::unique_ptr를 사용해서 생기는 멤버 함수 정의상의 번거로운 과정을 겪을 필요가 없다는 점을 알아 두는 것도 나쁘지 않은 일이다.

기억해 둘 사항들

☑ Pimpl 관용구는 클래스 구현과 클래스 클라이언트 사이의 컴파일 의존성을 줄임으로써 빌드 시간을 감소한다.

☑ std::unique_ptr 형식의 pImpl 포인터를 사용할 때에는 특수 멤버 함수들을 클래스 헤더에 선언하고 구현 파일에서 구현해야 한다. 컴파일러가 기본으로 작성하는 함수 구현들이 사용하기에 적합한 경우에도 그렇게 해야 한다.

☑ 위의 조언은 std::unique_ptr에 적용될 뿐, std::shared_ptr에는 적용되지 않는다.

5장

오른값 참조, 이동 의미론, 완벽 전달

이동 의미론(move semantics)과 완벽 전달(perfect forwarding)은 처음 접할 때에는 상당히 간단해 보인다.

- **이동 의미론**이 유효한 문맥에서 컴파일러는 비싼 복사 연산을 덜 비싼 이동 연산으로 대체할 수 있다. 객체를 복사한다는 것의 구체적인 의미를 그 객체에 대한 복사 생성자와 복사 배정 연산자를 통해서 명시적으로 지정할 수 있듯이, 객체를 이동한다는 것의 의미를 그 객체에 대한 이동 생성자와 이동 배정 연산자를 통해서 지정할 수 있다. 또한 이동 의미론은 std::unique_ptr나 std::future, std::thread 같은 이동 전용 형식의 작성을 가능하게 한다.
- **완벽 전달**을 이용하면, 임의의 인수들을 받아서 그것들을 다른 함수(대상 함수)로 전달하는 함수를 작성할 때, 그 대상 함수가 애초에 전달 함수가 받은 것과 정확히 같은 인수들을 받게 만들 수 있다.

오른값 참조는 이처럼 별로 공통점이 없어 보이는 두 기능을 하나로 묶는 접착제라 할 수 있다. 이동 의미론과 완벽 전달 모두, 오른값 참조라는 기본적인 언어 메커니즘 덕분에 가능한 것이다.

이 기능들을 좀 더 자주 접할수록, 이들이 상당히 간단하다는 애초의 느낌은 비유하자면 '빙산의 일각'에 기초한 것이었음을 깨닫게 될 것이다. 이동 의미론과 완벽 전달, 그리고 오른값 참조의 세계는 겉보기보다 훨씬 미묘하다. 예를 들어 std::move가 모든 것을 이동하지는 않으며, 완벽 전달은 완벽하지 않다. 이동 연산이 복사보다 항상 싼 것도 아니고, 싼 경우에도 기대한 만큼 싸지는 않을 수 있다. 그리고 이동이 유효한 문맥에서 항상 이동 연산이 호출되는 것은 아니다.

"형식&&" 형태의 구성체가 항상 오른값 참조를 나타내는 것도 아니다.

이 기능들을 아무리 깊게 파고 들어가도, 언제나 미처 몰랐던 점을 발견하게 되는 것처럼 보일 수 있다. 그러나 다행히 이들의 깊이는 유한하다. 이번 장에서 이들의 가장 깊은 곳에 있는 단단한 암석층과 만나게 될 것이며, 일단 그 지점에 도달하면 C++11의 이 부분을 훨씬 잘 이해하게 될 것이다. 예를 들어 이번 장에서 독자는 std::move와 std::forward의 사용 관례들을 배우고, "형식&&"의 중의적인 본성에 익숙해지고, 이동 연산들의 놀랄 만큼 다양한 행동 방식들에 깔린 이유를 이해하게 된다. 그리고 그 모든 조각이 빈틈없이 결합해서 커다란 그림을 형성하는 지점에 도달할 것이다. 그때가 되면, 이동 의미론과 완벽 전달, 그리고 오른쪽 참조가 상당히 간단해 보인다는 출발점으로 돌아가게 된다. 그러나 이전과는 달리 그 느낌이 깨지는 일은 없을 것이다.

이번 장의 항목들에서는 매개변수가 항상 왼값이라는 점을 명심하는 것이 중요하다. 매개변수의 형식이 오른쪽 참조인 경우에도 매개변수 자체는 왼값이다. 예를 들어 다음과 같은 선언에서

```
void f(Widget&& w);
```

매개변수 w는 왼값이다. 비록 그 형식은 Widget에 대한 오른값 참조이지만, w는 여전히 왼값이다. (이 점이 의아하다면, 서문의 '용어와 관례' 절(3쪽)에 나오는 왼값과 오른값에 관한 논의를 다시 읽어보기 바란다.)

항목 23: std::move와 std::forward를 숙지하라

std::move와 std::forward를 이해하는 데에는 이들이 하지 않는 것의 관점에서 접근하는 것이 유용하다. std::move가 모든 것을 이동하지는 않는다. std::forward가 모든 것을 전달하지는 않는다. 실행시점에서는 둘 다 아무것도 하지 않는다. 이들은 실행 가능 코드를 전혀, 단 한 바이트도 산출하지 않는다.

std::move와 std::forward는 그냥 캐스팅을 수행하는 함수(구체적으로는 함수 템플릿)이다. std::move는 주어진 인수를 무조건 오른값으로 캐스팅하고, std::forward는 특정 조건이 만족될 때에만 그런 캐스팅을 수행한다. 이것이 전부이다. 물론 이 답에서 또 다른 질문들이 비롯되긴 하지만, 기본적으로는 이것이 전부이다.

좀 더 구체적인 논의를 위해, C++11의 std::move를 구현한 예를 보자. 표준의 세부사항들을 완전히 준수하는 구현은 아니지만, 그런 완전한 구현에 아주 가깝다.

```
template<typename T>                        // std 이름공간 안에서
typename remove_reference<T>::type&&
move(T&& param)
{
  using ReturnType =                        // 별칭 선언;
    typename remove_reference<T>::type&&;   // 항목 9 참고

  return static_cast<ReturnType>(param);
}
```

독자의 이해를 돕기 위해 예제 코드에서 두 부분을 강조했다. 첫째로, 반환 형식
명세 부분이 다소 복잡해서 혹시 함수 이름을 잘 찾지 못할까 봐 함수 이름을 강
조해 두었다. 둘째로, 이 함수의 핵심에 해당하는 캐스팅 부분을 강조했다. 강조
된 부분에서 보듯이, std::move는 객체에 대한 참조(정확히 말하면 보편 참조 -
항목 24 참고)를 받아서 같은 객체에 대한 어떤 참조를 돌려준다.

　함수의 반환 형식에 있는 "&&"에서 짐작했겠지만, std::move는 하나의 오른
값 참조를 돌려준다. 그러나 항목 28에서 설명하듯이, 형식 T가 하필 왼값 참조
이면 T&&는 왼값 참조가 된다. 이를 방지하기 위해, 이 구현은 T에 형식 특질(항
목 9 참고) std::remove_reference를 적용한다. 그러면 반환 형식의 "&&"는 항상
참조가 아닌 형식에 적용된다. 결과적으로 std::move는 반드시 오른값 참조를
돌려준다. 이 점이 중요한 것은, 함수가 돌려준 오른값 참조는 오른값이기 때문
이다. 결론적으로, std::move는 자신의 인수를 오른값으로 캐스팅한다. 그것이
std::move가 하는 일의 전부이다.

　참고로 C++14에서는 std::move를 이보다 간결하게 구현할 수 있다. 함수
반환 형식 연역(항목 3 참고)과 표준 라이브러리의 별칭 템플릿들 중 하나인
std::remove_reference_t(항목 9 참고) 덕분에 std::move를 다음과 같이 작성할
수 있다.

```
template<typename T>                        // C++14; 여전히 std
decltype(auto) move(T&& param)              // 이름공간 안에서
{
  using ReturnType = remove_reference_t<T>&&;
  return static_cast<ReturnType>(param);
}
```

언뜻 보기에도 이쪽이 더 쉽다.

　std::move가 하는 일이 자신의 인수를 오른값으로 캐스팅하는 것뿐이라는 점
때문에, move보다는 rvalue_cast 같은 이름이 더 낫다는 제안도 있었다. 합당한
제안이긴 하지만, 어쨌든 현재 표준으로 정해진 이름은 std::move이므로, 현실적
으로 중요한 것은 이름만 보고 이 함수가 하는 일과 하지 않는 일을 지레짐작하

지 않는 것이다. std::move는 캐스팅을 수행하지만, 이동(move)은 수행하지 않는다.

물론 오른값은 이동의 후보이며, 따라서 어떤 객체에 std::move를 적용한다는 것은 컴파일러에게 그 객체가 이동에 적합하다는 점을 말해주는 것에 해당한다. 즉, std::move라는 이름은 이동할 수 있는 객체를 좀 더 쉽게 지정하기 위한 함수라는 점에서 붙은 것이다.

그러나 사실 오른값이 이동의 후보가 아닌 경우도 있다. 주해(annotation)를 나타내는 어떤 클래스의 생성자가 주해의 내용을 구성하는 std::string 매개변수 하나를 받아서 그 매개변수를 자료 멤버에 복사한다고 하자. 항목 41에 나온 정보에 기초해서, 그 매개변수를 값 전달 방식으로 선언하기로 하자.

```
class Annotation {
public:
    explicit Annotation(std::string text);   // 복사할 매개변수
    …                                          // 항목 41에 따라
};                                             // 값 전달로 선언
```

그런데 이 Annotation의 생성자는 text의 값을 읽기만 하면 된다. 그 값을 수정할 필요는 없다. 가능한 한 항상 const를 사용한다는 유서 깊은 전통에 따라, text 매개변수가 const가 되도록 선언을 수정하자.

```
class Annotation {
public:
    explicit Annotation(const std::string text);
    …
};
```

text를 자료 멤버에 복사할 때 복사 연산의 비용을 치르지 않으려면, 그러면서도 항목 41의 조언을 계속 지키려면 어떻게 해야 할까? 다음처럼 std::move를 text에 적용해서 오른값을 얻으면 어떨까?

```
class Annotation {
public:
    explicit Annotation(const std::string text)
    : value(std::move(text))   // text를 value로 '이동'한다;
    { … }                       // 이 코드는 보기와는 다르게 작동한다!

    …

private:
    std::string value;
};
```

이 코드의 컴파일과 링크에는 아무 문제가 없으며, 실행도 잘 된다. 이 코드는 자료 멤버 value를 text의 내용으로 설정한다. 이 코드가 독자의 의도를 완벽하

게 실현하지 못하는 유일한 결함은, text가 value로 이동하는 것이 아니라 복사 된다는 점이다. std::move 때문에 text가 오른값으로 캐스팅되는 것은 확실하다. 그런데 text는 const std::string으로 선언되었으므로, 캐스팅 이전에는 왼값 const std::string이고, 캐스팅한 결과는 오른값 const std::string이다. 즉, 전체 과정에서 const가 그대로 유지된다.

컴파일러가 std::string 생성자 중 하나를 선택할 때 이 const의 존재가 어떤 영향을 미치는지 생각해 보자. 가능성은 두 가지이다.

```cpp
class string {              // std::string은 사실
public:                     // std::basic_string<char>의
  …                         // typedef임
  string(const string& rhs);    // 복사 생성자
  string(string&& rhs);         // 이동 생성자
  …
};
```

Annotation 생성자의 멤버 초기화 목록에서 std::move(text)의 결과는 const std::string 형식의 오른값이다. 그 오른값은 std::string의 이동 생성자에 전달할 수 없다. 왜냐하면, 그 이동 생성자는 *const*가 아닌 std::string에 대한 오른값 참조를 받기 때문이다. 그러나 그 오른값을 복사 생성자에 전달할 수는 있다. const에 대한 왼값 참조를 const 오른값에 묶는 것이 허용되기 때문이다. 결과적으로 그 멤버 초기화 목록은 std::string의 복사 생성자를 호출한다. text를 오른값으로 캐스팅했어도 그런 일이 벌어진다! 이런 행동 방식은 const 정확성을 유지하기 위해 꼭 필요한 것이다. 일반적으로 한 객체의 어떤 값을 바깥으로 이동하면 그 객체는 수정되며, 따라서 전달된 객체를 수정할 수도 있는 함수(이동 생성자가 그런 함수에 속한다)에 const 객체를 전달하는 일을 C++ 언어가 방지하는 것은 당연한 일이다.

이 예에서 배울 점이 두 가지 있다. 첫째로, 이동을 지원할 객체는 const로 선언하지 말아야 한다. const 객체에 대한 이동 요청은 소리 없이 복사 연산으로 변환된다. 둘째로, std::move는 아무것도 실제로 이동하지 않을 뿐만 아니라, 캐스팅되는 객체가 이동 자격을 갖추게 된다는 보장도 제공하지 않는다. 확실한 것은, 객체에 std::move를 적용한 결과가 하나의 오른값이라는 것뿐이다.

std::forward에 대해서도 std::move와 비슷한 이야기가 적용된다. 단, std::move는 주어진 인수를 **무조건** 오른값으로 캐스팅하지만, std::forward는 특정 조건이 만족될 때에만 캐스팅한다. std::forward는 **조건부** 캐스팅이다. 캐스팅이 적용될 때와 안 될 때를 이해하려면 std::forward의 전형적인 용법을 살펴

보는 것이 도움이 될 것이다. 가장 흔한 시나리오는 보편 참조 매개변수를 받아서 그것을 다른 어떤 함수에 전달하는 함수이다.

```
void process(const Widget& lvalArg);    // 왼값들을 처리하는 함수
void process(Widget&& rvalArg);         // 오른값들을 처리하는 함수

template<typename T>                     // param을 process에
void logAndProcess(T&& param)            // 넘겨주는 템플릿
{
  auto now =                             // 현재 시간을 얻는다
    std::chrono::system_clock::now();

  makeLogEntry("Calling 'process'", now);
  process(std::forward<T>(param));
}
```

이제 logAndProcess를 한 번은 왼값으로, 또 한 번은 오른값으로 호출해보자.

```
Widget w;

logAndProcess(w);              // 왼값으로 호출
logAndProcess(std::move(w));   // 오른값으로 호출
```

자신의 내부에서 logAndProcess는 주어진 param을 함수 process에 전달한다. process는 왼값과 오른값에 대해 중복적재되어 있다. logAndProcess를 왼값으로 호출하면 그 왼값이 왼값을 받는 process로 전달되고, logAndProcess를 오른값으로 호출하면 그 오른값이 오른값을 받는 process로 전달되리라고 기대하는 것이 당연하다.

그러나 다른 모든 함수 매개변수처럼 param은 하나의 왼값이다. 따라서, logAndProcess 내부에서 일어나는 모든 process 호출은 결국 process의 왼값 중복적재 버전을 실행하게 된다. 이를 방지하기 위해서는, 만일 애초에 param을 초기화하는 데 쓰인 인수(즉, logAndProcess에 전달된 인수)가 오른값이면, 그리고 오직 그럴 때에만, param을 오른값으로 캐스팅하는 어떤 메커니즘이 필요하다. std::forward가 하는 일이 바로 그것이다. 그리고, 이처럼 주어진 인수가 오른값으로 초기화된 것일 때에만 그것을 오른값으로 캐스팅한다는 점에서 std::forward를 조건부 캐스팅이라고 부른다.

인수가 오른값으로 초기화되었는지를 std::forward가 어떻게 아는지 궁금한 독자도 있을 것이다. 예를 들어 앞의 예제에서, std::forward는 param이 왼값으로 초기화되었는지 오른값으로 초기화되었는지를 어떻게 알까? 간단한 답은, 그 정보가 logAndProcess의 템플릿 매개변수 T에 부호화(encoding)되어 있다는 것이다. 그 매개변수는 std::forward로 전달되며, std::forward는 거기서 해당 정보를 복원한다. std::forward가 이를 수행하는 구체적인 방법은 항목 28을 보기 바란다.

std::move와 std::forward 둘 다 결국 캐스팅만 수행하는 함수이고 둘의 유일한 차이는 std::move는 항상 캐스팅하지만 std::forward는 조건에 따라서만 한다는 점을 생각하면, std::move는 아예 잊어버리고 항상 std::forward만 사용하면 되지 않느냐는 의문이 들 수도 있겠다. 순수하게 기술적인 관점에서는, 그래도 된다는 것이 답이다. 즉, std::forward로 모든 것을 할 수 있다. std::move는 필요하지 않다. 물론 두 함수 모두 진정한 의미에서의 **필수**는 아니다. 필요하면 독자가 직접 캐스팅을 하면 그만이기 때문이다. 그러나 그런 일은 피하는 것이 좋다는 점에 독자도 나처럼 동의하리라고 믿는다.

std::move의 매력은 사용하기 편하고, 오류의 여지가 줄어들고, 코드의 명확성이 높아진다는 것이다. 어떤 클래스의 이동 생성자가 호출된 횟수를 추적하고 싶다고 하자. 그러려면 그냥 이동 생성 도중에 클래스 정적(static) 카운터 변수를 증가하면 된다. 클래스의 비정적 자료 멤버가 std::string 하나뿐이라 할 때, 다음은 이동 생성자를 구현하는 통상적인 방식(즉, std::move를 사용하는)을 보여준다.

```cpp
class Widget {
public:
  Widget(Widget&& rhs)
  : s(std::move(rhs.s))
  { ++moveCtorCalls; }

    …

private:
  static std::size_t moveCtorCalls;
  std::string s;
};
```

같은 행동을 std::forward로 구현한다면 다음과 같은 코드가 될 것이다.

```cpp
class Widget {
public:
  Widget(Widget&& rhs)                         // 관례에서 벗어난,
  : s(std::forward<std::string>(rhs.s))        // 바람직하지 않은
  { ++moveCtorCalls; }                         // 구현

    …

};
```

첫 버전의 std::move에서는 함수 인수(rhs.s)만 지정하면 되었지만 둘째 버전의 std::forward에서는 함수 인수(rhs.s)와 템플릿 형식 인수(std::string) 둘 다 지정해야 했음을 주목하기 바란다. 그리고 std::forward에 전달하는 형식이 반드시 참조가 아니어야 한다는 점도 주목하기 바란다. 그것이 전달되는 인수가 오

른값임을 부호화하는 데 쓰이는 관례이기 때문이다(항목 28 참고). 정리하자면, std::move 쪽이 std::forward보다 타자량이 적고, 전달하는 것이 오른값이라는 정보를 부호화하는 형식 인수를 지정하는 번거로움도 없다. 또한, 잘못된 형식을 지정하는 실수를 저지를 여지도 없다(예를 들어 실수로 std::string&를 지정하면 자료 멤버 s가 이동 생성이 아니라 복사 생성된다).

더욱 중요하게는, std::move를 사용한다는 것은 주어진 인수를 무조건 오른값으로 캐스팅하겠다는 뜻이지만 std::forward를 사용한다는 것은 오른값에 묶인참조만 오른값으로 캐스팅하겠다는 뜻이다. 그 둘은 아주 다른 동작들이다. 전자는 일반적으로 하나의 이동을 준비하는 반면, 둘째 것은 그냥 객체를 원래의 왼값 또는 오른값 성질을 유지한 채로 다른 함수에 그냥 넘겨주는, 즉 **전달하는**(forward) 것이다. 두 동작이 이처럼 다르므로, 둘에 대해 서로 구별되는 함수를 (그리고 함수 이름을) 두는 것은 바람직한 일이다.

기억해 둘 사항들

☑ std::move는 오른값으로의 무조건 캐스팅을 수행한다. std::move 자체는 아무것도 이동하지 않는다.

☑ std::forward는 주어진 인수가 오른값에 묶인 경우에만 그것을 오른값으로 캐스팅한다.

☑ std::move와 std::forward 둘 다, 실행시점에서는 아무 일도 하지 않는다.

항목 24: 보편 참조와 오른값 참조를 구별하라

"진리가 너희를 자유롭게 하리라"라는 말이 있긴 하지만, 상황에 따라서는 잘 선택된 거짓말 역시 진리만큼이나 우리를 자유롭게 한다. 이번 항목이 그런 거짓말에 해당한다. 그런데 우리가 다루는 것은 소프트웨어이므로, "거짓말"이라는단어는 피하기로 하자. 대신, 이번 항목이 하나의 "추상(abstraction)"을 함의한다고 말하는 것이 좋겠다.

어떤 형식 T에 대한 오른값 참조를 선언할 때에는 T&&라는 표기를 사용한다.그래서 소스 코드에 "T&&"를 발견했다면 그것이 오른값 참조라고 가정하는 것은당연해 보인다. 그러나 안타깝게도 그렇게 단순하지는 않다.

```
void f(Widget&& param);          // 오른값 참조
Widget&& var1 = Widget();        // 오른값 참조
```

```cpp
auto&& var2 = var1;              // 오른값 참조 아님

template<typename T>
void f(std::vector<T>&& param);  // 오른값 참조

template<typename T>
void f(T&& param);               // 오른값 참조 아님
```

사실 "T&&"에는 서로 다른 두 가지 의미가 있다. 하나는 물론 오른값 참조이다. 그런 참조는 예상한 그대로 행동한다. 즉, 그런 의미의 오른값 참조는 오직 오른값에만 묶이며, 일차적인 존재의 이유(raison d'être)는 이동의 원본이 될 수 있는 객체를 지정하는 것이다.

"T&&"의 또 다른 의미는 오른값 참조 **또는** 왼값 참조 중 하나라는 것이다. 그런 참조는 소스 코드에서는 오른값 참조(즉, "T&&")처럼 보이지만, 때에 따라서는 왼값 참조(즉, "T&")인 것처럼 행동한다. 이러한 이중성 덕분에, 이런 참조는 오른값에 묶을 수도 있고(오른값 참조처럼) 왼값에 묶을 수도 있다(왼값 참조처럼). 더 나아가서, 이런 참조는 const 객체에 묶을 수도 있고 비const 객체에 묶을 수도 있으며, 마찬가지로 volatile 객체에 묶을 수도 있고 비volatile 객체에 묶을 수도 있다. 심지어 const이자 volatile인 객체에도 묶을 수 있다. 즉, 거의 **모든 것**에 묶을 수 있는 것이다. 이처럼 전례 없이 유연한 참조이니만큼, 번듯한 이름을 붙여 주어야 마땅하다. 나는 이런 참조를 **보편 참조**(universal reference)라고 부른다.[1]

보편 참조는 두 가지 문맥에서 나타난다. 가장 흔한 것은 함수 템플릿 매개변수이다. 앞에 나온 예제 코드 중 다음 부분이 그러한 문맥에 해당한다.

```cpp
template<typename T>
void f(T&& param);               // param은 보편 참조
```

---

[1] 항목 25에서 설명하듯이, 보편 참조에는 거의 항상 std::forward를 적용해야 한다. 그런 이유로, 이 책의 출판이 진행되는 동안 C++ 공동체의 일부 구성원들은 보편 참조를 *forwarding reference*(전달 참조)라고 부르기 시작했다.[†]

[†] (옮긴이) 실제로, 차기 C++ 표준인 C++17(가칭)에서 forwarding reference를 공식적인 용어로 채택하자는 제안이 제출되었다. 그 제안(ISO WG21의 N4164)을 제출한 사람들은 허브 서터와 비야네 스트롭스트룹, 가브리엘 도스 레이스[Gabriel Dos Reis]이다. 즉, "C++ 공동체의 일부 구성원"에는 C++ 표준 위원회의 핵심 인사들이 포함된다. 어쨌든, C++17에서는 'forwarding reference'가 공식적인 이름이 될 가능성이 아주 큰데, 단지 유명한 사람들이 제안했기 때문은 아니고 제안 자체가 합당하기 때문이다(이 글을 쓰는 현재, 어떤 결정적인 반론은 제기되지 않은 것으로 보인다). forwarding reference의 번역어로는 **전달 참조**가 적당할 것이다. ('참조 전달하기'가 아닌 이유는 역자의 블로그 글 "C++0x 미리보기 9, 상속 생성자"(*http://occamsrazr.net/tt/205*) 중간의 "잠깐 영어 공부" 부분을 보기 바란다.)

다른 한 문맥은 auto 선언이다. 다음이 앞의 예제 코드 중 그러한 문맥에 해당하는 부분이다.

```
auto&& var2 = var1;            // var2는 보편 참조
```

이 두 문맥의 공통점은 **형식 연역**이 일어난다는 점이다. 템플릿 f에서는 param의 형식이 연역되고, var2의 선언에서는 var2의 형식이 연역된다. 이를 다음 예(역시 앞의 예제 코드에서 발췌했음)처럼 형식 연역이 일어나지 않는 경우와 비교해보기 바란다. 이 예에서처럼 형식 연역이 일어나지 않는 문맥에서 "T&&"를 발견했다면, 그것은 오른값 참조이다.

```
void f(Widget&& param);        // 형식 연역 없음
                               // param은 오른값 참조

Widget&& var1 = Widget();      // 형식 연역 없음
                               // var1은 오른값 참조
```

보편 참조는 참조이므로 반드시 초기화해야 한다. 보편 참조가 오른값 참조를 나타내는지 왼값 참조를 나타내는지는 보편 참조의 초기치가 결정한다. 초기치가 오른값이면 보편 참조는 오른값 참조에 해당한다. 초기치가 왼값이면 보편 참조는 왼값 참조에 해당한다. 보편 참조가 함수의 매개변수인 경우, 초기치는 그 함수를 호출하는 지점에서 제공한다.

```
template<typename T>
void f(T&& param);      // param은 보편 참조

Widget w;
f(w);                   // f에 왼값이 전달됨; param의 형식은
                        // Widget&(즉, 왼값 참조)

f(std::move(w));        // f에 오른값이 전달됨; param의 형식은
                        // Widget&&(즉, 오른값 참조)
```

하나의 참조가 보편 참조이려면 반드시 형식 연역이 관여해야 한다. 그런데 이는 필요조건일 뿐 충분조건은 아니다. 참조 선언의 형태(form)도 정확해야 하는데, 그 형태는 상당히 제한적이다. 구체적으로 말해서, 딱 "T&&"의 형태이어야 한다. 앞에 나온 예제 코드의 다음 부분을 생각해 보자.

```
template<typename T>
void f(std::vector<T>&& param);  // param은 오른값 참조
```

f 호출 시 형식 T가 연역된다(물론 호출자가 T를 명시적으로 지정한 경우는 예외이지만, 극단적인 경우이므로 여기에서는 고려하지 않기로 한다). 그러나 param의 형식 선언의 형태가 "T&&"가 아니라 "std::vector<T>&&"이다. 이 때문에 param

은 보편 참조가 될 수 없다. 따라서 param은 오른값 참조이다. 이 점은 f에 왼값을 전달해 보면 컴파일러가 기꺼이 확인해 준다.

```
std::vector<int> v;
f(v);                          // 오류! 왼값을 오른값
                               // 참조에 묶을 수 없음
```

그냥 const 한정사 하나만 붙여도 참조는 보편 참조가 되지 못한다.

```
template<typename T>
void f(const T&& param);        // param은 오른값 참조
```

그런데 "T&&"라고 다 보편 참조는 아니다. 예를 들어 템플릿 안에서 형식이 "T&&"인 함수 매개변수를 발견했을 때, 그것이 반드시 보편 참조라고 확신할 수는 없다. 템플릿 안에서는 형식 연역이 반드시 일어난다는 보장이 없기 때문이다. std::vector의 다음과 같은 push_back 멤버 함수를 생각해 보자.

```
template<class T, class Allocator = allocator<T>>   // C++ 표준에서
class vector {                                      // 발췌
public:
  void push_back(T&& x);
  …
};
```

push_back의 매개변수는 확실히 보편 참조가 요구하는 형태이지만, 이 경우에는 형식 연역이 전혀 일어나지 않는다. push_back은 반드시 구체적으로 인스턴스화된 vector의 일부이어야 하며, 그 인스턴스의 형식은 push_back의 선언을 완전하게 결정하기 때문이다. 예를 들어

```
std::vector<Widget> v;
```

라는 선언에 의해 std::vector 템플릿은 다음과 같이 인스턴스화된다.

```
class vector<Widget, allocator<Widget>> {
public:
  void push_back(Widget&& x);              // 오른값 참조
  …
};
```

이제 push_back에 그 어떤 형식 연역도 관여하지 않음이 명백해졌다. vector<T>에 대한 이 push_back(두 중복적재 버전 중 하나이다)은 항상 T에 대한 오른값 참조 형식의 매개변수를 선언한다.

반면, std::vector의 멤버 함수들 중 이와 개념적으로 비슷한 emplace_back 멤버 함수는 실제로 형식 연역을 사용한다.

```
template<class T, class Allocator = allocator<T>>  // 역시 C++
class vector {                                       // 표준에서
public:                                              // 발췌
  template <class... Args>
  void emplace_back(Args&&... args);
  …
};
```

이 경우 형식 매개변수 Args는 vector의 형식 매개변수 T와 독립적이다. 따라서 Args는 emplace_back이 호출될 때마다 연역되어야 한다. (사실 Args는 형식 매개변수가 아니라 매개변수 묶음(parameter pack)이지만, 이 논의의 목적에서는 그냥 형식 매개변수라고 간주해도 무방하다.)

emplace_back의 형식 매개변수 이름이 T가 아니라 Args이지만 그래도 여전히 보편 참조라는 점은 앞에서 보편 참조의 형태가 "T&&"라고 말한 이유를 잘 말해 준다. 즉, 이름 자체를 반드시 T라고 할 필요는 없다. 예를 들어 다음의 템플릿은 하나의 보편 참조를 받는다. 형태("형식&&")가 정확하고, param의 형식이 연역되기 때문이다(이번에도 호출자가 그 형식을 명시적으로 지정하는 극단적인 경우는 배제하기로 한다).

```
template<typename MyTemplateType>
void someFunc(MyTemplateType&& param);     // param은 보편 참조
```

앞에서 auto 변수 역시 보편 참조가 될 수 있다고 말했다. 좀 더 정확히 말하면, auto&&를 형식으로 해서 선언된 변수는 보편 참조이다. 형식 연역이 일어나며, 형태("T&&")가 정확하기 때문이다. auto 보편 참조는 함수 템플릿 매개변수에 쓰이는 보편 참조들만큼 흔하지는 않지만, C++11에서 종종 발견할 수 있다. C++14에서는 더 자주 나타난다. C++14에서는 람다 표현식에서 auto&& 매개변수를 선언할 수 있기 때문이다. 예를 들어 임의의 함수 호출에 걸린 시간을 기록하는 C++14 람다를 작성한다면, 이런 식으로 하면 된다.

```
auto timeFuncInvocation =
  [](auto&& func, auto&&... params)              // C++14
  {
    타이머를 시작한다;
    std::forward<decltype(func)>(func)(           // params로
      std::forward<decltype(params)>(params)...   // func를 호출
      );
    타이머를 정지하고 경과 시간을 기록한다;
  };
```

항목 33을 아직 안 읽은 독자라면 람다 표현식 안의 "std::forward<decltype(어쩌구 저쩌구)>" 부분에서 "이게 뭐야?"라는 반응을 보였을 것이다. 그렇다고 지금 당장 항목 33으로 넘어갈 필요는 없다. 이번 항목에서 중요한 부분은 람다가 선언

하는 auto&& 매개변수이다. func는 그 어떤 호출 가능 객체(왼값이든 오른값이든)와도 묶일 수 있는 보편 참조이다. params는 임의의 형식, 임의의 개수의 객체들과 묶일 수 있는 0개 이상의 보편 참조들(즉, 보편 참조 매개변수 묶음)이다. auto 보편 참조 덕분에, 결과적으로 timeFuncInvocation은 거의 모든 함수의 실행 시간을 측정할 수 있다. ("모든"이 아니라 "거의 모든"이라고 한 이유는 항목 30에서 밝혀진다.)

보편 참조의 기본을 설명하는 이 항목 전체가 거짓말, 아니 '추상'임을 명심하기 바란다. 바탕에 깔린 진실은 **참조 축약**(reference collapsing)이라는 것인데, 이에 관해서는 항목 28에서 중점적으로 다룬다. 그런데 그러한 진실 때문에 추상의 유용함이 낮아지는 것은 아니다. 오른값 참조와 보편 참조를 구분하면 소스 코드를 좀 더 정확하게 읽는 데("지금 내가 보고 있는 저 T&&가 오른값에만 묶일까 아니면 아무것에나 묶일까?") 도움이 되며, 동료와 대화 시 중의성을 피할 수 있다 ("이 부분은 오른값 참조가 아니라 보편 참조인데……."). 또한, 이러한 구분에 의존하는 항목 25와 26을 이해하는 데에도 필수이다. 결론적으로, 이 추상을 받아들이고 적극적으로 향유하기 바란다. 뉴턴의 운동 법칙들(엄밀히 말하면 정확하지 않은)은 아인슈타인의 일반 상대성 이론("진리")만큼이나 유용하며, 그보다 적용하기 쉽다. 마찬가지로, 보통의 경우 참조 축약의 세부사항들을 직접 다루는 것보다는 보편 참조라는 개념을 사용하는 것이 더 낫다.

기억해 둘 사항들

☑ 함수 템플릿 매개변수의 형식이 T&& 형태이고 T가 연역된다면, 또는 객체를 auto&&로 선언한다면, 그 매개변수나 객체는 보편 참조이다.

☑ 형식 선언의 형태가 정확히 **형식&&**가 아니면, 또는 형식 연역이 일어나지 않으면, **형식&&**는 오른값 참조를 뜻한다.

☑ 오른값으로 초기화되는 보편 참조는 오른값 참조에 해당한다. 왼값으로 초기화되는 보편 참조는 왼값 참조에 해당한다.

항목 25: 오른값 참조에는 std::move를, 보편 참조에는 std::forward를 사용하라

오른값 참조는 이동할 수 있는 객체에만 묶인다. 어떤 매개변수가 오른값 참조라면, 그 참조에 묶인 객체를 이동할 수 있음이 **확실**하다.

```
class Widget {
  Widget(Widget&& rhs);        // rhs는 이동이 가능한 객체를
  …                            // 참조함이 확실하다
};
```

그런 객체를 다른 함수에 넘겨주되 그 함수가 객체의 오른값 성질을 활용할 수 있도록 넘겨주어야 하는 경우도 흔히 생긴다. 이를 위해서는 그런 객체에 묶이는 매개변수를 오른값으로 캐스팅해야 한다. 항목 23에서 설명하듯이, std::move가 하는 일이 바로 그것이며, 사실 std::move의 존재 이유가 바로 그것이다.

```
class Widget {
public:
  Widget(Widget&& rhs)              // rhs는 오른값 참조
  : name(std::move(rhs.name)),
    p(std::move(rhs.p))
    { … }
  …
private:
  std::string name;
  std::shared_ptr<SomeDataStructure> p;
};
```

반면 보편 참조는 이동에 적합한 객체에 묶일 수도 있고 아닐 수도 있다(항목 24 참고). 보편 참조는 오른값으로 초기화되는 경우에만 오른값으로 캐스팅되어야 한다. 항목 23에서 설명하듯이, std::forward가 하는 일이 바로 그것이다.

```
class Widget {
public:
  template<typename T>
  void setName(T&& newName)          // newName은
  { name = std::forward<T>(newName); }   // 보편 참조

  …
};
```

정리하자면, 오른값 참조를 다른 함수로 전달할 때에는 오른값으로의 **무조건 캐스팅**을 적용해야 한다(std::move를 통해서). 그런 경우 참조는 항상 오른값에 묶이기 때문이다. 한편 보편 참조를 다른 함수로 전달할 때에는 오른값으로의 **조건부 캐스팅**을 적용해야 한다(std::forward를 통해서). 그런 참조는 특정 조건하에서만 오른값에 묶이기 때문이다.

항목 23에서 설명하듯이 오른값 참조에 std::forward를 사용해도 원하는 행동이 일어나게 하는 것이 가능하지만, 소스 코드가 장황하고 실수의 여지가 있으며 관용구에서 벗어난 모습이 된다. 따라서 오른값 참조에 std::forward를 사용하는 것은 피해야 한다. 보편 참조에 std::move를 사용하는 것은 더 나쁘다. 그

러면 왼값(이를테면 지역 변수)이 의도치 않게 수정되는 결과가 빚어질 수 있기 때문이다.

```cpp
class Widget {
public:
  template<typename T>
  void setName(T&& newName)          // 보편 참조
  { name = std::move(newName); }     // 컴파일되긴 하지만
  …                                  // 아주 아주 나쁘다!

private:
  std::string name;
  std::shared_ptr<SomeDataStructure> p;
};

std::string getWidgetName();         // 팩터리 함수

Widget w;

auto n = getWidgetName();            // n은 지역 변수

w.setName(n);                        // n을 w로 이동한다

…                                    // 이제 n의 값은 알 수 없다
```

이 코드는 지역 변수 n을 w.setName에 넘겨준다. 호출자는 그 멤버 함수가 n을 읽기 전용으로 취급하리라고 가정하는데, 그러한 가정 자체가 틀렸다고 할 수는 없다. 그러나 setName은 내부적으로 std::move를 이용해서 참조 인수를 오른값으로 무조건 캐스팅한다. 그러면 n의 값이 w.name으로 이동하며, setName의 실행이 끝나서 다시 호출 지점으로 돌아갔을 때 n은 미지정 값(unspecified value)을 가진다.[†] 프로그램이 이런 식으로 행동하면 호출자는 절망에 빠지게 될 것이다. 어쩌면 폭력 성향을 보일 수도 있다.

setName의 매개변수를 보편 참조로 선언한 것 자체가 문제라고 생각할 수도 있다. setName은 자신의 매개변수를 수정하지 말아야 하므로 const를 명시하는 것이 바람직하지만, 보편 참조는 const일 수 없다(항목 24 참고). 그냥 setName을 const 왼값에 대한 버전과 오른값에 대한 버전 두 가지로 중복적재하면 모든 문제가 사라진다는 점을 지적하는 독자도 있을 것이다. 이를테면 다음과 같다.

```cpp
class Widget {
public:
  void setName(const std::string& newName)   // const 왼값으로
  { name = newName; }                         // name을 설정

  void setName(std::string&& newName)         // 오른값으로
```

[†] (옮긴이) 미지정 값은 미정의 행동(undefined behavior)의 '값 버전'이라 할 수 있다. 즉, 그 어떤 값이라도 가능하다. 미정의 행동과 비슷하게, 미지정 값은 '(표준에)지정되지 않은' 값을 뜻하기도 하고 '지정되지 않는(그 값을 논리적으로 추론할 수 없는)' 값을 뜻하기도 한다.

```
    { name = std::move(newName); }              // name을 설정

    ...
};
```

이것이 하나의 해결책이긴 하지만, 몇 가지 단점이 있다. 첫째로, 작성하고 유지
보수해야 할 소스 코드의 양이 늘어났다(템플릿 함수 하나가 비템플릿 함수 두
개로 변했다). 둘째로, 효율성이 떨어질 수 있다. 예를 들어 setName을 이런 식으
로 사용한다고 하자.

```
    w.setName("Adela Novak");
```

보편 참조를 받는 버전의 setName에서는 문자열 리터럴 "Adela Novak"이 그대
로 setName으로 넘어가서 w 안의 std::string 자료 멤버에 대한 배정 연산자의
인수로 쓰인다. 즉, 그 문자열 리터럴이 w의 자료 멤버 name에 직접 배정되며, 임
시 std::string 객체는 생성되지 않는다. 그러나 중복적재된 setName 버전들에
서는 문자열 리터럴로부터 임시 std::string 객체가 생성되어서 setName의 매개
변수에 묶이고, 그 임시 std::string이 w의 자료 멤버로 이동한다. 즉, setName
을 한 번 호출했을 때 std::string 생성자가 한 번(임시 객체 생성을 위해),
std::string 이동 배정 연산자가 한 번(newName을 w.name으로 이동하기 위해), 그
리고 std::string 소멸자가 한 번(임시 객체를 파괴하기 위해) 실행될 수 있는 것
이다. 이러한 실행 흐름의 비용이 그냥 const char* 포인터를 받는 std::string
배정 연산자의 실행 한 번보다 크다는 점은 거의 확실하다. 추가 비용의 구체적
인 크기는 구현마다 다를 것이며, 그러한 비용을 걱정해야 하는지는 응용 프로
그램에 따라, 그리고 라이브러리에 따라 다를 것이다. 그렇긴 하지만, 보편 참조
를 받는 하나의 템플릿을 왼값 참조와 오른값 참조들에 대해 중복적재한 두 개
의 함수로 대체하면 실행시점의 추가 비용을 유발할 가능성이 큰 경우가 있다는
점은 사실이다. (중복적재와 보편 참조 전달의 장단점은 항목 41에서 좀 더 자세
하게 살펴본다.)

그런데 왼값과 오른값에 대한 중복적재의 가장 심각한 문제는 소스 코드의
크기나 관용구 위반이 아니며, 코드의 실행시점 성능도 아니다. 설계의 규모가
변성(scalability)이 나쁘다는 것이 가장 심각한 문제이다. Widget::setName은 매
개변수를 하나만 받으므로 중복적재가 두 개면 되었다. 그러나 매개변수가 더
많고 각 매개변수가 왼값일 수도 있고 오른값일 수도 있다면 중복적재의 수가
기하급수적으로 증가한다. 즉, 매개변수가 n개이면 필요한 중복적재 버전의 수

는 2^n이다. 그런데 그보다 더 나쁜 소식이 있다. 바로, 함수들, 구체적으로 함수 템플릿들 중에는 왼값일 수도 있고 오른값일 수도 있는 매개변수들을 무제한으로 받는 것들이 있다는 점이다. 좋은 예가 std::make_shared와 C++14의 std::make_unique(항목 21 참고)이다. 다음은 이 함수들의 중복적재들 중 가장 흔히 쓰이는 것들의 선언이다.

```
template<class T, class... Args>          // C++11 표준에서
shared_ptr<T> make_shared(Args&&... args);     // 발췌

template<class T, class... Args>          // C++14 표준에서
unique_ptr<T> make_unique(Args&&... args);     // 발췌
```

이런 함수들에 대해서는 왼값과 오른값에 대한 중복적재가 현실적으로 불가능하다. 유일한 방안은 보편 참조이다. 그리고 장담하건대, 이런 함수의 내부에서 보편 참조 매개변수를 다른 함수에 전달할 때에는 다름 아닌 std::forward를 적용한다. 독자도 바로 그렇게 해야 한다.

단, '대체로' 그렇게 해야 하고 '궁극적으로는' 그렇게 해야 하겠지만 처음부터 반드시 그렇게 해야 하는 것은 아니라는 점도 언급할 필요가 있겠다. 경우에 따라서는, 오른값 참조나 보편 참조에 묶인 객체를 한 함수 안에서 여러 번 사용하기도 한다. 그런 경우, 그 객체를 다 사용하기 전에 다른 객체로 이동하는 일은 피해야 한다. 즉, std::move(오른값 참조의 경우)나 std::forward(보편 참조의 경우)를 적용하는 것은 해당 참조의 **마지막** 사용이어야 한다. 다음 예를 보자.

```
template<typename T>                  // text는 보편 참조
void setSignText(T&& text)
{
  sign.setText(text);                 // text를 사용하되
                                      // 수정하지는 않는다

  auto now =                          // 현재 시간을 얻는다
    std::chrono::system_clock::now();

  signHistory.add(now,
              std::forward<T>(text));  // text를 오른값으로
}                                     // 조건부 캐스팅
```

이 코드에서 중요한 것은, sign.setText가 text의 값을 변경하지 않게 하는 것이다. 나중에 signHistory.add를 호출할 때 그 값을 사용해야 하기 때문이다. std::forward를 보편 참조를 마지막으로 사용하는 지점에서만 적용한 것은 바로 그 때문이다.

std::move에 대해서도 같은 논리가 적용된다(즉, std::move는 오른쪽 참조를 마지막으로 사용하는 지점에서만 적용해야 한다). 그런데 드문 경우이긴 하지만

std::move 대신 std::move_if_noexcept를 사용하는 게 바람직한 경우도 있다는 점도 알아두는 것이 좋다. 왜, 언제 그런지는 항목 14를 보기 바란다.

함수가 결과를 **값으로** 돌려준다면(return by value; 값 반환 방식), 그리고 그 것이 오른값 참조나 보편 참조에 묶인 객체라면, 해당 참조를 돌려주는 return 문에서 std::move나 std::forward를 사용하는 것이 바람직하다. 왜 그런지를, 두 행렬을 더하는, 그리고 좌변의 행렬이 오른값임이 알려진(따라서 그 행렬이 저 장된 공간을 행렬들의 합을 담는 데 재사용할 수 있는) operator+ 함수의 예를 통해서 살펴보자.

```
Matrix                                    // 결과를 값으로
operator+(Matrix&& lhs, const Matrix& rhs)  // 반환
{
  lhs += rhs;
  return std::move(lhs);                  // lhs를 반환값으로
}                                         // 이동한다
```

return 문에서 lhs를 오른값으로 캐스팅(std::move를 통해)한 덕분에, 컴파일러 는 lhs를 함수의 반환값 장소로 이동한다. 다음처럼 std::move 호출이 없다면,

```
Matrix                                    // 이전과 동일
operator+(Matrix&& lhs, const Matrix& rhs)
{
  lhs += rhs;
  return lhs;                             // lhs를 반환값으로
}                                         // 복사한다
```

lhs가 왼값이므로, 컴파일러는 그것을 반환값 장소로 **복사**해야 한다. Matrix 형 식이 복사 생성보다 효율적인 이동 생성을 지원한다고 할 때, return 문에서 std::move를 사용하면 좀 더 효율적인 코드가 만들어진다.

Matrix가 이동을 지원하지 않는다고 해도, 오른값으로의 캐스팅이 해가 되지 는 않는다. 오른값이 그냥 Matrix의 복사 생성자에 의해 복사될 뿐이기 때문이 다(항목 23 참고). 나중에 Matrix에 이동 지원이 추가되면, 다음번에 operator+ 를 재컴파일했을 때 효율성이 저절로 향상된다. 결론적으로, 결과를 값으로 돌 려주는 함수의 반환값에 오른값 참조로의 std::move를 적용해서 잃을 것은 없으 며, 오히려 얻을 것이 많을 수 있다.

보편 참조와 std::forward에 대한 상황도 이와 비슷하다. 기약분수가 아닐 수 도 있는 분수^{分數}를 나타내는 Fraction 객체를 받아서 그것을 약분한 결과의 복사 본을 돌려주는 함수 템플릿 reduceAndCopy가 있다고 하자. 만일 원래의 객체가 오른값이라면, 그 객체의 값을 반환값으로 이동하는 것이 바람직하다(그러면 값 비싼 복사 연산을 피할 수 있다). 그러나 원래의 객체가 왼값이라면 실제로 복사

본을 생성해야 한다. 다음이 이러한 요구조건들을 반영한 코드이다.

```cpp
template<typename T>
Fraction                            // 값 전달 방식의 반환값
reduceAndCopy(T&& frac)             // 보편 참조 매개변수를 받는다
{
  frac.reduce();
  return std::forward<T>(frac);     // 오른값은 반환값으로
}                                   // 이동하고, 왼값은 복사한다
```

std::forward 호출이 없다면 frac은 무조건 reduceAndCopy의 반환값으로 복사된다.

그런데 이런 접근방식을 그 범위 이상으로 확장하려는 프로그래머들도 있다. 그런 프로그래머는 "반환값으로 복사될 오른값 참조 매개변수에 std::move를 적용하면 복사 생성이 이동 생성으로 변한다"라는 정보를 확대해석해서, "함수가 반환할 지역 변수에도 그런 최적화를 적용할 수 있을 것이다"라는 엉뚱한 결론을 이끌어 낸다. 즉, 다음과 같이 지역 변수를 값으로 돌려주는 함수가 있다고 할 때,

```cpp
Widget makeWidget()         // makeWidget의 '복사' 버전
{
  Widget w;                 // 지역 변수

  …                         // w를 설정한다

  return w;                 // w를 반환값에 '복사'한다
}
```

그런 프로그래머는 '복사'를 이동으로 바꿈으로써 함수를 '최적화'할 수 있다고 생각한다.

```cpp
Widget makeWidget()         // makeWidget의 이동 버전
{
  Widget w;
  …
  return std::move(w);      // w를 반환값으로 이동한다
}                           // (이렇게 하면 안 됨!)
```

주요 단어에 의도적으로 따옴표를 붙였다는 점에서, 이러한 추론에 결함이 있음을 짐작했을 것이다. 어떤 결함일까?

추론 과정에서 그런 프로그래머가 간과한 것은, 이런 종류의 최적화를 위한 대비책을 표준 위원회가 예전부터 마련해 두었다는 점이다. makeWidget의 '복사' 버전에서, 만일 지역 변수 w를 함수의 반환값을 위해 마련한 메모리 안에 생성한다면 w의 복사를 피할 수 있다는 점은 이미 오래 전부터 알려져 있었다. 이것이 소위 **반환값 최적화**(return value optimization, RVO)이다. C++ 표준 위원회는 그

결성 초기부터 이러한 최적화를 명시적으로 승인했다.

그런데 이러한 **복사 제거**(copy elision)는 소프트웨어의 관찰 가능한 행동에 영향을 주지 않는 경우에만 허용해야 한다. 이점까지 고려해서 반환값 최적화를 구체적인 문장으로 표현하는 것은 까다로운 일이다. 표준 명세서에 나와 있는 '법률적인'(어쩌면 유독하다고 말할 수도 있는) 문장을 좀 더 풀어서 설명하자면, 컴파일러가 결과를 값 전달 방식으로 반환하는 함수의 어떤 지역 객체의 복사 (또는 이동)를 제거할 수 있으려면 (1) 그 지역 객체의 형식이 함수의 반환 형식과 같아야 하고 (2) 그 지역 객체가 바로 함수의 반환값이어야 한다.[2] 이 점을 염두에 두고 makeWidget의 '복사' 버전을 다시 살펴보자.

```
Widget makeWidget()          // makeWidget의 '복사' 버전
{
  Widget w;
  …
  return w;                  // w를 반환값으로 '복사'한다
}
```

이 예에서는 그 두 조건이 모두 만족되므로, 제대로 된 C++ 컴파일러라면 반드시 반환값 최적화를 적용해서 w의 복사를 피할 것이라고 가정해도 안전하다. 즉, makeWidget의 '복사' 버전은 사실 아무것도 복사하지 않는다.

makeWidget의 이동 버전은 말 그대로 이동을 수행한다(Widget이 이동 생성자를 제공한다고 할 때). 즉, 이 버전은 w의 내용을 makeWidget의 반환값 장소로 옮긴다. 그런데 이 경우에 컴파일러가 반환값 최적화를 적용하지 않는 이유는, 즉 함수의 반환값을 위해 마련한 메모리에서 w를 생성해서 이동 연산을 아예 제거하지 않는 이유는 무엇일까? 답은 간단하다. 그럴 수 없다. 앞의 조건 (2)에서 보듯이, 반환값 최적화는 함수가 반환하는 지역 객체에만 적용된다. 그런데 makeWidget의 이동 버전은 그 조건을 만족하지 않는다. 해당 return 문을 다시 살펴보자.

```
return std::move(w);
```

---

2   복사 제거가 가능한 객체에는 대부분의 지역 변수(makeWidget의 w 같은)는 물론 return 문의 일부로 생성된 임시 객체도 포함된다. 함수 매개변수는 포함되지 않는다. 반환값 최적화가 명명된(이름이 있는) 지역 객체에 적용될 때와 익명 지역 객체(즉, 임시 객체)에 적용될 때를 구분하기 위해, 익명 객체에 대해 적용될 때에는 그냥 반환값 최적화(RVO)라고 부르고 명명된 객체에 적용될 때에는 **명명된 반환값 최적화**(named return value optimization, NRVO)라고 부르는 사람들도 있다.[†]

†   (옮긴이) 이 구분은, 컴파일러의 종류와 버전, 컴파일 옵션에 따라 RVO만 적용되고 NRVO는 적용되지 않는 경우가 있었다는 점에서 의미가 있었다.

이 버전이 돌려주는 것은 지역 객체 w가 아니라 std::move(w)의 결과, 즉 w에 대한 **참조**이다. 지역 객체에 대한 참조를 돌려주는 것은 반환값 최적화의 필수 조건을 만족하지 못한다. 따라서 컴파일러는 반드시 w를 함수의 반환값 장소로 옮겨야 한다. 프로그래머는 함수가 돌려주는 지역 변수에 std::move를 적용해서 컴파일러의 최적화를 도우려 했지만, 실제로는 컴파일러가 할 수 있는 최적화 여지를 제한하는 결과가 된 것이다!

그런데 반환값 최적화는 하나의 최적화 기법이다. 컴파일러가 복사와 이동 연산들을 제거할 수 있다고 해도, **반드시** 제거해야 하는 것은 아니다. 피해망상 성향이 있는 프로그래머라면 혹시 컴파일러가 내게 앙심을 품고, 복사를 제거할 수 있는 데에도 일부러 제거하지 않는 것은 아닐까 생각할 수도 있다. 또는, 함수의 서로 다른 여러 제어 흐름이 각자 다른 지역 변수를 반환하기 때문에 컴파일러가 반환값 최적화를 구현하기 어려울 것을 걱정하는 사려 깊은 프로그래머도 있을 것이다. (반환값 최적화를 수행하려면 컴파일러는 함수의 반환값을 위해 마련된 메모리에 적절한 지역 객체를 생성하는 코드를 만들어내야 하는데, 반환 경로가 복잡하면 적절한 지역 객체를 파악하지 못할 수 있다.) 그런 경우라면 이동 비용을 물더라도 복사 비용을 피하는 것이 좋지 않을까? 즉, 함수가 돌려주는 지역 객체에 std::move를 적용함으로써 복사가 절대로 일어나지 않는다는 확신을 얻는 것이 합당한 방법이 아닐까?

그런 경우에도, 지역 객체에 std::move를 적용하는 것은 **여전히** 나쁜 선택이다. 표준에서 반환값 최적화를 승인하는 부분을 보면, 만일 반환값 최적화의 필수 조건들이 성립했지만 컴파일러가 복사 제거를 수행하지 않기로 한 경우, 반환되는 객체는 반드시 **오른값으로 취급되어야 한다**고 나와 있다. 간단히 말해서, 표준에 따르면 반환값 최적화가 허용되는 경우 복사 제거가 일어나거나, 아니면 반환되는 객체에 암묵적으로 std::move가 적용되어야 한다. 이 점을 염두에 두고 makeWidget의 복사 버전을 다시 보자.

```
Widget makeWidget()          // 이전과 동일
{
    Widget w;
    …
    return w;
}
```

이 경우 컴파일러는 반드시 w의 복사 제거를 수행하거나, 아니면 함수를 애초에 다음과 같이 작성된 것처럼 취급해야 한다.

```
Widget makeWidget()
{
  Widget w;
  …
  return std::move(w);     // 복사 제거를 수행하지 않을 때에는
}                          // w를 오른값으로 취급한다
```

이는 값 전달 방식의 함수 매개변수의 경우와 비슷하다. 그런 매개변수는 함수의 반환값 최적화를 위한 복사 제거의 대상이 아니지만, 함수가 그런 매개변수를 반환하는 경우 컴파일러는 그것을 반드시 오른값으로 취급해야 한다. 즉, 다음과 같은 함수가 있을 때

```
Widget makeWidget(Widget w)    // 함수의 반환값과 형식이 같은,
{                              // 값 전달 방식의 매개변수
  …
  return w;
}
```

컴파일러는 이를 마치 다음과 같이 작성된 것처럼 취급해야 한다.

```
Widget makeWidget(Widget w)
{
  …
  return std::move(w);           // w를 오른값으로 취급한다
}
```

정리하자면, 함수가 지역 객체를 값으로 반환하는 경우, 그 지역 객체에 std::move를 적용한다고 해서 컴파일러에게 도움이 되지는 않는다(복사 제거를 할 수 없는 상황이면 어차피 그 지역 객체를 오른값으로 취급하므로). 오히려 컴파일러를 방해할 수 있다(반환값 최적화를 무효화해서). 지역 객체에 std::move를 적용하는 것이 합당한 상황도 있지만(구체적으로 말하면, 더 이상 사용하지 않을 변수를 다른 함수에 넘겨주는 경우), 반환값 최적화가 적용될 수 있는 return 문이나 반환값 최적화의 대상이 아닌 값 전달 방식의 매개변수를 돌려주는 return 문에서 std::move를 적용하는 것은 그런 상황에 해당하지 않는다.

기억해 둘 사항들

☑ 오른값 참조나 보편 참조가 마지막으로 쓰이는 지점에서, 오른값 참조에는 std::move를, 보편 참조에는 std::forward를 적용하라.

☑ 결과를 값 전달 방식으로 돌려주는 함수가 오른값 참조나 보편 참조를 돌려줄 때에도 각각 std::move나 std::forward를 적용하라.

☑ 반환값 최적화의 대상이 될 수 있는 지역 객체에는 절대로 std::move나 std::forward를 적용하지 말아야 한다.

항목 26: 보편 참조에 대한 중복적재를 피하라

사람 이름 하나를 매개변수로 받고, 현재 날짜와 시간을 기록하고, 그 이름을 전역 자료구조에 추가하는 함수를 작성한다고 하자. 아마 이런 모습의 코드가 될 것이다.

```cpp
std::multiset<std::string> names;       // 전역 자료구조

void logAndAdd(const std::string& name)
{
  auto now =                            // 현재 시간을 얻는다
    std::chrono::system_clock::now();

  log(now, "logAndAdd");                // 로그에 기록한다

  names.emplace(name);                  // 이름을 전역 자료구조에
}                                       // 추가한다; emplace에
                                        // 관해서는 항목 24를 보라
```

비합리적인 코드라고는 할 수 없지만, 비효율성이 많이 남아 있다. 예를 들어 이 함수를 다음 세 가지 방식으로 호출한다고 하자.

```cpp
std::string petName("Darla");

logAndAdd(petName);                     // 왼값 std::string을 넘겨줌

logAndAdd(std::string("Persephone")); // 오른값 std::string을 넘겨줌

logAndAdd("Patty Dog");                 // 문자열 리터럴을 넘겨줌
```

첫 호출에서 logAndAdd의 매개변수 name은 변수 petName에 묶인다. logAndAdd 안에서 name은 names.emplace으로 전달된다. name이 왼값이므로 emplace는 그것을 names에 복사한다. logAndAdd에 전달된 것이 왼값(petName)이므로, 이 복사를 피할 방법은 없다.

둘째 호출에서는 매개변수 name이 오른값("Persephone"로부터 명시적으로 생성되는 임시 std::string 객체)에 묶인다. name 자체는 왼값이므로 names에 복사된다. 그러나 원칙적으로, name의 값을 names로 이동하는 것이 가능하다. 이 호출에서는 복사 1회의 비용이 발생하나, 그 복사를 피하고 대신 한 번의 이동으로 작업을 완수할 여지가 있다.

셋째 호출에서도 매개변수 name은 오른값에 묶이지만, 이번에는 "Patty Dog"로부터 암묵적으로 생성된 임시 std::string 객체에 묶인다는 점이 다르다. 둘째 호출에서처럼 name은 names에 복사되나, 이번에는 애초에 logAndAdd에 전달된 인수가 문자열 리터럴이다. 그 문자열 리터럴을 emplace에 직접 전달했다면 emplace는 그것을 이용해서 std::multiset 안에서 직접 std::string 객체를 생성

했을 것이다. 즉, 애초에 임시 std::string 객체를 생성할 필요가 없었을 것이다.
이 셋째 호출은 std::string 복사 1회의 비용을 치르지만, 원칙적으로 복사는커
녕 이동 비용을 치를 필요도 없다.

logAndAdd가 보편 참조(항목 24 참고)를 받게 하면, 그리고 항목 25의 조언을
따라 그 참조를 std::forward를 이용해서 emplace에 전달하면, 둘째 호출과 셋째
호출의 비효율성을 제거할 수 있다. 다음이 그런 식으로 개선한 logAndAdd 함수
이다.

```
template<typename T>
void logAndAdd(T&& name)
{
  auto now = std::chrono::system_clock::now();
  log(now, "logAndAdd");
  names.emplace(std::forward<T>(name));
}

std::string petName("Darla");          // 이전과 동일

logAndAdd(petName);                     // 이전처럼 왼값이
                                        // multiset으로 복사됨

logAndAdd(std::string("Persephone"));   // 오른값을 이동한다
                                        // (복사가 아니라)

logAndAdd("Patty Dog");                 // 임시 std::string 객체를
                                        // 복사하는 대신, multiset
                                        // 안에 std::string을
                                        // 생성한다
```

이제 최적의 효율성을 달성했다!

그런데 이것으로 이야기가 끝난 것은 아니니 아직 책을 덮지는 말기 바란다.
남은 이야기는 이렇다. logAndAdd의 클라이언트 중에는 logAndAdd가 요구하는
문자열 형태의 이름을 직접 얻지 못하는 클라이언트가 있다. 그런 클라이언트는
원하는 이름을 가리키는 색인만 알고 있으며, logAndAdd는 그 색인을 이용해서
이름 테이블에서 이름을 조회해야 한다. 그런 클라이언트들을 지원하기 위해,
logAndAdd를 다음과 같이 중복적재한다고 하자.

```
std::string nameFromIdx(int idx);       // idx에 해당하는
                                        // 이름을 돌려준다

void logAndAdd(int idx)                 // 새 중복적재
{
  auto now = std::chrono::system_clock::now();
  log(now, "logAndAdd");
  names.emplace(nameFromIdx(idx));
}
```

두 중복적재에 대한 호출들은 예상대로 적절히 해소된다.

```
std::string petName("Darla");              // 이전과 동일

logAndAdd(petName);                        // 이전과 동일, 이들은
logAndAdd(std::string("Persephone"));      // 모두 T&&를 받는
logAndAdd("Patty Dog");                    // 중복적재를 호출한다

logAndAdd(22);                             // int 버전을 호출한다
```

그런데 중복적재는 통상적인 예상에 대해서만 예상대로 작동한다. 클라이언트가 색인 값을 담은 short를 logAndAdd에 넘겨준다고 하자.

```
short nameIdx;
…                                          // nameIdx에 값을 배정

logAndAdd(nameIdx);                        // 오류!
```

마지막 줄의 주석만 봐서는 왜 오류인지 알기 힘들 것이므로, 좀 더 설명해 보겠다.

logAndAdd의 중복적재는 두 가지이다. 보편 참조를 받는 버전은 T를 short&로 연역할 수 있으며, 그러면 주어진 인수와 정확히 부합하는 형태가 된다. int를 받는 버전은 short 인수를 int로 승격(promotion)해야 호출과 부합한다. 보통의 중복적재 해소 규칙에 따라, 정확한 부합이 승격을 통한 부합보다 우선시된다. 따라서 보편 참조 중복적재가 호출된다.

보편 참조를 받는 중복적재에서 매개변수 name은 주어진 short에 묶인다. 그런 다음 name이 std::forward를 통해서 names(std::multiset<std::string> 객체)의 멤버 함수 emplace에 전달된다. emplace는 그것을 충실하게 std::string 생성자에 전달한다. 그런데 std::string의 생성자 중에 short를 받는 버전은 없으므로, logAndAdd 호출 안의 multiset::emplace 호출 안의 std::string 생성자 호출이 실패한다. 이 모든 것은 short 인수에 대해 보편 참조 중복적재가 int 중복적재보다 더 나은 부합이라서 생긴 일이다.

보편 참조를 받는 템플릿 함수는 C++에서 가장 욕심 많은 함수이다. 그런 템플릿의 인스턴스는 거의 모든 형식의 인수와 정확히 부합한다. (드물지만 그렇지 않은 인수들도 있는데, 이에 대해서는 항목 30에서 설명한다.) 보편 참조 중복적재는 중복적재를 시도한 개발자가 일반적으로 예상한 것보다 훨씬 많은 인수 형식들을 빨아들인다는 점에서, 보편 참조와 중복적재를 결합하는 것은 거의 항상 나쁜 선택이다.

이러한 함정을 손쉽게 피하는 방법 하나는 완벽 전달 생성자를 작성하는 것이다. 그럼 logAndAdd 예제를 조금 수정해서 이 문제를 살펴보자. std::string 또

는 색인(std::string 조회에 사용할)을 받는 자유 함수를 작성하는 대신, 그와 같은 일을 하는 생성자들을 가진 Person이라는 클래스를 도입하면 어떨까?

```
class Person {
public:
  template<typename T>
  explicit Person(T&& n)                // 완벽 전달 생성자
  : name(std::forward<T>(n)) {}         // 자료 멤버를 초기화한다

  explicit Person(int idx)              // int를 받는 생성자
  : name(nameFromIdx(idx)) {}
  …

private:
  std::string name;
};
```

logAndAdd의 경우와 마찬가지로, int 이외의 정수 형식(이를테면 std::size_t, short, long 등)을 넘겨주면 int를 받는 생성자 대신 보편 참조를 받는 생성자가 호출되며, 따라서 컴파일이 실패한다. 그런데 이번에는 문제가 더 심각하다. Person에는 보기보다 많은 중복적재 버전들이 존재하기 때문이다. 항목 17에서 설명하듯이, 특정 조건에서 C++은 복사 생성자와 이동 생성자를 자동으로 작성하며, 심지어 템플릿화된 생성자가 복사 생성자나 이동 생성자에 해당하는 서명으로 인스턴스화되는 경우에도 그러한 자동 작성이 일어난다. 따라서, Person에 대해 복사 생성자와 이동 생성자가 작성된다면, Person은 사실상 다음과 같은 모습이 된다.

```
class Person {
public:
  template<typename T>               // 완벽 전달 생성자
  explicit Person(T&& n)
  : name(std::forward<T>(n)) {}
  explicit Person(int idx);          // int를 받는 생성자

  Person(const Person& rhs);         // 복사 생성자
                                     // (컴파일러가 작성함)

  Person(Person&& rhs);              // 이동 생성자
  …                                  // (컴파일러가 작성함)

};
```

컴파일러와, 그리고 컴파일러 작성자들과 오랜 시간을 함께 한 사람이 아니라면 이 점을 간과하기 쉬우며, 그래서 다음과 같은 코드가 보여주는 이해할 수 없는 행동에 이성을 잃기 쉽다.

```
Person p("Nancy");

auto cloneOfP(p);                    // p로부터 새 Person을 생성;
                                     // 컴파일에 실패한다!
```

이 코드는 또 다른 Person 객체로부터 새 Person 객체를 생성하려 한다. 이 코드는 복사 생성의 전형적인 예처럼 보인다. (p는 왼값이므로, '복사'가 이동 연산으로 이루어질 가능성은 애초에 배제할 수 있다.) 그러나 이 코드가 실제로 호출하는 것은 복사 생성자가 아니다. 이 코드는 완벽 전달 생성자를 호출한다. 그 함수는 Person의 std::string 자료 멤버를 Person 객체(p)로 생성하려 하는데, std::string에는 Person을 받는 생성자가 없으므로 컴파일러는 유효한 목적 코드의 산출을 포기하고, 이런 괴상한 코드를 공급한 개발자에 대한 복수의 일환으로 이해할 수 없는 오류 메시지들을 뱉어낸다.

이 예에 대해, "한 Person으로 또 다른 Person을 초기화하는 것이므로 당연히 복사 생성자가 호출되어야 하는데 완벽 전달 생성자가 호출되는 것은 무슨 조화인가?"라는 의문을 가지는 것도 당연하다. 사람이 보기에는 복사 생성자가 맞지만, C++의 규칙들을 철저히 따르려는 컴파일러는 우리와 관점이 좀 다르다. 그리고 지금 예에 관련된 규칙들은 중복적재된 함수의 호출 해소에 관한 규칙들이다.

컴파일러의 추론은 다음과 같다. cloneOfP는 const가 아닌 왼값(p)으로 초기화되며, 따라서 템플릿화된 생성자를 Person 형식의 비const 왼값을 받는 형태로 인스턴스화할 수 있다. 그러한 인스턴스화가 끝나면 Person 클래스는 다음과 같은 모습이 된다.

```cpp
class Person {
public:
  explicit Person(Person& n)              // 완벽 전달 템플릿에서
  : name(std::forward<Person&>(n)) {}     // 인스턴스화됨

  explicit Person(int idx);               // 이전과 동일

  Person(const Person& rhs);              // 복사 생성자
  …                                       // (컴파일러가 생성함)

};
```

이제 다음과 같은 문장을 생각해 보자.

```cpp
auto cloneOfP(p);
```

이 경우 p는 복사 생성자에 전달될 수도 있고 인스턴스화된 템플릿에 전달될 수도 있다. 그런데 복사 생성자를 호출하려면 p에 const를 추가해서 인수를 복사 생성자의 매개변수 형식과 부합시켜야 한다. 그러나 인스턴스화된 템플릿은 아무것도 추가하지 않아도 이미 정확히 부합한다. 즉, 템플릿에서 인스턴스화된 중복적재가 더 나은 부합이다. 그래서 컴파일러는 중복적재 해소의 규칙에 따

라, 더 잘 부합하는 버전을 호출하는 코드를 산출한다. 결과적으로, Person 형식의 비const 왼값의 '복사'를 복사 생성자가 아니라 완벽 전달 생성자가 처리한다.

복사할 객체가 const가 되도록 예제를 조금만 바꾸면 상황이 완전히 달라진다.

```cpp
const Person cp("Nancy");      // 객체가 이제는 const

auto cloneOfP(cp);             // 복사 생성자를 호출한다!
```

이제는 복사할 객체가 const이므로 복사 생성자가 받는 매개변수와 정확히 부합한다. 물론 템플릿화된 생성자 역시 복사 생성자와 동일한 서명으로 인스턴스화될 수 있다.

```cpp
class Person {
public:
  explicit Person(const Person& n);      // 템플릿에서
                                         // 인스턴스화됨

  Person(const Person& rhs);             // 복사 생성자
                                         // (컴파일러가 생성함)
  …
};
```

그러나 이 때문에 중복적재 해소 결과가 달라지지는 않는다. C++의 중복적재 해소 규칙 중에는 어떤 함수 호출이 템플릿 인스턴스와 비템플릿 함수(즉 '보통' 함수)에 똑같이 부합한다면 보통 함수를 우선시한다는 규칙이 있기 때문이다. 그래서 복사 생성자(보통 함수)가 자신과 같은 서명을 가진 템플릿 인스턴스를 물리치고 호출 대상으로 선택된다.

(템플릿화된 생성자로부터 복사 생성자에 해당하는 서명을 가진 인스턴스를 만들 수 있는 경우에도 컴파일러가 복사 생성자를 작성해 주는 이유가 궁금한 독자는 항목 17을 참고하기 바란다.)

상속이 관여하는 클래스에서는 완벽 전달 생성자와 컴파일러가 작성한 복사 및 이동 연산들 사이의 상호작용이 미치는 여파가 더욱 커진다. 특히, 파생 클래스에서 통상적인 방식으로 구현한 복사 및 이동 연산들이 상당히 놀라운 행동을 보인다. 다음 예를 보자.

```cpp
class SpecialPerson: public Person {
public:
  SpecialPerson(const SpecialPerson& rhs)  // 복사 생성자;
  : Person(rhs)                            // 기반 클래스의 완벽
  { … }                                    // 전달 생성자를 호출!

  SpecialPerson(SpecialPerson&& rhs)       // 이동 생성자;
  : Person(std::move(rhs))                 // 기반 클래스의 완벽
  { … }                                    // 전달 생성자를 호출!
};
```

주석에 나와 있듯이, 파생 클래스의 복사, 이동 생성자들은 해당 기반 클래스의 복사, 이동 생성자들을 호출하는 것이 아니라 기반 클래스의 완벽 전달 생성자를 호출한다! 왜 그런지는 파생 클래스 함수들이 `SpecialPerson` 형식의 인수를 기반 클래스에 넘겨준다는 점에 주목해서 `Person` 클래스 안에서의 템플릿 인스턴스화와 중복적재 해소 과정을 짚어 보면 이해할 수 있다. 결과적으로, `SpecialPerson`을 받는 `std::string` 생성자가 없어서 코드가 컴파일되지 않는다.

이제 보편 참조 매개변수에 대한 중복적재가 가능한 한 피해야 할 일이라는 점을 납득하게 되었을 것이다. 그런데 보편 참조에 대한 중복적재가 나쁜 선택이라면, 대부분의 인수 형식들을 전달하되 일부 인수 형식들은 특별한 방식으로 처리하는 함수는 어떻게 만들어야 할까? 해결책은 여러 가지이다. 사실 개별적인 항목으로 다루어야 할 정도로 많다. 항목 27이 바로 그것인데, 하필이면 바로 다음 항목이니 계속 읽어 나가면 바로 만나게 될 것이다.

기억해 둘 사항들

- ☑ 보편 참조에 대한 중복적재는 거의 항상 보편 참조 중복적재 버전이 예상보다 자주 호출되는 상황으로 이어진다.
- ☑ 완벽 전달 생성자들은 특히나 문제가 많다. 그런 생성자는 대체로 비const 왼값에 대한 복사 생성자보다 더 나은 부합이며, 기반 클래스 복사 및 이동 생성자들에 대한 파생 클래스의 호출들을 가로챌 수 있기 때문이다.

항목 27: 보편 참조에 대한 중복적재 대신 사용할 수 있는 기법들을 알아 두라

항목 26에서 설명하듯이, 보편 참조에 대한 중복적재는 자유 함수에서도, 멤버 함수(특히 생성자)에서도 다양한 문제를 일으킨다. 그런데 항목 26은 그런 중복적재가 예상대로만 행동한다면 유용했을 예들도 제시했다. 이번 항목에서는 보편 참조에 대한 중복적재가 아닌 기법을 이용해서, 또는 보편 참조에 대한 중복적재가 부합할 수 있는 인수들의 형식을 제한함으로써 그런 바람직한 행동을 달성하는 방법들을 살펴본다.

이번 항목의 논의는 항목 26에 나온 예제들에 기초한다. 그 항목을 아직 읽지 않은 독자라면 먼저 읽고 돌아오는 것이 좋을 것이다.

중복적재를 포기한다

항목 26의 첫 예제인 logAndAdd는 그냥 중복적재 버전들에 각자 다른 이름을 붙이면 보편 참조에 대한 중복적재의 단점을 피할 수 있는 여러 함수를 대표하는 예이다. 예를 들어 logAndAdd의 두 중복적재를 logAndAddName과 logAndAddNameIdx로 나누면 될 것이다. 그러나 이 접근방식은 그 항목에서 살펴본 둘째 예제, 즉 Person의 생성자에는 통하지 않는다. 생성자의 이름은 언어에 의해 고정되기 때문이다. 게다가 중복적재를 왜 포기하겠는가?

const T& 매개변수를 사용한다

한 가지 대안은, C++98로 돌아가서 보편 참조 매개변수 대신 const에 대한 왼값 참조 매개변수를 사용하는 것이다. 사실 이는 항목 26에서 logAndAddName의 첫 버전(191쪽)이 사용한 접근방식이다. 이러한 설계의 단점은 우리가 원하는 만큼 효율적이지 않다는 것이다. 그러나 보편 참조와 중복적재의 상호작용에 의한 문제점을 알고 있으니, 효율성을 포기하더라도 예상치 않은 문제를 피하는 것이 예전보다는 좀 더 매력적인 절충안일 것이다.

값 전달 방식의 매개변수를 사용한다

종종 복잡도를 높이지 않고 성능을 높일 수 있는 한 가지 접근방식은, 참조 전달 매개변수 대신 값 전달 매개변수를 사용하는 것이다(직관에는 반(反)하겠지만). 이 설계는 항목 41의 조언, 즉 복사될 것이 확실한 객체는 값으로 전달하는 것을 고려하라는 조언과 일치한다. 따라서 이 접근방식의 구체적인 작동방식과 효율성에 대한 자세한 논의는 그 항목으로 미루기로 하고, 여기에서는 이 기법을 Person 예제에 적용한 결과만 제시한다.

```
class Person {
public:
  explicit Person(std::string n)  // T&& 생성자를 대체한다;
  : name(std::move(n)) {}         // std::move의 용법은
                                  // 항목 41을 보라
  explicit Person(int idx)        // 이전과 동일
  : name(nameFromIdx(idx)) {}
  …

private:
  std::string name;
};
```

정수 하나만 받는 std::string 생성자는 없으므로, int 형식이나 int류 형식(std::size_t, short, long 등)의 인수로 Person 생성자를 호출하면 int를 받는 중복적

재가 선택된다. 마찬가지로, std::string 형식의 모든 인수(그리고 std::string 을 생성할 수 있는 인수, 이를테면 "Ruth" 등)에 대해서는 std::string을 받는 생성자가 선택된다. 어떤 사람들은 널 포인터를 뜻하는 0이나 NULL을 사용했을 때 int 중복적재가 호출되는 것을 의외로 생각할 것이라는 점을 지적하는 독자도 있겠지만, 그런 사람들은 0이나 NULL을 널 포인터로 사용한다고 생각하기만 해도 움찔하게 될 정도로 항목 8을 읽고 또 읽어야 할 것이다.

꼬리표 배분을 사용한다

const 왼값 참조 전달이나 값 전달은 완벽 전달을 지원하지 않는다. 보편 참조를 사용하려는 이유가 완벽 전달이라면, 보편 참조 말고는 다른 대안이 없다. 그런 경우에도 중복적재를 포기하지 않으려면, 즉 보편 참조와 중복적재를 둘 다 사용하되 보편 참조에 대한 중복적재는 피하려면 어떻게 해야 할까?

그런 일이 가능하고, 사실 그리 어렵지 않다. 중복적재된 함수의 호출에 대해 컴파일러는 그 호출에 쓰인 인수들과 선택 가능한 중복적재 버전들의 모든 가능한 조합을 고려해서, 가장 잘 부합하는 것을 선택한다. 일반적으로 보편 참조 매개변수는 전달된 인수에 대해 정확히 부합하지만, 매개변수 목록에 보편 참조 매개변수뿐만 아니라 보편 참조가 **아닌** 매개변수들도 포함되어 있으면, 보편 참조가 아닌 매개변수들에 대한 충분히 나쁜 부합이 보편 참조 매개변수가 있는 중복적재를 제치고 선택될 가능성이 있다. 이것이 **꼬리표 배분**(tag dispatch) 접근 방식에 깔린 기본 착안인데, 구체적인 예제를 보면 어렵지 않게 이해할 수 있을 것이다.

192쪽의 logAndAdd 함수에 꼬리표 배분 기법을 적용해 보자. 독자의 편의를 위해 해당 예제 코드를 다시 제시하겠다.

```
std::multiset<std::string> names;      // 전역 자료구조

template<typename T>                    // 로그를 기록하고, 이름을
void logAndAdd(T&& name)                // 자료구조에 추가하는 함수
{
  auto now = std::chrono::system_clock::now();
  log(now, "logAndAdd");
  names.emplace(std::forward<T>(name));
}
```

이 함수는 그 자체로는 잘 작동한다. 그러나 이름 조회에 사용할 int 형식의 색인 값을 받는 중복적재를 추가하면 항목 26에서 말한 골치 아픈 문제들이 발생한다. 이번 항목의 목표는 그런 문제들을 피하는 것이다. 이를 위해, int를 받는

중복적재를 추가하는 대신, logAndAdd가 호출을 다른 두 함수로 위임하게 한다. 하나는 정수 값을 위한 함수이고 다른 하나는 그 외의 모든 것을 위한 함수이다. logAndAdd 자체는 모든 인수 형식(정수 형식과 비정수 형식)을 받는다.

실제 작업을 수행하는 두 함수의 이름은 logAndAddImpl로 한다. 즉, 이들에 대해서는 중복적재를 사용한다. 둘 중 하나는 보편 참조를 받는다. 즉, 중복적재와 보편 참조를 모두 사용한다. 그러나 두 함수는 애초에 전달된 인수가 정수 형식인지 아닌지를 뜻하는 또 다른 매개변수를 받는다. 이 둘째 매개변수 덕분에 항목 26에서 설명한 문제들을 피하게 된다. 이 둘째 매개변수는 두 중복적재 중 어떤 것이 선택되는지를 우리가 원하는 방식으로 제어하는 용도로 쓰인다.

말이 길었는데, 예제를 보자. 다음은 갱신된 logAndAdd의 거의 정확한 버전이다.

```cpp
template<typename T>
void logAndAdd(T&& name)
{
  logAndAddImpl(std::forward<T>(name),
                std::is_integral<T>());    // 아주 정확하지는 않음
}
```

이 함수는 자신의 매개변수를 logAndAddImpl에 전달하며, 그와 함께 그 매개변수의 형식(T)이 정수인지를 뜻하는 인수도 전달한다. 이 함수는 적어도 시킨 대로는 작동한다. 그리고 오른값인 정수 인수들에 대해서는 우리가 원했던 방식으로 작동한다. 그러나, 항목 28에서 설명하듯이, 만일 보편 참조 name으로 전달된 인수가 왼값이면 T는 왼값 참조 형식으로 연역된다. 따라서, int 형식의 왼값이 logAndAdd에 전달되면 T는 int&로 연역된다. 참조는 정수 형식이 아니므로, 이는 정수 형식이 아니다. 즉, std::is_integral<T>는 임의의 왼값 인수에 대해 거짓이 된다. 인수가 실제로 정수 값을 나타내는 경우에도 그렇다.

다행히, 문제를 정확히 알면 답은 금방 나온다. 항상 편리한 표준 C++ 라이브러리에는 std::remove_reference라는 형식 특질(항목 9 참고)이 있는데, 이 특질이 하는 일은 이름 그대로 형식에서 모든 참조 한정사를 제거하는 것이다. 그리고 지금 우리에게 딱 필요한 일도 바로 그것이다. 결론적으로, 꼬리표 배분을 위한 logAndAdd의 정확한 구현은 다음과 같다.

```cpp
template<typename T>
void logAndAdd(T&& name)
{
  logAndAddImpl(
    std::forward<T>(name),
    std::is_integral<typename std::remove_reference<T>::type>()
  );
}
```

이제 문제가 해결되었다. (C++14에서는 강조된 부분을 std::remove_reference_t<T>로 대신함으로써 타자량을 좀 더 줄일 수 있다. 자세한 사항은 항목 9를 보라.)

그럼 이 함수가 호출하는 logAndAddImpl로 주의를 돌리자. 이 함수에는 중복적재가 두 개 있는데, 우선 다음은 정수가 아닌 형식(즉, std::is_integral<typename std::remove_reference<T>::type>이 거짓인)에만 적용되는 버전이다.

```cpp
template<typename T>                              // 비정수 인수를
void logAndAddImpl(T&& name, std::false_type)     // 받는 버전:
{                                                  // 그 인수를 전역
  auto now = std::chrono::system_clock::now();     // 자료구조에 추가
  log(now, "logAndAdd");                            // 한다
  names.emplace(std::forward<T>(name));
}
```

강조된 매개변수만 빼고는 아주 간단한 코드이다. 개념적으로, logAndAdd는 자신에게 전달된 인수가 정수 형식인지 아닌지를 뜻하는 부울 값을 logAndAddImpl에 넘겨준다. 그런데 true와 false는 실행시점 값이며, 지금 우리가 하려는 것은 컴파일 시점의 현상인 중복적재 해소 과정에서 logAndAddImpl의 적절한 중복적재가 선택되게 하는 것이다. 즉, 필요한 것은 true에 해당하는 어떤 형식과 false에 해당하는 또 다른 어떤 형식이다. 이런 형식들이 필요한 경우가 충분히 흔하기 때문에, 표준 라이브러리는 그에 해당하는 std::true_type과 std::false_type이라는 형식들을 제공한다. logAndAdd가 logAndAddImpl에 전달하는 인수는, 만일 T가 정수 형식이면 std::true_type을 상속하는 어떤 형식의 객체이고 만일 T가 정수 형식이 아니면 std::false_type을 상속하는 어떤 형식의 객체이다. 결과적으로, 이 logAndAddImpl 중복적재는 정수 형식이 아닌 T로 logAndAdd를 호출했을 때에만 적법한 후보가 된다.

두 번째 중복적재는 그 반대의 경우, 즉 T가 정수 형식인 경우에 해당한다. 그런 경우 logAndAddImpl은 그냥 주어진 색인에 해당하는 이름을 조회해서 그것으로 다시 logAndAdd를 호출한다.

```cpp
std::string nameFromIdx(int idx);                // 항목 26에 나왔음

void logAndAddImpl(int idx, std::true_type)      // 정수 인수를
{                                                 // 받는 버전:
  logAndAdd(nameFromIdx(idx));                     // 조회한 이름으로
}                                                 // logAndAdd를
                                                  // 호출한다
```

이 logAndAddImpl은 주어진 색인으로 해당 이름을 조회해서 logAndAdd를 호출한다(그러면 그 이름은 std::forward를 통해서 또 다른 logAndAddImpl 중복적재로

전달된다). 이 덕분에 로그 기록 코드를 두 logAndAddImpl 중복적재 모두에서 중복해서 작성할 필요가 없다.

이러한 설계에서 std::true_type 형식과 std::false_type 형식은 중복적재 해소가 우리가 원하는 방식으로 일어나게 하는 데에만 쓰이는 일종의 '꼬리표(tag)'이다. 해당 매개변수들에 이름을 붙이지도 않았다는 점을 주목하기 바란다. 이 꼬리표 매개변수들은 실행시점에는 전혀 쓰이지 않으므로, 그 사실을 컴파일러가 인식해서 프로그램의 실행 파일 이미지에서 꼬리표 매개변수들을 아예 제거한다면 더욱 좋을 것이다. (실제로 그런 최적화를 수행하는(적어도 가끔은) 컴파일러들이 있다.) logAndAdd 안에서 중복적재된 구현 함수들을 호출하는 것은, 주어진 작업을 꼬리표에 기초해서 '배분(dispatch)'하는 것에 해당한다. 그래서 이러한 설계를 꼬리표 배분이라고 부르는 것이다. 이는 템플릿 메타프로그래밍의 표준적인 구축 요소이며, 요즘 만들어진 C++ 라이브러리들의 내부를 살펴보면 이런 설계를 자주 만나게 될 것이다.

이번 항목의 관점에 중요한 것은 이러한 꼬리표 배분의 구체적인 작동 방식이 아니라, 이런 설계를 이용하면 보편 참조와 중복적재를 결합해도 항목 26에서 설명한 문제점들을 겪지 않는다는 사실이다. 배분 함수(logAndAdd)는 제한 없는 보편 참조 매개변수를 받지만, 이 함수 자체는 중복적재되지 않는다. 중복적재되는 것은 구현 함수(logAndAddImpl)이며, 두 중복적재 버전 중 하나는 보편 참조 매개변수를 받지만, 이 함수들에 대한 호출의 해소는 그 보편 참조 매개변수뿐만 아니라 꼬리표 매개변수에도 의존한다. 그리고 그 꼬리표 값들은 주어진 인수에 대해 딱 하나의 중복적재만 유효한 부합이 되도록 설계되었다. 결과적으로, 중복적재의 선택은 전적으로 그 꼬리표 매개변수가 결정한다. 따라서 보편 참조 매개변수가 항상 주어진 인수에 대한 정확한 부합을 산출한다는 사실은 더이상 중요하지 않다.

보편 참조를 받는 템플릿을 제한한다.

꼬리표 배분의 필수 요소는 클라이언트 API 역할을 하는 단일한(중복적재되지 않은) 함수이다. 그 함수는 요청된 작업을 구현 함수들로 배분한다. 중복적재되지 않은 배분 함수를 작성하는 것은 대체로 어렵지 않은 일이나, 항목 26에서 말한 두 번째 문제점, 즉 Person의 완벽 전달 생성자에 관련된 문제점(194쪽 참고)은 예외이다. 이 경우 컴파일러가 자동으로 복사 생성자와 이동 생성자를 작성할 수 있으므로, 만일 독자가 생성자를 하나만 작성해서 그 안에서 꼬리표 배분을 사용한다면, 일부 생성자 호출은 컴파일러가 작성한 함수들로 처리되어서 결과적으로 꼬리표 배분이 적용되지 않을 위험이 있다.

사실 진정한 문제점은 컴파일러가 작성한 함수들이 꼬리표 배분 설계를 '종종' 우회한다는 점이 아니라, **항상** 우회하지는 않는다는 점이다. 거의 항상, 어떤 클래스의 왼값을 복사하는 연산은 그 클래스의 복사 생성자가 처리할 것이라고 기대한다. 그러나 항목 26에서 보여주듯이, 클래스에 보편 참조를 받은 생성자를 추가하면 비const 왼값을 복사할 때 그 생성자가(복사 생성자가 아니라) 호출된다. 또한, 기반 클래스에 완벽 전달 생성자가 선언되어 있는 경우, 만일 파생 클래스가 복사 및 이동 연산자들을 통상적인 방식으로 구현했다면, 기반 클래스의 복사 및 이동 생성자들이 호출되어야 마땅한 상황에서도 기반 클래스의 완벽 전달 생성자가 선언된다는 점도 항목 26에서 이야기한다.

이처럼 보편 참조를 받는 중복적재 버전이 독자가 원하는 것보다는 탐욕스럽지만 단일한 배분 함수로 작용할 정도로 탐욕스럽지는 않은 경우에는 꼬리표 배분 설계가 적합하지 않다. 그보다는, 보편 참조 매개변수를 포함하는 함수 템플릿이 중복적재 해소의 후보가 되는 조건들을 적절히 제한할 수 있는 또 다른 기법이 필요하다. 그러한 제어에 필요한 수단이 바로 std::enable_if이다.

std::enable_if를 이용하면 컴파일러가 마치 특정 템플릿이 존재하지 않는 것처럼 행동하게 만들 수 있다. 그런 템플릿을 **비활성화된**(disabled) 템플릿이라고 부른다. 기본적으로 모든 템플릿은 **활성화된**(enabled) 상태이나, std::enable_if를 사용하는 템플릿은 오직 그 std::enable_if에 지정된 조건이 만족될 때에만 활성화된다. 지금 예에서는, Person이 아닌 형식의 인수가 전달된 경우에만 Person의 완벽 전달 생성자가 활성화되게 해야 한다. Person 형식이 전달되었다면 완벽 전달 생성자를 비활성화해야(그래서 컴파일러가 그 생성자를 무시하게 해야) 한다. 그러면 해당 호출은 클래스의 복사 생성자나 이동 생성자가 처리하게 되며, 이것이 바로 우리가 원했던, 한 Person 객체로 다른 Person 객체를 초기화할 때 일어나는 행동이다.

이러한 착안을 표현하는 방법이 특별히 어렵지는 않지만, 그 구문이 다소 혼란스럽다. 특히 이런 기법을 처음 보는 독자라면 더욱 그럴 것이므로, 최대한 쉽게 설명해 보겠다. 우선, std::enable_if의 조건 부분을 감싸는 형판(boiler-plate) 코드가 존재하므로, 그 부분부터 살펴보자. 다음은 Person 클래스의 완벽 전달 생성자 선언인데, std::enable_if는 전반적인 틀만 표시했다. 그리고

std::enable_if는 함수의 구현에 아무런 영향도 미치지 않으므로, 완벽 전달 생성자의 구현은 생략했다. 구현은 항목 26에 나온 것과 동일하다.

```
class Person {
public:
  template<typename T,
           typename = typename std::enable_if<조건>::type>
  explicit Person(T&& n);

  ...
};
```

강조된 부분에서 일어나는 일을 정확히 이해하고 싶은 독자에게는, 안타까운 이야기지만 다른 책이나 자료를 참고하라고 권할 수밖에 없겠다. 해당 부분의 세부사항을 설명하자면 시간이 좀 걸리는데, 이 책에는 그럴 만한 지면이 없기 때문이다. (다른 자료를 공부할 때, std::enable_if뿐만 아니라 "SFINAE"도 살펴보기 바란다. std::enable_if가 작동하는 것은 바로 이 "SFINAE" 덕분이기 때문이다.) 여기에서는 이 생성자가 활성화되는 조건을 나타내는 표현식(예제의 *조건* 부분)에 초점을 두겠다.

우리가 지정하고자 하는 조건은 T가 Person이 아니라는 것이다. 다른 말로 하면, T가 Person이 아닐 때에만 컴파일러가 이 템플릿화된 생성자의 인스턴스를 만들어내게 해야 한다. 그런 조건을 지정하고자 할 때 유용한 형식 특질로, 두 형식이 같은지를 판정하는 std::is_same이 있다. 이를 이용해서, !std::is_same<Person, T>::value라는 표현식을 조건으로 지정하면 될 것이다. (표현식 제일 앞의 "!"를 주목하기 바란다. 우리가 원하는 조건은 Person과 T가 같지 *않다*는 것이다.) 그러나 이것이 아주 정확한 해답은 아니다. 항목 28에서 설명하듯이, 왼값으로 초기화되는 보편 참조는 항상 왼값 참조로 연역되기 때문이다. 예를 들어 다음과 같은 코드에서,

```
Person p("Nancy");

auto cloneOfP(p);          // 왼값으로 초기화됨
```

보편 생성자의 형식 T는 Person&로 연역된다. Person이라는 형식과 Person&라는 형식은 같지 않으므로, std::is_same은 둘이 다르다고 판정한다. 결과적으로 std::is_same<Person,Person&>::value는 거짓이 된다.

Person의 템플릿화된 생성자가 오직 T가 Person이 아닐 때에만 활성화되어야 한다는 조건을 좀 더 구체적으로 생각해 보면, 형식 T에 대해 다음 두 사항을 무시해야 한다는 점을 깨닫게 될 것이다.

- **참조 여부**. 보편 참조 생성자의 활성화 여부를 판정할 때, Person과 Person&, Person&&는 모두 Person과 같은 형식으로 간주되어야 한다.
- **const**성과 **volatile**성. 마찬가지로, 지금 목적에서 const Person과 volatile Person, const volatile Person은 모두 Person과 같은 형식으로 간주되어야 한다.

따라서, T가 Person과 같은지 판정하기 전에 먼저 T에서 모든 참조 한정사와 const, volatile을 제거하는 수단이 필요하다. 이번에도 표준 라이브러리의 형식 특질 중에 그런 것이 있다. 바로 std::decay이다. std::decay<T>::type은 T에서 모든 참조와 모든 *cv*-한정사(cv-qualifier; 즉 const 한정사나 volatile 한정사)를 제거한 형식에 해당한다. (그 외에도 std::decay는 이름이 암시하듯이 배열과 함수 형식을 포인터로 바꾸지만(항목 1 참고), 지금 논의에서는 그냥 std::decay가 앞에서 이야기한 대로 행동한다고 생각해도 무방하다.) 결론적으로, 생성자의 활성화를 제어하는 바람직한 조건 표현식은 다음과 같다.

```
!std::is_same<Person, typename std::decay<T>::type>::value
```

즉, Person이 모든 참조와 cv 한정사를 무시한 T와 같지 않아야 한다. (항목 9에서 설명하듯이, std::decay<T>::type이 템플릿 매개변수 T에 의존하므로 std::decay 앞의 "typename"은 꼭 필요하다.)

다음은 이 조건을 앞에 나온 std::enable_if 형판 코드에 삽입해서 만든, Person의 완벽 전달 생성자의 선언이다. 코드의 구성을 좀 더 이해하기 쉽도록 줄 바꿈과 들여쓰기를 적절히 추가했다.

```
class Person {
public:
  template<
    typename T,
    typename = typename std::enable_if<
                 !std::is_same<Person,
                               typename std::decay<T>::type
                               >::value
               >::type
  >
  explicit Person(T&& n);

  …

};
```

이런 코드를 본 적이 없다면 운이 좋은 프로그래머라 할 수 있겠다. 이 설계를 마지막에야 제시한 데에는 이유가 있다. 보편 참조와 중복적재의 혼합을 이 방법 이외의 어떤 방법을 이용해서 피할 수 있다면(거의 항상 가능하다), 그 방법을 사용하는 것이 좋다. 그러나 함수적 구문과 중첩된 대괄호들에 익숙해진다면, 이 설계가 그렇게 나쁘지도 않다. 더 나아가서, 이 설계는 우리가 원했던 행동을 제공한다. 위와 같은 선언에서, Person을 다른 어떤 Person으로 생성하는 경우, 그것이 왼값이든 오른값이든, const이든 비const이든, volatile이든 비volatile이든, 보편 참조를 받는 생성자는 절대 호출되지 않는다.

이 정도면 성공이 아닐까?

그렇지는 않다. 아직 축하하기에는 이르다. 항목 26에서 말한 문제점 중 하나가 아직도 해결되지 않았다. 그것까지 마무리해야 한다.

Person에서 파생된 클래스가 복사 연산들과 이동 연산들을 통상적인 방식으로 구현한다고 하자.

```cpp
class SpecialPerson: public Person {
public:
  SpecialPerson(const SpecialPerson& rhs)   // 복사 생성자; 기반
  : Person(rhs)                             // 클래스의 완벽 전달
  { … }                                     // 생성자를 호출한다!

  SpecialPerson(SpecialPerson&& rhs)        // 이동 생성자; 기반
  : Person(std::move(rhs))                  // 클래스의 완벽 전달
  { … }                                     // 생성자를 호출한다!

  …
};
```

이것은 196쪽에 나온 것과 같은 코드이다. 주석도 이전과 동일하며, 주석의 내용은 여전히 사실이다. SpecialPerson 객체를 복사하거나 이동할 때 해당 객체의 기반 클래스 부분은 기반 클래스의 이동, 복사 생성자들이 처리할 것이라고 기대하는 것이 자연스럽다. 그러나 위의 복사, 이동 생성자들은 SpecialPerson 객체를 기반 클래스의 생성자들에 넘겨주는데, SpecialPerson은 Person과 같지 않으므로(std::decay를 적용한 후에도 마찬가지) 기반 클래스의 보편 참조 생성자 템플릿이 활성화되며, 그 템플릿으로부터 SpecialPerson 인수와 정확히 부합하는 인스턴스가 만들어진다. 중복적재 해소에서, 그러한 정확한 부합은 SpecialPerson 객체를 Person의 복사, 이동 생성자의 Person 매개변수에 묶는 데 필요한 변환(파생에서 기반으로의 변환)을 수반하는 생성자들보다 더 나은 후보이다. 따라서 위와 같은 코드가 있을 때, SpecialPerson 객체의 복사와 이동 과정에서 기반 클래스 부분의 복사와 이동은 Person의 완벽 전달 생성자가 수행하게 된다. 이는 항목 26에서 본 문제점이 그대로 재현되는 것이다.

SpecialPerson은 파생된 클래스에서 복사 생성자와 이동 생성자를 구현할 때 적용되는 통상적인 규칙을 그대로 따른 것일 뿐이다. 따라서 이 문제는 기반 클

래스 쪽에서 바로잡아야 한다. 구체적으로는, Person의 보편 참조 생성자가 활성화되는 조건을 좀 더 정교하게 고쳐야 한다. 인수 형식이 단지 Person이 아니면 템플릿화된 생성자를 활성화하는 것이 아니라, Person도 아니고 *Person*에서 파생된 형식도 아닐 때에만 활성화해야 한다. 상속은 성가시다!

이제는, 주어진 형식이 다른 한 형식에서 파생된 것인지를 알려주는 형식 특질이 표준 라이브러리에 있다고 말해도 놀라지 않을 것이다. std::is_base_of가 바로 그것이다. std::is_base_of<T1, T2>::value는 만일 T2가 T1에서 파생된 형식이면 참이다. 사용자 정의 형식은 자기 자신으로부터 파생된 것으로 간주된다. 즉, std::is_base_of<T, T>::value는 만일 T가 사용자 정의 형식이면 참이다. (T가 내장 형식일 때에는 std::is_base_of<T, T>::value가 거짓이다.) 이는 편리한 규칙이다. 이 규칙 덕분에, 참조와 cv 한정사들을 모두 제거한 후의 형식 T가 Person도 아니고 Person에서 파생된 클래스도 아닌 경우에만 Person의 완벽 전달 생성자를 활성화하는 조건을 아주 간결하게 작성할 수 있기 때문이다. 다음처럼 그냥 std::is_same만 std::is_base_of로 바꾸면 된다.

```
class Person {
public:
  template<
    typename T,
    typename = typename std::enable_if<
                 !std::is_base_of<Person,
                                  typename std::decay<T>::type
                                 >::value
               >::type
  >
  explicit Person(T&& n);

  …

};
```

C++11에서 코드를 작성한다고 가정할 때, 이것이 최종적인 해답이다. 이 코드는 C++14에서도 잘 작동하지만, C++14에서는 std::enable_if와 std::decay의 별칭 템플릿을 이용해서 "typename"과 "::type"이라는 군더더기를 제거할 수 있다. 그러면 다음과 같이 좀 더 쾌적한 코드가 된다.

```
class Person {                                  // C++14
public:
  template<
    typename T,
    typename = std::enable_if_t<                // 코드가 더 짧다
                 !std::is_base_of<Person,
                                  std::decay_t<T>  // 여기와
                                 >::value
               >                                // 여기도 더 짧다
  >
```

```
  explicit Person(T&& n);

  …

};
```

그런데 사실은 이것이 진정한 최종 버전은 아니다. 그러나 최종 버전에 아주 가까이 간 것만은 사실이다.

지금까지, Person의 복사, 이동 생성자가 처리하는 것이 바람직한 인수 형식들에 대해 Person의 보편 참조 생성자를 선택적으로 비활성화하기 위해 std::enable_if를 적용하는 방법을 이야기했다. 그러나 정수 인수와 비정수 인수를 구분하는 방법은 아직 이야기하지 않았다. 사실 그것이 원래의 목표였다. 생성자의 중의성 문제는 그 목표를 달성하는 과정에서 도입된 문제였을 뿐이다. 이제 다음만 두 가지만 하면 된다(정말로 이것이 전부이다): (1) 정수 인수들을 처리하는 Person 생성자 중복적재를 추가하고, (2) 그런 인수들에 대해서는 템플릿화된 생성자가 비활성화되도록 하는 조건을 추가한다. 이러한 재료를 지금까지 논의한 모든 것과 함께 냄비에 넣고 성공의 향신료를 조금 추가하면,

```
class Person {
public:
  template<
    typename T,
    typename = std::enable_if_t<
      !std::is_base_of<Person, std::decay_t<T>>::value
      &&
      !std::is_integral<std::remove_reference_t<T>>::value
    >
  >
  explicit Person(T&& n)          // std::string이나
  : name(std::forward<T>(n))      // std::string으로 변환되는
  { … }                           // 인수를 위한 생성자

  explicit Person(int idx)        // 정수 인수를 위한 생성자
  : name(nameFromIdx(idx))
  { … }

  …                               // 기타 복사, 이동 연산자들

private:
  std::string name;
};
```

짜잔! 아름다운 코드가 탄생했다. 물론 템플릿 메타프로그래밍에 커다란 매력을 느끼지 않는 독자라면 별로 아름답다고 생각하지 않을 수도 있겠지만, 어쨌든 이 접근방식이 잘 작동할 뿐만 아니라 흔치 않은 균형을 달성한다는 점은 사실일 것이다. 이 설계는 완벽 전달을 사용하므로 효율성이 최대이다. 또한, 이 설계는 보편 참조에 대한 중복적재를 금지하는 대신 둘의 조합을 제어하므로, 중

복적재를 피할 수 없는 상황(생성자 등)에도 적용할 수 있다.

절충점들

이번 항목에서 고찰한 처음 세 가지 기법, 즉 중복적재를 포기하는 것과 const T&를 전달하는 것, 그리고 값을 전달하는 것은 호출되는 함수(들)의 각 매개변수에 대해 형식을 지정한다. 나머지 두 기법, 즉 꼬리표 배분과 템플릿 활성화 제한은 완벽 전달을 사용하므로, 매개변수들의 형식을 지정하지 않는다. 그럼 이러한 근본적인 결정(형식을 지정하는 것과 지정하지 않는 것)이 최종적인 코드에 미치는 영향을 살펴보자.

완벽 전달이 더 효율적이라는 점은 하나의 규칙이다. 단지 선언된 매개변수 형식을 만족하기 위해 임시 객체를 생성하는 비효율성이 없기 때문이다. Person 생성자의 경우, 완벽 전달 덕분에 "Nancy" 같은 문자열 리터럴을 Person의 std::string 멤버에 대한 생성자로 전달할 수 있게 된다. 완벽 전달을 사용하지 않았다면, 그 문자열 리터럴로부터 임시 std::string 객체를 생성해야 Person 생성자의 매개변수 명세를 만족할 수 있다.

그런데 완벽 전달에도 단점은 있다. 그중 하나는, 완벽 전달이 불가능한 인수들이 있다는 점이다. 구체적인 형식을 받는 함수에는 전달할 수 있어도 완벽 전달은 불가능할 수 있다. 이처럼 완벽 전달이 실패하는 경우들을 **항목 30**에서 살펴본다.

완벽 전달의 또 다른 단점은, 클라이언트가 유효하지 않은 인수를 전달했을 때 나오는 오류 메시지가 난해하다는 점이다. 예를 들어 char(std::string을 구성하는)가 아니라 char16_t(C++11에서 도입된, 16비트 문자를 표현하는 형식)들로 이루어진 문자열 리터럴을 전달해서 Person 객체를 생성한다고 하자.

```
Person p(u"Konrad Zuse");   // "Konrad Zuse"는 const char16_t
                            // 형식의 문자들로 이루어짐
```

이번 항목에서 살펴본 처음 세 접근방식에서 컴파일러는 int나 std::string을 받는 생성자들이 있음을 인식하며, const char16_t[12]를 int나 std::string으로 변환할 수 없음을 뜻하는 다소 직접적인 오류 메시지를 출력한다.

그러나 완벽 전달에 기초한 접근방식에서는 컴파일러가 const char16_t들의 배열을 아무 불평 없이 생성자의 매개변수에 묶는다. 생성자는 그 매개변수를 Person의 std::string 자료 멤버의 생성자에 전달하며, 그때야 호출자가 전달한 것(const char16_t 배열)과 필요한 것(std::string 생성자가 받아들일 수 있는 임의의 형식) 사이의 불일치가 발견된다. 그래서 나오는 오류 메시지는 좋게 말해서 인상적이다. 내가 사용하는 한 컴파일러는 160줄 이상의 오류 메시지를 출력한다.

이 예에서는 보편 참조가 한 번만 전달되지만(Person 생성자에서 std::string 생성자로), 시스템이 복잡할수록 보편 참조가 여러 층의 함수 호출들을 거쳐서 최종적인 지점에 도착한 후 인수 형식(들)의 허용 여부 판정이 일어날 가능성도 커진다. 보편 참조가 전달되는 횟수가 많을수록, 뭔가 잘못되었을 때 좀 더 장황한 오류 메시지가 나온다. 이 문제점만으로도 보편 참조를 성능이 최우선적인 관심사인 인터페이스에만 사용하는 것이 좋은 이유로 충분하다고 생각하는 개발자들이 많다.

Person의 경우 전달 함수의 보편 참조 매개변수가 std::string에 대한 초기치로 쓰일 것을 알고 있으므로, 그런 초기치로 사용하는 것이 가능한지를 미리 static_assert를 이용해서 점검하는 방법도 있다. std::is_constructible이라는 형식 특질은 한 형식의 객체를 다른 한 형식(또는 형식들의 집합)의 객체(또는 객체들의 집합)로부터 생성할 수 있는지를 컴파일 시점에서 판정한다. 이를 이용하면 그러한 단언(assertion)을 손쉽게 작성할 수 있다.

```cpp
class Person {
public:
  template<                             // 이전과 동일
    typename T,
    typename = std::enable_if_t<
      !std::is_base_of<Person, std::decay_t<T>>::value
      &&
      !std::is_integral<std::remove_reference_t<T>>::value
    >
  >
  explicit Person(T&& n)
  : name(std::forward<T>(n))
  {
    // T 객체로부터 std::string을 생성할 수 있는지 점검한다
    static_assert(
      std::is_constructible<std::string, T>::value,
      "Parameter n can't be used to construct a std::string"
    );

    …                         // 여기서 통상적인 생성자 작업을 수행한다

  }

  …                           // Person 클래스의 나머지 부분(이전과 동일)

};
```

이렇게 하면, 클라이언트가 std::string의 생성에 사용할 수 없는 형식의 인수로 Person 객체를 생성하려 할 때 그 점을 구체적으로 지적하는 오류 메시지가 출력된다. 안타깝게도, 이 예에서 static_assert는 생성자의 본문에 있지만, 매개변

수를 전달하는 코드는 그보다 앞에 나오는 멤버 초기화 목록에 있다. 내가 사용하는 컴파일러들의 경우, static_assert에서 비롯된 깔끔하고 읽기 좋은 메시지는 통상적인 오류 메시지(160줄 이상의)가 출력된 **이후에야** 출력된다.

기억해 둘 사항들

☑ 보편 참조와 중복적재의 조합에 대한 대안으로는 구별되는 함수 이름 사용, 매개변수를 const에 대한 왼값 참조로 전달, 매개변수를 값으로 전달, 꼬리표 배분 사용 등이 있다.

☑ std::enable_if를 이용해서 템플릿의 인스턴스화를 제한함으로써 보편 참조와 중복적재를 함께 사용할 수 있다. std::enable_if는 컴파일러가 보편 참조 중복적재를 사용하는 조건을 프로그래머가 직접 제어하는 용도로 쓰인다.

☑ 보편 참조 매개변수는 효율성 면에서 장점인 경우가 많지만, 대체로 사용성 면에서는 단점이 된다.

항목 28: 참조 축약을 숙지하라

항목 23에서 언급했듯이, 인수가 템플릿에 전달되었을 때 템플릿 매개변수에 대해 연역된 형식에는 그 인수가 왼값인지 아니면 오른값인지에 대한 정보가 부호화되어 있다. 그러나 오직 인수가 보편 참조 매개변수를 초기화하는 데 쓰일 때에만 그런 일이 일어난다는 점은 그 항목에서 이야기하지 않았다. 그 점을 언급하지 않은 것은, 아직 보편 참조를 소개하기 전이었기 때문이다(보편 참조는 항목 24에서 소개한다). 어쨌든, 보편 참조와 왼값·오른값 부호화에 대한 이러한 사실들을 다음과 같은 템플릿에 적용한다면,

```
template<typename T>
void func(T&& param);
```

템플릿 매개변수 T에 대해 연역된 형식에는 param으로 전달된 인수가 왼값이었는지 아니면 오른값이었는지에 대한 정보가 부호화될 것이라는 결론을 이끌어 낼 수 있다.

이러한 부호화의 메커니즘은 간단하다. 왼값 인수가 전달되면 T는 왼값 참조로 연역된다. 오른값이 전달되면 T는 비참조(non-reference) 형식으로 연역된다. (여기에 비대칭성이 있음을 주목할 것: 왼값은 왼값 참조로 부호화되지만 오른값은 **비참조**, 즉 참조가 아닌 형식으로 연역된다.) 다음 예를 보자.

```
Widget widgetFactory();      // 오른값을 돌려주는 함수

Widget w;                    // 변수(왼값)

func(w);                     // func를 왼값으로 호출한다;
                             // T는 Widget&로 연역된다

func(widgetFactory());       // func를 오른값으로 호출한다;
                             // T는 Widget으로 연역된다
```

두 func 호출 모두 Widget이 전달되지만, 한 Widget은 왼값이고 다른 하나는 오른값이기 때문에 템플릿 매개변수 T에 대해 연역되는 형식이 다르다. 잠시 후 보겠지만, 보편 참조가 오른값 참조가 될 것인지 왼값 참조가 될 것인지를 결정하는 것은 바로 이러한 구분이다. 또한, 이는 std::forward의 작동에 깔린 바탕 메커니즘이기도 하다.

std::forward와 보편 참조를 좀 더 자세히 살펴보기 전에, C++에서 참조에 대한 참조는 위법임을 짚고 넘어갈 필요가 있겠다. 그런 참조를 선언하려 하면 컴파일러의 질책을 받게 된다.

```
int x;
…
auto& & rx = x;    // 오류! 참조에 대한 참조는 선언할 수 없음
```

그런데 보편 참조를 받는 함수 템플릿에 왼값을 넘겨주면 어떤 일이 생기는지 생각해 보자.

```
template<typename T>
void func(T&& param);    // 이전과 동일

func(w);                 // func를 왼값으로 호출한다;
                         // T는 Widget&로 연역된다
```

T에 대해 연역된 형식(즉 Widget&)으로 템플릿을 인스턴스화한 결과는 다음과 같은 모습일 것이다.

```
void func(Widget& && param);
```

이는 참조에 대한 참조이지만, 그래도 컴파일러는 불평하지 않는다. 보편 참조 param은 왼값으로 초기화되므로, param의 형식은 왼값 참조가 된다(항목 24 참고). 따라서 컴파일러가 T에 대해 연역된 형식을 템플릿에 대입하면 위와 같은 서명이 나온다. 그러나 실제로 만들어지는 최종적인 함수 서명은 다음과 같다.

```
void func(Widget& param);
```

어떻게 이런 일이 일어난 것일까? 답은 바로 **참조 축약**(reference collapsing)이다. 참조에 대한 참조가 위법인 것은 사실이지만, 특정 문맥에서는 컴파일러가

참조에 대한 참조를 산출하는 것이 허용된다. 템플릿 인스턴스화가 그런 문맥 중 하나이다. 그런 경우에는 참조 축약의 규칙이 적용된다.

참조는 두 종류(왼값과 오른값)이므로, 참조에 대한 참조로 가능한 조합은 총 네 가지이다(왼값에 대한 왼값, 오른값에 대한 왼값, 왼값에 대한 오른값, 오른값에 대한 오른값). 참조에 대한 참조가 허용되는 문맥(이를테면 템플릿 인스턴스화 도중)에서 참조에 대한 참조는 다음 규칙에 따라 하나의 참조로 **축약**된다 (collapse).

> 만일 두 참조 중 하나라도 왼값 참조이면 결과는 왼값 참조이다. 그렇지 않으면(즉, 둘 다 오른값 참조이면) 결과는 오른값 참조이다.

앞의 예제에서, 연역된 형식 Widget&를 템플릿 func에 대입하면 왼값 참조에 대한 오른값 참조가 되며, 그것에 참조 축약 규칙을 적용한 결과는 바로 왼값 참조 이다.

기본적으로, std::forward가 작동하는 것은 이 참조 축약 덕분이다. 항목 25 에서 설명하듯이 std::forward는 보편 참조 매개변수에 적용된다. 따라서 이 함 수의 일반적인 용례는 다음과 같은 모습이다.

```
template<typename T>
void f(T&& fParam)
{
  …                                   // 어떤 작업을 수행

  someFunc(std::forward<T>(fParam));  // fParam을
}                                     // someFunc로 전달
```

fParam은 보편 참조이므로, f에 전달된 인수(즉, fParam을 초기화하는 데 쓰인 표현식)가 왼값인지 오른값인지에 대한 정보가 형식 매개변수 T에 부호화된다. std::forward의 임무는 만일 f에 전달된 인수가 오른값이라는 점이 T에 부호화 되어 있으면(즉, T가 비참조 형식이면), 그리고 오직 그럴 때에만, fParam(왼값) 을 오른값으로 캐스팅하는 것이다.

std::forward가 그러한 임무를 어떻게 수행할까? 다음은 가능한 구현 중 하나 이다.

```
template<typename T>                         // 이름공간
T&& forward(typename                         // std 안에서
          remove_reference<T>::type& param)
{
  return static_cast<T&&>(param);
}
```

이것이 표준을 철저히 준수하는 구현은 아니지만(몇 가지 인터페이스 세부사항을 생략했다), std::forward의 작동 방식을 이해하는 목적에서는 그러한 차이들이 중요하지 않다.

f에 전달된 인수가 Widget 형식의 왼값이라고 하자. 그러면 T는 Widget&로 연역되며, std::forward 호출은 std::forward<Widget&> 형태로 인스턴스화된다. Widget&를 std::forward의 구현에 대입하면 다음과 같은 코드가 나온다.

```
Widget& && forward(typename
                   remove_reference<Widget&>::type& param)
{ return static_cast<Widget& &&>(param); }
```

형식 특질 std::remove_reference<Widget&>::type은 Widget을 산출하므로(항목 9 참고), std::forward는 다음이 된다.

```
Widget& && forward(Widget& param)
{ return static_cast<Widget& &&>(param); }
```

참조 축약은 반환 형식과 캐스팅에도 적용된다. 참조 축약이 적용된, 이 호출에 대한 std::forward의 최종 버전은 다음과 같다.

```
Widget& forward(Widget& param)           // 여전히 이름공간
{ return static_cast<Widget&>(param);  } // std 안에서
```

이 예에서 보듯이, 함수 템플릿 f에 왼값 인수가 전달되면 std::forward는 왼값 참조를 받아서 왼값 참조를 돌려주는 형태로 인스턴스화된다. param의 형식이 이미 Widget&이므로 std::forward 내부의 캐스팅은 아무 효과도 없다. 정리하자면, 왼값 인수가 전달되면 std::forward는 왼값 참조를 돌려준다. 정의상 왼값 참조는 왼값이므로, std::forward에 왼값을 넘겨주면 왼값이 반환된다. 이는 마땅히 그래야 하는 결과이다.

f에 전달된 인수가 Widget 형식의 오른값일 때에는 어떨까? 이 경우 f의 형식 매개변수 T에 대해 연역되는 형식은 그냥 Widget이다. 따라서 f 내부의 std::forward 호출은 std::forward<Widget>으로 인스턴스화된다. std::forward의 구현에서 T를 Widget으로 대체하면 다음과 같은 모습이 된다.

```
Widget&& forward(typename
                 remove_reference<Widget>::type& param)
{ return static_cast<Widget&&>(param); }
```

std::remove_reference를 비참조 형식 Widget에 적용하면 애초의 형식(Widget)이 산출되므로, std::forward는 다음이 된다.

```
Widget&& forward(Widget& param)
{ return static_cast<Widget&&>(param); }
```

여기에는 참조에 대한 참조가 없으므로 참조 축약도 없다. 이것이 이 호출에 대한 std::forward 인스턴스의 최종 버전이다.

정의상 함수가 돌려준 오른값 참조는 오른값이므로, 이 경우 std::forward는 f의 매개변수 fParam(왼값)을 오른값으로 바꾼다. 정리하자면, f에 전달된 오른값 인수는 하나의 오른값으로서 someFunc에 전달되며, 이 역시 마땅히 그래야 하는 결과이다.

C++14에서는 std::remove_reference_t 덕분에 std::forward를 좀 더 간결하게 구현할 수 있다.

```
template<typename T>                          // C++14; 역시
T&& forward(remove_reference_t<T>& param)     // 이름공간 std
{                                             // 안에서
  return static_cast<T&&>(param);
}
```

참조 축약이 일어나는 문맥은 네 가지이다. 첫째이자 가장 흔한 것은 템플릿 인스턴스화이다. 둘째 문맥은 auto 변수에 대한 형식 연역이다. 이 경우의 세부 사항은 템플릿 인스턴스화의 경우와 본질적으로 같다. auto 변수의 형식 연역은 템플릿의 형식 연역과 본질적으로 같기 때문이다(항목 2 참고). 이 항목의 이전 예제 하나를 다시 생각해 보자.

```
template<typename T>
void func(T&& param);

Widget widgetFactory();    // 오른값을 돌려주는 함수

Widget w;                  // 변수(왼값)

func(w);                   // func를 왼값으로 호출한다;
                           // T는 Widget&로 연역된다

func(widgetFactory());     // func를 오른값으로 호출한다;
                           // T는 Widget으로 연역된다
```

이를 auto 형태로 흉내 낼 수 있다. 다음 선언을 보자.

```
auto&& w1 = w;
```

이 선언은 w1을 왼값으로 초기화하며, 따라서 auto의 형식은 Widget&로 연역된다. Widget&를 w1 선언의 auto에 대입하면 다음과 같이 참조 대 참조가 나타난다.

```
Widget& && w1 = w;
```

참조 축약에 의해 이는 다음과 같은 코드로 바뀐다.

```
Widget& w1 = w;
```

결과적으로, w1은 왼값 참조이다.

반면 다음 선언은

```
auto&& w2 = widgetFactory();
```

w2를 오른값으로 초기화하며, 따라서 auto는 비참조 형식 Widget으로 연역된다.
Widget을 auto에 대입하면

```
Widget&& w2 = widgetFactory();
```

이 나오는데, 여기에는 참조 대 참조가 없으므로 이것으로 끝이다. w2는 오른값
참조이다.

이제 항목 24에서 소개한 보편 참조의 진면모가 밝혀진 셈이다. 보편 참조는
새로운 종류의 참조가 아니다. 다음 두 조건이 만족되는 문맥에서 보편 참조는
사실상 오른쪽 참조이다.

- **형식 연역에서 왼값과 오른값이 구분된다.** T 형식의 왼값은 형식 T&로 연역되
  고, T 형식의 오른값은 형식 T로 연역된다.
- **참조 축약이 적용된다.**

보편 참조라는 개념은 프로그래머가 참조 축약 문맥들의 존재를 알 필요가 없다
는 점과 왼값과 오른값에 대해 서로 다른 형식을 머릿속에서 직접 연역할 필요
가 없다는 점, 그리고 연역된 형식들을 머릿속에서 해당 문맥으로 대입한 후 참
조 축약 규칙을 적용할 필요가 없다는 점에서 유용하다.

앞에서 참조 축약이 일어나는 문맥이 네 가지라고 했는데, 아직 두 가지(템플
릿 인스턴스화와 auto 형식 연역)밖에 이야기하지 않았다. 셋째 문맥은 typedef
와 별칭 선언(항목 9)의 지정 및 사용이다. typedef가 지정 또는 평가되는 도중
에 참조에 대한 참조가 발생하면 참조 축약이 끼어들어서 참조에 대한 참조를
제거한다. 예를 들어 다음처럼 Widget 클래스 템플릿 안에 오른값 참조 형식에
대한 typedef가 포함되어 있다고 하자.

```
template<typename T>
class Widget {
public:
  typedef T&& RvalueRefToT;
  …
};
```

그리고 Widget을 왼값 참조 형식으로 인스턴스화한다고 하자.

```
Widget<int&> w;
```

Widget의 T를 int&로 대체하면 typedef는 다음과 같은 모습이 된다.

```
typedef int& && RvalueRefToT;
```

참조 축약에 의해 이는 다음으로 줄어든다.

```
typedef int& RvalueRefToT;
```

typedef에 붙인 이름이 오히려 혼란을 줄 수 있음이 명백해졌다. Widget을 왼값 참조 형식으로 인스턴스화하면, *RvalueRefToT*는 오른값 참조가 아니라 **왼값** 참조에 대한 typedef가 된다.

참조 축약이 일어나는 마지막 문맥은 decltype 사용이다. 컴파일러가 decltype에 관여하는 형식을 분석하는 도중에 참조에 대한 참조가 발생하면 참조 축약이 등장해서 그것을 제거한다. (decltype에 대해서는 항목 3을 보라.)

기억해 둘 사항들

☑ 참조 축약은 템플릿 인스턴스화, auto 형식 연역, typedef와 별칭 선언의 지정 및 사용, decltype의 지정 및 사용이라는 네 가지 문맥에서 일어난다.

☑ 컴파일러가 참조 축약 문맥에서 참조에 대한 참조를 만들어 내면, 그 결과는 하나의 참조가 된다. 원래의 두 참조 중 하나라도 왼값 참조이면 결과는 왼값 참조이고, 그렇지 않으면 오른값 참조이다.

☑ 형식 연역이 왼값과 오른값을 구분하는 문맥과 참조 축약이 일어나는 문맥에서 보편 참조는 오른값 참조이다.

항목 29: 이동 연산이 존재하지 않고, 저렴하지 않고, 적용되지 않는다고 가정하라

아마도 C++11에서 **가장 주된** 기능은 이동 의미론(move semantics)일 것이다. 독자도 "이제는 컨테이너를 이동하는 것이 포인터를 복사하는 것만큼이나 저렴하다!"라거나 "이제는 임시 객체의 복사가 너무나 효율적이라서, 그런 복사를 피하는 코딩은 때 이른 최적화에 해당한다!" 같은 말을 들어 보았을 것이다. 사람들이 이동 의미론에 이처럼 열광하는 것은 충분히 이해할 만한 일이다. 이동 의미론은 진정으로 중요한 기능이다. 이동 의미론 덕분에 컴파일러는 비싼 복사 연산을 비교적 저렴한 이동 연산으로 대체할 수 있을 뿐만 아니라, 적절한 조건이 만족되는 경우에는 반드시 그렇게 대체해야 한다(표준 준수를 위해서는). C++98 코드 기반을 C++11을 준수하는 컴파일러와 표준 라이브러리로 컴파일하면, 짜잔! 소프트웨어가 저절로 더 빠르게 실행된다.

실제로 그런 성능 개선을 야기할 수 있다는 점에서, 이동 의미론은 전설적인 기능이라는 후광을 가질 자격이 있다. 그러나 일반적으로 전설은 과장에서 비롯된 것이다. 이번 항목의 목적은 독자가 이동 의미론에 대해 근거 있는 기대를 가지게 하는 것이다.

우선 이동 의미론을 지원하지 않는 형식들이 많다는 점부터 살펴보자. C++11은 C++98 표준 라이브러리를 전체적으로 개정했는데, 특히 이동을 복사보다 빠르게 구현할 수 있는 형식들에는 이동 연산들을 추가했다. 또한 라이브러리 구성요소들의 구현을 그런 연산들의 장점을 취하도록 개정했다. 그러나 독자가 다루는 코드 기반은 C++11의 장점을 취하도록 완전히 개정되지 않았을 가능성이 있다. 독자의 응용 프로그램(또는 독자가 사용하는 라이브러리)에 있는 형식들이 C++11에 맞게 완전히 수정되지 않았다면, 컴파일러가 이동을 지원한다고 해도 응용 프로그램의 성능이 저절로 높아지지는 않을 것이다. 이동 연산을 명시적으로 지원하지는 않는 형식에 대해 C++11이 자동으로 이동 연산들을 작성해 주긴 하지만, 형식에 복사 연산이나 이동 연산, 소멸자가 하나라도 있으면 그러한 자동 작성은 일어나지 않는다(항목 17 참고). 형식의 자료 멤버나 기반 클래스에 이동이 비활성화되어 있으면(이를테면 이동 연산들을 삭제해서 - 항목 11 참고), 역시 컴파일러의 이동 연산 작성은 일어나지 않는다. 이동을 명시적으로 지원하지 않으며 컴파일러의 이동 연산 작성의 대상이 아닌 형식에 대해서는, C++98에 비해 C++11이 어떤 형태로든 성능을 향상해 주리라고 기대할 이유가 없다.

이동을 명시적으로 지원하는 형식에서도, 성능상의 이득이 생각만큼 크지 않을 수 있다. 예를 들어 C++11 표준 라이브러리의 모든 컨테이너는 이동을 지원하지만, 모든 컨테이너의 이동이 저렴하다고 가정하는 것은 실수이다. 그 이유는, 컨테이너에 담긴 내용을 정말로 저렴하게 이동하는 방법이 없는 컨테이너들도 있고, 컨테이너가 제공하는 진정으로 저렴한 이동 연산이 요구하는 까다로운 조건을 컨테이너 요소들이 만족할 수 없는 경우도 있기 때문이다.

C++11에 새로 도입된 컨테이너인 std::array를 생각해 보자. 본질적으로 std::array는 내장 배열에 STL 인터페이스를 씌운 것이다. 이 컨테이너는 자신의 내용을 힙에 저장하는 다른 표준 컨테이너들과는 근본적으로 다르다. 개념적으로, 그런 컨테이너 형식의 객체는 컨테이너의 내용이 저장된 힙 메모리를 가

리키는 포인터만 담는다(자료 멤버에). (물론 실제로는 좀 더 복잡하지만, 이 분석의 목적에서 차이는 중요하지 않다.) 컨테이너 전체 내용을 상수 시간으로 이동할 수 있는 것은 바로 이 포인터 덕분이다. 다음 예에서 보듯이, 그냥 원본 컨테이너의 내용을 가리키는 포인터를 대상 컨테이너로 복사하고 원본 컨테이너의 포인터를 널로 설정하기만 하면 컨테이너 내용 전체가 옮겨진 결과가 된다.

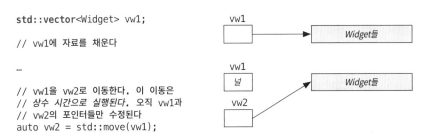

그런데 std::array 객체에는 그런 포인터가 없다. std::array의 내용은 std::array 객체 자체에 직접 저장되기 때문이다.

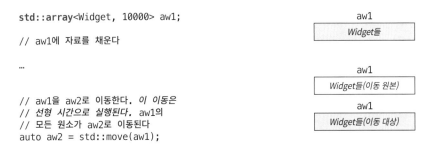

aw1의 각 원소가 aw2로 이동된다는 점을 주목하기 바란다. Widget이 이동이 복사보다 빠른 형식이라면, Widget들을 담은 std::array를 이동하는 것이 같은 std::array를 복사하는 것보다 빠르다. 따라서 std::array가 이동을 지원한다는 것은 사실이다. 그러나, std::array의 이동과 복사 모두 계산 복잡도가 선형(linear)이라는 점도 사실이다. 둘 다 컨테이너의 모든 요소를 일일이 이동 또는 복사해야 하기 때문이다. 이는 종종 듣는 "컨테이너를 이동하는 것이 포인터를 복사하는 것만큼이나 저렴하다!"라는 주장과는 거리가 멀다.

반면, std::string은 상수 시간 이동과 선형 시간 복사를 제공한다. 이점을 생각하면 이동이 복사보다 빠를 것 같지만, 반드시 그렇지는 않을 수 있다. 문자열 구현 중에는 **작은 문자열 최적화**(small string optimization, SSO)를 사용하는 것들이 많다. 그런 구현은 '작은' 문자열(이를테면 용량이 15자 이하인)을 std::string 객체 안의 버퍼에 저장하고, 힙에 할당한 저장소는 사용하지 않는다. 이러한 SSO 기반 구현을 사용하는 작은 문자열의 이동은 복사보다 빠르지 않다. 대체로 이동이 복사보다 빠른 것은 포인터 하나만 복사하면 되기 때문인데, 이 경우에는 그런 요령을 적용할 수 없기 때문이다.

SSO는 수많은 응용 프로그램에서 짧은 문자열들이 통상적으로 쓰인다는 방대한 증거에서 비롯된 기법이다. 그런 문자열의 내용을 내부 버퍼에 저장하면 메모리를 동적으로 할당할 필요가 없으며, 그러면 대체로 효율성이 좋아진다. 그러나 이는 이동이 복사보다 빠르지 않다는 결과를 낳는다. 물론, 컵이 반이나 찼다는 관점에서 본다면, 복사가 이동보다 느리지 않다고 말할 수도 있을 것이다.

빠른 이동 연산을 지원하는 형식에서도, 겉으로 보기에 이동이 일어날 만한 상황에서 사실은 복사가 일어나는 경우가 생기기도 한다. 항목 14에서 설명하듯이, 표준 라이브러리의 일부 컨테이너 연산들은 강한 예외 안전성을 보장한다. 그리고 그러한 보장에 의존하는 구식 C++98 코드를 C++11에서 컴파일해도 코드가 망가지지 않게 하기 위해, 이동 연산들이 예외를 던지지 않음이 확실한 경우에만 바탕 복사 연산들을 이동 연산들로 대체한다. 이 때문에, 해당 복사 연산보다 효율적인 이동 연산을 제공하는 형식이라고 해도, 그리고 코드의 특정 지점에서 일반적으로 이동 연산이 적합하다고 해도(이를테면 원본 객체가 오른값), 해당 이동 연산이 noexcept로 선언되어 있지 않으면 컴파일러는 여전히 복사 연산을 호출할 수 있다.

다음은 C++11의 이동 의미론이 도움이 되지 않는 몇 가지 시나리오이다.

- **이동 연산이 없다**: 이동할 객체가 이동 연산들을 제공하지 않는다. 이 경우 이동 요청은 복사 요청이 된다.
- **이동이 더 빠르지 않다**: 이동할 객체의 이동 연산이 해당 복사 연산보다 빠르지 않다.
- **이동을 사용할 수 없다**: 이동이 일어나려면 이동 연산이 예외를 방출하지 않아야 하는 문맥에서, 해당 연산이 noexcept로 선언되어 있지 않다.

이동 의미론이 효율성에 이득이 되지 않는 또 다른 시나리오 하나도 언급할 필요가 있겠다.

- **원본 객체가 왼값이다**: 아주 드문 경우(이를테면 항목 25)이지만, 오직 오른값만 이동 연산의 원본이 될 수 있는 경우도 있다.

그러나 이번 항목의 조언은 이동 연산들이 존재하지 않고, 저렴하지 않고, 적용되지 않는다고 **가정**하라는 것이다. 일반적 코드에서는, 이를테면 템플릿을 작성할 때에는 대체로 그런 가정이 사실이다. 그런 경우 코드에 쓰이는 모든 형식을 알 수 없기 때문이다. 그런 상황에서는 이동 의미론이 존재하기 전인 C++98 시절에서처럼 객체의 복사를 보수적으로 다루어야 한다. 이 점은 "안정적이지 않은" 코드, 즉 코드가 사용하는 형식의 특징들이 비교적 자주 바뀌는 코드에도 적용된다.

그런데 코드가 사용하는 구체적인 형식들을 미리 알 수 있는, 그리고 그 형식들의 특징(이를테면 저렴한 이동 연산을 지원하는지의 여부 등)이 바뀌지 않으리라고 확신할 수 있는 경우도 많다. 그런 경우에는 이번 항목의 가정들을 둘 필요가 없다. 그냥 사용하는 형식이 제공하는 이동 연산들의 구체적인 사항들을 찾아보고, 만일 복사보다 저렴한 이동 연산들을 제공한다면, 그리고 만일 그런 이동 연산들이 실행될 문맥에서 객체를 사용한다면, 이동 의미론 덕분에 복사 연산들이 더 저렴한 이동 연산들로 대체될 것이라고 믿어도 안전하다.

기억해 둘 사항들

☑ 이동 연산들이 존재하지 않고, 저렴하지 않고, 적용되지 않을 것이라고 가정하라.

☑ 형식들과 이동 의미론 지원 여부를 미리 알 수 있는 경우에는 그런 가정을 둘 필요가 없다.

항목 30: 완벽 전달이 실패하는 경우들을 잘 알아두라

C++11의 주요 기능으로 강조되는 것 중 하나가 완벽 전달이다. 그러나 이 기능이 **완벽**(perfect) 전달이라는 이름만큼 완벽하지는 않다. C++11의 완벽 전달이 아주 좋은 기능이긴 하지만, 정말로 '완벽'이라고 간주하려면 작은 '옥에 티'[†] 한두 개는 못 본 척해야 한다. 이번 항목의 목적은 독자가 그러한 옥에 티들에 익숙해지게 하는 것이다.

그 티들을 자세히 살펴보기 전에, '완벽 전달'이 구체적으로 무슨 뜻인지부터

[†] (옮긴이) 완벽完璧의 璧은 옥구슬을 뜻한다. 즉, 통상적인 완벽의 의미는 '완전한 옥구슬'에서 비롯된 것이다. 원서의 이 부분에는 "perfect" (the ideal)(이상으로서의 완벽)와 "perfect" (the reality)(현실로서의 완벽), epsilon(둘 사이의 작은 간극) 같은 문구가 쓰였다(이 점을 굳이 언급하는 것은, 혹시라도 이로부터 어떤 철학적 깨달음을 얻는 독자도 있을지 몰라서이다). 한편, '옥에 티'('옥의 티'가 아니라)라는 표기는 표준국어대사전을 따른 것이다.

살펴볼 필요가 있겠다. '전달(forwarding)'은 말 그대로 한 함수가 자신의 인수들을 다른 함수에 넘겨주는(**전달하는**) 것을 뜻한다. 이때 목표는 둘째 함수(전달받는 함수)가 애초에 첫 함수(전달하는 함수)가 받았던 것과 동일한 객체들을 받게 하는 것이다. 값 전달 방식의 매개변수로는 이런 목표를 달성할 수 없다. 그런 매개변수는 원래의 호출자가 넘겨준 인수의 **복사본**이기 때문이다. 우리가 원하는 것은, 전달받는 함수가 원래 전달된 객체를 다룰 수 있게 하는 것이다. 포인터 매개변수 역시 탈락이다, 호출자에게 포인터를 넘겨주도록 강제하는 것은 바람직하지 않기 때문이다. 범용적인 전달을 위해서는 참조 매개변수들을 사용해야 한다.

완벽 전달은 단순히 객체들을 전달하는 것만이 아니라, 그 객체들의 주요 특징, 즉 그 형식, 왼값 또는 오른값 여부, const나 volatile 여부까지도 전달하는 것을 말한다. 이를 위해서는 앞에서 언급했듯이 참조 매개변수가 필요하며, 좀 더 구체적으로는 보편 참조 매개변수(항목 24)가 필요할 것이라고 짐작할 수 있을 것이다. 전달된 인수의 왼값·오른값에 대한 정보를 부호화하는 것은 보편 참조 매개변수가 유일하기 때문이다.

f라는 함수에 인수들을 전달하는 함수(사실은 함수 템플릿)를 작성한다고 하자. 다음은 그런 함수의 가장 기초적인 형태이다.

```
template<typename T>
void fwd(T&& param)              // 임의의 인수를 받는다
{
    f(std::forward<T>(param));   // 그 인수를 f에 전달한다
}
```

전달하는 함수(줄여서 전달 함수)는 필연적으로 일반적(generic) 함수이다. 예를 들어 위의 fwd 템플릿은 임의의 형식의 인수를 받아서 그대로 전달한다. 이러한 일반성을 논리적으로 연장하면, 전달 함수는 그냥 템플릿 함수가 아니라 **가변 인수 템플릿**(variadic template), 즉 임의의 형식과 개수의 인수들을 받는 템플릿이어야 한다는 결론에 도달한다. 다음은 fwd의 가변 인수 버전이다.

```
template<typename... Ts>
void fwd(Ts&&... params)              // 임의의 인수들을 받는다
{
    f(std::forward<Ts>(params)...);   // 그것들을 f에 전달한다
}
```

이것이 전달 함수의 공통적인 형태이다. 특히 표준 컨테이너의 emplace류 함수들(항목 42 참고)과 똑똑한 포인터 팩터리 함수 std::make_shared, std::make_unique(항목 21 참고)에서 이런 형태를 볼 수 있다.

이러한 대상 함수 f와 전달 함수 fwd가 있다고 할 때, 만일 어떤 인수로 f를 호출했을 때 일어나는 일과 같은 인수로 fwd를 호출했을 때 일어나는 일이 다르다면 완벽 전달은 **실패**한 것이다.

```
f( 표현식 );        // 이 호출이 하는 일과
fwd( 표현식 );      // 이 호출이 하는 일이 다르다면, fwd는 표현식을
                    // f에 완벽하게 전달하지 못한 것이다
```

이러한 실패로 이어지는 종류의 인수들이 존재한다. 어떤 종류가 있고 그 우회책은 무엇인지 아는 것이 중요하다. 그럼 완벽하게 전달할 수 없는 인수들의 각 종류를 차례로 살펴보자.

중괄호 초기치

f의 선언이 다음과 같다고 하자.

```
void f(const std::vector<int>& v);
```

이 경우 f를 중괄호 초기치로 호출하는 코드는 컴파일되지만,

```
f({ 1, 2, 3 });        // OK; "{1, 2, 3}"는 암묵적으로
                       // std::vector<int>로 변환된다
```

같은 중괄호 초기치를 fwd에 넘겨주는 코드는 컴파일되지 않는다.

```
fwd({ 1, 2, 3 });      // 오류! 컴파일되지 않음
```

이는 중괄호 초기치 사용이 완벽 전달이 실패하는 경우 중 하나이기 때문이다.

이런 실패 경우들의 원인은 모두 같다. f를 직접 호출하면(f({ 1, 2, 3 })처럼), 컴파일러는 호출 지점에서 함수에 전달된 인수들의 형식들과 f에 선언된 매개변수들의 형식들을 비교해서 호환 여부를 파악하고, 필요하다면 적절한 암묵적 변환을 수행해서 호출을 성사시킨다. 위의 예에서 컴파일러는 { 1, 2, 3 }으로부터 임시 std::vector<int> 객체를 생성해서 f의 매개변수 v에 묶는다.

전달 함수 템플릿 fwd를 통해서 f를 간접적으로 호출할 때에는 상황이 다르다. 이제는 컴파일러가 fwd의 호출 지점에서 전달된 인수들과 f에 선언된 매개변수를 직접 비교할 수 없다. 대신 컴파일러는 fwd에 전달되는 인수들의 형식을 **연역**하고, 연역된 형식들을 f의 매개변수 선언들과 비교한다. 이때 다음 두 조건 중 하나라도 만족되면 완벽 전달이 실패한다.

- fwd의 매개변수들 중 하나 이상에 대해 **컴파일러가 형식을 연역하지 못한다**.
  이 경우 코드는 컴파일되지 않는다.

- fwd의 매개변수들 중 하나 이상에 대해 **컴파일러가 형식을 잘못 연역한다.** "잘 못" 연역한 형식들에서 나올 수 있는 결과는 두 가지인데, 하나는 그 형식으로 는 fwd의 인스턴스를 컴파일할 수 없는 것이고, 또 하나는 컴파일된다고 해도 fwd의 연역된 형식들을 이용해서 호출한 f가 fwd에 전달된 인수들로 f를 직접 호출했을 때와는 다르게 행동하는 것이다. 예를 들어 f가 중복적재된 함수 이 름이고, "잘못된" 형식 연역 때문에 fwd에서 호출되는 f의 중복적재가 f를 직 접 호출했을 때 선택되는 중복적재와는 다른 경우에는 그처럼 서로 다른 행 동이 나올 수 있다.

앞에 나온 "fwd({ 1, 2, 3 })" 호출에서 문제는 std::initializer_list가 될 수 없는 형태로 선언된 함수 템플릿 매개변수에 중괄호 초기치를 넘겨준다는 것이 다. 이를 표준에서는 '비연역 문맥(non-deduced context)'이라고 부른다. 풀어서 말하자면, 이는 fwd의 매개변수가 std::initializer_list가 될 수 없는 형태로 선언되어 있어서 fwd 호출에 쓰인 표현식 { 1, 2, 3 }의 형식을 컴파일러가 연역 하는 것이 금지되었다는 뜻이다. fwd의 매개변수의 형식을 연역할 수 없으므로, 컴파일러로서는 이 호출을 거부할 수밖에 없다.

흥미롭게도, 항목 2에서 보듯이 auto 변수는 중괄호 초기치로 초기화해도 그 형식이 잘 연역된다. 그런 변수는 std::initializer_list 객체로 간주된다. 이로 부터, 전달 함수가 매개변수 형식을 반드시 std::initializer_list로 연역해야 하는 상황에 대한 간단한 우회책을 고안해 낼 수 있다. 다음 예처럼 auto를 이용 해서 지역 변수를 선언한 후 그 지역 변수를 전달 함수에 넘겨주면 된다.

```
auto il = { 1, 2, 3 };    // il의 형식 연역 결과는
                          // std::initializer_list<int>이다

fwd(il);                  // OK; il이 f로 완벽하게 전달된다
```

널 포인터를 뜻하는 0 또는 NULL

항목 8에서 설명하듯이, 0이나 NULL을 널 포인터로서 템플릿에 넘겨주려 하면 컴 파일러가 그것을 포인터 형식이 아니라 정수 형식(보통은 int)으로 연역하기 때 문에 문제가 생긴다. 결과적으로, 0과 NULL은 널 포인터로서 완벽하게 전달되지 못한다. 그러나 해결책은 간단하다. 0이나 NULL 대신 nullptr를 사용하면 된다. 자세한 사항은 항목 8을 보기 바란다.

선언만 된 정수 static const 및 constexpr 자료 멤버

일반적인 규칙으로, 정수 static const 자료 멤버와 정수 static constexpr 자료 멤버는 클래스 안에서 정의할 필요가 없다. 선언만 하면 된다. 이는 그런 멤버의 값에 대해 컴파일러가 *const* 전파(const propagation)를 적용해서, 그런 멤버의 값을 위한 메모리를 따로 마련할 필요가 없어지기 때문이다. 다음 예를 보자.

```
class Widget {
public:
  static constexpr std::size_t MinVals = 28;   // MinVals의 선언
  …
};
…                                              // MinVals의 정의는 없음

std::vector<int> widgetData;
widgetData.reserve(Widget::MinVals);           // MinVals를 사용
```

이 코드는 Widget::MinVals(이하 간단히 MinVals)를 이용해서 widgetData의 초기 용량(capacity)을 설정한다. MinVals의 정의가 없어도 이 코드는 잘 작동한다. 컴파일러는 MinVals가 언급된 모든 곳에 28이라는 값을 배치함으로써 누락된 정의(원래는 정의가 필수이다)를 처리한다. MinVals의 값을 위한 저장소를 따로 마련하지 않는다는 것이 문제가 되지는 않는다. 만일 어떤 코드가 MinVals의 주소를 취한다면(이를테면 MinVals를 가리키는 포인터를 만든다면) MinVals를 위한 저장소가 필요해지며(그래야 포인터가 가리킬 뭔가가 생긴다), 그러면 이 코드는 컴파일되긴 하지만 MinVals의 정의가 없어서 링크에 실패한다.

이 점을 염두에 두고, f(fwd가 인수들을 전달하는 대상 함수)가 다음과 같이 선언되었다고 하자.

```
void f(std::size_t val);
```

f를 MinVals로 호출하는 것은 문제가 없다. 컴파일러가 그냥 MinVals를 해당 값으로 대체하기 때문이다.

```
f(Widget::MinVals);          // OK; 그냥 f(28)로 처리됨
```

그러나 fwd를 거쳐서 f를 호출하려 하면 상황이 어려워진다.

```
fwd(Widget::MinVals);          // 오류! 링크에 실패한다
```

이 코드는 컴파일되지만, 링크는 되지 않아야 정상이다. MinVals의 주소를 취하는 코드를 작성했을 때에도 그런 증상이 일어난다고 말했음을 기억할 것이다. 둘 다 바탕에 깔린 문제가 같으므로, 증상도 같다.

소스 코드에 MinVals의 주소를 취하는 부분이 없다고 해도, fwd의 매개변수는

보편 참조이며, 컴파일러가 산출한 코드에서 참조는 포인터처럼 취급되는 것이 보통이다. 프로그램의 바탕 이진 코드에서(그리고 하드웨어에서), 포인터와 참조는 본질적으로 같은 것이다.† 그 수준에서는, 참조가 자동으로 역참조되는 포인터일 뿐이라는 말에 진실이 담겨 있다. 그렇다고 할 때, MinVals를 참조로 전달하는 것은 사실상 포인터로서 넘겨주는 것이며, 그러면 포인터가 가리킬 뭔가가 필요하다. 그래서 일반적으로 정수 static const 및 constexpr 자료 멤버를 참조로 전달하려면 그 멤버를 정의할 필요가 있다. 그리고 그러한 요구조건 때문에, 같은 코드라도 완벽 전달이 관여하지 않을 때에는 성공하지만 완벽 전달이 관여하면 실패하는 경우가 발생한다.

그런데 이상의 논의에서 다소 방어적인 단어들이 눈에 거슬렸을 것이다. 코드는 링크되지 않아야 "정상이다", 참조는 포인터처럼 취급되는 것이 "보통이다", "일반적으로" 정수 static const 및 constexpr 자료 멤버를 참조로 전달하려면 그 멤버를 정의할 필요가 있다 등등, 마치 별로 말하고 싶지 않은 이야기를 독자에게 하는 것처럼 들릴 정도이다.

하지만 이런 애매한 표현을 사용할 수밖에 없는 상황이다. 표준에 따르면, MinVals를 참조로 전달하려면 MinVals를 정의해야 한다. 그러나 모든 구현이 이러한 요구조건을 강제하지는 않는다. 그래서 독자가 사용하는 컴파일러나 링커에 따라서는 정의되지 않은 정수 static const와 constexpr 자료 멤버를 완벽하게 전달하는 것이 가능할 수도 있다. 그렇다면 축하할 일이지만, 그런 코드가 이식성을 갖추고 있으리라고 기대해서는 안 된다. 이식성을 갖추는 방법은 간단하다. 해당 정수 static const 또는 constexpr 자료 멤버의 정의를 제공하면 된다. MinVals의 경우라면 다음과 같이 하면 된다.

```cpp
constexpr std::size_t Widget::MinVals;      // Widget의 .cpp 파일에서
```

이 정의에 초기치(MinVals의 경우 28)를 다시 지정하지는 않았음을 주목하기 바란다. 그러나 이런 세부사항에 너무 신경 쓸 필요는 없다. 이 점을 잊고 두 장소 모두에서 초기치를 지정했다고 해도, 초기치를 한 번만 지정해야 함을 컴파일러가 지적해 줄 것이기 때문이다.

---

† (옮긴이) 이러한 동일성은 현재의 컴퓨터 구조에서 뭔가를 지칭 또는 참조한다는 것이 결국 그 대상의 메모리 주소를 언급하는 것이라는 점에서 비롯된 것이다. 덧붙이자면, 포인터와 참조가 같은 것이라고 해서 포인터 변수처럼 참조 '변수'에도 대상의 주소 값을 담을 메모리 공간을 반드시 할당해야 하는 것은 아니다. 이와 관련된 논의가 http://occamsrazr.net/tt/166에 나온다.

중복적재된 함수 이름과 템플릿 이름

함수 f(이전과 마찬가지로, fwd를 거쳐서 인수들을 전달하려는 대상 함수)의 행동 방식을 커스텀화하기 위해, f가 하나의 함수를 받아서 그 함수를 호출한다고 하자. 그리고 그 함수가 int를 받고 int를 돌려준다고 하자. 그렇다면 f를 다음과 같이 선언하면 될 것이다.

```
void f(int (*pf)(int));          // pf는 processing function
                                 // (처리 함수)을 뜻한다
```

그런데 f를 더 간단한 비 포인터 구문으로 선언할 수 있다는 점도 알아두면 좋을 것이다. 다음이 그런 형태의 선언으로, 의미는 위의 것과 동일하다.

```
void f(int pf(int));             // 위와 동일한 f를 선언한다
```

어떤 방식이든 이하의 논의는 동일하다. 이제 다음과 같이 중복적재된 processVal 함수가 있다고 하자.

```
int processVal(int value);
int processVal(int value, int priority);
```

다음처럼 processVal을 f에 넘겨주는 것이 가능하다.

```
f(processVal);                   // OK
```

그런데 이것이 가능하다는 것은 다소 놀라운 일이다. f는 함수를 가리키는 포인터(줄여서 함수 포인터)를 기대하지만, processVal은 함수 포인터가 아니다. 사실 함수도 아니다. 이것은 서로 다른 두 함수가 공유하는 하나의 이름이다. 그렇지만 컴파일러는 두 함수(중복적재) 중 어떤 것이 필요한지 알고 있다. 바로, f의 매개변수 형식과 일치하는 버전이다. 그래서 컴파일러는 int를 받는 processVal을 선택해서 그 함수의 주소를 f에 넘겨준다.

　이런 일이 가능한 것은, processVal의 버전 중 f의 호출에 필요한 것이 무엇인지를 컴파일러가 f의 선언을 보고 알아낼 수 있기 때문이다. 그러나 함수 템플릿인 fwd에는 그러한 호출에 필요한 형식에 관한 정보가 전혀 없다. 따라서 컴파일러는 어떤 중복적재를 선택해야 할지 결정하지 못한다.

```
fwd(processVal);                 // 오류! 어떤 processVal인지?
```

processVal 자체에는 형식이 없으며, 형식이 없으면 형식 연역도 없다. 그리고 형식 연역이 없다는 것이 바로 완벽 전달이 실패하는 또 다른 경우이다.

　중복적재된 함수 이름 대신(또는 그런 이름과 함께) 함수 템플릿을 사용하려

할 때에도 같은 문제가 발생한다. 함수 템플릿은 하나의 함수를 나타내는 것이 아니라 다수의 함수를 대표한다.

```
template<typename T>
T workOnVal(T param)        // 값들을 처리하는 템플릿 함수
{ … }

fwd(workOnVal);            // 오류! workOnVal의
                           // 어떤 인스턴스인지?
```

fwd 같은 완벽 전달 함수가 중복적재된 함수 이름이나 템플릿 이름을 받아들이게 하려면, 전달하고자 하는 중복적재나 템플릿 인스턴스를 명시적으로 지정하면 된다. 예를 들어 f의 매개변수와 같은 형식의 함수 포인터를 만들어서 processVal이나 workOnVal로 초기화하고(그러면 processVal의 적절한 버전 또는 workOnVal의 적절한 인스턴스가 선택된다), 그 포인터를 fwd에 넘겨주면 된다.

```
using ProcessFuncType =                     // typedef들을 만든다;
  int (*)(int);                             // 항목 9 참고

ProcessFuncType processValPtr = processVal;  // processVal에
                                            // 필요한 서명을
                                            // 명시한다

fwd(processValPtr);                          // OK

fwd(static_cast<ProcessFuncType>(workOnVal)); // 역시 OK
```

물론 이를 위해서는 fwd가 전달하는 함수 포인터의 형식을 알고 있어야 한다. 다행히, 완벽 전달 함수의 문서화에 그 형식에 대한 정보가 나와 있으리라고 가정하는 것이 비합리적인 생각은 아니다. 어차피 완벽 전달 함수는 그 **어떤 것**(anything)도 받아들이도록 설계되므로, 무엇을 전달해야 하는지를 알려주는 문서화를 갖추지 않은 완벽 전달 함수는 클라이언트가 제대로 사용할 수 없다.

비트필드

완벽 전달이 실패하는 마지막 경우는 비트필드[bitfield]가 함수 인수로 쓰일 때이다. 실제 응용에서 이것이 어떤 의미인지 보여주는 한 예로, 다음은 IPv4 헤더를 나타내는 구조체이다.[3]

```
struct IPv4Header {
  std::uint32_t version:4,
                IHL:4,
                DSCP:6,
                ECN:2,
                totalLength:16;
  …
};
```

고생이 끝나지 않는 우리의 함수 f(전달 함수 fwd의 영원한 전달 대상)가 이번에는 std::size_t 형식의 매개변수를 받는다고 하자. f를 IPv4Header 객체의 totalLength 필드로 호출하는 코드는 별 탈 없이 잘 컴파일된다.

```
void f(std::size_t sz);          // 호출할 함수

IPv4Header h;
…
f(h.totalLength);                // OK
```

그러나 h.totalLength를 fwd를 거쳐서 f에 전달하려 하면 이야기가 달라진다.

```
fwd(h.totalLength);              // 오류!
```

문제는 fwd의 매개변수가 참조이고 h.totalLength는 비const 비트필드라는 점이다. 그게 뭐가 문제인가 싶겠지만, C++ 표준은 둘의 조합에 대해 "비const 참조는 절대로 비트필드에 묶이지 않아야 한다(shall not)"라고 명확하게(평소와는 달리) 선고한다. 이러한 금지에는 훌륭한 이유가 있다. 비트필드들은 컴퓨터 워드의 임의의 일부분(이를테면 32비트 int의 비트 3~5)으로 구성될 수 있는데, 그런 일부 비트를 직접적으로 지칭하는 방법은 없다. 앞에서, 하드웨어 수준에서는 참조와 포인터가 같은 것이라고 언급했다. 그런데 임의의 비트들을 가리키는 포인터를 생성하는 방법은 없으며(C++에서 직접 가리킬 수 있는 가장 작은 것은 char이다), 따라서 참조를 임의의 비트들에 묶는 방법도 없다.

다행히 비트필드의 완벽 전달을 가능하게 하는 우회책이 있다. 비트필드를 인수로 받는 임의의 함수는 그 비트필드의 값의 **복사본**을 받게 된다는 점만 알면 그 우회책을 쉽게 이해할 수 있을 것이다. 어차피, 참조를 비트필드에 묶을 수 있는 함수는 없으며, 비트필드를 가리키는 포인터를 받을 수 있는 함수도 없다. 비트필드를 가리키는 포인터라는 것이 애초에 존재하지 않기 때문이다. 비트필드를 매개변수에 전달하는 방법은 단 두 가지로, 하나는 값으로 전달하는 것이고, 또 하나는, 흥미롭게도, const에 대한 참조로 전달하는 것이다. 값 전달 매개변수의 경우 호출된 함수가 비트필드 값의 복사본을 받는다는 점은 명백하다. 그리고 const 참조 매개변수의 경우, 표준에 따르면 그 참조는 실제로 어떤 표준 정수 형식(이를테면 int)의 객체에 저장된 비트필드 값의 **복사본**에 묶여야 한다.

---

3 이 구조체는 비트필드들이 최소 유효 비트(LSB; 최하위 비트)에서 최대 유효 비트(MSB; 최상위 비트)의 순서로 배치된다고 가정한다. 이것이 C++ 차원에서 보장되지는 않지만, 비트필드 배치를 프로그래머가 제어할 수 있는 메커니즘을 제공하는 컴파일러들이 많이 있다.

즉, 그 const 참조는 비트필드 자체에 묶이는 것이 아니라 비트필드 값이 복사된 '보통' 객체에 묶인다.

따라서 비트필드를 완벽 전달 함수에 넘겨주는 기법의 핵심은, 전달 대상 함수가 항상 비트필드 값의 복사본을 받게 된다는 사실을 활용하는 것이다. 간단히 말해서, 해당 복사본을 직접 생성해서 그 복사본으로 전달 함수를 호출하면 된다. IPv4Header의 예라면 다음과 같은 코드로 충분하다.

```
// 비트필드 값을 복사한다; 이런 초기화 구문에 관해서는 항목 6을 보라
auto length = static_cast<std::uint16_t>(h.totalLength);

fwd(length);                        // 복사본을 전달한다
```

결론

대부분의 경우 완벽 전달은 광고된 그대로 작동한다. 완벽 전달을 두고 고민해야 하는 경우는 거의 없다. 그러나 작동하지 않을 때에는, 즉 합당해 보이는 코드가 컴파일되지 않거나, 더 나쁘게는 컴파일이 되지만 예상과 다르게 행동할 때에는, 완벽 전달에서 완벽하지 않은 점들을 아는 것이 중요하다. 또한, 그런 '옥에 티'를 우회하는 방법을 아는 것도 그만큼이나 중요하다. 대부분의 경우 우회책은 간단하다.

기억해 둘 사항들

☑ 완벽 전달은 템플릿 형식 연역이 실패하거나 틀린 형식을 연역했을 때 실패한다.

☑ 인수가 중괄호 초기치이거나 0 또는 NULL로 표현된 널 포인터, 선언만 된 정수 static const 및 constexpr 자료 멤버, 템플릿 및 중복적재된 함수 이름, 비트필드이면 완벽 전달이 실패한다.

6장

람다 표현식

람다^{lambda} 표현식, 줄여서 **람다**는 C++ 프로그래밍의 면모를 크게 바꾸는 새 기능이다. 이는 다소 놀라운 일인데, 사실 람다 자체가 어떤 새로운 표현력을 C++에 부여하지는 않기 때문이다. 람다로 할 수 있는 모든 일은 타자만 조금 더 한다면 다른 방식으로도 할 수 있다. 그러나 람다를 이용하면 함수 객체를 너무나 쉽게 만들 수 있기 때문에, 람다가 일상적인 C++ 소프트웨어 개발에 미치는 영향은 아주 크다. 람다가 없을 때에는 STL의 "_if" 알고리즘들(이를테면 std::find_if, std::remove_if, std::count_if 등)이 가장 자명한 술어(predicate)들 하고만 함께 쓰이는 경향이 있지만, 람다가 있으면 그런 알고리즘들을 자명하지 않은 조건들과 함께 사용하는 사례가 폭발적으로 늘어난다. 비교 함수로 커스텀화할 수 있는 알고리즘들(이를테면 std::sort, std::nth_element, std::lower_bound 등)에 대해서도 마찬가지이다. 람다는 STL 이외의 표준 라이브러리 구성요소들에서도 유용하게 쓰인다. 이를테면 std::unique_ptr와 std::shared_ptr(항목 18과 19 참고)를 위한 커스텀 삭제자를 간단하게 만들어 낼 수 있고, 다중 스레드 API의 조건 변수를 위한 술어를 지정하는 것도 그만큼이나 간단하다(항목 39 참고). 표준 라이브러리 바깥에서도, 람다는 콜백 함수나 인터페이스 적응(adaption) 함수, 단발성(일회성) 호출을 위한 문맥 국한적 함수를 즉석에서 지정할 때 아주 유용하다. 람다 덕분에 C++이 정말로 좀 더 쾌적한 프로그래밍 언어가 된다.

람다와 관련된 용어에 익숙하지 않은 독자를 위해 간단히 정리하자면:

- **람다 표현식**(lambda expression)은 이름 그대로 하나의 표현식으로, 소스 코드의 일부이다. 다음 예에서 강조된 부분이 람다 표현식이다.

```
std::find_if(container.begin(), container.end(),
             [](int val) { return 0 < val && val < 10; });
```

- **클로저**closure는 람다에 의해 만들어진 실행시점 객체이다. 갈무리 모드(capture mode)에 따라, 클로저가 갈무리된 자료의 복사본을 가질 수도 있고 그 자료에 대한 참조를 가질 수도 있다. 위의 std::find_if 호출에서 클로저는 실행시점에서 std::find_if의 셋째 인수로 전달되는 객체이다.

- **클로저 클래스**는 클로저를 만드는 데 쓰인 클래스를 말한다. 각각의 람다에 대해 컴파일러는 고유한 클로저 클래스를 만들어 낸다. 람다 안의 문장들은 해당 클로저 클래스의 멤버 함수들 안의 실행 가능한 명령들이 된다.

람다는 함수의 인수로만 쓰이는 클로저를 생성하는 데 자주 쓰인다. 앞에 나온 std::find_if 호출이 그런 경우이다. 그러나 일반적으로 클로저를 복사하는 것도 가능하므로, 하나의 람다에 대응되는 하나의 클로저 형식으로부터 여러 개의 클로저를 만들어 내는 것도 일반적으로 가능하다. 예를 들어 다음 코드를 보자.

```
{
  int x;                              // x는 지역 변수
  …
  auto c1 =                           // c1은 람다에 의해
    [x](int y) { return x * y > 55; }; // 만들어진 클로저의
                                      // 복사본

  auto c2 = c1;                       // c2는 c1의 복사본

  auto c3 = c2;                       // c3은 c2의 복사본

  …
}
```

이 코드에서 c1과 c2, c3은 모두 람다가 산출한 클로저의 복사본이다.

공식적인(formal) 논의가 아닌 문맥에서는 람다, 클로저, 클로저 클래스의 구분을 흐린다고 해서 크게 문제가 되지는 않는다. 그러나 이번 장의 항목들에서는 컴파일 시점에서 존재하는 것(람다와 클로저 클래스)과 실행시점에서 존재하는 것(클로저)을 구분하는 것이, 그리고 그들 사이의 관계를 명확히 하는 것이 중요한 경우가 많다.

항목 31: 기본 갈무리 모드를 피하라

C++11의 기본 갈무리 모드(default capture mode)는 두 가지로, 하나는 참조에 의한(by-reference) 갈무리 모드(줄여서 참조 갈무리 모드)이고 또 하나는 값에 의한(by-value) 갈무리 모드(줄여서 값 갈무리 모드)이다. 기본 참조 갈무리에서는 참조가 대상을 잃을(dangling) 위험이 있다. 기본 값 갈무리는 두 가지 오해를 유발한다는 점에서 위험하다. 첫째로, 기본 값 갈무리에서는 참조가 대상을 잃는 문제가 없을 것 같지만, 사실은 그렇지 않다. 둘째로, 기본 값 갈무리 모드는 자기 완결적(self-contained)일 것 같지만, 그렇지 않은 경우도 있다.

관리자를 위해 이번 항목을 요약한다면 위와 같은 문단이 될 것이다. 그러나 관리자보다는 기술자에 가까운 독자라면 그러한 뼈대에 살을 좀 더 붙이길 원할 것이다. 그럼 기본 참조 갈무리의 위험부터 살펴보자.

참조 갈무리를 사용하는 클로저는 지역 변수 또는 람다가 정의된 범위에서 볼 수 있는 매개변수에 대한 참조를 가지게 된다. 람다에 의해 생성된 클로저의 수명이 그 지역 변수나 매개변수의 수명보다 오래 지속되면, 클로저 안의 참조는 대상을 잃는다. 예를 들어 int 하나를 받아서 그 값이 필터를 만족하는지를 뜻하는 bool 하나를 돌려주는 필터링 함수들을 담는 컨테이너가 있다고 하자.

```
using FilterContainer =                    // using에 관해서는 항목
  std::vector<std::function<bool(int)>>;   // 9를, std::function에
                                           // 관해서는 항목 5를 보라

FilterContainer filters;                   // 필터링 함수들
```

다음은 이 컨테이너에 5의 배수를 선별하는 필터 함수를 추가하는 예이다.

```
filters.emplace_back(                      // emplace_back에
  [](int value) { return value % 5 == 0; } // 관해서는 항목 42를
);                                         // 보라
```

그런데 제수(divisor; 나누는 수)를 실행시점에서 계산해야 할 수도 있다. 즉, 5를 람다 안에 하드코딩할 수 없는 경우도 있을 것이다. 다음은 실행시점에서 계산한 제수를 사용하는 필터를 컨테이너에 추가하는 예이다.

```
void addDivisorFilter()
{
  auto calc1 = computeSomeValue1();
  auto calc2 = computeSomeValue2();

  auto divisor = computeDivisor(calc1, calc2);

  filters.emplace_back(                        // 위험!
    [&](int value) { return value % divisor == 0; }  // divisor에
```

```
  );                                              // 대한 참조가
}                                                 // 대상을 잃을
                                                  // 수 있음!
```

이 코드에는 문제의 소지가 있다. 람다는 지역 변수 divisor를 참조하는데, 그 변수는 addDivisorFilter가 반환되면 더 이상 존재하지 않게 된다. addDivisor Filter는 filters.emplace_back이 반환된 직후에 반환되므로, filters에 추가되는 필터 함수는 사실상 이미 "사망 상태로 도착"하는 셈이다. 그러한 필터는 거의 생성 직후부터 미정의 행동을 유발한다.

divisor의 참조 갈무리를 명시적으로 지정해도 여전히 같은 문제가 발생한다.

```
filters.emplace_back(
  [&divisor](int value)                   // 위험! 이번에도
  { return value % divisor == 0; }        // divisor 참조는
);                                        // 대상을 잃는다!
```

그러나 이러한 명시적 갈무리에는 이 람다 표현식의 유효성이 divisor의 수명에 의존한다는 점이 명확히 나타난다는 장점이 있다. 또한, 프로그래머가 "divisor" 라는 이름을 명시적으로 타자하다 보면 divisor가 적어도 람다의 클로저만큼은 살아 있어야 한다는 점을 깨닫게 될 가능성이 크다. 이는 "[&]"가 암시하는 "그 어떤 참조도 대상을 잃지 않게 해야 한다"라는 일반적인 경고보다 좀 더 구체적인 힌트이다.

클로저가 즉시 사용되며(이를테면 STL 알고리즘에 전달해서) 복사되지는 않을 것을 알고 있다면, 클로저가 가진 참조가 해당 람다가 생성된 환경 안의 지역 변수나 매개변수보다 오래 살아남을 위험은 없다. 그렇다면 참조가 대상을 잃는 일도 생기지 않을 것이므로 기본 참조 갈무리 모드를 피할 필요도 없지 않을까? 예를 들어 앞의 필터링 람다를 C++11의 std::all_of(한 구간의 모든 요소가 주어진 조건을 만족하는지의 여부를 돌려주는 알고리즘)의 인수로만 사용한다면 어떨까?

```
template<typename C>
void workWithContainer(const C& container)
{
  auto calc1 = computeSomeValue1();              // 이전과 동일
  auto calc2 = computeSomeValue2();              // 이전과 동일

  auto divisor = computeDivisor(calc1, calc2);   // 이전과 동일

  using ContElemT = typename C::value_type;      // 컨테이너에
                                                 // 담긴 요소들의
                                                 // 형식
```

```
    using std::begin;                           // 일반성을 위해;
    using std::end;                             // 항목 13을
                                                // 보라

    if (std::all_of(                            // 컨테이너의 모든
        begin(container), end(container),       // 값이 divisor의
        [&](const ContElemT& value)             // 배수인가?
        { return value % divisor == 0; })       //
        ) {
    …                                           // 그런 경우
    } else {
    …                                           // 적어도 하나는
    }                                           // 아닌 경우
}
```

이 코드가 안전한 것은 사실이나, 그 안전성은 깨지기 쉽다. 이 람다가 다른 문맥에서도 유용할(이를테면 filters 컨테이너에 하나의 함수로 추가하는 등) 것으로 생각한 어떤 프로그래머가 람다를 복사해서 그 문맥에 붙여넣을 수도 있다. 그런데 그 문맥에서 divisor가 클로저보다 먼저 소멸한다면, 앞에서 살펴본 참조가 대상을 잃는 문제가 발생하게 된다. 람다의 갈무리 절에 divisor의 수명을 분석해 봐야 한다는 점을 알려주는 힌트가 전혀 없으므로, 프로그래머로서는 그런 문제를 인식하기가 쉽지 않다.

장기적으로 볼 때, 람다가 의존하는 지역 변수들과 매개변수를 명시적으로 나열하는 것이 더 나은 소프트웨어 공학임은 확실하다.

한편, C++14에서는 람다의 매개변수를 지정할 때 auto를 사용할 수 있으므로 앞에 나온 코드를 좀 더 간단하게 표현하는 것이 가능하다. typedef ContElemT를 생략할 수 있으며, if 조건을 다음과 같이 고칠 수 있다.

```
    if (std::all_of(begin(container), end(container),
                    [&](const auto& value)          // C++14
                    { return value % divisor == 0; }))
```

divisor와 관련된 문제를 해결하는 한 가지 방법은 기본 값 갈무리 모드를 사용하는 것이다. filters에 람다를 다음과 같이 추가하면 된다.

```
    filters.emplace_back(                           // 이제는
      [=](int value) { return value % divisor == 0; }   // divisor가
    );                                              // 대상을 잃지
                                                    // 않음
```

이 예제에서는 이것으로 충분하나, 기대와는 달리 일반적으로는 기본 값 갈무리가 대상을 잃은 문제에 대한 특효약이 아니다. 이런 문제가 있기 때문이다: 포인터를 값으로 갈무리하면 그 포인터는 람다에 의해 생성된 클로저 안으로 복사되는데, 람다 바깥의 어떤 코드가 그 포인터를 delete로 삭제하지 않는다는 보장은 없으며, 그런 일이 발생하면 포인터 복사본은 지칭 대상을 잃게 된다.

"그런 일은 일어날 수 없다"라고 주장하는 독자도 있을 것이다. 아마 "제4장을 읽고 나는 똑똑한 포인터의 신봉자가 되었다. 생 포인터와 delete는 멍청한 C++98 프로그래머들이나 사용하는 것이다"라고 생각할 수도 있겠다. 그것이 사실일 수도 있지만, 독자는 사실 생 포인터를 사용하고 있으며, 따라서 다른 어떤 코드가 독자도 모르게 그 생 포인터를 delete로 삭제할 수 있다는 점에는 변함이 없다. 현대적인 C++ 프로그래밍 스타일에서는 그러한 생 포인터의 존재가 소스 코드에 잘 드러나지 않는 경우가 많다.

Widget 클래스가 필터들의 컨테이너에 필터 함수를 추가하는 능력을 갖추고 있다고 가정하자.

```
class Widget {
public:
  …                               // 생성자 등등
  void addFilter() const;         // 필터를 filters에 추가

private:
  int divisor;                    // Widget의 필터에 쓰인다
};
```

다음은 Widget::addFilter의 구현 예이다.

```
void Widget::addFilter() const
{
  filters.emplace_back(
    [=](int value) { return value % divisor == 0; }
  );
}
```

모르는 게 약이라는 말처럼, 잘 모르는 사람에게는 이것이 안전한 코드로 보일 것이다. 람다는 divisor에 의존하는데, 값 갈무리 모드에서는 divisor의 값이 람다가 생성하는 클로저 안으로 복사되므로 안전하지 않겠냐는 것이 그런 사람의 생각일 것이다.

그러나 그 생각은 완전히, 철저히, 치명적으로 틀렸다.

갈무리는 오직 람다가 생성된 범위 안에서 보이는, static이 아닌 지역 변수(매개변수 포함)에만 적용된다. Widget::addFilter의 본문에서 divisor는 지역 변수가 아니라 클래스의 한 자료 멤버이므로 갈무리될 수 없다. 그렇지만, 만일 기본 갈무리 모드를 뜻하는 =를 제거하면 코드는 컴파일되지 않는다.

```
void Widget::addFilter() const
{
  filters.emplace_back(                               // 오류!
    [](int value) { return value % divisor == 0; }    // divisor를
  );                                                  // 사용할 수
}                                                     // 없음
```

더 나아가서, divisor를 명시적으로 갈무리하려는(값으로 갈무리하든 참조로 갈무리하든 마찬가지) 갈무리 절은 컴파일되지 않는다. divisor가 지역 변수도 아니고 매개변수도 아니기 때문이다.

```cpp
void Widget::addFilter() const
{
  filters.emplace_back(
    [divisor](int value)                // 오류! 갈무리할 지역
    { return value % divisor == 0; }    // divisor가 없음
  );
}
```

값 갈무리 절이 divisor를 갈무리하는 것도 아니고, 그렇다고 기본 값 갈무리 절이 없으면 코드가 컴파일되지도 않는다는 것은 이해하기 힘든 일이다. 왜 이런 일이 생기는 것일까?

그 이유는 암묵적으로 어떤 생 포인터가 쓰이기 때문이다. 바로 this이다. 모든 비static 멤버 함수에는 this 포인터가 있으며, 클래스의 멤버 함수를 언급할 때마다 그 포인터가 쓰인다. 예를 들어 Widget의 임의의 멤버 함수에서 컴파일러는 내부적으로 divisor를 this->divisor로 대체한다. 다음처럼 기본 값 갈무리를 사용하는 Widget::addFilter 버전에서,

```cpp
void Widget::addFilter() const
{
  filters.emplace_back(
    [=](int value) { return value % divisor == 0; }
  );
}
```

람다가 클로저 안에 갈무리하는 것은 divisor가 아니라 Widget의 this 포인터이다. 컴파일러는 이 코드를 마치 다음과 같은 것으로 취급한다.

```cpp
void Widget::addFilter() const
{
  auto currentObjectPtr = this;

  filters.emplace_back(
    [currentObjectPtr](int value)
    { return value % currentObjectPtr->divisor == 0; }
  );
}
```

이점을 이해한다면, 이 람다에서 만들어진 클로저의 유효성이 해당 Widget 객체(클로저가 가진 this 복사본의 원본에 해당하는)의 수명에 의해 제한된다는 점도 이해할 수 있을 것이다. 구체적인 예로, 제4장의 조언에 따라 똑똑한 포인터를 사용하는 다음과 같은 코드를 생각해 보자.

```
  using FilterContainer =                   // 이전과 동일
    std::vector<std::function<bool(int)>>;

  FilterContainer filters;                  // 이전과 동일

  void doSomeWork()
  {
    auto pw =                               // Widget을 생성한다;
      std::make_unique<Widget>();           // std::make_unique에
                                            // 관해서는 항목 21을 보라

    pw->addFilter();                        // Widget::divisor를
                                            // 사용하는 필터를 추가한다
    ...                                     // 여기서 Widget이 파괴된다;
  }                                         // 이제 filters에는 대상을
                                            // 잃은 포인터가 존재한다
```

호출 시 doSomeWork 함수는 std::make_unique로 생성한 Widget 객체에 의존하는,
즉 그 Widget의 this 포인터의 복사본을 담은 필터를 생성해서 filters에 추가한
다. 그런데 doSomeWork가 종료되면 std::unique_ptr의 수명 관리(항목 18 참고)
에 의해 그 Widget이 파괴된다. 그때부터 filters는 대상을 잃은 포인터를 가진
상태가 된다.

지금 이 문제는 갈무리하려는 자료 멤버의 지역 복사본을 만들어서 그 복사
본을 갈무리하면 해결된다.

```
  void Widget::addFilter() const
  {
    auto divisorCopy = divisor;                 // 자료 멤버를 복사한다

    filters.emplace_back(
      [divisorCopy](int value)                  // 복사본을 갈무리한다
      { return value % divisorCopy == 0; }      // 복사본을 사용한다
    );
  }
```

사실 이 접근방식을 사용한다면 기본 값 갈무리 모드도 잘 작동한다.

```
  void Widget::addFilter() const
  {
    auto divisorCopy = divisor;                 // 자료 멤버를 복사한다

    filters.emplace_back(
      [=](int value)                            // 복사본을 갈무리한다
      { return value % divisorCopy == 0; }      // 복사본을 사용한다
    );
  }
```

그러나 위험을 자초할 필요는 없다. 애초에, divisor를 갈무리하려 했는데 사실
은 this가 갈무리되게 한 장본인이 바로 기본 갈무리 모드이다.

C++14에는 자료 멤버를 갈무리하는 더 나은 방법이 있다. 바로, 일반화된 람
다 갈무리(항목 32 참고)를 사용하는 것이다.

```
void Widget::addFilter() const
{
  filters.emplace_back(                   // C++14:
    [divisor = divisor](int value)        // divisor를 클로저에 복사한다
    { return value % divisor == 0; }      // 복사본을 사용한다
  );
}
```

그런데 일반화된 람다 갈무리에는 기본 갈무리 모드라는 것이 없으므로 C++14에서도 기본 갈무리 모드를 피하라는 이 항목의 조언은 유효하다.

값에 의한 기본 갈무리 모드의 또 다른 단점은, 해당 클로저가 자기 완결적이고 클로저 바깥에서 일어나는 자료의 변화로부터 격리되어 있다는 오해를 부를 수 있다는 점이다. 일반적으로 그것은 정말로 오해이다. 왜냐하면 람다가 지역 변수와 매개변수(갈무리가 가능한)뿐만 아니라 **정적 저장소 수명 기간**(static storage duration)을 가진 객체에도 의존할 수 있기 때문이다. 전역 범위나 이름공간 범위에서 정의된 객체와 클래스, 함수, 파일 안에서 static으로 선언된 객체가 그런 객체에 해당한다. 그런 객체를 람다 안에서 사용할 수는 있지만, 갈무리할 수는 없다. 그러나 기본 값 갈무리 모드의 표기는 마치 그런 객체도 모두 갈무리된다는 느낌을 준다. 앞에 나온 addDivisorFilter를 조금 수정한 예를 보자.

```
void addDivisorFilter()
{
  static auto calc1 = computeSomeValue1();    // 이제는 정적 변수
  static auto calc2 = computeSomeValue2();    // 이제는 정적 변수

  static auto divisor =                        // 이제는 정적 변수
    computeDivisor(calc1, calc2);

  filters.emplace_back(
    [=](int value)                             // 아무 것도 갈무리하지 않음!
    { return value % divisor == 0; }           // 위의 정적 변수를 지칭한다
  );

  ++divisor;                                    // divisor를 수정한다
}
```

이 코드를 무심코 읽다가 "[=]"를 보고는 "이 람다는 자신이 사용하는 모든 객체의 복사본을 만든다. 따라서 자기 완결적이다"라고 오해하는 프로그래머가 틀림없이 있을 것이다. 그러나 사실 이 람다는 자기 완결적이지 않다. 이 람다는 그어떤 비정적 지역 변수도 사용하지 않으므로, 아무것도 갈무리하지 않는다. 오히려 이 람다의 코드는 static 변수 divisor를 지칭한다. addDivisorFilter의 각호출의 끝에서 divisor가 증가하며, 따라서 이 함수를 통해서 filters에 추가된 람다는 이전과는 다른 행동(divisor의 새 값에 상응하는)을 보이게 된다. 현실적

으로 이 람다는 divisor를 참조로 갈무리한 것과 같으며, 이는 기본 값 갈무리 모드가 뜻하는 바와 직접적으로 모순이 된다. 애초에 기본 값 갈무리 모드를 사용하지 않는다면 이처럼 오해의 여지가 큰 코드가 만들어질 위험도 사라진다.

기억해 둘 사항들

☑ 기본 참조 갈무리는 참조가 대상을 잃을 위험이 있다.

☑ 기본 값 갈무리는 포인터(특히 this)가 대상을 잃을 수 있으며, 람다가 자기 완결적이라는 오해를 부를 수 있다.

항목 32: 객체를 클로저 안으로 이동하려면 초기화 갈무리를 사용하라

종종 값 갈무리도, 참조 갈무리도 마땅치 않은 경우가 있다. 이동 전용 객체(이를테면 std::unique_ptr나 std::future 등)를 클로저 안으로 들여오려는 경우가 좋은 예이다. 그러나 C++11에는 그렇게 할 방법이 없다. 또한, 복사는 비싸고 이동은 저렴한 객체(이를테면 표준 라이브러리의 컨테이너들 대부분)를 클로저 안으로 들여온다면 복사보다는 이동이 적용되게 하는 것이 바람직한데, 역시 C++11에는 그렇게 할 방법이 없다.

그러나 그것은 C++11의 이이야기고, 다행히 C++14에서는 상황이 다르다. C++14는 객체를 클로저 안으로이동하는 수단을 직접 제공한다. C++14를 준수하는 컴파일러를 사용하는 독자라면 기뻐할 일이다. 계속 읽어 나가길 바란다. C++11 컴파일러에 머무르고 있는 독자라면, 역시 기뻐하며 계속 읽기 바란다. C++11에서 이동 갈무리를 흉내 내는 방법들이 있다.

이동 갈무리가 없다는 점은 C++11을 채용하던 도중에도 결점으로 간주되었으므로, C++14에 그 해결책이 추가된 것은 당연한 일이다. 그런데 표준 위원회가 단지 이동 갈무리 문제에 대한 직접적인 해결책만 추가하지는 않았다. 위원회는 훨씬 더 유연한 새 갈무리 메커니즘을 도입했다. 이동에 의한 갈무리는 그 메커니즘으로 할 수 있는 일 중 하나일 뿐이다. 새로운 갈무리 메커니즘은 바로 **초기화 갈무리**(init capture)라는 것이다. 초기화 갈무리로는 C++11의 갈무리 모드들이 할 수 있는 모든 것을 할 수 있으며, 그 외의 여러 가지 것들도 할 수 있다. 초기화 갈무리로 표현할 수 없는 것 하나는 기본 갈무리 모드인데, 항목 31에서 설명하듯이 어차피 기본 갈무리 모드는 피해야 한다. (C++11의 갈무리로 할 수 있는 것을 초기화 갈무리로 표현하려면 코드가 약간 더 장황해지기 때문에, C++11의 갈무리로 가능한 것은 그냥 C++11의 갈무리를 사용하는 것이 완벽하게 합당하다.)

초기화 갈무리로는 다음과 같은 것들을 지정할 수 있다.

1. 람다로부터 생성되는 클로저 클래스에 속한 **자료 멤버의 이름**
2. 그 자료 멤버를 초기화하는 **표현식**

다음은 초기화 갈무리를 이용해서 std::unique_ptr를 클로저 안으로 이동하는 예이다.

```cpp
class Widget {                              // 어떤 유용한 형식
public:
  …

  bool isValidated() const;
  bool isProcessed() const;
  bool isArchived() const;

private:
  …
};

auto pw = std::make_unique<Widget>();   // Widget을 생성한다;
                                        // std::make_unique에
                                        // 관해서는 항목 21을 보라

…                                       // 여기서 *pw를 조작한다

auto func = [pw = std::move(pw)]             // 클로저의 자료 멤버를
              { return pw->isValidated()     // std::move(pw)로
                && pw->isArchived(); };      // 초기화한다
```

강조된 부분이 초기화 갈무리이다. "="의 좌변은 클로저 클래스 안의 자료 멤버(클로저에서 사용할)의 이름이고, 우변은 그것을 초기화하는 표현식이다. 홍미로운 점은, "="의 좌변과 우변의 범위가 다르다는 것이다. 좌변의 범위는 해당 클로저 클래스의 범위이고, 우변의 범위는 람다가 정의되는 지점의 범위와 동일하다. 위의 예에서 "=" 좌변의 이름 pw는 클로저 클래스 안의 자료 멤버를 지칭하는 반면 우변의 이름 pw는 람다 이전에 선언된 객체, 즉 std::make_unique 호출로 초기화한 변수를 지칭한다. 즉, "pw = std::move(pw)"는 "클로저 안에서 자료 멤버 pw를 생성하되, 지역 변수 pw에 std::move를 적용한 결과로 그 자료 멤버를 초기화하라"는 뜻이다.

다른 경우와 마찬가지로, 람다 본문의 코드는 클로저 클래스의 범위 안에 있으므로, 본문에 있는 pw는 클로저 클래스의 해당 자료 멤버를 지칭한다.

이 예에서 "여기서 *pw를 조작한다"라는 주석은, std::make_unique로 Widget을 생성하는 시점과 그 Widget을 가리키는 std::unique_ptr를 람다로 갈무리하는 시점 사이에서 그 Widget을 어떤 방식으로든 수정함을 뜻한다. 만일 그런 수정이 필요하지 않다면, 즉 std::make_unique로 생성한 직후의 Widget이 이미 람다로 갈무리하기에 적합한 상태라면, 지역 변수 pw는 필요하지 않다. 그냥 다음과 같이 클로저 클래스의 자료 멤버를 std::make_unique로 직접 초기화하면 된다.

```
auto func = [pw = std::make_unique<Widget>()]  // 클로저 안의 자료
                { return pw->isValidated()      // 멤버를 make_
                      && pw->isArchived(); };    // unique 호출
                                                 // 결과로 초기화
```

C++11에서는 어떤 표현식의 결과를 갈무리하는 것이 불가능했지만, 이 예에서 보듯이 C++14에서는 가능하다. 이 점을 생각하면, C++14의 '갈무리' 개념이 C++11에 비해 훨씬 더 일반화되었음이 명확하다. 그래서 초기화 갈무리를 **일반화된 람다 갈무리**(generalized lambda capture)라고 부르기도 한다.

그런데 독자가 사용하는 컴파일러 중 C++14의 초기화 갈무리를 아직 지원하지 않는 것들이 있을 수도 있다. 이동 갈무리를 지원하지 않는 언어에서 이동 갈무리를 수행하려면 어떻게 해야 할까?

람다 표현식은 그냥 컴파일러가 하나의 클래스를 자동으로 작성해서 그 클래스의 객체를 생성하게 만드는 수단일 뿐임을 기억하기 바란다. 람다로 할 수 있는 그 어떤 일이라도, 그런 클래스를 직접 만들어서 수행하는 것이 얼마든지 가능하다. 예를 들어 다음은 방금 본 C++14 예제와 같은 일을 수행하는 C++11 코드이다.†

```
class IsValAndArch {                              // 유효성 및 보관 여부
public:                                           // (validated and
  using DataType = std::unique_ptr<Widget>;       // archived)를 판정

  explicit IsValAndArch(DataType&& ptr)           // std::move는
  : pw(std::move(ptr)) {}                          // 항목 25에서 설명한다

  bool operator()() const
  { return pw->isValidated() && pw->isArchived(); }
```

---

† (옮긴이) 이 코드의 마지막 줄은 std::make_unique를 사용하는데, 원서 정오표에서 지적하듯이(그리고 항목 21에서 보듯이) C++11에는 std::make_unique가 없다. 혹시 독자가 실제로 이런 형태의 코드를 작성할 있이 있다면 make_unique를 직접 구현해서 사용하면 될 것이다(항목 21의 도입부에 예제 구현이 있다).

```
private:
  DataType pw;
};

auto func = IsValAndArch(std::make_unique<Widget>());
```

람다를 작성할 때보다 타자량이 많긴 하지만, C++11에서 자료 멤버의 이동 초기화를 지원하는 클래스가 필요할 때 키보드와 조금만 더 시간을 보내면 원하는 바를 이룰 수 있다는 점은 변하지 않는다.

그러나 람다가 워낙 편하므로, 람다를 고집하는 프로그래머가 많을 것이다. 다행히 C++11에서 이동 갈무리를 흉내 내는 방법이 있다. 다음과 같다.

1. **갈무리할 객체를 std::bind가 산출하는 함수 객체로 이동하고,**
2. **그 '갈무리된' 객체에 대한 참조를 람다에 넘겨준다.**

std::bind에 익숙한 독자라면 이런 기법을 사용하는 코드를 즉시 이해할 수 있을 것이다. std::bind에 익숙하지 않은 독자라면 이런 코드를 이해하는 데 시간이 걸리겠지만, 시간을 투자할 가치가 있다.

지역 std::vector를 생성해서 거기에 적절한 값들을 추가한 후 클로저 안으로 이동한다고 하자. C++14에서는 쉽다.

```
std::vector<double> data;                  // 클로저 안으로 이동할
                                           // 객체

...                                        // data에 자료를 채운다

auto func = [data = std::move(data)]       // C++14의 초기화 갈무리
            { /* 여기서 data를 사용 */ };
```

강조된 부분, 즉 이동할 객체의 형식(std::vector<double>)과 그 객체의 이름 (data), 그리고 초기화 갈무리를 위한 초기화 표현식(std::move(data))이 이번 예제의 핵심이다. 다음은 이에 상응하는 C++11 코드인데, 같은 핵심 부분들을 강조했다.

```
std::vector<double> data;                  // 이전과 동일

...                                        // 이전과 동일

auto func =
  std::bind(
    [](const std::vector<double>& data)    // C++11에서 초기화
    { /* 여기서 data를 사용 */ },           // 갈무리를 흉내 내는
    std::move(data)                        // 방법
  );
```

람다 표현식처럼 std::bind는 함수 객체를 산출한다. 나는 std::bind가 돌려주는 함수 객체를 **바인드 객체**라고 부른다. std::bind의 첫 인수는 호출 가능한 객체이고, 나머지 인수들은 그 객체에 전달할 값들을 나타낸다.

바인드 객체는 std::bind에 전달된 모든 인수의 복사본들을 포함한다. 각 왼값 인수에 대해, 바인드 객체에는 그에 해당하는 복사 생성된 객체가 있다. 각 오른값에 대해서는 이동 생성된 객체가 있다. 이 예에서 둘째 인수는 오른값이다(std::move의 결과이므로 - 항목 23 참고). 따라서 data는 바인드 객체 안으로 이동된다. 이 이동 생성이 바로 이동 객체 흉내의 핵심이다. 즉, 오른값을 바인드 객체 안으로 이동함으로써 오른값의 이동이 불가능하다는 C++11 클로저의 한계를 우회한다.

바인드 객체가 '호출'되면(즉, 해당 함수 호출 연산자가 실행되면), 바인드 객체에 저장된 인수들이 애초에 std::bind 호출 시 첫 인수로 지정한 호출 가능 객체에 전달된다. 이 예에서는, func(바인드 객체)가 호출되면 func에 저장된 data의 복사본(이동 생성된)이 std::bind 호출 시 지정한 람다에 하나의 인수로서 전달된다.

이 람다는 C++14 버전에서 사용한 람다와 같되, 이동 갈무리 흉내용 객체에 해당하는 data 매개변수가 추가되었다는 차이가 있다. 이 매개변수는 바인드 객체 안의 data 복사본에 대한 왼값 참조이다. (오른값 참조가 아님을 주의할 것. 비록 data의 복사본을 초기화하는 데 쓰인 표현식("std::move(data)")은 오른값이지만, data의 복사본 자체는 왼값이다.) 따라서, 람다 본문 안에서 data를 사용하는 코드는 바인드 객체 안의 이동 생성된 data 복사본을 사용하게 된다.

기본적으로, 람다로부터 만들어진 클로저 클래스의 operator() 멤버 함수는 const이다. 이 때문에 람다 본문 안에서 클로저의 모든 자료 멤버는 const가 된다. 그러나 바인드 객체 안의 이동 생성된 data 복사본은 const가 아니다. 람다 안에서 data 복사본이 수정되지 않게 하려면 지금 예제에서처럼 람다의 매개변수를 const에 대한 참조로 선언해야 한다. 만일 변이 가능한 람다를 사용한다면, 즉 람다를 mutable로 선언하면, 해당 클로저 클래스의 operator()는 const로 선언되지 않을 것이므로 람다의 매개변수 선언에서 const를 제거해야 마땅하다.

```
auto func =
  std::bind(                          // C++11에서 mutable
    [](std::vector<double>& data) mutable  // 람다의 초기화 갈무리를
    { /* 여기서 data를 사용 */ },           // 흉내 내는 방법
    std::move(data)
  );
```

바인드 객체는 std::bind에 전달된 모든 인수의 복사본을 저장하므로, 이 예의 바인드 객체는 람다가 산출한 클로저(std::bind의 첫 인수)의 복사본도 저장한다. 따라서 그 클로저의 수명은 바인드 객체의 수명과 같다. 이는 클로저가 존재하는 한 이동 갈무리를 흉내 내는 객체를 담은 바인드 객체도 존재함을 뜻한다는 점에서 중요하다.

std::bind를 처음 접한 독자라면 적당한 C++11 참고서를 보고 std::bind를 공부해 둘 필요가 있겠다. 그렇지 않으면 이하의 논의에 나오는 세부사항들을 제대로 이해하지 못할 수 있다. 그렇다 하더라도, 다음과 같은 근본적인 요점들을 이해하는 데에는 문제가 없을 것이다.

- 객체를 C++11 클로저 안으로 이동 생성하는 것은 불가능하나, 객체를 C++11 바인드 객체 안으로 이동 생성하는 것은 가능하다.
- C++11에서 이동 갈무리를 흉내 내는 방법은, 객체를 바인드 객체 안으로 이동 생성하고, 이동 생성된 객체를 람다에 참조로 전달하는 것이다.
- 바인드 객체의 수명이 클로저의 수명과 같으므로, 바인드 객체 안의 객체들을 마치 클로저 안에 있는 것처럼 취급하는 것이 가능하다.

std::bind를 이용해서 이동 갈무리를 흉내 내는 또 다른 예제를 살펴보자. 다음은 앞에서 본, C++14의 클로저 안에서 std::unique_ptr를 생성하는 예이다.

```
auto func = [pw = std::make_unique<Widget>()]    // 이전과 동일,
            { return pw->isValidated()            // 클로저 안에서
                  && pw->isArchived(); };         // pw를 생성한다
```

그리고 다음은 이를 C++11에서 흉내 낸 것이다.

```
auto func = std::bind(
              [](const std::unique_ptr<Widget>& pw)
              { return pw->isValidated()
                    && pw->isArchived(); },
              std::make_unique<Widget>()
            );
```

사실 C++11 람다의 한계를 우회하기 위해 std::bind를 사용하는 방법을 제시한다는 것은 다소 모순적이다. 항목 34에서는 std::bind보다는 람다를 선호하라고 조언하기 때문이다. 그러나, 그 항목에서는 C++11에서 std::bind가 유용한 경우가 존재한다는 점도 지적하며, 지금이 바로 그런 경우 중 하나이다. (C++14에서는 초기화 갈무리와 auto 매개변수 덕분에 그런 경우들이 없다.)

기억해 둘 사항들

☑ 객체를 클로저 안으로 이동할 때에는 C++14의 초기화 갈무리를 사용하라.

☑ C++11에서는 직접 작성한 클래스나 std::bind로 초기화 갈무리를 흉내 낼 수
있다.

항목 33: std::forward를 통해서 전달할 auto&& 매개변수에는 decltype을 사용하라

C++14에서 가장 고무적인 기능은 **일반적 람다**(generic lambdas), 즉 매개변수 명
세에 auto를 사용하는 람다이다. 이 기능의 구현은 간단하다. 람다의 클로저 클
래스의 operator()를 템플릿 함수로 만들면 된다. 예를 들어 이런 람다를 생각해
보자.

```
auto f = [](auto x){ return normalize(x); };
```

이 람다가 산출하는 클로저 클래스의 함수 호출 연산자는 다음과 같은 모습
이다.

```
class 컴파일러가_만든_어떤_클래스_이름 {
public:
  template<typename T>                    // auto 반환 형식은
  auto operator()(T x) const              // 항목 3을 보라
  { return normalize(x); }

  …                                       // 클로저 클래스의
};                                        // 나머지 기능들
```

이 예제에서 람다는 매개변수 x를 그냥 normalize로 전달하기만 한다. 만일
normalize가 왼값과 오른값을 다른 방식으로 처리한다면 이 람다는 제대로 작성
한 것이 아니다. 이 람다는 normalize에 항상 왼값(매개변수 x)을 전달하기 때문
이다. 자신에게 주어진 인수가 오른값이라면 왼값이 아니라 오른값을 전달해야
마땅하다.

제대로 하려면, 람다가 x를 normalize에 완벽하게 전달해야 한다. 그러려면
코드에서 바꿀 점이 두 가지인데, 첫째로 x가 보편 참조(항목 24 참고)이어야 하
고, 둘째로 x를 std::forward(항목 25 참고)를 통해서 normalize에 전달해야 한
다. 코드를 그렇게 고치는 것은 개념적으로는 자명하다.

```
auto f = [](auto&& x)
        { return normalize(std::forward<???>(x)); };
```

그러나 개념과 현실 사이에는 std::forward에 지정할 형식이 무엇이냐는 질문이

있다. 간단히 말해서, ??? 대신 무엇을 써넣어야 할까?

보통의 경우 완벽 전달은 형식 매개변수 T를 받는 템플릿 함수 안에서 사용한다. 그런 경우에는 그냥 std::forward<T>라고 하면 그만이다. 그러나 일반적 람다에는 그런 식으로 사용할 형식 매개변수 T가 없다. 람다가 산출하는 클로저 클래스의 템플릿 operator()에는 T가 있지만 람다에서 그 T를 지칭할 수는 없으므로 무용지물이다.

항목 28에서 설명하듯이, 보편 참조 매개변수에 왼값 인수를 넘겨주면 그 매개변수의 형식은 왼값 참조가 되고, 오른값을 넘겨주면 오른값 참조가 된다. 따라서, 이 람다에 주어진 인수가 왼값인지 오른값인지는 매개변수 x의 형식을 조사해 보면 알 수 있다. 그러한 조사에 사용할 수 있는 수단이 바로 decltype(항목 3 참고)이다. 만일 왼값이 전달되었다면 decltype(x)는 왼값 참조에 해당하는 형식을 산출하고, 오른값이 전달되었다면 decltype(x)는 오른값 참조 형식을 산출한다.

항목 28에서는 std::forward 호출 시 전달할 인수가 왼값임을 나타내기 위해서는 왼값 참조 형식 인수를 사용하고 오른값임을 나타내기 위해서는 비참조 형식 인수를 사용하는 것이 관례라는 점도 설명한다. 지금 예에서 만일 x가 왼값에 묶였다면 decltype(x)는 왼값 참조를 산출한다. 이는 관례에 맞는다. 그러나 x가 오른값에 묶였다면 decltype(x)는 오른값 참조를 산출하는데, 이는 관례(비참조)와는 맞지 않는다.

그러나 항목 28에 나온, std::forward의 C++14 구현을 다시 살펴보자.

```
template<typename T>                         // 이름공간
T&& forward(remove_reference_t<T>& param)    // std 안에서
{
  return static_cast<T&&>(param);
}
```

일반적으로, 클라이언트 코드가 Widget 형식의 오른값을 완벽하게 전달할 때에는 그 Widget 형식으로 std::forward를 인스턴스화할 것이다. 그런 경우 std::forward 템플릿은 다음과 같이 인스턴스화된다.

```
Widget&& forward(Widget& param)              // T가 Widget일 때의
{                                            // std::forward의
  return static_cast<Widget&&>(param);       // 인스턴스화 결과
}
```

그런데 클라이언트 코드가 Widget 형식의 동일한 오른값을 완벽 전달하되, T를 비참조 형식으로 지정하는 관례를 따르지 않고 오른값 참조 형식으로 지정하면

어떻게 될지도 생각해 보자. 즉, T를 Widget&&로 지정하면 어떻게 될까? 다음은 std::forward가 인스턴스화되고 std::remove_reference_t가 적용된 후의, 그러나 참조 축약(역시 항목 28 참고)이 적용되기 전의 std::forward 인스턴스의 모습이다.

```
Widget&& && forward(Widget& param)        // T가 Widget&&일 때의
{                                          // std::forward의
  return static_cast<Widget&& &&>(param);  // 인스턴스화 결과
}                                          // (참조 축약은 아직
                                           // 적용되지 않았음)
```

여기에 오른값 참조에 대한 오른값 참조는 단일한 오른값 참조가 된다는 참조 축약 규칙을 적용하면 std::forward 인스턴스는 다음과 같은 모습이 된다.

```
Widget&& forward(Widget& param)        // T가 Widget&&일 때의
{                                       // std::forward의
  return static_cast<Widget&&>(param);  // 인스턴스화 결과
}                                       // (참조 축약이 적용된
                                        // 이후)
```

이 인스턴스를 std::forward<Widget> 인스턴스, 즉 T를 Widget으로 지정해서 std::forward를 호출했을 때의 인스턴스와 비교해 보면 둘이 동일함을 알 수 있을 것이다. 즉, 오른값 참조 형식으로 std::forward를 인스턴스화한 결과는 비참조 형식으로 인스턴스화한 결과와 같다.

이는 멋진 소식이다. 람다의 매개변수 x에 주어진 인수가 오른값일 때 decltype(x)가 오른값 참조 형식을 산출한다는 뜻이기 때문이다. 람다에 왼값이 전달되었을 때 decltype(x)가 산출하는 형식(std::forward에 전달할)이 관례와 맞는 형식임은 앞에서 확인했다. 방금 확인한 것은, 람다에 오른값이 전달되었을 때 decltype(x)가 산출하는 형식이 관례와 맞지 않지 않아도, 어차피 관례적 형식을 사용했을 때와 같은 결과가 나온다는 점이다. 즉, 왼값이든 오른값이든 decltype(x)를 std::forward로 넘겨주면 우리가 원하는 결과가 된다. 결론적으로, 완벽 전달 람다는 다음과 같이 작성하면 된다.

```
auto f = [](auto&& x)
          {
            return
              normalize(std::forward<decltype(x)>(x));
          };
```

게다가, 다음처럼 마침표 세 개를 두 번 추가하면 매개변수 하나가 아니라 임의의 개수의 매개변수들을 받아서 완벽하게 전달하는 람다가 된다. 이는 C++14의 람다가 가변 인수를 지원하는 덕분이다.

```
auto f = [](auto&&... xs)
           {
             return
               normalize(std::forward<decltype(xs)>(xs)...);
           };
```

기억해 둘 사항들

☑ std::forward를 통해서 전달할 auto&& 매개변수에는 decltype을 사용하라.

항목 34: std::bind보다 람다를 선호하라

C++11의 std::bind는 C++98의 std::bind1st와 std::bind2nd의 후신이지만, 비공식적으로는 2005년부터 표준 라이브러리의 일부였다. 2005년에 표준 위원회가 TR1[†]이라는 문서를 발행했는데, 그 문서에 bind의 명세가 포함되어 있다. (TR1에서 bind는 지금과는 다른 이름공간에 있었다. TR1의 bind는 std::bind가 아니라 std::tr1::bind이다. 그리고 인터페이스 세부사항에도 몇 가지 차이점이 있다.) 이러한 역사는 std::bind를 10년 이상 다룬 경험이 있는 프로그래머들이 존재함을 말해준다. 독자도 그런 프로그래머라면, 그동안 잘 써먹은 도구를 버리고 싶지 않은 기분이 들 수도 있다. 이해 못 할 일은 아니지만, 이 경우에서 변화는 좋은 일이다. C++11에서는 람다가 거의 항상 std::bind보다 나은 선택이기 때문이다. 그리고 C++14에서는 람다가 거의 항상 나은 선택이 아니라 확고하게 우월한 선택이다.

이 항목은 독자가 std::bind에 익숙하다고 가정한다. 그렇지 않은 독자라면 std::bind의 기본적인 사항을 미리 공부한 후 읽어 나가길 권한다. 어차피 std::bind를 알아두는 것은 도움이 되는 일이다. 언제라도 std::bind를 사용하는 코드를 읽거나 유지보수해야 할 일이 생길 수 있기 때문이다.

항목 32에서처럼, std::bind가 돌려준 함수 객체를 바인드 객체라고 부르기로 한다.

std::bind보다 람다를 선호할 가장 중요한 이유는 람다가 가독성이 더 좋다는 것이다. 예를 들어 소리 나는 경보(alarm)를 설정하는 함수를 작성한다고 하자.

[†] (옮긴이) 참고로 TR1의 TR은 Technical Report, 즉 기술 보고서를 뜻한다. C++ 표준을 비롯한 ISO 표준은 적어도 5년은 변경 없이 유지해야 하는데, 프로그래밍 세계에서 5년은 상당히 긴 시간이다. 그래서 C++ 표준 위원회는 5년의 기간 도중에라도 표준을 고치거나 확장할 사항이 있으면 기술 보고서 형태로 발행하기로 했으며, 그 결과가 TR1이다. 현재는 Technical Report가 아니라 Technical Specification(기술 명세서), 줄여서 TS를 발행하도록 절차가 바뀌었다. 이름이 '보고서'에서 '명세서'로 바뀐 것은 이런 문서의 지위가 한층 격상되었음을 말해준다.

```
// 시간상의 한 지점을 대표하는 형식 별칭(using 구문은 항목 9 참고)
using Time = std::chrono::steady_clock::time_point;

// enum class에 관해서는 항목 10을 보라
enum class Sound { Beep, Siren, Whistle };

// 시간 길이를 나타내는 형식에 대한 별칭 선언
using Duration = std::chrono::steady_clock::duration;

// 시간 t에서 소리 s를 기간 d만큼 출력한다
void setAlarm(Time t, Sound s, Duration d);
```

더 나아가서, 프로그램의 어떤 지점에서 한 시간 후부터 30초간 소리를 내는 경보를 설정한다고 하자. 그런데 경보음은 미리 결정되지 않는다고 하자. 그런 경우 setAlarm에 대한, 소리만 지정하면 되는 인터페이스를 람다를 이용해서 작성해 두면 편리할 것이다.

```
// setSoundL('L'은 lambda를 뜻함)은 경보음을
// 직접 지정해서 한 시간 후부터 30초간 울리게
// 하는 함수 객체이다
auto setSoundL =
  [](Sound s)
  {
    // std::chrono의 구성요소들을 한정사 없이 사용할 수 있게 한다
    using namespace std::chrono;

    setAlarm(steady_clock::now() + hours(1),  // 한 시간 후부터
             s,                                // 지정된 경보음을
             seconds(30));                     // 30초 간 재생
  };
```

람다 안에서 setAlarm을 호출하는 부분을 강조해 두었다. 이 함수 호출은 그냥 평범해 보인다. 람다에 익숙하지 않은 독자라도, 람다에 전달된 매개변수 s가 setAlarm의 한 인수로 전달됨을 이해할 수 있을 것이다.

C++14에서는 C++11의 사용자 정의 리터럴 기능에 기초하는 표준 접미사(suffix)들을 이용해서 코드를 더욱 간결하게 만들 수 있다. 이를테면 초는 s, 밀리초는 ms, 시간은 h라는 접미사를 이용해서 지정하면 된다. 다음은 std::literals 이름공간에 구현되어 있는 이러한 접미사들을 이용해서 위의 코드를 다시 작성한 것이다.

```
auto setSoundL =
  [](Sound s)
  {
    using namespace std::chrono;
    using namespace std::literals;       // C++14 접미사들을 위해

    setAlarm(steady_clock::now() + 1h,   // C++14 버전;
             s,                          // 의미는 앞의
             30s);                       // 예제와 동일함
  };
```

이제 이와 같은 일을 하는 함수 객체를 std::bind를 이용해서 작성해 보자. 다음은 그 첫 번째 시도로, 오류가 포함되어 있다(잠시 후에 고칠 것이다). 정확한 코드는 이보다 복잡하지만, 이 단순화된 버전에도 짚고 넘어가야 할 몇 가지 중요한 사항이 있다.

```cpp
using namespace std::chrono;            // 이전과 동일
using namespace std::literals;

using namespace std::placeholders;      // _1을 사용하는 데 필요함

auto setSoundB =                        // B는 bind를 뜻함
  std::bind(setAlarm,
            steady_clock::now() + 1h,   // 문제가 있음! 아래 설명 참고
            _1,
            30s);
```

람다 버전에서처럼 setAlarm 호출 부분을 강조하고 싶었지만, 여기에는 강조할 호출이 없다. 이 코드에서 중요한 것은, setSoundB를 호출하면 std::bind 호출에 지정된 시간과 기간으로 setAlarm이 호출된다는 점뿐이다. 자리표(placeholder) "_1"을 처음 본 독자라면 그 부분이 사실상 마법으로 보일 것이다. 그리고 자리표 구문을 아는 독자라도, setSoundB 호출의 첫 인수가 setAlarm의 둘째 인수로 전달된다는 점을 파악하려면 머릿속에서 그 자리표의 번호를 std::bind 매개변수 목록에서의 그 자리표의 위치와 연결하려는 과정을 거쳐야 할 것이다. 그리고 std::bind 호출 부분만 봐서는 이 인수의 형식을 알 수 없으므로, setSoundB에 어떤 종류의 인수가 전달되는지 알려면 setAlarm 선언을 살펴봐야 한다.

그런데 앞에서 이야기했듯이 이 코드는 정확하지 않다. 람다 버전에서는 "steady_clock::now() + 1h"라는 표현식이 setAlarm에 전달되는 하나의 인수임이 명백하다. 그 표현식은 setAlarm이 호출되는 시점에서 평가된다. setAlarm을 호출한 시점에서부터 한 시간이 지난 후에 경보가 울려야 한다는 점에서 이는 합당한 일이다. 그러나 std::bind 호출에서 인수 "steady_clock::now() + 1h"는 setAlarm이 아니라 std::bind로 전달되며, 따라서 그 표현식이 평가되어서 나오는 시간이 std::bind가 생성한 바인드 객체에 저장된다. 결과적으로, 경보는 setAlarm을 호출하고 한 시간이 지난 후가 아니라 *std::bind를 호출하고 한 시간*이 지난 후에 울린다.

이 문제를 바로잡으려면, 그 표현식을 setAlarm 호출 때까지 지연하라고 std::bind에게 알려주어야 한다. 그러려면 첫 std::bind 안에 두 개의 함수 호출을 내포시켜야 한다.

```
auto setSoundB =
  std::bind(setAlarm,
            std::bind(std::plus<>(),
                      std::bind(steady_clock::now),
                      1h),
            _1,
            30s);
```

C++98의 std::plus 템플릿에 익숙한 독자라면 이 코드에서 꺾쇠 사이에 아무런 형식도 지정되어 있지 않다는 점이, 즉, "std::plus<*어떤 형식*>"이 아니라 "std::plus<>"라는 점이 의아할 것이다. 일반적으로 C++14에서는 표준 연산자 템플릿에 대한 템플릿 형식 인수를 생략할 수 있으며, 지금도 그런 일반적인 상황에 해당한다. C++11에는 이런 기능이 없으므로, 앞의 람다 버전에 상응하는 C++11의 std::bind 버전은 다음과 같은 모습이어야 한다.[†]

```
using namespace std::chrono;                    // 이전과 동일
using namespace std::placeholders;

auto setSoundB =
  std::bind(setAlarm,
            std::bind(std::plus<steady_clock::time_point>(),
                      std::bind(steady_clock::now),
                      hours(1)),
            _1,
            seconds(30));
```

이런 코드까지 보았는데도 여전히 람다를 더 선호할 생각이 없는 독자라면 시력을 의심해 보아야 할 것이다.

setAlarm을 중복적재하면 새로운 문제가 발생한다. 경보음의 크기, 즉 음량(volume)을 네 번째 매개변수로 받는 다음과 같은 중복적재 버전을 추가한다고 하자.

```
enum class Volume { Normal, Loud, LoudPlusPlus };

void setAlarm(Time t, Sound s, Duration d, Volume v);
```

람다는 예전처럼 작동한다. 중복적재 해소에 의해, setAlarm의 인수 세 개짜리 버전이 선택되기 때문이다.

```
auto setSoundL =                                // 이전과 동일
  [](Sound s)
```

---

† (옮긴이) 원서 정오표가 지적하듯이, 이 코드(setSoundB의 정의) 자체는 컴파일되지만 setSoundB를 실제로 호출하는 코드는 컴파일되지 않는다. std::plus<steady_clock::time_point>의 호출 연산자는 steady_clock::time_point 형식의 매개변수 두 개를 받지만 setSoundB는 time_point 하나와 steady_clock::duration 하나를 넘겨주려 하기 때문이다. 원서 정오표에는 주어진 시점과 기간으로부터 새로운 시점을 계산하는 함수 또는 함수 객체를 도입해서 이 문제를 해결하는 예가 나오는데, 별로 어렵지 않으므로 현대적 C++의 시간 관련 함수들을 시험한다는 취지에서 독자가 직접 시도해 보는 것도 좋을 것이다.

```
    {
      using namespace std::chrono;

      setAlarm(steady_clock::now() + 1h,      // OK; setAlarm의
                s,                              // 3 인수 버전을
                30s);                           // 호출한다
    };
```

반면 std::bind 버전은 컴파일되지 않는다.

```
    auto setSoundB =                                  // 오류! 어떤
      std::bind(setAlarm,                             // setAlarm인지?
                std::bind(std::plus<>(),
                          std::bind(steady_clock::now),
                          1h),
                _1,
                30s);
```

문제는, 컴파일러로서는 두 setAlarm 함수 중 어떤 것을 std::bind에 넘겨주어야 할지 결정할 방법이 없다는 것이다. 컴파일러가 알고 있는 것은 함수 이름뿐이며, 이름만으로는 중의성을 해소할 수 없다.

std::bind 호출이 컴파일되려면 setAlarm을 적절한 함수 포인터 형식으로 캐스팅해야 한다.

```
    using SetAlarm3ParamType = void(*)(Time t, Sound s, Duration d);

    auto setSoundB =                                           // 이제는
      std::bind(static_cast<SetAlarm3ParamType>(setAlarm),  // OK
                std::bind(std::plus<>(),
                          std::bind(steady_clock::now),
                          1h),
                _1,
                30s);
```

그런데 이렇게 하면 람다와 std::bind의 차이점이 하나 더 생긴다. setSoundL에 대한 함수 호출 연산자(즉, 람다의 클로저 클래스의 함수 호출 연산자) 안에서 setAlarm 호출은 컴파일러가 통상적인 방식으로 인라인화(inlining)할 수 있는 보통의 함수 호출이다.

```
    setSoundL(Sound::Siren);       // 여기서 setAlarm의 본문이
                                    // 인라인화될 가능성이 크다
```

그러나 std::bind 호출은 setAlarm을 가리키는 함수 포인터를 전달하므로, setSoundB에 대한 함수 호출 연산자(즉, 바인드 객체에 대한 함수 호출 연산자) 안에서 setAlarm 호출은 함수 포인터를 통해서 일어난다. 함수 포인터를 통한 함수 호출은 컴파일러가 인라인화할 가능성이 더 낮다. 따라서 setSoundB를 통한 setAlarm 호출은 setSoundL을 통한 호출에 비해 완전히 인라인화될 가능성이 작다.

```
    setSoundB(Sound::Siren);        // 여기서 setAlarm의 본문이
                                    // 인라인화될 가능성은 작다
```

그러므로 std::bind를 사용할 때보다 람다를 사용할 때 더 빠른 코드가 산출될 수 있다.

이상의 setAlarm 예에는 간단한 함수 호출 하나만 관여하지만, 좀 더 복잡한 코드에서는 람다의 장점이 더욱 두드러진다. 예를 들어 다음과 같은 C++14 람다를 생각해 보자. 이 람다는 주어진 인수가 최솟값(lowVal)과 최댓값(highVal) 사이에 있는지의 여부를 돌려준다. lowVal과 highVal은 지역 변수들이다.

```
auto betweenL =
  [lowVal, highVal]
  (const auto& val)                               // C++14
  { return lowVal <= val && val <= highVal; };
```

이를 std::bind로도 표현할 수 있으나, 마치 코드를 남들이 이해하지 못하게 작성해서 자신의 밥그릇을 지키려는 프로그래머가 짠 코드처럼 보인다.

```
using namespace std::placeholders;          // 이전과 동일

auto betweenB =
  std::bind(std::logical_and<>(),           // C++14
            std::bind(std::less_equal<>(), lowVal, _1),
            std::bind(std::less_equal<>(), _1, highVal));
```

C++11에서는 비교할 형식들을 명시적으로 지정해야 하므로, std::bind 호출은 다음과 같은 모습이 된다.

```
auto betweenB =                           // C++11 버전
  std::bind(std::logical_and<bool>(),
            std::bind(std::less_equal<int>(), lowVal, _1),
            std::bind(std::less_equal<int>(), _1, highVal));
```

물론 C++11에서는 람다가 auto 매개변수를 받지 못하므로, 람다에서도 해당 형식을 지정해야 한다.

```
auto betweenL =                           // C++11 버전
  [lowVal, highVal]
  (int val)
  { return lowVal <= val && val <= highVal; };
```

어떤 경우이든, 이제는 람다 버전이 더 짧을 뿐만 아니라 이해하기도 쉽고 유지보수하기도 쉽다는 점에 독자도 동의할 것이다.

앞에서 std::bind에 익숙하지 않은 독자에게는 자리표(_1, _2 등)가 사실상 마법으로 보일 것이라고 말했는데, 이는 단지 자리표의 행동이 불투명하기 때문만은 아니다. Widget 객체의 압축 복사본을 만드는 함수가 있다고 하자.

```
enum class CompLevel { Low, Normal, High };   // 압축 수준

Widget compress(const Widget& w,              // w의 압축 복사본을
                CompLevel lev);               // 만든다
```

그리고 특정한 Widget 객체 w의 압축 수준을 지정할 수 있는 함수 객체를 만든다
고 하자. 다음은 std::bind를 이용해서 그런 함수 객체를 만드는 예이다.

```
Widget w;

using namespace std::placeholders;

auto compressRateB = std::bind(compress, w, _1);
```

std::bind에 전달된 w는 이후의 compress 호출을 위해 바인드 객체 compress
RateB 안에 저장된다. 그런데 w가 어떻게 저장될까? 즉, 값으로 저장될까,
아니면 참조로서 저장될까? 이 구분은 중요하다. 만일 std::bind 호출과
compressRateB 호출 사이에서 w가 수정된다면, 참조로 저장된 w에는 그 변화가
반영되지만 값으로 저장된 w는 그렇지 않기 때문이다.

답은 "값으로 전달된다"이다.[1] 문제는, 이 답을 얻으려면 반드시 std::bind의
작동 방식을 알고 있어야 한다는 것이다. std::bind 호출 구문 자체로는 그런 사
실을 추론할 수 없다. 반면 람다 접근방식에서는 w가 값으로 갈무리되는지 아니
면 참조로 갈무리되는지가 소스 코드에 명백히 드러난다.

```
auto compressRateL =                      // w는 값으로 갈무리되고
  [w](CompLevel lev)                      // lev는 값으로 전달된다
  { return compress(w, lev); };
```

람다에서는 매개변수들이 전달되는 방식도 갈무리만큼이나 명백하게 드러난다.
지금 예에서는 매개변수 lev가 값으로 전달됨을 바로 알 수 있다. 따라서 다음
호출에서 인수는 값으로 전달된다.

```
compressRateL(CompLevel::High);           // 인수는 값으로
                                          // 전달된다
```

그러나 std::bind로 얻은 바인드 객체를 호출할 때에는 인수의 전달 방식이 명확
하지 않다.

```
compressRateB(CompLevel::High);           // 인수는 어떻게
                                          // 전달될까?
```

---

1   std::bind는 주어진 인수들을 항상 복사하지만, 호출자가 인수에 std::ref를 적용하면 인수가 참조
    로 전달되는 효과를 얻을 수 있다. 예를 들어

```
        auto compressRateB = std::bind(compress, std::ref(w), _1);
```

    에서 compressRateB는 마치 w의 참조를(복사본이 아니라) 담고 있는 것처럼 행동한다.

이 경우에도, 인수의 전달 방식을 알려면 std::bind의 작동방식을 기억해야 한다. (답은, 바인드 객체에 전달되는 모든 인수는 참조로 전달된다는 것이다. 이는 그런 객체의 함수 호출 연산자가 완벽 전달을 사용하기 때문이다.)

따라서 std::bind를 사용하는 코드는 람다에 비해 읽기 힘들고 표현력이 낮다. 그리고 효율성도 떨어질 가능성이 있다. C++14에서는 std::bind를 사용하는 것이 합당한 경우가 없다. 그러나 C++11에서는, 다음과 같이 제한된 두 경우라면 std::bind의 사용을 정당화할 수 있다.

- **이동 갈무리**(move capture): C++11 람다는 이동 갈무리를 지원하지 않는다. 그러나 람다와 std::bind의 조합을 통해서 이동 갈무리를 흉내 내는 것은 가능하다. 자세한 사항은 항목 32를 보기 바란다. 그 항목은 C++14에서는 초기화 갈무리 덕분에 그러한 흉내가 더 이상 필요하지 않다는 점도 설명한다.

- **다형적 함수 객체**(polymorphic function object): 바인드 객체에 대한 함수 호출 연산자는 완벽 전달을 사용하기 때문에 그 어떤 형식의 인수들도 받을 수 있다(단, 항목 30에서 설명한 완벽 전달의 제약 안에서). 이는 객체를 템플릿화된 함수 호출 연산자와 묶으려 할 때 유용하다. 예를 들어 다음과 같은 클래스가 있다고 하자.

```
class PolyWidget {
public:
    template<typename T>
    void operator()(const T& param) const;
    …
};
```

std::bind로 PolyWidget 객체를 묶으려면 다음과 같이 하면 된다.

```
PolyWidget pw;

auto boundPW = std::bind(pw, _1);
```

이제 boundPW를 서로 다른 형식의 인수들로 호출할 수 있다.

```
boundPW(1930);          // PolyWidget::operator()에
                        // int를 전달

boundPW(nullptr);       // PolyWidget::operator()에
                        // nullptr를 전달

boundPW("Rosebud");     // PolyWidget::operator()에
                        // 문자열을 전달
```

C++11의 람다로는 이런 일이 불가능하다. 그러나 C++14에서는 auto 매개변수를 가진 람다로 간단히 구현할 수 있다.

```
auto boundPW = [pw](const auto& param)      // C++14
                  { pw(param); };
```

물론 이들은 극단적인 경우들이며, C++14 람다를 지원하는 컴파일러가 점차 늘어남에 따라 이런 경우들도 점차 사라질 것이다.

2005년에 비공식적으로 C++에 추가되었을 당시 bind는 C++98에 있던 비슷한 함수들에 비해 크게 개선된 것이었다. 그러나 C++11이 람다를 지원하기 시작하면서 std::bind는 비권장(deprecate) 기능이 되었으며, C++14에서는 std::bind를 사용하는 것이 합당한 경우가 전혀 없다.

기억해 둘 사항들

☑ std::bind를 사용하는 것보다 람다가 더 읽기 쉽고 표현력이 좋다. 그리고 더 효율적일 수 있다.

☑ C++14가 아닌 C++11에서는 이동 갈무리를 구현하거나 객체를 템플릿화된 함수 호출 연산자에 묶으려 할 때 std::bind가 유용할 수 있다.

7장

동시성 API

C++11의 커다란 성과 중 하나는 동시성(concurrency)을 언어와 표준 라이브러리에 도입한 것이다. 다른 스레드 적용(threading) API(pthreads나 Windows 스레드 등)에 익숙한 독자라면 C++이 아주 엄격하게 제한된 동시성 기능들만 제공한다는 점에 놀라겠지만, 이는 C++의 동시성 지원의 상당 부분이 컴파일러 작성자에 대한 제약의 형태이기 때문이다. 그러한 제약들에 의한 언어 차원의 보장 덕분에, C++의 역사에서 처음으로 프로그래머가 모든 플랫폼에서 표준적인 행동을 보이는 다중 스레드 프로그램을 작성할 수 있게 되었다. 이러한 보장은 좀 더 표현력 있는 라이브러리를 구축할 수 있는 견고한 토대를 확립한다. 그리고 표준 라이브러리의 동시성 구성요소들(과제, 미래, 스레드, 뮤텍스, 조건 변수, 원자적 객체 등등)은 단지 시작일 뿐이며, 이들이 동시적(concurrent) C++ 소프트웨어 개발을 위한, 점점 더 풍부해지는 도구 모음으로 성장할 것은 확실하다.

이번 장의 항목들에서, 표준 라이브러리에는 미래(future) 객체를 위한 템플릿이 두 가지임을 염두에 두기 바란다. 바로 std::future와 std::shared_future인데, 이 둘의 구분이 중요하지 않은 경우가 많기 때문에 이번 장에서는 그냥 둘을 미래 객체라고 통칭하는 경우가 많다.

항목 35: 스레드 기반 프로그래밍보다 과제 기반 프로그래밍을 선호하라

doAsyncWork라는 함수를 비동기적으로 실행한다고 하자. 방법은 크게 두 가지이다. 하나는 std::thread 객체를 생성해서 그 객체에서 doAsyncWork를 실행하는 것이다. 이는 스레드 기반(thread-based) 프로그래밍에 해당한다.

```
int doAsyncWork();

std::thread t(doAsyncWork);
```

또 하나는 doAsyncWork를 std::async에 넘겨주는 것이다. 이는 **과제 기반**(task-based) 프로그래밍에 해당한다.[†]

```
auto fut = std::async(doAsyncWork);          // fut은 future를 뜻함
```

이런 호출에서, std::async에 전달된 함수 객체(지금 예에서는 doAsyncWork)는 하나의 **과제**(task)로 간주된다.

대체로 과제 기반 접근방식이 스레드 기반 접근방식보다 우월하다. 왜 그런지는 방금 본 아주 적은 양의 예제 코드에서도 어느 정도 짐작할 수 있을 것이다. 이 예제에서 doAsyncWork는 반환값을 돌려주는데, doAsyncWork를 호출하는 코드가 그 반환값에 관심이 있을 것이라고 가정하는 것이 합리적이다. 스레드 기반 호출에서는 그 반환값에 접근할 방법이 없다. 그러나 과제 기반 접근방식에서는 간단하게 접근할 수 있다. std::async가 돌려주는 미래 객체에 get이라는 멤버 함수가 있기 때문이다. 이 get 함수는 doAsyncWork가 예외를 방출한다면 더욱 중요해진다. get을 통해서 그 예외에 접근할 수도 있기 때문이다. 스레드 기반 접근방식에서는, doAsyncWork가 예외를 던지면 프로그램이 죽는다(std::terminate 호출을 통해서).

스레드 기반 프로그래밍과 과제 기반 프로그래밍의 좀 더 근본적인 차이는, 과제 기반 접근방식은 좀 더 높은 수준의 추상을 체현한다는 점이다. 이 덕분에 프로그래머는 세부적인 스레드 관리에서 벗어날 수 있다. 이 점을 확실히 이해하려면, 먼저 동시적 C++ 소프트웨어에서 '스레드'라는 용어가 세 가지 의미로 쓰인다는 점을 지적하고 넘어갈 필요가 있겠다. 그 세 가지는 다음과 같다.

- 실제 계산을 수행하는 스레드를 뜻하는 **하드웨어 스레드**. 현세대의 컴퓨터 아키텍처는 CPU 코어당 하나 이상의 하드웨어 스레드를 제공한다.
- 운영체제가 하드웨어 스레드들에서 실행되는 모든 프로세서와 일정을 관리하는 데 사용하는 **소프트웨어 스레드**[1]. *OS 스레드*나 **시스템 스레드**라고도 한다. 대

[†] (옮긴이) 원서 정오표는 단지 std::async를 사용한다고 해서 저절로 과제 기반 프로그래밍이 되는 것은 아님을 지적하면서, 참고 자료로 바르토시 밀레프스키[Bartosz Milewski]의 2011년 10월 22일 자 블로그 글 "Async Tasks in C++11: Not Quite There Yet"을 소개한다.

[1] 이는 운영체제가 소프트웨어 스레드를 사용한다는 가정을 둔 것이다. 일부 내장형 시스템은 소프트웨어 스레드를 사용하지 않는다.

체로, 하드웨어 스레드보다 많은 소프트웨어 스레드를 생성할 수 있다. 한 소 프트웨어 스레드가 차단(blocking)되어도(이를테면 입출력 연산이 진행 중 이거나, 뮤텍스나 조건 변수를 기다리는 등), 차단되지 않은 다른 소프트웨어 스레드들을 실행함으로써 산출량을 향상할 수 있기 때문이다.

- C++ 표준 라이브러리의 *std::thread*. 하나의 C++ 프로세스 안에서 std:: thread 객체는 바탕 소프트웨어 스레드에 대한 핸들로 작용한다. std::thread 객체가 '널^{null}' 핸들을 나타내기도 한다. 즉, std::thread 객체가 그 어떤 소프 트웨어 스레드에도 대응되지 않을 수 있다. 기본 생성자로 생성된(따라서 실 행할 함수가 없는) 상태이거나, 다른 std::thread 객체로 이동한 후이거나(그 러면 이동 대상 std::thread 객체가 원래의 바탕 소프트웨어 스레드의 핸들로 작용한다), join을 통해서 다른 스레드들과 합류한 후(실행하던 함수가 종료 된 후)이거나, detach를 통해서 탈착된 후(std::thread 객체와 바탕 소프트웨 어 스레드 사이의 연결이 끊어진 후)이면 그럴 수 있다.

소프트웨어 스레드는 제한된 자원이다. 시스템이 제공할 수 있는 것보다 많 은 소프트웨어 스레드를 생성하려 하면 std::system_error 예외가 발생한다. 이 는 스레드에서 실행하고자 하는 함수가 예외를 던질 수 없는 경우에도 마찬가지 이다. 예를 들어 다음처럼 doAsyncWork가 noexcept라고 해도,

```
int doAsyncWork() noexcept;          // noexcept는 항목 14를 보라
```

다음 문장은 예외를 던질 수 있다.

```
std::thread t(doAsyncWork);          // 사용 가능한 스레드가 없으면
                                     // 예외가 발생한다
```

잘 작성된 소프트웨어는 이런 가능성을 어떻게든 처리해야 한다. 그렇다면, 소 프트웨어 스레드가 부족한 상황을 어떻게 처리해야 할까? 한 가지 접근방식은 doAsyncWork를 그냥 현재 스레드에서 실행하는 것이지만, 그러면 현재 스레드에 부하(load)가 과중하게 걸릴 수 있다. 만일 현재 스레드가 GUI 스레드라면 사용 자 입력에 대한 반응성 문제가 발생할 수 있는 것이다. 또 다른 접근방식은 기존 의 일부 소프트웨어 스레드가 완료되길 기다렸다가 std::thread를 새로 생성하 는 것이다. 그런데 기존 스레드들이 doAsyncWork가 수행해야 하는 어떤 동작(이 를테면 어떤 결과를 산출하거나, 조건 변수를 통지하는 등)을 기다리고 있을 수 도 있다.

가용 스레드가 모자라지 않는다고 해도, **과다구독**(oversubscription) 때문에 문제가 발생할 수 있다. 과다구독이란 실행 준비가 된(즉, 차단되지 않은) 소프트웨어 스레드가 하드웨어 스레드보다 많은 상황을 가리킨다. 과다구독이 발생하면 스레드 스케줄러(보통의 경우 OS의 일부)는 하드웨어상의 실행 시간을 여러 조각으로 나누어서 소프트웨어 스레드들에게 배분한다. 한 소프트웨어 스레드에 부여된 시간 조각(time slice)이 끝나고 다른 소프트웨어 스레드의 시간 조각이 시작할 때 문맥 전환(context switch)이 수행된다. 그러한 문맥 전환은 시스템의 전반적인 스레드 관리 부담을 증가한다. 다음번에 소프트웨어 스레드가 실행될 하드웨어 스레드가 이전 시간 조각에서 그 소프트웨어 스레드가 실행된 하드웨어 스레드와 다른 코어에 있는 경우에는 문맥 전환의 비용이 더 커진다. 그런 경우 (1) 일반적으로 CPU 캐시는 그 소프트웨어 스레드에 대해 차가우며 (cold; 그 소프트웨어 스레드에 유용한 자료와 명령이 거의 없음을 뜻함), (2) 그 코어에서 '새로운' 소프트웨어 스레드를 실행하면 그 코어에서 실행되던, 그리고 다음번에도 그 코어에서 실행될 가능성이 큰 '기존' 스레드들에 대한 CPU 캐시들이 "오염된다".

과다구독을 피하기는 어렵다. 소프트웨어 스레드 개수와 하드웨어 스레드 개수의 이상적인 비율은 실행 가능한 소프트웨어 스레드 개수에 의존하는 경우가 많으며, 그러한 개수가 동적으로 변할 수 있기 때문이다(이를테면 프로그램이 입출력이 많이 일어나는 지점에서 계산이 많이 일어나는 지점으로 이동할 때 등). 최상의 소프트웨어 대 하드웨어 스레드 비율은 또한 문맥 전환 비율에, 그리고 소프트웨어 스레드가 CPU 캐시를 얼마나 효과적으로 활용하는가에도 의존한다. 게다가 하드웨어 스레드 개수와 CPU 캐시의 세부사항(크기, 상대적 빠르기 등)은 CPU 아키텍처에 의존한다. 결과적으로, 독자가 과다구독을 피하도록(그러면서도 하드웨어를 계속 바쁘게 돌리도록) 응용 프로그램을 잘 조율한다고 해도, 독자의 해법이 다른 종류의 컴퓨터에서도 잘 작동하리라는 보장은 없다.

이런 문제들을 다른 누군가에 떠넘긴다면 독자의 삶이 편해질 것이다. 떠넘기는 방법은 바로 std::async를 사용하는 것이다.

```
auto fut = std::async(doAsyncWork);    // 스레드 관리 부담을
                                       // 표준 라이브러리
                                       // 구현자들에게 떠넘긴다
```

이 호출은 스레드 관리의 책임을 독자에서 C++ 표준 라이브러리 구현자로 옮긴

다. 이렇게 하면, 예를 들어 가용 스레드 부족 때문에 예외를 받을 가능성이 크게 줄어든다. 이 호출은 예외를 방출할 가능성이 거의 없기 때문이다. 아마 "어떻게 그럴 수 있을까?"라는 궁금증이 들 것이다. "어차피 시스템이 제공할 수 있는 것보다 많은 소프트웨어 스레드를 요청한다는 근본적인 문제가 있는데, std::thread를 생성하든 std::async를 호출하든 뭐가 다를까?" 그러나 실제로 중요한 차이가 있다. 이런 형태의 호출(즉, 기본 시동 방침을 지정한 - 항목 36을 보라)에서는 std::async가 새 소프트웨어 스레드를 생성하지 않을 수도 있다. 대신 std::async는 지정된 함수를 doAsyncWork의 결과가 필요한 스레드(즉, fut에 대해 get이나 wait를 호출하는 스레드)에서 실행하라고 스케줄러에게 요청할 수 있으며, 합리적인 스케줄러는 시스템이 과다구독되었거나 스레드가 부족한 상황에서 그러한 자유의 장점을 취한다.

이러한 "함수를 결과가 필요한 스레드에서 실행"하는 기법에 구미가 당기는 독자에게 한 가지 경고하자면, 이 기법을 적용했을 때 앞에서 말한 부하 불균형 문제가 발생할 수 있다. 단순히 스레드 관리를 std::async와 실행시점 스케줄러에 맡긴다고 해서 그 문제가 아예 사라지는 것은 아니다. 단, 부하 균형화(load balancing)와 관련해서, 컴퓨터에서 일어나는 일들의 전반적인 상을 실행 스케줄러가 독자보다 더 상세히 알고 있을 가능성이 크다(스케줄러가 독자의 코드가 실행되는 프로세스의 스레드들만이 아니라 모든 프로세스의 스레드들을 관리한다는 점에서).

std::async에서도 GUI 스레드의 반응성이 여전히 문제가 될 수 있다. 스케줄러로서는 독자의 스레드 중 반응성이 좋아야 하는 스레드가 어떤 것인지 알 수 없기 때문이다. 그런 경우에는 std::launch::async라는 시동 방침(launch policy)을 std::async에 넘겨주는 것이 바람직하다. 그러면 실행하고자 하는 함수가 실제로 현재 스레드와는 다른 스레드에서 실행된다(항목 36 참고).

최신의 스레드 스케줄러는 시스템 전역 스레드 풀을 이용해서 과다구독을 피하며, 작업 훔치기(work-stealing) 알고리즘을 이용해서 부하를 하드웨어 코어들에 좀 더 균형 있게 분산한다. C++ 표준 라이브러리가 스레드 풀이나 작업 훔치기 알고리즘의 사용을 요구하지는 않으며, 솔직히 말해서 C++11의 동시성 명세에는 그런 기법들을 우리가 원하는 만큼 적용하기 어렵게 만드는 기술적인 측면들이 존재한다. 그렇긴 하지만, 자신의 표준 라이브러리 구현에서 그러한 기술을 활용하는 라이브러리 판매사들도 있으며, 이 분야의 발전이 계속되리라고 기대하는 것은 합당한 일이다. 과제 기반 접근방식으로 개발한 동시적 프로그램은 그런 기술이 좀 더 널리 퍼짐에 따라 그 혜택을 저절로 받게 된다. 반면 std::thread를 직접 다루는 방식으로 프로그래밍한다면 스레드 고갈, 과다구독, 부하 균형화를 처리하는 부담을 독자 스스로 짊어져야 하며, 그런 문제들에 대한 해법들이 같은 컴퓨터의 다른 프로세스들에서 실행되는 프로그램들에 구현된 해법들과 잘 맞물리게 하는 데에도 신경을 써야 한다.

스레드 기반 프로그래밍에 비해 과제 기반 프로그래밍에는 독자가 스레드들을 일일이 관리해야 하는 수고로움이 없다. 또한, 과제 기반 설계는 비동기적으로 실행된 함수의 결과를 자연스럽게 조회할 수 있는 수단(즉, 반환값 또는 예외)도 제공한다. 그렇긴 하지만, 스레드를 직접 다루는 게 적합한 경우도 존재한다. 이를테면 다음과 같다.

- **바탕 스레드 적용 라이브러리의 API에 접근해야 하는 경우.** 일반적으로 C++ 동시성 API는 저수준 플랫폼 고유 API를 이용해서 구현된다. 흔히 쓰이는 것은 pthreads 라이브러리나 Windows 스레드 라이브러리이다. 현재, 이런 API들은 C++보다 풍부한 기능을 제공한다. (예를 들어 C++에는 스레드 우선순위나 친화도(affinity) 같은 개념이 없다.) 바탕 스레드 적용 라이브러리의 API에 접근할 수 있도록, std::thread 객체는 흔히† native_handle이라는 멤버 함수를 제공한다. 그런데 std::future(std::async가 돌려주는)에는 이에 해당하는 기능이 없다.
- **응용 프로그램의 스레드 사용량을 최적화해야 하는, 그리고 할 수 있어야 하는 경우.** 예를 들어 하드웨어 특성들이 미리 정해진 컴퓨터에서 유일하게 의미 있는 프로세스(OS 프로세스들이나 기타 사소한 프로세스들을 제외할 때)로 실행될 서버 소프트웨어를 개발한다면 이러한 요구가 생길 수 있다.
- **C++ 동시성 API가 제공하는 것 이상의 스레드 적용 기술을 구현해야 하는 경우.** 이를테면 독자가 사용하는 C++ 구현이 스레드 풀을 제공하지 않는 특정 플랫폼을 위해 스레드 풀을 직접 구현해야 하는 경우가 있다.

물론 이들은 흔치 않은 경우이며, 대부분의 경우에서는 스레드를 직접 다루는

---

† (옮긴이) '흔히'라는 단서가 붙은 것은, native_handle 멤버 함수(그리고 핸들의 구체적인 형식을 정의하는 native_handle_type 멤버 형식)의 존재 여부와 의미론을 구현이 정의하기 때문이다('implementation-defined'). 간단히 말해서 컴파일러(그리고 표준 라이브러리 구현)의 종류나 버전, 컴파일 옵션(특히 대상 플랫폼 설정)에 따라서는 std::thread에 native_handle과 native_handle_type이 없을 수도 있다. 이는 native_handle을 사용하는 코드는 자동으로 이식성이 없는 코드가 된다는 뜻이기도 하다.

대신 과제 기반 설계를 사용하는 것이 바람직하다.

기억해 둘 사항들

☑ std::thread API에서는 비동기적으로 실행된 함수의 반환값을 직접 얻을 수 없으며, 만일 그런 함수가 예외를 던지면 프로그램이 종료된다.

☑ 스레드 기반 프로그래밍에서는 스레드 고갈, 과다구독, 부하 균형화, 새 플랫폼으로의 적응을 독자가 직접 처리해야 한다.

☑ std::async와 기본 시동 방침을 이용한 과제 기반 프로그래밍은 그런 대부분의 문제를 알아서 처리해준다.

항목 36: 비동기성이 필수일 때에는 std::launch::async를 지정하라

일반적으로, std::async를 호출해서 어떤 함수(또는 호출 가능한 객체)를 실행하는 것에는 그 함수를 비동기적으로 실행하겠다는 의도가 깔려 있다. 그러나 std::async의 호출이 항상 그런 의미일 필요는 없다. std::async 호출은 함수를 어떤 **시동 방침**(launch policy)에 따라 실행한다는 좀 더 일반적인 의미를 가진다. 표준이 제공하는 시동 방침은 두 가지인데, std::launch 범위의 enum에 정의된 열거자들을 이용해서 지정할 수 있다. (범위 있는 enum에 관해서는 항목 10을 보라.) 함수 f를 std::async를 통해서 실행한다고 할 때,

- **std::launch::async** 시동 방침을 지정하면 f는 반드시 비동기적으로, 다시 말해서 다른 스레드에서 실행된다.

- **std::launch::deferred** 시동 방침을 지정하면 f는 std::async가 돌려준 미래 객체(std::future)에 대해 get이나 wait가 호출될 때에만 실행될 수 있다.[2] 다시 말해서, f는 그러한 호출이 일어날 때까지 **지연된다**(deferred). get이나 wait가 호출되면 f는 동기적으로 실행된다. 즉, 호출자는 f의 실행이 종료

---

2 이는 단순화된 설명이다. 사실 중요한 것은 get이나 wait가 호출되는 미래 객체가 아니라, 그 미래 객체가 지칭하는 공유 상태이다. (항목 38은 미래 객체와 공유 상태 사이의 관계를 논의한다.) std::future는 이동을 지원하며 std::future 객체로부터 std::shared_future 객체를 생성할 수 있으므로, 그리고 std::shared_future는 복사를 지원하므로, f를 지정한 std::async 호출에서 비롯된 공유 상태를 지칭하는 미래 객체는 std::async가 돌려주는 미래 객체와는 다른 것일 가능성이 있다. 그러나 이러한 사실을 일일이 이야기하는 것은 좀 장황하므로, 진실을 조금 감추고 그냥 std::async가 돌려준 미래 객체에 대한 get이나 wait의 호출을 기준으로 이야기하는 것이 일반적이다.

될 때까지 차단된다. get이나 wait가 호출되지 않으면 f는 결코 실행되지 않는다.

놀랄 수도 있겠지만, 둘 다 std::async의 기본 시동 방침(시동 방침을 명시적으로 지정하지 않았을 때 쓰이는 것)이 아니다. 기본 시동 방침은 둘을 OR로 결합한 것이다. 즉, 다음 두 호출은 완전히 같은 의미이다.

```
auto fut1 = std::async(f);                  // 함수 f를 기본
                                            // 시동 방침으로
                                            // 실행한다

auto fut2 = std::async(std::launch::async |   // 함수 f를 비동기로
                       std::launch::deferred,  // 또는 지연해서
                       f);                      // 실행한다
```

결과적으로, 기본 시동 방침에서 f는 비동기적으로 실행될 수도 있고 동기적으로 실행될 수도 있다. 항목 35에서 지적하듯이, std::async를 비롯한 표준 라이브러리의 스레드 관리 구성요소들이 스레드의 생성과 파괴, 과다구독 회피, 부하 균형화의 책임을 떠맡을 수 있는 것은 이러한 유연성 덕분이다. 이는 std::async를 이용한 동시적 프로그래밍을 이토록 편리하게 만들어 주는 요인 중 하나이다.

그런데 std::async를 기본 시동 방침과 함께 사용하면 몇 가지 흥미로운 영향이 생긴다. 예를 들어 다음 문장이 스레드 t에서 실행된다고 하자.

```
auto fut = std::async(f);   // 기본 시동 방침으로 f를 실행한다
```

그러면,

- f가 지연 실행될 수도 있으므로, **f가 t와 동시에 실행될지 예측하는 것이 불가능하다.**
- **f가 fut에 대해 get이나 wait를 호출하는 스레드와는 다른 스레드에서 실행될지 예측하는 것이 불가능하다.** t가 그 스레드라고 할 때, f가 t와는 다른 스레드에서 실행될지는 예측할 수 없다.
- 프로그램의 모든 가능한 경로에서 fut에 대한 get이나 wait 호출이 일어난다는 보장이 없을 수도 있으므로, **f가 반드시 실행될 것인지 예측하는 것이 불가능할 수도 있다.**

기본 시동 방침의 스케줄링 유연성이 thread_local 변수들의 사용과는 궁합이 잘 맞지 않는 경우도 많다. f에 그런 스레드 지역 저장소(thread-local storage,

TLS)를 읽거나 쓰는 코드가 있다고 할 때, 그 코드가 어떤 스레드의 지역 변수에 접근할지 예측할 수 없기 때문이다.

```cpp
auto fut = std::async(f);        // f의 TLS가 독립적인 스레드의
                                 // 것일 수도 있고, fut에
                                 // 대해 get이나 wait를
                                 // 호출하는 스레드의 것일 수도
                                 // 있다
```

이 유연성은 또한 만료 시간이 있는 wait 기반 루프에도 영향을 미친다. 지연된 과제(항목 35 참고)에 대해 wait_for나 wait_until을 호출하면 std::future_status::deferred라는 값이 반환되기 때문이다. 이 때문에, 예를 들어 언젠가는 끝날 것처럼 보이는 다음 루프가 실제로는 무한히 실행될 수도 있다.

```cpp
using namespace std::literals;   // C++14의 시간 접미사들을
                                 // 위해; 항목 34를 보라

void f()                         // f는 1초간 수면 후
{                                // 반환된다
  std::this_thread::sleep_for(1s);
}

auto fut = std::async(f);        // f를 비동기적으로
                                 // (개념상으로는) 실행한다

while (fut.wait_for(100ms) !=    // f의 실행이 끝날 때까지
       std::future_status::ready) // 루프를 반복한다...
{                                // 그런데 실행이 끝나지 않을
  …                              // 수도 있다!
}
```

f가 std::async를 호출한 스레드와 동시에 실행된다면(즉, f를 시동 방침 std::launch::async로 실행했다면), f 자체가 무한히 실행되는 것이 아닌 이상 문제는 없다. 그러나 f가 지연된다면, fut.wait_for는 항상 std::future_status::deferred를 돌려준다. 그 값은 std::future_status::ready와는 절대 같지 않으므로, 루프는 절대 종료되지 않는다.

이런 종류의 버그는 부하가 아주 많이 걸리지 않으면 드러나지 않을 수 있으므로, 개발과 단위 검사(unit testing) 도중에는 간과하기 쉽다. 컴퓨터에 부하가 아주 많이 걸리면 과다구독이나 스레드 고갈 현상이 나타나며, 그러면 과제가 지연될 가능성이 아주 커진다. 사실 하드웨어에 과다구독이나 스레드 고갈 문제가 없다면, 실행시점 시스템이 과제의 동시적 실행 일정을 잡지 못할 이유가 없다.

이런 문제의 해결책은 간단하다. 그냥 std::async 호출이 돌려준 미래 객체를 이용해서 해당 과제가 지연되었는지 점검하고, 지연되었다면 시간 만료

(timeout) 기반 루프에 진입하지 않게 하는 것이다. 안타깝게도 과제의 지연 여부를 미래 객체로부터 직접 알아내는 방법은 없다. 대신 wait_for 같은 시간 만료 기반 함수를 호출해야 한다. 단, 이 경우 목적은 실제로 뭔가를 기다리는 것이 아니다. 그냥 반환값이 std::future_status::deferred인지만 보면 된다. 그런 목적을 완곡히 표현하는 방법은, 다음처럼 만료 시간을 0으로 해서 wait_for를 호출하는 것이다.

```cpp
auto fut = std::async(f);                    // 이전과 동일

if (fut.wait_for(0s) ==                      // 만일 과제가
    std::future_status::deferred)            // 지연되었으면···
{
                        // ··· fut에 wait나 get을 적용해서
    …                   // f를 동기적으로 호출한다


} else {                // 과제가 지연되지 않았다
    while (fut.wait_for(100ms) !=            // 무한 루프는 불가능
           std::future_status::ready) {      // 하다(f가 완료된다고
                                             // 가정할 때)

        …               // 과제가 지연되지도 않았고 준비되지도 않았으므로
                        // 준비될 때까지 동시적 작업을 수행한다
    }
    …                   // fut이 준비되었다

}
```

이러한 여러 고려사항에서 이끌어 낼 수 있는 결론 하나는, 어떤 과제에 대해 기본 시동 방침과 함께 std::async를 사용하는 것은 다음 조건들이 모두 성립할 때에만 적합하다는 것이다.

- 과제가 get이나 wait를 호출하는 스레드와 반드시 동시적으로 실행되어야 하는 것은 아니다.
- 여러 스레드 중 어떤 스레드의 thread_local 변수들을 읽고 쓰는지가 중요하지 않다.
- std::async가 돌려준 미래 객체에 대해 get이나 wait가 반드시 호출된다는 보장이 있거나, 과제가 전혀 실행되지 않아도 괜찮다.
- 과제가 지연된 상태일 수도 있다는 점이 wait_for나 wait_until을 사용하는 코드에 반영되어 있다.

이 조건 중 하나라도 성립하지 않는다면 std::async가 주어진 과제를 진정으로 비동기적으로 실행하도록 강제할 필요가 있다. 그렇게 하는 방법은, std::

launch::async를 첫 인수로 지정해서 std::async를 호출하는 것이다.

```
auto fut = std::async(std::launch::async, f);  // f를 비동기적으로
                                               // 시동한다
```

std::async를 이런 방식으로 사용하되, 그럴 때마다 std::launch::async 시동 방침을 명시적으로 지정하지 않아도 된다면 더욱 좋을 것이다. 다행히 그런 함수를 작성하는 것은 간단한 일이다. 다음은 C++11 버전이다.

```
template<typename F, typename... Ts>
inline
std::future<typename std::result_of<F(Ts...)>::type>
reallyAsync(F&& f, Ts&&... params)          // 비동기적 f(params...)
{                                           // 호출을 위한 미래 객체를
  return std::async(std::launch::async,     // 돌려준다
                    std::forward<F>(f),
                    std::forward<Ts>(params)...);
}
```

이 함수는 호출 가능 객체 f와 0개 이상의 매개변수들로 이루어진 매개변수 묶음 params를 받아서 그것들을 std::async에 완벽하게 전달한다(항목 25 참고). 이때 std::launch::async를 시동 방침으로 지정한다. std::async처럼 이 함수는 params로 f를 호출한 결과를 나타내는 std::future 객체를 돌려준다. 그 결과의 형식을 결정하는 것은 쉽다. 형식 특질 std::result_of를 적용한 결과가 바로 그 형식이다. (형식 특질에 대한 전반적인 정보는 항목 9를 보라.)

reallyAsync의 사용법은 std::async의 것과 같다.

```
auto fut = reallyAsync(f);          // f를 비동기적으로 실행한다;
                                    // std::async가 예외를 던질
                                    // 상황이라면 이 함수도 같은
                                    // 예외를 던진다
```

C++14에서는 reallyAsync의 반환 형식을 auto로 연역할 수 있어서 함수 선언이 좀 더 간단해진다.

```
template<typename F, typename... Ts>
inline
auto                                        // C++14
reallyAsync(F&& f, Ts&&... params)
{
  return std::async(std::launch::async,
                    std::forward<F>(f),
                    std::forward<Ts>(params)...);
}
```

이 버전에서는 reallyAsync가 다른 일은 하지 않고 그냥 std::launch::async 시동 방침으로 std::async를 호출할 뿐이라는 점을 좀 더 명확히 알 수 있다.

기억해 둘 사항들

☑ std::async의 기본 시동 방침은 과제의 비동기적 실행과 동기적 실행을 모두 허용한다.

☑ 그러나 이러한 유연성 때문에 thread_local 접근의 불확실성이 발생하고, 과제가 절대로 실행되지 않을 수도 있고, 시간 만료 기반 wait 호출에 대한 프로그램 논리에도 영향이 미친다.

☑ 과제를 반드시 비동기적으로 실행해야 한다면 std::launch::async를 지정하라.

항목 37: std::thread들을 모든 경로에서 합류 불가능하게 만들어라

모든 std::thread 객체는 **합류 가능**(joinable) 상태이거나 **합류 불가능**(unjoinable) 상태이다. 합류 가능 std::thread는 바탕 실행 스레드 중 현재 실행 중(running)이거나 실행 중 상태로 전이할 수 있는 스레드에 대응된다. 예를 들어, 차단된 상태이거나 실행 일정을 기다리는 중인 바탕 스레드에 해당하는 std::thread는 합류 가능 상태이다. 그리고 실행이 완료된 바탕 스레드에 해당하는 std::thread 객체도 합류 가능으로 간주한다.

합류 불가능 std::thread는 말 그대로 합류할 수 없는 std::thread이다. 합류 불가능한 std::thread 객체로는 다음과 같은 것들이 있다.

- **기본 생성된 std::thread**. 그런 std::thread 객체에는 실행할 함수가 없으므로 바탕 실행 스레드와는 대응되지 않는다.
- **다른 std::thread 객체로 이동된 후의 std::thread 객체**. 이동의 결과로, 원본 std::thread에 대응되던 바탕 스레드는 대상 std::thread의 바탕 스레드가 된다(그런 스레드가 있었다면).
- **join에 의해 합류된 std::thread**. join 이후의 std::thread 객체는 실행이 완료된 바탕 실행 스레드에 대응되지 않는다.
- **detach에 의해 탈착된 std::thread**. detach는 std::thread 객체와 그에 대응되는 바탕 스레드 사이의 연결을 끊는다.

std::thread의 합류 가능성이 중요한 이유 하나는, 만일 합류 가능한 스레드의 소멸자가 호출되면 프로그램 실행이 종료된다는 것이다. 예를 들어 필터링 함수 filter와 최댓값 maxVal을 매개변수들로 받는 함수 doWork가 있다고 하

자. doWork는 자신의 계산에 필요한 모든 조건이 만족되는지 점검한 후 0 이상 maxVal 미만의 모든 값 중 주어진 필터를 통과한 값들에 대해 계산을 수행한다. 필터링을 수행하는 데 시간이 오래 걸린다면, 그리고 doWork 조건들의 만족 여부를 점검하는 데에도 시간이 오래 걸린다면, 두 작업을 동시에 실행하는 것이 합리적이다.

기본적으로는 과제 기반 설계를 적용하는 것이 좋겠지만(항목 35 참고), 이번 예제에서는 필터링을 수행하는 스레드의 우선순위를 설정해야 할 필요가 있다고 가정한다. 항목 35에서 설명하듯이 스레드 우선순위를 설정하려면 스레드의 네이티브 핸들이 필요하다. 그리고 그 핸들은 오직 std::thread API를 통해서만 얻을 수 있다. 과제 기반 API(std::future 등)는 그런 핸들을 제공하지 않는다. 따라서 이번에는 과제 기반이 아니라 스레드 기반 접근방식을 사용할 수밖에 없다.

다음은 그러한 접근방식에 따라 작성한 코드이다.

```cpp
constexpr auto tenMillion = 10000000;    // constexpr는
                                          // 항목 15를 보라

bool doWork(std::function<bool(int)> filter,  // 계산 수행 여부를
            int maxVal = tenMillion)          // 돌려준다;
{                                             // std::function은
                                              // 항목 5를 보라


  std::vector<int> goodVals;                  // 필터를 통과한
                                              // 값들

  std::thread t([&filter, maxVal, &goodVals]  // goodVals에
               {                              // 값들을 채운다
                 for (auto i = 0; i <= maxVal; ++i)
                 { if (filter(i)) goodVals.push_back(i); }
               });

  auto nh = t.native_handle();                // t의 네이티브 핸들을
  …                                           // 이용해서 t의 우선
                                              // 순위를 설정한다

  if (conditionsAreSatisfied()) {             // 조건들이 만족되었다면
    t.join();                                 // t의 완료를 기다린다
    performComputation(goodVals);
    return true;                              // 계산이 수행되었음을
  }                                           // 뜻하는 값을 반환

  return false;                               // 수행되지 않았음을
}                                             // 뜻하는 값을 반환
```

이 코드에 어떤 문제가 있는지 설명하기 전에, C++14에서는 작은따옴표를 숫자 구분자로 사용해서 tenMillion의 초기 값을 좀 더 읽기 쉽게 표기할 수 있다는 점을 지적하고 넘어가자.

```
constexpr auto tenMillion = 10'000'000;        // C++14
```

또한, t의 실행을 시작한 후 t의 우선순위를 설정하는 것은 마치 소를 잃고 외양간을 고치듯이 순서가 틀린 것으로 보인다는 점도 지적해야 하겠다. 사실 t를 유보된 상태(suspended state)로 시작하는 것(실제 계산을 시작하기 전에 우선순위를 설정할 수 있도록)이 더 나은 설계이겠지만, 그런 코드를 추가하면 독자가 예제에 집중하지 못할 수도 있을 것 같았다. 만일 오히려 그런 코드가 빠진 점때문에 예제에 집중하기 힘들다면, 항목 39에서 스레드를 유보된 상태로 시작하는 방법을 참고하기 바란다.

다시 doWork로 돌아가자. *conditionsAreSatisfied()*가 true를 돌려준다면 별문제가 없다. 그러나 false를 돌려주거나 예외를 던진다면 실행의 흐름이 doWork의 끝에 도달해서 std::thread 객체 t의 소멸자가 호출되는데, 문제는 이 때 t가 여전히 합류 가능 상태라는 점이다. 이 때문에 프로그램 실행이 종료된다.

std::thread의 소멸자가 왜 이런 식으로 행동하는지 궁금할 수도 있겠다. 이유는, 다른 두 옵션은 명백히 더 나쁘기 때문이다. 두 옵션은 다음과 같다.

- 암묵적 **join**. 즉, std::thread의 소멸자가 바탕 비동기 실행 스레드의 완료를 기다리게 하는 것이다. 합리적인 방안처럼 들리겠지만, 실제로는 추적하기 어려운 성능 이상(performance anomaly)들이 나타날 수 있다. 예를 들어 *conditionsAreSatisfied()*가 이미 false를 돌려주었는데도 모든 값에 필터가 적용되길 doWork가 기다리는 것은 직관적이지 않다.

- 암묵적 **detach**. 즉, std::thread의 소멸자가 std::thread 객체와 바탕 실행 스레드 사이의 연결을 끊게 하는 것이다. 이 경우 바탕 스레드가 실행을 계속할 수 있다. 이는 join 접근방식만큼이나 합리적인 것처럼 들리지만, 이 접근방식이 유발하는 디버깅 문제는 join의 경우보다 더 나쁘다. 예를 들어 doWork에서 goodVals는 지역 변수인데, 람다가 참조에 의해 갈무리해서 자신의 본문 안에서 수정한다(push_back 호출을 통해). 람다가 비동기적으로 실행되는 도중에 *conditionsAreSatisfied()*가 false를 돌려주었다고 하자. 그러면 doWork가 반환되며, 따라서 지역 변수들(goodVals도 포함)이 파괴된다. 이제 doWork의 스택 프레임이 뽑혀서(pop) 실행의 흐름이 doWork의 호출 지점 다음으로 넘어가겠지만, 해당 스레드는 doWork의 호출 지점에서 계속 실행된다.

  호출 지점 다음의 문장들 중에는 함수를 호출하는 것이 있을 것이며, 그런 호출 중 적어도 하나는 doWork의 스택 프레임이 차지하던 메모리의 일부 또는 전부를 사용하게 될 수 있다. 그런 함수를 f라고 하자. f가 실행되는 도중에 doWork에서 시작된 람다가 계속해서 비동기적으로 실행될 수도 있다. 그 람다는 goodVals에 대해 push_back을 호출할 텐데, 스택에서 지역 변수 goodVals가 차지하는 메모리는 이제 f의 스택 프레임에 있다. push_back 호출은 goodVals가 사용하는 메모리를 수정하는데, f의 관점에서 이는 자신의 스택 프레임에 있는 메모리의 내용이 갑자기 변하는 기현상이다. 이런 **기현상**을 디버깅하는 게 얼마나 재미있는 일인지 상상해 보기 바란다.

표준 위원회는 합류 가능 스레드를 파괴했을 때의 결과가 충분히 절망적이므로, 그런 파괴를 아예 금지하기로(합류 가능 스레드를 파괴하면 프로그램이 종료됨을 명시해서) 했다.

따라서, std::thread 객체를 사용할 때 그 객체가 그것이 정의된 범위 바깥의 모든 경로에서 합류 불가능으로 만드는 것은 프로그래머의 책임이다. '모든 경로'에는 범위의 끝에서 시작되는 경로는 물론 return이나 continue, break, goto, 예외에 의해 건너뛰어 나가는 모든 경로도 포함된다. 그러한 경로는 상당히 많을 수 있다.

한 범위의 바깥으로 나가는 모든 경로에서 어떤 동작이 반드시 수행되어야 할 때 흔히 사용하는 접근방식은 그 동작을 지역 객체의 소멸자 안에 넣는 것이다. 그런 객체를 *RAII 객체*라고 부르고, 그런 객체의 클래스를 *RAII 클래스*라고 부른다. (*RAII* 자체는 "Resource Acquisition Is Initialization"을 뜻하지만, 사실 이 기법의 핵심은 초기화가 아니라 파괴이다.[†]) RAII 클래스는 표준 라이브러리에 흔한데, 이를테면 STL 컨테이너(각 컨테이너의 소멸자는 컨테이너의 내용을 파괴하고 메모리를 해제한다), 표준 똑똑한 포인터(항목 18~20에서 설명하듯이 std::unique_ptr의 소멸자는 자신이 가리키는 객체에 대해 자신의 삭제자를 호출하고, std::shared_ptr와 std::weak_ptr의 소멸자는 참조 횟수를 감소한다), std::fstream 객체들(각 소멸자는 해당 파일들을 닫는다)을 비롯한 수많은 클래스가 RAII 클래스이다. 그렇지만 std::thread 객체에 대한 표준 RAII 클래스는 없다. 아마도 이는, join과 detach 둘 다 기본 옵션으로 선택하지 않은 표준 위원

---

† (옮긴이) 기법으로서의 RAII에서는 파괴(특히 소멸자)가 핵심이지만, RAII라는 용어 자체에는 생성자와 초기화에 관한(좀 더 넓게는 객체의 유효성에 관한) 고민이 깔려 있다. 관련 논의가 역자의 블로그 글(*http://occamsrazr.net/tt/297*)에 있으니 참고하기 바란다.

회로서는 std::thread 객체에 대한 표준적인 RAII 클래스가 어떤 것이어야 할지 파악할 수 없었기 때문일 것이다.

다행히 그런 클래스를 직접 작성하는 것이 어렵지 않다. 예를 들어 다음은 std::thread를 위한 RAII 클래스인 ThreadRAII 클래스이다. ThreadRAII 객체가 파괴될 때 바탕 std::thread 객체에 대해 join을 호출할지 아니면 detach를 호출할지 지정할 수 있다.

```cpp
class ThreadRAII {
public:
  enum class DtorAction { join, detach };   // enum class는
                                            // 항목 10을 보라

  ThreadRAII(std::thread&& t, DtorAction a)  // 소멸자에서 t에
  : action(a), t(std::move(t)) {}            // 대해 동작 a를 수행

  ~ThreadRAII()
  {                                          // 합류 가능성 판정은
    if (t.joinable()) {                      // 아래 본문 참고

      if (action == DtorAction::join) {
        t.join();
      } else {
        t.detach();
      }

    }
  }

  std::thread& get() { return t; }           // 아래 본문 참고

private:
  DtorAction action;
  std::thread t;
};
```

코드 대부분을 독자 스스로 이해할 수 있을 것이라 믿지만, 다음과 같은 몇 가지 요점이 이해에 도움이 될 것이다.

- 생성자는 std::thread 오른값만 받는다. 그것을 ThreadRAII 객체로 이동할 것이기 때문이다. (std::thread 객체는 복사할 수 없음을 기억하기 바란다.)
- 생성자의 매개변수들은 호출자가 직관적으로 기억할 수 있는 순서로 선언되어 있다(std::thread를 먼저 지정하고 소멸자 동작을 지정하는 것이 그 반대 순서보다 합리적이다). 그러나 멤버 초기화 목록은 자료 멤버들이 선언된 순서를 따른다. std::thread 객체가 마지막으로 선언되어 있음을 주목하기 바란다. 이 클래스에서는 선언 순서가 중요하지 않지만, 일반적으로는 한 자료 멤버의 초기화가 다른 멤버에 의존할 수 있다. 그리고 std::thread 객체는 초기화되자마자 해당 함수를 실행할 수도 있으므로, 클래스에서 std::thread 자료

멤버는 항상 제일 마지막에 선언하는 것이 좋다. 이처럼 std::thread를 다른 모든 멤버가 성공적으로 초기화된 후에 초기화하면, 해당 비동기 스레드가 다른 모든 멤버에 안전하게 접근할 수 있다.

- ThreadRAII는 바탕 std::thread 객체에 접근할 수 있는 get 함수를 제공한다. 이는 표준 똑똑한 포인터 클래스들이 바탕 생 포인터에 접근할 수 있는 get 함수를 제공하는 것과 비슷하다. 이처럼 get을 제공하면 std::thread 인터페이스 전체를 ThreadRAII에 복제할 필요가 없다. 또한, 이는 std::thread 객체를 요구하는 문맥에서 ThreadRAII 객체를 사용할 수 있다는 뜻이기도 하다.

- ThreadRAII 소멸자는 std::thread 객체 t에 대해 멤버 함수를 호출하기 전에 먼저 t가 합류 가능인지부터 점검한다. 이는 꼭 필요하다. 합류 불가능 스레드에 대해 join이나 detach를 호출하면 미정의 행동이 나오기 때문이다. 클라이언트가 std::thread를 생성하고 그것으로 ThreadRAII 객체를 생성한 후 get으로 t에 대한 접근을 얻고, 그것을 이용해서 t를 이동하거나 join 또는 detach를 호출할 수도 있다. 그런 일이 일어나면 t는 합류 불가능 상태가 된다.

- 소멸자의 다음 부분에 경쟁 조건(race condition)이 존재하지 않을까 걱정하는 독자도 있을 것이다.

```
if (t.joinable()) {

  if (action == DtorAction::join) {
    t.join();
  } else {
    t.detach();
  }
}
```

t.joinable()의 실행과 join 또는 detach 호출 사이에 다른 스레드가 t를 합류 불가능하게 만들면 경쟁 조건이 성립하지 않을까? 그런 점을 지적하는 독자의 직관은 칭찬할 만하지만, 다행히 이는 기우이다. 합류 가능한 std::thread 객체는 오직 멤버 함수 호출(join이나 detach) 또는 이동 연산에 의해서만 합류 불가능한 상태로 변할 수 있다. ThreadRAII 객체의 소멸자가 호출되는 시점에서는 그 객체에 대해 그런 멤버 함수를 호출할 만한 스레드가 남아 있지 않아야 한다. 만일 그런 호출들이 동시에 일어난다면 확실히 경쟁이 발생하겠지만, 그런 호출들이 일어나는 곳은 소멸자 안이 아니라 하나의 객체에 대해 동시에 두 멤버 함수(하나는 소멸자, 또 하나는 다른 어떤 멤버 함수)를 실행하려 하는 클라이언트 코드이다. 일반적으로 하나의 객체에 대해 여러 멤

버 함수를 동시에 호출하는 것은 그 멤버 변수 함수들이 const 멤버 함수인 경우에만 안전하다(항목 16 참고).

다음은 doWork 예제에 이 ThreadRAII를 적용한 코드이다.[†]

```cpp
bool doWork(std::function<bool(int)> filter,  // 이전과 동일
            int maxVal = tenMillion)
{
  std::vector<int> goodVals;                  // 이전과 동일

  ThreadRAII t(                               // RAII 객체를 사용
    std::thread([&filter, maxVal, &goodVals]
                {
                  for (auto i = 0; i <= maxVal; ++i)
                    { if (filter(i)) goodVals.push_back(i); }
                }),
                ThreadRAII::DtorAction::join  // RAII 동작
  );

  auto nh = t.get().native_handle();
  …

  if (conditionsAreSatisfied()) {
    t.get().join();
    performComputation(goodVals);
    return true;
  }

  return false;
}
```

이 예에서는 ThreadRAII 소멸자가 비동기 실행 스레드에 대해 join을 호출하도록 했는데, 이는 앞에서 보았듯이 detach를 호출하면 아주 골치 아픈 디버깅 문제가 발생할 수 있기 때문이다. 물론 join이 성능 이상을(그리고 솔직히 말하면 디버깅하기 어려운 버그도) 유발할 수 있다는 점도 앞에서 이야기했지만, 미정의 행동(detach에서 발생할 수 있는)과 프로그램 종료(생 std::thread에서 발생할 수 있는), 성능 이상 중 하나를 고르자면 그나마 성능 이상이 제일 덜 나쁘다. 안타깝게도, 항목 39에서 보듯이 ThreadRAII를 이용해서 std::thread 소멸 시 join이 실행되게 하면 성능 이상만이 아니라 프로그램이 멈추는(hang)[‡] 문제까

---

† (옮긴이) 안타깝게도 이 버전 역시 프로그램 종료로 이어질 수 있다. 원서 정오표가 지적하듯이, 만일 doWork의 람다 함수에서 예외가 발생하면 프로그램이 종료된다. 람다 표현식을 std::packaged_task로 감싸서 이 문제를 해결한 코드가 원서 정오표(역자의 글 참고)에 있는데, 단순히 예제 코드를 그것으로 대체하면 전후 문맥이 잘 맞지 않으므로 이렇게 역주로만 언급해 둔다.

‡ (옮긴이) 프로그램이(또는 스레드, 함수 등 어떤 실행 단위가) "멈춘다"는 것은 무한 루프나 무기한 대기(차단) 등의 이유로 실행의 흐름이 코드의 한 지점을 벗어나지 못한다는 것이다. 이런 일이 생기면 프로그램이 겉으로 보기에 아무 일도 하지 않거나 외부의 입력에 반응하지 않는 등의 증상이 나타난다. 덧붙이자면, "멈추다"는 실행의 흐름이 프로그램을 완전히 벗어나서 운영체제로 돌아가는 것을 뜻하는 "종료하다(terminate)"와는 다른 것이다.

지 발생할 수 있다. 이런 종류의 문제에 대한 '제대로 된' 해결책은 비동기적으로 실행되는 람다에게 이제 더 일할 필요가 없으니 일찍 반환하라고 알려주는 것이 겠지만, C++11은 그런 **가로챌 수 있는 스레드**(interruptible thread)를 지원하지 않는다. 직접 구현하는 것이 가능하지만, 이는 이 책의 범위를 넘는 주제이다.[3]

ThreadRAII는 소멸자를 선언하므로 컴파일러가 이동 연산들을 작성해주지 않는다(항목 17 참고). 그렇지만 ThreadRAII 객체의 이동을 지원하지 않을 이유는 없다. 이 객체의 이동에는 컴파일러가 작성해주었을(소멸자 선언이 없었다면) 기본 이동 함수들로 충분하므로, 다음과 같이 그런 함수들의 작성을 명시적으로 요청하면 된다.

```cpp
class ThreadRAII {
public:
  enum class DtorAction { join, detach };        // 이전과 동일

  ThreadRAII(std::thread&& t, DtorAction a)       // 이전과 동일
  : action(a), t(std::move(t)) {}

  ~ThreadRAII()
  {
    …                                             // 이전과 동일
  }

  ThreadRAII(ThreadRAII&&) = default;             // 이동 연산들
  ThreadRAII& operator=(ThreadRAII&&) = default;  // 지원한다

  std::thread& get() { return t; }                // 이전과 동일

private:                                          // 이전과 동일
  DtorAction action;
  std::thread t;
};
```

기억해 둘 사항들

☑ 모든 경로에서 std::thread를 합류 불가능으로 만들어라.

☑ 소멸 시 join 방식은 디버깅하기 어려운 성능 이상으로 이어질 수 있다.

☑ 소멸 시 detach 방식은 디버깅하기 어려운 미정의 행동으로 이어질 수 있다.

☑ 자료 멤버 목록에서 std::thread 객체를 마지막에 선언하라.

---

3 앤서니 윌리엄스^Anthony Williams의 책 *C++ Concurrency in Action*(Manning Publications, 2012), 섹션 9.2가 이 문제를 잘 다룬다.

항목 38: 스레드 핸들 소멸자들의 다양한 행동 방식을 주의하라

항목 37에서 설명하듯이, 합류 가능 std::thread는 바탕 시스템의 실행 스레드에 대응된다. 그와 비슷하게, 지연되지 않은 과제(항목 36 참고)에 대한 미래 객체도 시스템 스레드에 대응된다. 따라서 std::thread 객체와 미래 객체 모두 시스템 스레드에 대한 핸들(handle)이라고 할 수 있다.

그러한 관점에 볼 때, std::thread와 미래 객체의 소멸자들이 아주 다르게 행동한다는 점이 흥미롭다. 합류 가능 std::thread를 파괴하면 프로그램이 종료되며, 이는 다른 명백한 두 대안(암묵적 join과 암묵적 detach)이 더 나쁜 선택이기 때문이라는 점을 항목 37에서 설명했다. 그렇지만 미래 객체의 소멸자는 어떨 때에는 마치 암묵적으로 join을 수행한 것 같은 결과를 내고 어떨 때에는 마치 암묵적으로 detach를 수행한 것 같은 결과를 낸다. 그렇다고 프로그램이 종료되는 일은 없다. 스레드 핸들들의 이러한 다양한 행동 방식을 좀 더 자세히 살펴볼 필요가 있겠다.

우선, 미래 객체는 피호출자가 결과를 호출자에게 전송하는 통신 채널의 한 쪽 끝이라는 점을 주목하기 바란다.[4] 피호출자(보통은 비동기적으로 실행되는)는 자신의 계산 결과를 그 통신 채널에 기록한다(보통은 std::promise 객체를 통해서). 그리고 호출자는 미래 객체를 이용해서 그 결과를 읽는다. 다음은 이를 도식화한 것으로, 점선 화살표는 피호출자에서 호출자로의 정보의 흐름을 나타낸다.

그런데 피호출자의 결과가 어디에 저장될까? 호출자가 해당 미래 객체에 대해 get을 호출하기 전에 피호출자의 실행이 끝날 수도 있으므로, 결과를 피호출자의 std::promise에 저장할 수는 없는 노릇이다. 그 std::promise 객체는 피호출자의 지역 범위에 있으므로, 피호출자가 완료되면 함께 파괴된다.

결과를 호출자의 미래 객체에 저장할 수도 없다. 왜냐하면(다른 이유도 있지만) 해당 std::future를 이용해서 std::shared_future를 생성할 수 있으며(그러면 피호출자의 결과의 소유권이 std::future에서 std::shared_future로 이전된

---

4   항목 39는 미래 객체가 관여하는 통신 채널을 다른 목적으로 사용할 수도 있음을 설명한다. 그러나 이번 항목에서는 그러한 채널을 피호출자가 자신의 결과를 호출자에게 전달하는 메커니즘으로 사용하는 것만 고려한다.

다), 원본 std::future가 파괴된 후에도 std::shared_future를 여러 번 복사할 수 있기 때문이다. 복사를 지원하지 않는 결과 형식이 있을 수 있다고 할 때(이를테면 이동 전용 형식 등), 그리고 결과의 수명이 적어도 그것을 참조하는 마지막 미래 객체만큼은 유지된다고 할 때, 피호출자에 대응되는 잠재적으로 다수의 미래 객체 중 어떤 것에 피호출자의 결과를 담아야 할지 결정하기가 마땅치 않다.

호출자에 연관된 객체도, 피호출자에 연관된 객체도 피호출자의 결과를 담기에는 적합하지 않다. 따라서 둘 다의 바깥에 있는 장소에 결과를 담아야 한다. 그 장소가 바로 공유된 상태(shared state), 줄여서 **공유 상태**이다. 일반적으로 공유 상태는 힙 기반 객체로 표현되나, 그 형식과 인터페이스, 구현은 표준이 구체적으로 명시하지 않는다. 표준 라이브러리 작성자는 공유 상태를 자신이 원하는 그 어떤 방식으로도 구현할 자유가 있다.

다음은 호출자와 피호출자, 그리고 공유 상태 사이의 관계를 도식화한 것이다. 이번에도 점선 화살표는 정보의 흐름을 나타낸다.

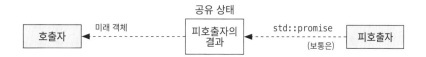

이러한 공유 상태의 존재가 중요한 것은, 미래 객체 소멸자의 행동(이번 항목의 주제인)을 그 미래 객체와 연관된 공유 상태가 결정하기 때문이다. 좀 더 구체적으로 말하면 다음과 같다.

- **std::async를 통해서 시동된 비지연(지연되지 않은) 과제에 대한 공유 상태를 참조하는 마지막 미래 객체의 소멸자는 과제가 완료될 때까지 차단된다.** 본질적으로, 그런 미래 객체의 소멸자는 과제가 비동기적으로 실행되고 있는 스레드에 대해 암묵적인 join을 수행한다.
- **다른 모든 미래 객체의 소멸자는 그냥 해당 미래 객체를 파괴한다.** 비동기적으로 실행되고 있는 과제의 경우 이는 바탕 스레드에 암묵적 detach를 수행하는 것과 비슷하다. 지연된 과제를 참조하는 마지막 미래 객체의 경우 이는 그 지연된 과제가 절대로 실행되지 않음을 뜻한다.

이 규칙들이 좀 복잡해 보이긴 하지만, 잘 곱씹어보면 별로 그렇지도 않다. 이들은 그냥 간단한 "정상" 행동과 그에 대한 단 하나의 예외를 말하는 것일 뿐이다. 정상 행동은, 미래 객체의 소멸자가 미래 객체를 파괴한다는 것이다. 그것이 전부이다. 소멸자는 바탕 스레드를 그 무엇과도 합류시키지 않으며(join), 그 무엇으로부터도 탈착하지 않으며(detach), 그 무엇도 실행하지 않는다. 그냥 미래 객체의 자료 멤버들만 파괴한다. (엄밀히 말하면 하는 일이 하나 더 있다. 소멸자는 미래 객체와 피호출자의 std::promise가 함께 참조하는 공유 상태 안의 참조 횟수를 감소한다. 이 참조 횟수는 라이브러리가 공유 상태의 파괴 시점을 판단하는 데 쓰인다. 참조 계수에 관한 전반적인 정보는 항목 19를 보라.)

이 정상 행동에 대한 예외는 다음 조건들을 모두 만족하는 미래 객체에 대해서만 일어난다.

- 미래 객체가 std::async 호출에 의해 생성된 공유 상태를 참조한다.
- 과제의 시동 방침이 std::launch::async이다(항목 36 참고). 여기에는 그 방침을 실행시점 시스템이 선택한 경우와 std::async 호출 시 명시적으로 지정한 경우 모두가 포함된다.
- 미래 객체가 공유 상태를 참조하는 마지막 미래 객체이다. std::future의 경우에는 이 조건이 항상 성립한다. std::shared_future의 경우, 미래 객체가 파괴되는 동안 같은 공유 상태를 다른 std::shared_future가 참조하고 있다면, 파괴되는 미래 객체는 정상 행동을 따른다(즉, 그냥 자료 멤버들만 파괴된다).

이 모든 조건이 성립할 때에만 미래 객체의 소멸자는 특별한 행동을 보이는데, 그 행동이란 비동기적으로 실행되는 과제가 완료될 때까지 소멸자의 실행이 차단되는 것이다. 실용적인 관점에서 말하자면, 이는 std::async로 생성한 과제를 실행하는 스레드에 대해 암묵적 join을 호출하는 것에 해당한다.

미래 객체 소멸자의 정상 행동에 대한 이러한 예외적 행동을 흔히 "std::async에서 비롯된 미래 객체의 소멸자는 차단된다"라는 문장으로 요약하기도 한다. 이를 일차적인 근사(approximation)로 간주한다면 맞는 말이지만, 종종 일차적인 근사 이상의 것이 필요한 경우가 있다. 이제는 그런 근사에 생략되어 있는 세부 사항에 대한 궁금증이 풀렸을 것이다.

그와는 다른 궁금증을 가진 독자도 있을 것이다. 예를 들어 "std::async로 시동된 비지연 과제에 대한 공유 상태에 관해 특별한 규칙이 필요한 이유는 무엇일까?"라는 질문을 할 수도 있다. 이는 합당한 질문이다. 내가 아는 바로는, 표준 위원회는 암묵적 detach와 관련된 문제들(항목 37 참고)을 피하려 했으나, 필수적인 프로그램 종료(합류 가능 std::thread에 대해 적용된 - 역시 항목 37을 보라)라는 급진적인 방침을 채용하는 것도 꺼렸다. 그래서 위원회는 암묵적 join

이라는 타협안을 선택했다. 이러한 결정을 두고 논쟁이 없었던 것은 아니며, C++14에서 이러한 행동 방식을 폐기하자는 주장에 대해서도 심각한 논의가 있었다. 그러나 결국 그런 변화는 일어나지 않았으며, C++14의 미래 객체에 대한 소멸자들의 행동은 C++11에서와 동일하다.

미래 객체에 대한 API는 주어진 미래 객체가 std::async 호출에 의해 생긴 공유 상태를 참조하는지를 판단할 수 있는 수단을 제공하지 않으므로, 임의의 미래 객체에 대해 그 소멸자가 비동기적으로 실행되는 과제의 완료를 기다리느라 차단될 것인지를 알아내는 것은 불가능하다. 이로부터 몇 가지 흥미로운 결과가 빚어진다.

```
// 이 컨테이너는 소멸자에서 차단될 수도 있다; 컨테이너에 담긴
// 하나 이상의 미래 객체들이 std::async를 통해 시동된 비지연 과제에
// 대한 공유 상태를 참조할 수도 있기 때문이다.
std::vector<std::future<void>> futs;   // std::future<void>는
                                       // 항목 39를 보라

class Widget {                         // Widget 객체의 소멸자가
public:                                // 차단될 수도 있다

    …

private:
    std::shared_future<double> fut;
};
```

물론, 주어진 미래 객체가 특별한 소멸자 행동을 유발하는 조건들을 만족하지 않음을 미리 알 수 있다면(이를테면 프로그램의 논리에 따라), 미래 객체의 소멸자가 차단되는 일이 없을 것을 확신할 수 있다. 예를 들어, 소멸자의 특별한 행동은 공유 상태가 std::async 호출에서 비롯된 경우에만 일어날 수 있다. 그러나 그 외의 여러 원인으로도 공유 상태가 생성될 수 있다. 그중 하나가 std::packaged_task의 사용이다. std::packaged_task 객체는 주어진 함수(또는 호출 가능 객체)를 비동기적으로 실행할 수 있도록 '포장'하는데, 포장된 함수의 실행 결과는 공유 상태에 저장된다. 그 공유 상태를 참조하는 미래 객체를 얻으려면 다음처럼 std::packaged_task의 get_future 함수를 호출하면 된다.

```
int calcValue();                       // 실행할 함수

std::packaged_task<int()>              // 비동기적 실행을 위해
    pt(calcValue);                     // calcValue를 포장한다

auto fut = pt.get_future();            // pt에 대한 미래 객체를 얻는다
```

이 경우에는 미래 객체 fut가 std::async 호출로 만들어진 공유 상태를 참조하지 않음이 명확하므로, 해당 소멸자는 정상적으로 행동한다.

성공적으로 생성한 std::packaged_task 객체(위의 예에서는 pt)는 임의의 스 레드(std::thread)에서 실행할 수 있다. (std::async 호출을 통해서 실행할 수도 있지만, std::async를 이용해서 과제를 실행할 것이라면 std::packaged_task 객체를 생성할 이유가 없다. 어차피 std::async가 과제의 실행 일정을 결정하기 전에 수행하는 작업에는 std::packaged_task가 수행하는 모든 것이 포함되기 때문이다.)

std::packaged_task 객체는 복사할 수 없으므로, pt를 std::thread 생성자에 넘겨줄 때에는 반드시 오른값으로 캐스팅해야 한다(std::move를 통해서 - 항목 23 참고).

```
std::thread t(std::move(pt));        // pt를 스레드 t에서 실행
```

이상의 예에서 미래 객체 소멸자의 정상 행동에 대한 약간의 통찰을 얻을 수도 있을 것이다. 문장들을 다음처럼 하나의 블록 안에 넣으면 이해하기가 좀 더 쉬울 것이다.

```
{                                    // 블록의 시작

  std::packaged_task<int()>
    pt(calcValue);

  auto fut = pt.get_future();
  std::thread t(std::move(pt));

  …                                  // 아래 설명 참고

}                                    // 블록의 끝
```

여기서 주목할 코드는 std::thread 객체 t의 생성과 블록의 끝 사이에 있는 "…"이다. 이 "…" 부분에서 관심을 둘 부분은 t에 대해 어떤 일이 일어나는가인데, 크게 세 가지로 나눌 수 있다.

- **t에 아무 일도 일어나지 않는다**. 이 경우, 범위(블록)의 끝에서 t는 합류 가능 스레드이다. 따라서 프로그램이 종료된다(항목 37 참고).
- **t에 대해 join을 수행한다**. 애초에 호출 코드에서 join을 수행한다면 fut의 소 멸자에서는 join을 수행할 필요가 없으며, 따라서 차단될 이유가 없다.
- **t에 대해 detach를 수행한다**. 마찬가지로, 애초에 호출 코드에서 detach를 수 행한다면 fut의 소멸자에서 그것을 수행할 필요가 없다.

다른 말로 하면, std::packaged_task에 의해 만들어진 공유 상태를 참조하는 미래 객체가 있다면, 소멸자의 특별한 행동을 고려한 코드를 작성할 필요

가 없다. 종료와 합류, 탈착에 관한 결정은 이미 해당 std::thread(일반적으로 std::packaged_task가 실행되는)를 조작하는 코드에서 내려지기 때문이다.

기억해 둘 사항들

☑ 미래 객체의 소멸자는 그냥 미래 객체의 자료 멤버들을 파괴할 뿐이다.

☑ std::async를 통해 시동된 비지연 과제에 대한 공유 상태를 참조하는 마지막 미래 객체의 소멸자는 그 과제가 완료될 때까지 차단된다.

항목 39: 단발성 사건 통신에는 void 미래 객체를 고려하라

어떤 특정한 사건(event)이 일어나야만 작업을 진행할 수 있는 비동기 실행 과제에게 그 사건이 발생했음을 알려주는 또 다른 과제를 두는 것이 유용한 경우가 있다. 이를테면 자료구조의 초기화, 계산 과정 중 특정 단계의 완료, 의미 있는 감지기(sensor) 값 입력 등이 그러한 사건이다. 어떤 종류의 사건이든, 이러한 스레드 간 통신(의사소통)을 처리하는 가장 나은 방법은 무엇일까?

한 가지 명백한 접근방식은 **조건 변수**(condition variable, 줄여서 *condvar*)를 사용하는 것이다. 조건을 검출하는 과제를 **검출 과제**(detecting task)라고 부르고 그 조건에 반응하는 과제를 **반응 과제**(reacting task)라고 부르기로 할 때, 조건 변수를 이용한 전략은 간단하다. 반응 과제는 하나의 조건 변수를 기다리고, 검출 과제는 사건이 발생하면 그 조건 변수를 통지하면 된다. 다음과 같은 객체들이 있다고 할 때,

```
std::condition_variable cv;        // 사건을 위한 조건 변수

std::mutex m;                      // cv와 함께 사용할 뮤텍스
```

검출 과제 쪽의 코드는 다음처럼 아주 간단한 구조이다.

```
…                                  // 사건을 검출한다

cv.notify_one();                   // 반응 과제에게 알린다
```

사건 발생을 알려줄 반응 과제가 여러 개라면 notify_one 대신 notify_all을 사용하는 것이 적합하겠지만, 일단 지금은 반응 과제가 하나라고 가정한다.

반응 과제의 코드는 이보다 조금 복잡한데, 이는 조건 변수에 대해 wait를 호출하기 전에 먼저 std::unique_lock 객체를 통해서 뮤텍스를 잠가야 하기 때문이다. (조건 변수에 대한 대기(waiting) 연산 전에 뮤텍스를 잠그는 것은 스레드 적

용 라이브러리들에서 흔히 볼 수 있는 과정이다. 뮤텍스를 std::unique_lock 객체를 통해서 잠가야 한다는 것은 그냥 C++11 API의 요구일 뿐이다.) 다음은 개념적인 접근방식이다.

```
...                                    // 반응 준비
{                                      // 임계 영역을 연다

  std::unique_lock<std::mutex> lk(m);  // 뮤텍스를 잠근다

  cv.wait(lk);                         // 통지를 기다린다
                                       // 제대로 된 방식이 아님!

  ...                                  // 사건에 반응한다
                                       // (m이 잠긴 상태임)

}                                      // 임계 영역을 닫는다;
                                       // lk의 소멸자가 m을 해제한다

...                                    // 계속 반응한다
                                       // (m은 이제 풀린 상태임)
```

이 코드가 잘 작동하긴 하지만, 그래도 뭔가 잘못된 점이 있어 보인다. 이를 두고 코드에서 냄새가 난다는 표현을 쓰기도 한다. 이 예에서 **코드 냄새**(code smell; 또는 코드 악취)의 근원은 뮤텍스가 필요하다는 점이다. 뮤텍스는 공유 자료에 대한 접근을 제어하는 데 쓰이나, 검출 과제와 반응 과제에는 그런 접근 제어가 전혀 필요 없을 수도 있다. 예를 들어 검출 과제가 어떤 전역 자료구조의 초기화를 수행한 후 반응 과제에 넘겨주어서 반응 과제가 그 자료구조를 처리한다고 하자. 만일 검출 과제가 초기화 과정에서만 자료구조에 접근하고 그 후에는 전혀 접근하지 않는다면, 그리고 반응 과제가 초기화 이후에만(자료구조가 준비되었다고 검출 과제가 알려준 후에만) 자료구조에 접근하고 그 전에는 전혀 접근하지 않는다면, 프로그램 논리 전체에서 두 과제가 서로 마주치는 일이 없다. 따라서 뮤텍스는 필요하지 않다. 조건 변수 접근방식에 뮤텍스가 필요하다는 점은 설계에 뭔가 문제가 있음을 암시하는 악취라 할 수 있다.

그러한 악취를 참고 넘긴다고 해도, 반드시 처리해야 할 문제점이 두 가지 더 있다.

- **만일 반응 과제가 wait를 실행하기 전에 검출 과제가 조건 변수를 통지하면 반응 과제가 멈추게 된다**(hang). 반응 과제가 wait를 실행하기 전에 검출 과제가 통지를 실행하면 반응 과제는 그 통지를 놓치게 되며, 그러면 영원히 통지를 기다리게 된다.

- **wait 호출문은 가짜 기상을 고려하지 않는다.** 조건 변수를 기다리는 코드가 조건 변수가 통지되지 않았는데도 깨어날 수 있다는 것은 스레드 적용 API들에서(C++만이 아니라 다른 여러 언어에서도) 흔히 있는 일이다. 그런 일을 가짜 기상(spurious wakeup)†이라고 부른다. 가짜 기상 문제를 제대로 처리하려면, 기다리던 조건이 정말로 발생했는지 확인해야 하며, 깨어난 후 가장 먼저 하는 일이 바로 그러한 확인이어야 한다. C++의 조건 변수 API에서는 이러한 확인을 놀랄 만큼 간편하게 수행할 수 있다. 기다리던 조건을 판정하는 람다(또는 기타 함수 객체)를 wait에 넘겨줄 수 있기 때문이다. 즉, 반응 과제에서 wait를 다음과 같은 형태로 호출하면 된다.

```
cv.wait(lk,
        []{ return 사건 발생 여부; });
```

이러한 능력을 활용하려면, 자신이 기다리던 조건이 정말로 참인지를 반응 과제가 판단할 수 있어야 한다. 그런데 지금까지 고려하던 예에서 반응 과제가 기다리는 조건은 특정 사건의 발생이며, 그 발생 여부를 검출하는 것은 검출 과제의 몫이다. 반응 과제로서는 자신이 기다리는 사건이 실제로 일어났는지 판단하지 못할 수도 있다. 사실 그것을 직접 판단할 수 있었다면, 애초에 조건 변수를 기다리지도 않았을 것이다!

과제 간 통신을 조건 변수를 이용해서 수행하는 것이 적절한 경우가 많긴 하지만, 적어도 지금 예는 그런 경우가 아니다.

아마 그다음 대안으로 공유 부울 플래그를 생각하는 개발자가 많을 것이다. 우선 부울 플래그 하나를 false로 초기화해 둔다. 검출 스레드는 사건 발생을 검출하면 그 플래그를 설정한다.‡

```
std::atomic<bool> flag(false);    // 공유 플래그; std::atomic은
                                  // 항목 40을 보라

…                                 // 사건을 검출한다
flag = true;                      // 반응 과제에게 통지한다
```

---

† (옮긴이) wakeup(깨어남 또는 기상)이라는 용어는 스레드의 실행이 차단된 상태를 잠을 자는 것(sleeping; 수면)에 비유하는 데에서 비롯된 것이다. 실제로 스레드 적용 API들에서는 이름에 sleep이라는 단어가 있는 함수를 흔히 볼 수 있다(이를테면 C++11의 std::this_thread::sleep_until이나 Windows의 Sleep 등).

‡ (옮긴이) 부울 플래그나 비트 등 참 또는 거짓, 1 또는 0 같은 이분법적 값을 가지는 대상을 "설정한다(set)"는 것은 그 대상이 긍정적인 값(참 또는 1, On 등)이 되게 만드는 것을 말한다. 그 반대의 경우, 즉 거짓 또는 0, Off 같은 부정적인 값이 되게 만드는 것은 "해제한다"이다. 덧붙이자면, 값을 뒤집는 것, 즉 참을 거짓으로 또는 거짓을 참으로 만드는 것은 "부정한다(negate)"라고 말한다.

반응 스레드에서는 그냥 이 부울 플래그를 폴링(polling; 주기적 점검)한다. 플래그가 설정되어 있으면 자신이 기다리던 사건이 발생했다는 뜻이므로 실질적인 반응 행동을 수행한다.

```
...                        // 반응 준비

while (!flag);             // 사건을 기다린다

...                        // 사건에 반응한다
```

이러한 접근방식에는 조건 변수 기반 설계의 단점들이 전혀 없다. 뮤텍스를 사용할 필요가 없고, 반응 과제가 폴링을 시작하기 전에 검출 과제가 플래그를 설정해도 문제가 없고, 가짜 기상 같은 것도 없다. 세 가지 단점이 없으니 세 배로 좋은 셈이다.

그러나 그런 장점을 반응 과제의 폴링 비용이 깎아 먹는다. 플래그가 설정되길 기다리는 동안 반응 과제는 사실상 차단된 상태이지만, 그래도 여전히 실행 중이다. 따라서 다른 과제가 유용하게 사용할 하드웨어 스레드를 점유하고 있으며, 자신의 시간 조각의 시작이나 끝에서 문맥 전환 비용을 유발하며, 전원 절약을 위해 닫아도 될 코어를 계속해서 돌리게 된다. 과제가 진정으로 차단되었을 때에는 그런 일들이 전혀 생기지 않는다. wait 호출이 반환되지 않은 상태의 과제는 진정으로 차단된 것이라는 점에서, 이는 조건 변수 기반 접근방식의 장점이다.

조건 변수 기반 설계와 플래그 기반 설계를 결합하는 것도 흔하다. 즉, 사건 발생 여부를 플래그로 나타내되, 그 플래그에 대한 접근을 뮤텍스로 동기화하는 것이다. 이 경우 플래그에 대한 동시 접근을 뮤텍스로 방지하므로, 플래그를 std::atomic으로 둘(항목 40의 조언 대로) 필요는 없다. 그냥 bool이면 충분하다. 이제 검출 과제는 다음과 같은 모습이 될 것이다.

```
std::condition_variable cv;        // 이전과 동일
std::mutex m;

bool flag(false);                  // std::atomic이 아님

...                                // 사건을 검출한다

{
  std::lock_guard<std::mutex> g(m);  // g의 생성자에서 m을 잠근다

  flag = true;                       // 반응 과제에게 통지한다
                                     // (제1부)

}                                    // g의 소멸자에서 m을 푼다
cv.notify_one();                     // 반응 과제에게 통지한다
                                     // (제2부)
```

그리고 반응 과제는 다음과 같다.

```
…                                    // 반응 준비
{                                    // 이전과 동일
  std::unique_lock<std::mutex> lk(m);  // 이전과 동일

  cv.wait(lk, [] { return flag; });  // 가짜 기상을 방지하기
                                     // 위해 람다를 사용한다

  …                                  // 사건에 반응한다
                                     // (m은 잠긴 상태)
}

  …                                  // 계속 반응한다
                                     // (m은 이제 풀린 상태)
```

이 접근방식에는 이제까지 논의한 문제점들이 없다. 이 접근방식은 검출 과제가 통지하기 전에 반응 과제가 wait를 호출해도, 가짜 기상이 발생해도 잘 돌아가며, 폴링도 수행하지 않는다. 그렇지만 악취는 남아 있다. 검출 과제가 아주 기묘한 방식으로 반응 과제와 통신한다는 점이 좀 꺼림칙하다. 검출 과제는 기다리던 사건이 발생했음을 반응 과제에게 알려주기 위해 조건 변수를 통지할 뿐만 아니라 부울 플래그도 설정한다. 마찬가지로, 반응 과제는 통지를 받은 것으로는 사건 발생을 확신하지 못하고 반드시 부울 플래그를 점검해야 한다. 다른 식으로 말하면, 검출 과제는 사건이 확실히 발생했음을 플래그를 설정함으로써 반응 과제에게 알려주지만, 반응 과제가 그 플래그를 점검하게 하려면 먼저 조건 변수를 통지해서 반응 과제를 깨워야 한다. 이 접근방식이 잘 작동하긴 하지만, 아주 깔끔하다고는 할 수 없다.

조건 변수와 뮤텍스, 플래그를 아예 사용할 필요가 없는 한 가지 대안은, 검출 과제가 설정한 미래 객체를 반응 과제가 기다리게(wait를 통해서) 하는 것이다. 사실, 항목 38에서 설명하듯이 미래 객체는 피호출자에서 호출자(보통은 비동기적인)로의 통신 채널의 호출자 쪽 수신 단자(정보를 받는)에 해당한다. 그런데 지금 말하는 검출 과제와 반응 과제는 호출자–피호출자 관계가 아니다. 그렇긴 하지만, 역시 항목 38에서 지적하듯이 전송 단자가 std::promise이고 수신 단자가 미래 객체인 통신 채널을 피호출자–호출자 통신에만 사용할 수 있는 것은 아니다. 그런 통신 채널은 프로그램의 한 장소에서 다른 장소로 정보를 전송해야 하는 모든 상황에서 사용할 수 있다. 지금 예에서는 검출 과제에서 반응 과제로 정보를 전송하는 데 이 통신 채널을 사용하면 된다. 전송할 정보는 기다리던 사건이 발생했다는 소식이다.

설계는 간단하다. 검출 과제에는 std::promise 객체(즉, 통신 채널의 전송 단

자)를 하나 두고, 반응 과제에는 그에 대응되는 미래 객체를 하나 둔다. 기다리 던 사건이 발생했음을 인식하면 검출 과제는 자신의 std::promise를 설정한다 (즉, 통신 채널에 정보를 기록한다). 그동안 반응 과제는 자신의 미래 객체에 대 해 wait를 호출해 둔 상태이다. wait 호출은 std::promise가 설정될 때까지 차단 된다.

그런데 std::promise와 미래(즉, std::future와 std::shared_future) 모두 형 식 매개변수를 요구하는 템플릿들이다. 그 형식 매개변수는 통신 채널을 통 해 전송할 자료의 형식을 뜻한다. 그러나 지금 예에서는 딱히 전송할 자료가 없다. 반응 과제는 그저 미래 객체가 설정되었는지만 알면 된다. 이런 상황에 서 std::promise와 미래 템플릿에 필요한 것은 통신 채널을 통해서 전달할 자 료가 없음을 뜻하는 형식인데, void가 바로 그러한 형식이다. 결론적으로 검출 과제는 std::promise<void>를, 반응 과제는 std::future<void>나 std::shared_ future<void>를 사용하면 된다. 검출 과제는 기다리던 사건이 발생하면 자신 의 std::promise<void>를 설정하고, 반응 과제는 자신의 미래 객체에 대해 wait 를 호출한다. 비록 반응 과제가 검출 과제로부터 아무런 자료도 받지 않지만, 이 통신 채널을 통해서 반응 과제는 검출 과제가 자신의 std::promise에 대해 set_ value를 호출해서 자신의 void 자료를 '기록'했음을 알 수 있다.

정리하자면, 다음과 같은 약속 객체가 있을 때

```
std::promise<void> p;           // 통신 채널에서 사용할
                                // 약속 객체
```

검출 과제의 코드는 아주 간단하다.

```
...                             // 사건을 검출한다

p.set_value();                  // 반응 과제에게 통지한다
```

반응 과제의 코드 역시 그만큼이나 간단하다.

```
...                             // 반응 준비

p.get_future().wait();          // p에 해당하는 미래 객체를
                                // 기다린다

...                             // 사건에 반응한다
```

플래그를 이용한 접근방식처럼 이 설계에는 뮤텍스가 필요하지 않으며, 반응 과 제가 wait로 대기하기 전에 검출 과제가 자신의 std::promise를 설정해도 작동하 며, 가짜 기상도 없다. (가짜 기상 문제는 조건 변수에서만 일어난다.) 그리고 조

건 변수 기반 접근방식에서처럼 반응 과제는 wait 호출 후 진정으로 차단되므로 기다리는 동안 시스템 자원을 전혀 소모하지 않는다. 이 정도면 완벽하지 않은가?

꼭 그렇지는 않다. 물론 미래 객체 기반 접근방식이 앞에서 본 함정들을 잘 뛰어넘긴 하지만, 그 밖에도 걱정할 함정들이 있다. 예를 들어, 항목 38에서 설명하듯이 std::promise와 미래 객체 사이에는 공유 상태가 있으며, 대체로 공유 상태는 동적으로 할당된다. 따라서 이 설계는 힙 기반 할당 및 해제 비용을 유발한다고 가정해야 한다.

어쩌면 좀 더 중요한 것은, std::promise를 한 번만 설정할 수 있다는 점이다. 즉, std::promise와 미래 객체 사이의 통신 채널은 여러 번 되풀이해서 사용할 수 없는 단발성(one-shot) 메커니즘이다. 이는 여러 번 통신에 사용할 수 있는 조건 변수 설계나 플래그 기반 설계와의 주목할 만한 차이점이다. (조건 변수는 여러 번 통지할 수 있고, 플래그는 몇 번이고 해제하고 다시 설정할 수 있다.)

이러한 단발성 제약이 생각만큼 제한적이지는 않다. 시스템 스레드를 유보된 상태로 생성한다고 하자. 스레드를 유보된 상태로 생성하는 목적 중 하나는, 스레드 생성에 관련된 모든 추가부담을 미리 처리해 두고, 뭔가를 스레드에서 실행할 때가 되었을 때 통상적인 스레드 생성 관련 잠복지연 없이 그것을 즉시 실행할 수 있게 하는 것이다. 또는, 실행 전에 스레드를 좀 더 세밀하게 구성하고 싶을 때에도 유보된 상태의 스레드를 생성한다. 이를테면 스레드 우선순위나 코어 친화도 설정 같은 것이 그런 구성에 속한다. C++ 동시성 API로 그런 설정들을 직접 조작할 수는 없지만, std::thread 객체의 native_handle 멤버 함수를 통해서 플랫폼의 바탕 스레드 적용 API(보통은 POSIX threads나 Windows 스레드 API)에 접근하는 것은 가능하다. 그러한 저수준 API는 우선순위나 친화도 같은 스레드 특성들을 구성하는 수단을 제공하는 경우가 많다.

스레드를 한 번만 유보한다면(생성 시점과 해당 스레드 함수의 실행시점 사이에서), void 미래 객체를 이용하는 설계가 합리적인 선택이다. 다음은 그 기법의 뼈대를 보여주는 예제 코드이다.

```
std::promise<void> p;

void react();                      // 반응 과제에 해당하는 함수

void detect()                      // 검출 과제에 해당하는 함수
{
  std::thread t([]                 // 스레드를 생성한다
               {
                 p.get_future().wait();   // 미래 객체가 설정될
                 react();                  // 때까지 t를 유보
               });
```

```
    ...                              // 여기서 t는 유보된 상태임;
                                     // react는 그다음에 호출됨

    p.set_value();                   // t의 유보를 푼다†(그러면
                                     // react를 호출한다)


    ...                              // 추가 작업을 수행

    t.join();                        // t를 합류 불가능으로
}                                    // 만든다(항목 37 참고)
```

detect 바깥의 모든 경로에서 t를 합류 불가능으로 만드는 것이 중요하므로, 항
목 37의 ThreadRAII 같은 RAII 클래스를 사용하는 것이 바람직하겠다. 다음은 이
를 염두에 둔 코드이다.

```
void detect()
{
  ThreadRAII tr(                     // RAII 객체를 사용
    std::thread([]
               {
                   p.get_future().wait();
                   react();
               }),
    ThreadRAII::DtorAction::join     // 위험함!(설명 참고)
  );

    ...                              // 여기서 tr 내부의
                                     // 스레드는 유보된 상태임

    p.set_value();                   // tr 내부 스레드의
                                     // 유보를 푼다

    ...

}
```

이전보다는 안전해 보이는 코드이다. 그러나, 만일 첫 "…" 부분("여기서 tr 내부
의 스레드는 유보된 상태임" 주석이 있는 부분)에서 예외가 발생하면 p에 대한
set_value 호출이 일어나지 않으며, 따라서 람다 안의 wait 호출은 계속해서 차
단된다. 즉, 람다를 실행하는 스레드가 결코 완료되지 않는다. 이는 해결해야 할
문제이다. RAII 객체 tr의 소멸자가 그 스레드에 대해 join을 호출할 것이기 때
문이다. 다른 말로 하면, 코드의 첫 "…" 부분에서 예외가 방출되면 tr의 소멸자가
결코 완료되지 않으므로 이 함수가 멈추게 된다.

---

† (옮긴이) 흔히 suspend(유보, 일시 정지)의 반댓말로 resume(재개)을 사용하지만, 한 번도 실행된
적이 없는 스레드를 '재개'한다는 것이 좀 이상했는지 저자는 suspend된 스레드의 실행을 시작하는
것을 'unsuspend'라고 표현한다. 이는 합당한 선택으로 보인다. 사실 이미 실행된 스레드를 유보할
방법도 없다는 점에서, '재개'는 그냥 기상(스레드가 잠들었다가 깨어나는 것)과 같은 의미로 사용하
는 것이 바람직할 것이다. unsuspend를 옮긴 "유보를 푼다"는 "정학을 푼다", "정직을 푼다" 같은 표
현을 참고한 것이다.

이 문제를 해결하는 여러 방법이 있지만, 그 방법들을 알아내고 구현하는 것은 독자의 신성한 연습문제로 남겨두기로 한다.[5] 지금 논의에서 중요한 것은, 원래의 코드(즉, ThreadRAII를 사용하지 않는 버전)를 반응 과제 하나가 아니라 여러 개를 유보하고 풀도록 확장하는 것이 가능하다는 점이다. 그냥 해당 코드를 간단하게 일반화하기만 하면 된다. 핵심은 react 코드에서 std::future 대신 std::shared_future를 사용하는 것이다. std::future의 share 멤버 함수가 자신의 공유 상태에 대한 소유권을 share가 산출하는 std::shared_future 객체에 넘겨준다는 점만 알면 코드가 거의 저절로 작성될 것이다. 까다로운 부분은 반응 과제 스레드마다 공유 상태를 참조하는 개별적인 std::shared_future 복사본을 두어야 한다는 점이다. 그래야 share로 얻은 std::shared_future를 반응 과제 스레드에서 실행되는 람다가 값으로 갈무리할 수 있다.

```cpp
std::promise<void> p;                    // 이전과 동일

void detect()                            // 이제는 여러 개의 반응
{                                        // 과제에 통지한다

  auto sf = p.get_future().share();      // sf의 형식은
                                         // std::shared_future<void>

  std::vector<std::thread> vt;           // 반응 스레드들을 담는
                                         // 컨테이너

  for (int i = 0; i < threadsToRun; ++i) {
    vt.emplace_back([sf]{ sf.wait();     // sf의 지역 복사본을
                          react(); });   // 기다린다
  }                                      // emplace_back은
                                         // 항목 42를 보라

  …                                      // 만일 이 "…"에서 예외가
                                         // 발생하면 합류 가능한
                                         // std::thread들이 파괴되어서
                                         // 프로그램이 종료된다!

  p.set_value();                         // 모든 스레드의 유보를 푼다

  …

  for (auto& t : vt) {                   // 모든 스레드를 합류
    t.join();                            // 불가능으로 만든다;
  }                                      // auto& 구문은
}                                        // 항목 2를 보라
```

미래 객체를 이용한 설계가 이러한 효과를 낸다는 것은 주목할 만한 일이다. 단발성 사건 통신에 그런 설계를 사용할 것을 고려해야 하는 이유가 바로 이것이다.

---

5 내 블로그 *The View From Aristeia*의 2013년 12월 24일자 글 "ThreadRAII + Thread Suspension = Trouble?"이 이 문제에 대한 연구의 출발점으로 적당할 것이다. 후속 글 "More on ThreadRAII and Thread Suspension"(2015년 4월 8일)도 참고하기 바란다.

기억해 둘 사항들

☑ 간단한 사건 통신을 수행할 때, 조건 변수 기반 설계에는 여분의 뮤텍스가 필요하고, 검출 과제와 반응 과제의 진행 순서에 제약이 있으며, 사건이 실제로 발생했는지를 반응 과제가 다시 확인해야 한다.

☑ 플래그 기반 설계를 사용하면 그런 단점들이 없지만, 대신 차단이 아니라 폴링이 일어난다는 단점이 있다.

☑ 조건 변수와 플래그를 조합할 수도 있으나, 그런 조합을 이용한 통신 메커니즘은 필요 이상으로 복잡하다.

☑ std::promise와 미래 객체를 사용하면 이러한 문제점들을 피할 수 있지만, 그런 접근방식은 공유 상태에 힙 메모리를 사용하며, 단발성 통신만 가능하다.

항목 40: 동시성에는 std::atomic을 사용하고, volatile은 특별한 메모리에 사용하라

불쌍한 volatile. 오해를 너무 받는다. 사실 volatile은 동시적 프로그래밍과는 무관하므로 이번 장에서 다루지 말아야 한다. 그러나 다른 프로그래밍 언어(이를테면 Java와 C#)에서는 volatile이 동시적 프로그램에 유용하며, C++에서도 일부 컴파일러는 동시적 소프트웨어에 적용할 수 있는(물론, 그런 컴파일러로 컴파일했을 때에만) 의미론을 volatile에 부여한다. 그런 만큼, 적어도 volatile에 관련된 오해를 해소하자는 취지에서라도, volatile을 동시성에 대한 장에서 논의해볼 만하다.

프로그래머들이 종종 volatile과 혼동하는(그리고 이번 장에 속하는 것이 확실한) C++의 기능은 std::atomic이다. 이 템플릿의 인스턴스(이를테면 std::atomic<int>나 std::atomic<bool>, std::atomic<Widget*> 등)는 다른 스레드들이 반드시 원자적으로 인식하는 연산들을 제공한다. std::atomic 객체가 성공적으로 생성되고 나면, 그 객체에 대한 연산은 마치 뮤텍스로 보호되는 임계영역(critical section) 안에서 수행되는 것처럼 작동한다. 그러나 이러한 원자적 연산은 실제로 뮤텍스를 사용할 때보다 좀 더 효율적인 특별한 기계어 명령들로 구현되는 것이 보통이다.

그럼 std::atomic을 사용하는 다음과 같은 예제 코드를 생각해 보자.

```
std::atomic<int> ai(0);     // ai를 0으로 초기화한다

ai = 10;                    // 원자적으로 ai를 10으로 설정한다
```

```
std::cout << ai;        // 원자적으로 ai의 값을 읽는다

++ai;                   // 원자적으로 ai를 증가한다(11이 된다)

--ai;                   // 원자적으로 ai를 감소한다(10이 된다)
```

이 문장들을 실행하는 동안 ai를 읽는 다른 스레드들이 보게 되는 값은 0이나 10, 11뿐이다. 그 외의 값은 불가능하다(물론 ai를 현재 스레드만 수정한다고 할 때).

이 예제에서 주목할 점이 두 가지 있다. 첫째로, "std::cout << ai;" 문장에서 ai가 std::atomic 객체라는 점이 보장하는 것은 ai의 읽기가 원자적이라는 것뿐이다. 전체 문장이 원자적으로 처리된다는 보장은 없다. ai의 값을 읽는 시점과 operator<<가 호출되어서 ai의 값이 표준 출력에 기록되는 시점 사이에 다른 스레드가 ai의 값을 수정할 수도 있다. 그러나 그 점이 이 문장의 행동에 영향을 미치지는 않는다. int에 대한 operator<<는 주어진 int 인수에 대한 값 전달 매개 변수를 출력에 사용하기 때문이다(따라서 애초에 ai에서 읽은 값이 출력된다). 그러나 이 문장에서 원자적인 부분은 오직 ai를 읽는 부분이라는 점을 이해하는 것은 중요한 일이다.

둘째로, 이 예제에서 마지막 두 문장(ai를 증가, 감소하는 문장들)의 행동을 주목할 필요가 있다. 증가 연산이나 감소 연산은 읽기-수정-쓰기(read-modify-write, RMW) 연산이지만, 각각 원자적으로 수행된다. 이처럼, 일단 std::atomic 객체가 생성되고 하면, 그 객체에 대한 모든 멤버 함수는, 심지어 RMW 연산들을 수행하는 멤버 함수도, 다른 스레드들에게 반드시 원자적으로 보인다. 이는 std::atomic 형식의 아주 멋진 특징 중 하나이다.

반면 volatile을 사용하는 다음과 같은 코드는 다중 스레드 문맥에서 거의 아무것도 보장하지 않는다.

```
volatile int vi(0);     // vi를 0으로 초기화한다

vi = 10;                // vi를 10으로 설정한다

std::cout << vi;        // vi의 값을 읽는다

++vi;                   // vi를 증가한다(11이 된다)

--vi;                   // vi를 감소한다(10이 된다)
```

이 코드를 실행하는 동안 vi의 값을 다른 스레드들이 읽는다면, 그 스레드들은 그 어떤 값이라도(이를테면 -12나 68, 4090727 등) 볼 수 있다. 이런 코드는 미정의 행동을 유발한다. 이 코드의 문장들은 vi를 수정하므로, 만일 그와 동시에 다른 스레드들이 vi를 읽는다면, std::atomic도 아니고 뮤텍스로 보호되지도 않는

메모리에 기록자(writer)들과 판독자(reader)들이 동시에 접근하려는 상황이 된다. 그런 상황을 자료 경쟁(data race)이라고 부른다.

다중 스레드 프로그램에서 std::atomic과 volatile의 행동이 어떻게 다른지 보여주는 구체적인 예로, std::atomic 형식의 카운터 변수와 volatile 카운터 변수를 여러 스레드가 증가하는 상황을 생각해 보자. 처음에는 둘 다 0으로 초기화한다.

```
std::atomic<int> ac(0);      // "원자적 카운터"

volatile int vc(0);          // "휘발성(volatile) 카운터"
```

그런 다음, 동시에 실행되는 두 스레드에서 각 카운터를 한 번씩 증가한다.

```
/*----- 스레드 1 ----- */      /*------- 스레드 2 ------- */

        ++ac;                         ++ac;
        ++vc;                         ++vc;
```

두 스레드 모두 실행이 끝난 후에 ac의 값(즉, std::atomic의 값)은 반드시 2이다. 각 증가 연산이 더 분해할 수 없는 원자적인 연산으로 실행되었기 때문이다. 그러나 vc의 값은 2일 수도 있고 아닐 수도 있다. 해당 증가 연산이 원자적으로 실행되지 않았기 때문이다. 하나의 증가 연산은 vc의 값을 읽고, 그 값을 증가하고, 그 결과를 다시 vc에 기록하는 연산들로 이루어진다. 그런데 volatile 객체에 대해서는 이 세 연산이 원자적으로 진행된다는 보장이 없다. 예를 들어, vc의 두 증가 연산의 구성 단계들이 다음과 같이 뒤섞여서 진행될 수도 있다.

1. 스레드 1이 vc의 값을 읽는다. 그 값은 0이다.
2. 스레드 2가 vc의 값을 읽는다. 그 값은 여전히 0이다.
3. 스레드 1이 자신이 읽은 값 0을 증가하고, 그 결과인 1을 vc에 기록한다.
4. 스레드 2가 자신이 읽은 값 0을 증가하고, 그 결과인 1을 vc에 기록한다.

이러면, 비록 vc가 두 번 증가했지만 그 최종적인 값은 1이다.

물론 이와는 다른 결과가 나올 수도 있다. 일반적으로 vc의 최종 값은 예측할 수 없다. vc는 자료 경쟁에 관여하므로, 그리고 표준은 자료 경쟁을 미정의 행동으로 간주하므로, 이에 대해 어떤 코드를 산출할 것인지는 컴파일러 마음이다. 물론 컴파일러가 그러한 재량권을 악의적으로 사용하지는 않는다. 대신 컴파일러는 자료 경쟁이 없는 프로그램이라면 유효할 최적화를 수행하며, 그 최적화는 자료 경쟁이 존재하는 프로그램에서는 예기치 못한, 그리고 예측할 수 없는 행동을 산출한다.

동시성과 관련해서 std::atomic은 성공하지만 volatile은 실패하는 상황이 RMW 연산만은 아니다. 한 과제가 어떤 중요한 값을 계산하고, 둘째 과제가 그 값을 자신의 작업에 사용한다고 하자. 첫 과제가 값을 다 계산했으면 그것을 둘째 과제에게 알려 주어야 한다. 필요한 값이 준비되었음을 첫째 과제가 둘째 과제에 std::atomic<bool>을 이용해서 알려주는 방법 하나를 항목 39에서 설명한다. 첫 과제, 즉 값을 계산하는 과제의 코드는 다음과 같은 형태이다.

```
std::atomic<bool> valAvailable(false);

auto imptValue = computeImportantValue();   // 값을 계산한다

valAvailable = true;                         // 다른 과제에게 값이
                                             // 준비되었음을 알린다
```

이 코드를 읽는 우리는 imptValue 배정이 반드시 valAvailable 배정보다 먼저 일어나야 함을 알고 있다. 그러나 사람이 아닌 컴파일러는 두 배정문을 단지 서로 독립적인 변수에 대한 두 배정으로 볼 뿐이다. 일반적인 규칙으로, 그런 서로 무관한 배정들의 순서를 컴파일러가 임의로 바꾸는 것은 적법한 일이다. 즉, 다음과 같은 배정들이 있을 때(여기서 a와 b, x, y는 각자 독립적인 변수),

```
a = b;
x = y;
```

컴파일러가 이들의 순서를 다음과 같이 바꿀 수도 있다.

```
x = y;
a = b;
```

컴파일러가 문장들의 순서를 바꾸지 않는다고 해도, 바탕 하드웨어가 바꿀 수도 있다(또는, 다른 코어들에게는 순서가 바뀐 것처럼 보이게 할 수도 있다). 순서를 바꾸면 코드가 더 빨리 실행되는 경우가 있기 때문이다.

그러나 std::atomic을 사용하면 코드의 순서 재배치에 대한 제약들이 생기며, 그런 제약 중 하나는, 소스 코드에서 std::atomic 변수를 기록하는 문장 이전에 나온 그 어떤 코드도 그 문장 이후에 실행되지 않아야(또는, 다른 코어들이 보기에 실행되는 것처럼 보이지 않아야) 한다는 것이다.[6] 즉, 다음 코드에서

---

6 이는 순차적 일관성(sequential consistency)을 사용하는 std::atomic에만 해당한다. 순차적 일관성은 이 책에 나오는 구문을 사용하는 std::atomic에 대한 기본적인, 그리고 유일한 일관성 모형이다. C++11은 좀 더 유연한 코드 재배치 규칙들을 가진 다른 일관성 모형들도 지원한다. 그러한 약한 일관성(완화된(relaxed) 일관성이라고도 한다) 모형들을 이용하면 일부 하드웨어 아키텍처에서 좀 더 빠르게 실행되는 소프트웨어를 만들 수 있지만, 대신 해당 소프트웨어를 제대로 작성하고, 이해하고, 유지보수하기가 훨씬 더 어려워진다. 완화된 일관성 모형을 사용하는 코드를 작성할 때에는 전문가들조차도 흔히 미묘한 실수를 저지르므로, 가능하면 순차적 일관성을 고집하는 것이 바람직하다.

```
auto imptValue = computeImportantValue();  // 값을 계산한다

valAvailable = true;                       // 다른 과제에게 값이
                                           // 준비되었음을 알린다
```

컴파일러는 imptValue와 valAvailable의 배정문들의 순서를 그대로 지켜야 할 뿐만 아니라, 바탕 하드웨어 역시 그 순서대로 명령들을 실행하게 만들어야 한다. 결과적으로, valAvailable을 std::atomic으로 선언하면 필수적인 코드 순서 요구사항(모든 스레드가 imptValue의 변화를 valAvailable의 변화보다 먼저 볼 수 있어야 한다는 것)이 유지된다.

valAvailable을 volatile로 선언하면 그런 코드 재배치 제약이 가해지지 않는다.

```
volatile bool valAvailable(false);

auto imptValue = computeImportantValue();

valAvailable = true;  // 다른 스레드들은 이 배정을
                      // imptValue 배정 이전에 볼 수 있다
```

이 경우 컴파일러는 imptValue 배정과 valAvailable 배정의 순서를 바꿀 수 있으며, 그렇게까지 하지는 않더라도 바탕 하드웨어에서 다른 코어들이 valAvailable의 변화를 imptValue의 변화 이전에 볼 가능성이 있는 기계어 코드를 산출할 수 있다.

이 두 가지 문제점, 즉 연산의 원자성을 보장하지 않는다는 점과 코드 재배치에 대한 제약이 충분하지 않다는 점은 volatile이 동시적 프로그래밍에 유용하지 않은 이유를 잘 말해준다. 그러나 volatile이 어디에 유용한지는 말해주지 않는다. 간단히 말하자면, volatile은 volatile이 적용된 변수가 사용하는 메모리가 보통의 방식으로 행동하지 않는다는 점을 컴파일러에게 알려주는 역할을 한다.

'보통' 메모리에는 메모리의 한 장소에 어떤 값을 기록하면 다른 어떤 값을 덮어쓰지 않는 한 그 값이 유지된다는 특성이 있다. 예를 들어 다음과 같이 보통의 int 변수가 있다고 하자.

```
int x;
```

그리고 컴파일러가 이 변수에 대한 다음과 같은 일련의 연산들을 보았다고 하자.

```
auto y = x;        // x를 읽는다
y = x;             // x를 다시 읽는다
```

이 경우 컴파일러는 둘째 줄, 즉 y에 대한 배정문을 제거해서 목적 코드를 최적화할 수 있다. 둘째 줄은 첫째 줄, 즉 y의 초기화와 정확히 같은 일을 하기 때문이다.

또한 보통의 메모리에는, 어떤 메모리 장소에 어떤 값을 기록한 후 그 값을 한 번도 읽지 않고 그 메모리 장소에 값을 다시 기록한다면 첫 번째 기록은 제거할 수 있다는(한 번도 사용되지 않았으므로) 특성이 있다. 예를 들어 다음과 같이 인접한 두 문장이 있을 때,

```
x = 10;             // x를 기록한다
x = 20;             // x를 다시 기록한다
```

컴파일러는 첫 문장을 제거할 수 있다. 즉, 소스 코드에 다음과 같은 문장들이 있을 때,

```
auto y = x;         // x를 읽는다
y = x;              // x를 다시 읽는다
x = 10;             // x를 기록한다
x = 20;             // x를 다시 기록한다
```

컴파일러는 이를 다음과 같은 소스 코드로 취급할 수 있다.

```
auto y = x;         // x를 읽는다

x = 20;             // x를 기록한다
```

이런 종류의 남아도는 읽기들(redundant reads)과 불필요한 기록들(superfluous writes)(기술적인 용어로는 **남아도는 적재**(redundant loads)와 **죽은 저장**(dead stores)이라고 부른다)을 수행하는 코드를 작성하는 사람이 있을까 하는 의문이 들 것이다. 답은, 이런 코드를 사람이 직접 작성하지는 않는다는(적어도 그러길 바란다는) 것이다. 그러나, 합당해 보이는 소스 코드에 대해 컴파일러가 템플릿 인스턴스화와 인라인화, 그리고 다양한 순서 재배치 최적화들을 적용하고 나면, 남아도는 적재와 죽은 저장들(컴파일러가 제거할 수 있는)이 드물지 않게 생겨난다.

지금까지 말한 최적화들은 메모리가 보통의 방식으로 행동할 때에만 유효하다. 그러나 '특별한' 메모리는 그런 식으로 행동하지 않는다. 특별한 메모리 중에서 가장 흔히 접할 수 있는 것은 아마도 **메모리 대응 입출력**(memory-mapped I/O)에 쓰이는 메모리일 것이다. 그런 메모리에 있는 장소들에 대한 접근은 보통의 메모리(즉 RAM)를 읽거나 쓰는 것이 아니라, 외부 감지기나 디스플레이, 프린터, 네트워크 포트 같은 주변장치와 실제로 통신한다. 그런 맥락에서, 남아도는

읽기들로 보이는 코드를 다시 생각해 보자.

```
auto y = x;           // x를 읽는다
y = x;                // x를 다시 읽는다
```

만일 x가 이를테면 온도계가 보고하는 값이라면, 두 번째 x 읽기는 여분이 아니다. 첫 번째 읽기와 두 번째 읽기 사이에 온도가 변했을 수도 있기 때문이다.

불필요한 기록들로 보이는 코드도 마찬가지이다. 다음 예를 보자.

```
x = 10;               // x를 기록한다
x = 20;               // x를 다시 기록한다
```

만일 x가 무선 신호 전송기의 제어 포트에 해당한다면, 이 코드는 무선으로 명령을 보내는 작업을 하는 것일 수 있으며, 10과 20은 각자 다른 명령에 대응될 것이다. 만일 최적화 때문에 첫 배정문이 제거되면 무선으로 전송되는 명령들이 달라진다.

volatile은 해당 코드가 특별한 메모리를 다룬다는 점을 컴파일러에게 알려주는 수단이다. 즉, 컴파일러는 이를 "이 메모리에 대한 연산들에는 그 어떤 최적화도 수행하지 말라"는 지시라고 생각한다. 따라서, 만일 x가 특별한 메모리에 해당한다면, 다음처럼 volatile로 선언해야 마땅하다.

```
volatile int x;
```

이러한 선언이 앞의 예제 코드에 어떤 영향을 주는지 생각해 보자.

```
auto y = x;           // x를 읽는다
y = x;                // x를 다시 읽는다(최적화로 제거할 수 없음)

x = 10;               // x를 기록한다(최적화로 제거할 수 없음)
x = 20;               // x를 다시 기록한다
```

x가 메모리에 대응된 입출력 장소에 해당하는 경우(또는 여러 프로세스가 공유하는 메모리 장소에 대응된 경우 등)에는 정확히 이런 식으로 행동해야 한다.

깜짝 퀴즈! 앞의 예제 코드에서 y의 형식은 int일까, 아니면 volatile int 일까?[7]

그런데 특별한 메모리를 다룰 때에는 남아도는 적재들과 죽은 저장들로 보이는 연산들을 반드시 유지해야 한다는 사실은 이런 종류의 작업에 std::atomic이

---

7   y는 auto로 선언되었으므로 그 형식은 항목 2의 규칙들에 따라 연역된다. 그 규칙들에 따르면, 비참조·비 포인터 형식을 선언할 때에는(y가 그런 경우이다) const와 volatile 한정사가 제거된다. 따라서 y의 형식은 그냥 int이다. 이는 y에 대한 남아도는 읽기들과 기록들을 컴파일러가 제거할 수 있음을 뜻한다. 이 예에서 x가 volatile이므로 컴파일러는 반드시 y의 초기화와 배정을 둘 다 수행해야 한다. 따라서 x를 처음 읽을 때와 두 번째로 읽을 때의 값이 다를 수 있다.

적합하지 않다는 점을 말해준다. C++ 표준은 std::atomic에 대한 그러한 남아도
는 연산들을 컴파일러가 제거하는 것을 허용한다. 그 코드가 volatile에 대한 것
과 아주 똑같은 방식으로 작성되지는 않지만, 그 점은 잠시 무시하고 컴파일러
에게 허용되는 것들에 주목하기로 하자. 그렇다고 할 때, 개념적으로 컴파일러
는 다음과 같은 코드를

```cpp
std::atomic<int> x;

auto y = x;          // 개념적으로 x를 읽는다(아래 설명 참고)
y = x;               // 개념적으로 x를 다시 읽는다(아래 설명 참고)

x = 10;              // x를 기록한다
x = 20;              // x를 다시 기록한다
```

다음과 같이 최적화할 수 있다.

```cpp
auto y = x;          // 개념적으로 x를 읽는다(아래 설명 참고)
x = 20;              // x를 기록한다
```

특별한 메모리에 대해서는 이것이 허용할 수 없는 행동임이 명백하다.

그런데 x가 std::atomic일 때에는 그 두 문장 모두 컴파일되지 않는다.

```cpp
auto y = x;          // 오류!
y = x;               // 오류!!
```

이는 std::atomic의 복사 연산들이 삭제되었기 때문이다(항목 11 참고). 이들이
삭제된 데에는 그럴 만한 이유가 있다. x로 y를 초기화하는 문장이 오류가 아니
라면, 즉 컴파일이 된다면 어떤 일이 생기는지 생각해 보자. x는 std::atomic이
므로 y의 형식도 std::atomic으로 연역될 것이다(항목 2 참고). 이전에 언급했듯
이, std::atomic의 큰 장점 중 하나는 std::atomic 객체에 대한 모든 연산이 원자
적이라는 것이다. 그러나 x를 이용한 y의 복사 생성 연산이 원자적이려면 컴파
일러는 x를 읽고 y를 기록하는 작업을 하나의 원자적 연산으로 수행하는 코드를
산출해야 한다. 대체로 그런 원자적 연산을 하드웨어 수준에서 지원하지는 않기
때문에, 표준 위원회는 std::atomic 형식에 대해 복사 생성을 지원하지 않기로
했다. 복사 배정 역시 같은 이유로 삭제되었으며, x에서 y로의 배정이 컴파일되
지 않는 것은 그 때문이다. (이동 연산들은 std::atomic에 대해 명시적으로 선언
되어 있지 않으므로, 항목 17에서 설명한 컴파일러의 특수 멤버 함수 생성 규칙
들에 따르면, std::atomic은 이동 생성도, 이동 배정도 제공하지 않는다.)

그렇다고 x의 값을 y에 넣는 것이 불가능한 것은 아니다. std::atomic의 멤버
함수 load와 store를 사용하면 된다. 멤버 함수 load는 std::atomic의 값을 원자

적으로 읽고, store 멤버 함수는 원자적으로 기록한다. 따라서 x로 y를 초기화한
후 x의 값을 y에 넣으려면 코드를 다음과 같이 작성해야 한다.

```
std::atomic<int> y(x.load());        // x를 읽는다

y.store(x.load());                   // x를 다시 읽는다
```

이 코드가 컴파일되긴 하지만, x를 읽는 연산(x.load()를 통한)과 그 값으로 y를
초기화하는 연산 또는 y에 저장하는 연산이 개별적인 함수 호출들이므로, 두 문
장이 각자 하나의 원자적 연산으로 실행되리라고 기대할 이유가 없다.

컴파일러가 x의 값을 두 번 읽는 대신 첫 번째 읽기에서 얻은 값을 레지스터
에 저장해서 이러한 코드를 '최적화'할 수도 있다.[†]

```
레지스터 = x.load();               // x를 레지스터로 읽어 들인다

std::atomic<int> y(레지스터);       // y를 레지스터 값으로 초기화한다

y.store(레지스터);                  // 레지스터 값을 y에 저장한다
```

결과적으로 x는 한 번만 읽힌다. 따라서 이는 특수 메모리를 다룰 때에는 반드시
피해야 하는 종류의 최적화이다. (volatile 변수에 대해서는 이런 최적화가 허
용되지 않는다.)

이제 상황이 명확해졌을 것이다.

- std::atomic은 동시적 프로그래밍에 유용하나, 특별한 메모리의 접근에는 유
용하지 않다.
- volatile은 특별한 메모리의 접근에 유용하나, 동시적 프로그래밍에는 유용
하지 않다.

std::atomic과 volatile의 용도가 다르므로, 함께 사용하는 것도 가능하다.

```
volatile std::atomic<int> vai;    // vai에 대한 연산들은
                                  // 원자적이며, 최적화에
                                  // 의해 제거될 수 없다
```

이 코드는 vai가 여러 스레드가 동시에 접근할 수 있는 메모리 대응 입출력 장소
일 때 유용할 것이다.

---

† (옮긴이) 원서 소스 코드에서는 변수 이름이 register였는데, C++14에서도 register는 여전히 C++
의 예약어(reserved word)이다. 현대적인 컴파일러에게 저장 부류 지정자로서의 register는 사실
상 빈칸과 같다. 즉, 아무 의미가 없다. 그래서 C++17에서는 저장 부류 지정자로서의 register가 제
거될 예정이다. 그러나, auto처럼 나중에 다른 의미로 쓰일 수도 있다는 이유로, 그리고 기존 코드를
깨뜨리지 않기 위해, register라는 단어 자체는 C++의 예약어로 남을 전망이다.

마지막으로, 꼭 필요한 경우가 아니어도 std::atomic의 load, store 멤버 함수를 사용하는 개발자들이 있다. 그렇게 하면 관련된 변수들이 '보통'의 변수가 아니라는 사실이 소스 코드에 명백히 드러난다는 이유에서이다. 그러한 사실을 강조하는 것이 비합리적인 일은 아니다. 일반적으로 std::atomic 변수에 접근하는 것은 std::atomic이 아닌 변수에 접근하는 것보다 훨씬 느리며, 앞에서 보았듯이 std::atomic을 사용하면 컴파일러는 최적화를 위한 몇몇 코드 재배치 기법들(std::atomic이 없었다면 적용할 수 있었을)을 적용할 수 없게 된다. 따라서 std::atomic의 load와 store를 호출하면 잠재적인 규모가변성(scalability) 병목 지점들을 식별하는 데 도움이 된다. 정확성의 관점에서는, 다른 스레드들과 정보를 주고받는 데 쓰이는 어떤 변수에 대한 store 호출이 소스 코드에 없다는 것은 애초에 그 변수를 std::atomic으로 선언했어야 했는데 그러지 못했다는 문제점을 말해주는 것일 수도 있다.

그러나 이는 대체로 스타일상의 문제이며, 그런 만큼 std::atomic과 volatile의 선택과는 상당히 다른 문제이다.

기억해 둘 사항들

☑ std::atomic은 뮤텍스 보호 없이 여러 스레드가 접근하는 자료를 위한 것으로, 동시적 소프트웨어의 작성을 위한 도구이다.

☑ volatile은 읽기와 기록을 최적화로 제거하지 말아야 하는 메모리를 위한 것으로, 특별한 메모리를 다룰 때 필요한 도구이다.

8장

다듬기

C++의 모든 일반적인 기법이나 기능마다, 그것을 사용하는 것이 합당한 상황과 그렇지 않은 상황이 있다. 어떤 일반적인 기법이나 기능을 언제 사용하는 것이 합당한지 판단하는 것은 대체로 상당히 간단하지만, 그렇지 않은 기법이나 기능도 있다. 이번 장에서는 그렇지 않은 기법과 기능을 한 가지씩 다룬다. 기법은 값 전달이고, 기능은 생성 삽입이다. 이들을 언제 사용할지 결정하는 데에는 너무나 많은 요인이 관여하기 때문에, 내가 해줄 수 있는 최상의 조언은 이들의 사용을 "고려하라(consider)"는 것이다.[†] 그렇긴 하지만 값 전달과 생성 삽입은 효과적인 현대적 C++ 프로그래밍에서 중요한 역할을 한다. 독자의 소프트웨어에서 이들을 사용하는 것이 합당한지 결정하는 데 필요한 정보를 이번 장의 항목들에서 발견할 수 있을 것이다.

항목 41: 이동이 저렴하고 항상 복사되는 복사 가능 매개변수에 대해서는 값 전달을 고려하라

함수 매개변수 중에는 애초에 복사되도록 만들어진 것들이 있다.[1] 예를 들어 다음 예제 코드의 멤버 함수 addName은 자신의 매개변수를 비공개 자료 멤버 컨테이너에 저장한다. 효율성을 위해서는, 이런 멤버 함수가 왼값 인수는 복사하되

[†] (옮긴이) 이 책의 조언 중 가장 강한 형태는 "사용하라/하지 말라(피하라)"이고, 그다음은 "선호하라"이다. "고려하라"는 가장 약한 형태이다.

[1] 이 항목에서 매개변수를 "복사한다"는 것은 일반적으로 그것을 복사나 이동 연산의 원본으로 사용하는 것을 뜻한다. 5쪽에서 이야기했듯이, C++에는 복사 연산으로 만들어진 복사본과 이동 연산으로 만들어진 복사본을 구분하는 용어가 없다.

오른값 인수는 이동하는 것이 바람직하다.

```
class Widget {
public:
  void addName(const std::string& newName)     // 왼값을 받아서
  { names.push_back(newName); }                 // 복사한다

  void addName(std::string&& newName)           // 오른값을 받아서
  { names.push_back(std::move(newName)); }      // 이동한다;
  …                                             // std::move의 용법은
                                                // 항목 25를 보라
private:
  std::vector<std::string> names;
};
```

이런 코드가 작동하긴 하지만, 본질적으로 같은 일을 하는 함수를 두 개 작성해야 한다. 선언할 함수가 두 개, 구현할 함수가 두 개, 문서화할 함수가 두 개, 유지보수해야 할 함수가 두 개라는 점은 좀 신경 거슬리는 문제이다.

더 나아가서, 목적 코드(object code)에도 함수가 두 개 존재한다. 실행 프로그램의 크기를 신경 쓰는 독자라면 걱정스러운 일이다. 물론 이 두 함수는 인라인화될 가능성이 크며, 그러면 함수가 두 개 존재해서 생기는 프로그램 크기 증가 문제는 사라질 것이다. 그러나 만일 두 함수가 모든 곳에서 인라인화되지는 않는다면, 목적 코드에 실제로 두 개의 함수가 존재하게 된다.

한 가지 대안은 addName 함수를 보편 참조(항목 24 참고)를 받는 함수 템플릿으로 만드는 것이다.

```
class Widget {
public:
  template<typename T>                                  // 왼값과 오른값을
  void addName(T&& newName)                             // 모두 받는다;
  {                                                     // 왼값은 복사하고
    names.push_back(std::forward<T>(newName));          // 오른값은 이동한다;
  }                                                     // std::forward의
  …                                                     // 용법은 항목 25를
                                                        // 보라
};
```

이렇게 하면 다루어야 할 소스 코드가 줄어들지만, 보편 참조를 사용하기 때문에 그와 관련된 여러 곤란한 문제점들이 발생할 수 있다. addName은 템플릿이므로, 그 구현은 반드시 헤더 파일에 두어야 한다(대부분의 컴파일러에서). 목적 코드에는 이 템플릿의 서로 다른 인스턴스가 여러 개 포함될 수 있다. 이 템플릿은 왼값과 오른값에 대해 다르게 인스턴스화될 뿐만 아니라, std::string과 std::string으로 변환 가능한 형식들에 대해서도 다르게 인스턴스화되기 때문이다(항목 25 참고). 게다가 보편 참조로는 전달할 수 없는 인수 형식들이 존재한

다는 점도 골칫거리이다(항목 30 참고). 그리고 클라이언트가 부적절한 형식의 인수를 전달하면 컴파일러가 난해한 오류 메시지를 출력할 수 있다(항목 27).

addName 같은 함수가 왼값은 복사하고 오른값은 이동하게 만들 수 있다면, 그러면서도 함수 하나만(소스 코드와 목적 코드 모두에서) 다룰 수 있다면, 게다가 보편 참조의 여러 골칫거리도 피할 수 있다면 아주 좋을 것이다. 다행히 그렇게 하는 방법이 있다. C++ 프로그래밍을 공부하면서 아마 가장 먼저 배웠을 규칙 중 하나를 포기하면 된다. 그 규칙은 바로, 사용자 정의 형식의 객체는 값으로 전달하지 말라는 것이다. 그러나 addName 같은 함수의 newName 같은 매개변수에 대해서는 값으로 전달(pass by value), 줄여서 값 전달이 전적으로 합당한 전략이다.

newName과 addName에 값 전달이 왜 좋은지 논의하기 전에, 그 매개변수를 값 전달로 받는 코드가 어떤 모습인지부터 살펴보자.

```
class Widget {
public:
  void addName(std::string newName)        // 왼값이나 오른값을
  { names.push_back(std::move(newName)); }  // 받아서 이동한다

  …

};
```

이 코드에서 자명하지 않은 부분은 매개변수 newName에 std::move를 적용하는 것뿐이다. 보통의 경우 std::move는 오른값 참조에 쓰이지만, 이 경우에는 (1) newName이 호출자가 넘겨준 것과는 완전히 독립적인 객체이므로 newName을 변경해도 호출자에게는 영향을 미치지 않을 것이고 (2) 이것이 newName의 마지막 사용이므로 다른 대상으로 이동해도 함수의 나머지 부분에는 영향을 미치지 않을 것을 우리가 알고 있으므로, std::move를 사용하는 것이 완벽하게 합당하다.

addName 함수가 단 하나이므로 소스 코드와 목적 코드에서 코드 중복이 없다는 점은 명백하다. 템플릿과 보편 참조를 사용하지 않으므로 헤더 파일의 크기가 커지는 문제나 전달 못 하는 인수 형식이 존재하는 문제, 난해한 오류 메시지가 나오는 문제도 없다. 그러나 이 설계의 효율성은 어떨까? 이 설계는 **값 전달**을 사용하는데, 예로부터 비용이 크다고 알려진 것이 바로 값 전달 아닌가?

C++98에서는 값 전달의 비용이 실제로 컸다. C++98에서는 호출자가 무엇을 넘겨주든, 매개변수 newName이 **복사 생성**에 의해 생성된다. 그러나 C++11에서 newName은 인수가 왼값일 때에만 복사 생성되고, 오른값일 때에는 **이동 생성**(move construction)에 의해 생성된다. 다음 코드를 보자.

```
Widget w;

…

std::string name("Bart");

w.addName(name);                        // addName을 왼값으로 호출

…

w.addName(name + "Jenne");              // addName을 오른값으로 호출
                                        // (아래 설명 참고)
```

첫 addName 호출(name을 넘겨주는)에서 매개변수 newName은 왼값으로 초기화된다. 따라서 newName은 C++98에서처럼 복사 생성된다. 둘째 호출에서 newName은 std::string에 대한 operator+(즉, 추가 연산자) 호출로부터 생성되는 std:: string 객체로 초기화된다. 그 객체는 오른값이므로 newName은 이동 생성된다.

즉, 우리가 원했던 그대로 왼값은 복사되고 오른값은 이동되는 것이다. 깔끔하지 않은가?

그렇긴 한데 염두에 둘 주의사항이 몇 가지 있다. 그 주의사항들의 이해를 돕기 위해, 지금까지 고려한 addName의 세 가지 버전을 다시 정리해보자.

```
class Widget {                          // 접근방식 1:
public:                                 // 왼값과 오른값에
  void addName(const std::string& newName)  // 대한 중복적재
  { names.push_back(newName); }         // 버전들을 둔다

  void addName(std::string&& newName)
  { names.push_back(std::move(newName)); }
  …
private:
  std::vector<std::string> names;
};

class Widget {                          // 접근방식 2:
public:                                 // 보편 참조를
  template<typename T>                  // 사용한다
  void addName(T&& newName)
  { names.push_back(std::forward<T>(newName)); }
  …
};

class Widget {                          // 접근방식 3:
public:                                 // 값으로 전달한다
  void addName(std::string newName)
  { names.push_back(std::move(newName)); }
  …
};
```

처음 두 접근방식은 매개변수를 참조로 전달하므로, 둘을 통틀어 '참조 전달 접근방식'이라고 부르기로 하자.

다음은 앞에서 살펴본 두 가지 호출 시나리오이다.

```
Widget w;
…
std::string name("Bart");

w.addName(name);                        // 왼값을 전달
…
w.addName(name + "Jenne");              // 오른값을 전달
```

이제 두 호출 시나리오와 지금까지 논의한 세 가지 addName 구현의 각 조합에서 이름 하나를 Widget에 추가하는 작업의 비용을 복사 및 이동 연산들을 기준으로 살펴보자. 비용을 분석할 때 컴파일러가 최적화를 통해서 복사, 이동 연산들을 제거할 가능성은 대부분 무시하기로 하겠다. 그런 최적화들은 문맥과 컴파일러에 따라 다르며, 그런 최적화들이 있다고 해도 사실상 이 분석이 본질적으로 변하는 것은 아니기 때문이다.

- **중복적재** 구현의 경우: 호출자가 넘겨준 인수가 왼값이든 오른값이든, 그 인수는 newName이라는 참조에 묶인다. 복사, 이동 연산을 기준으로 한 비용은 없다. 함수 본문에서는, 왼값 중복적재에서는 newName이 Widget::names로 복사되고 오른값 중복적재에서는 이동된다. 비용 정리: 왼값의 경우 복사 1회, 오른값의 경우 이동 1회.

- **보편 참조**를 이용한 구현의 경우: 중복적재 구현에서처럼 호출자의 인수는 참조 newName에 묶인다. 이는 비용이 없는 연산이다. 함수 본문에서는, std::forward 때문에 왼값 std::string 인수는 Widget::names에 복사되고 오른값 std::string 인수는 이동된다. std::string 인수에 대한 총비용은 중복적재에서처럼 왼값의 경우 복사 1회, 오른값의 경우 이동 1회이다.

  항목 25에서 설명하듯이, 만일 호출자가 넘겨준 인수가 std::string 이외의 형식이면 그 인수는 std::string 생성자로 전달되며, 그러면 std::string 복사 또는 이동 연산이 0회 이상 일어날 수 있다. 따라서 보편 참조를 받는 함수는 대단히 효율적일 수 있다. 그러나 그 점이 이 항목의 분석에 영향을 미치지는 않으므로, 논의를 간단하게 하기 위해 호출자가 항상 std::string 인수를 넘겨준다고 가정한다.

- **값 전달**을 이용한 구현의 경우: 호출자가 넘겨준 인수가 왼값이든 오른값이든 매개변수 newName이 반드시 생성된다. 인수가 왼값이면 비용은 복사 생성 1회이고 오른값이면 이동 생성 1회이다. 함수 본문에서는, 어떤 경우이든 newName이 항상 Widget::names로 이동된다. 따라서 총비용은 왼값의 경우 복

사 1회 더하기 이동 1회이고 오른값의 경우 이동 2회이다. 참조 전달 접근방식들에 비해 왼값과 오른값 모두 이동이 하나 더 많다.

이 항목의 제목을 다시 생각해 보자.

> 이동이 저렴하고 항상 복사되는 복사 가능 매개변수에 대해서는 값 전달을 고려하라.

이 제목의 각 문구는 세심하게 선택된 것이다. 구체적으로, 다음 네 가지 사항에 주목하기 바란다.

1. 값 전달을 "사용하라"가 아니라 **고려하라**일 뿐이다. 값 전달 방식에는 함수를 하나만 작성하면 된다는 장점과 목적 코드에 함수 하나만 만들어진다는 장점, 그리고 보편 참조와 관련된 문제점이 없다는 장점이 있는 것이 사실이다. 그렇지만 다른 대안들보다 비용이 크며, 잠시 후에 보겠지만 아직 이야기하지 않은 비용이 추가되는 경우도 있다.

2. **복사 가능 매개변수**에 대해서만 값 전달을 고려해야 한다. 복사할 수 없는 매개변수는 반드시 이동 전용 형식일 것이다. 함수가 복사 가능이 아닌 매개변수의 복사본을 항상 만들어낸다면, 그 복사본은 반드시 이동 생성자를 통해서 생성되는 것이기 때문이다.[2] 중복적재에 비한 값 전달 방식의 장점은 함수를 하나만 작성하면 된다는 것임을 기억할 것이다. 그러나 이동 전용 형식에서는 왼값 인수를 위한 중복적재를 따로 둘 필요가 없다. 그런 형식에서 왼값의 복사는 복사 생성자의 호출로 이어지는데, 이동 전용 형식에서는 복사 생성자가 비활성화되어 있기 때문이다. 따라서 오른값 인수를 위한 중복적재만 제공하면 되며, 이 경우 '중복적재'의 해소에는 중복적재 버전 하나만, 즉 오른값 참조를 받는 버전 하나만 있으면 된다.

   std::unique_ptr<std::string> 자료 멤버와 그에 대한 설정 함수(setter)가 있는 클래스를 생각해 보자. std::unique_ptr는 이동 전용 형식이므로, 그 설정 함수에 대한 '중복적재' 접근방식은 다음과 같은 함수 하나로 구성된다.

   ```
   class Widget {
   public:
       …
       void setPtr(std::unique_ptr<std::string>&& ptr)
   ```

---

2   이런 문장 때문에라도, 복사 연산으로 만들어진 복사본과 이동 연산으로 만들어진 복사본을 구분하는 용어가 있는 것이 바람직하다.

```
    { p = std::move(ptr); }

  private:
    std::unique_ptr<std::string> p;
};
```

이를 다음과 같이 호출한다고 하자.

```
Widget w;

…

w.setPtr(std::make_unique<std::string>("Modern C++"));
```

이 호출에서 std::make_unique(항목 21 참고)가 돌려준 std::unique_ptr <std::string>은 오른값 참조로서 setPtr에 전달된다. setPtr는 그것을 자료 멤버 p 안으로 이동한다. 총 비용은 이동 1회이다.

만일 다음처럼 setPtr가 매개변수를 값으로 받는다면,

```
class Widget {
public:
  …

  void setPtr(std::unique_ptr<std::string> ptr)
  { p = std::move(ptr); }

  …
};
```

앞의 호출에서는 매개변수 ptr가 이동 생성될 것이며, 그 ptr가 자료 멤버 p 안으로 이동 배정될 것이다. 이 경우 총비용은 이동 2회로, 이는 '중복적재' 접근방식의 두 배이다.

3. 값 전달은 **이동이 저렴한** 매개변수에 대해서만 고려해야 한다. 이동이 저렴한 경우에는 이동이 한 번 더 일어난다고 해도 큰 문제가 되지 않는다. 그러나 이동의 비용이 크다면, 불필요한 이동을 수행하는 것은 불필요한 복사를 수행하는 것과 비슷하다. 그리고 불필요한 복사 연산을 피하는 것은 여전히 중요한 문제이다. 애초에 값 전달을 피하라는 C++98의 규칙은 바로 그것 때문에 생긴 것이다!

4. 값 전달은 **항상 복사되는** 매개변수에 대해서만 고려해야 한다. 이것이 중요한 이유를 설명하기 위해, addName이 매개변수를 names 컨테이너로 복사하기 전에 주어진 새 이름의 길이를 점검해서 만일 이름이 너무 짧거나 길면 이름 추가 요청을 무시한다고 하자. 다음은 이에 대한 값 전달 구현이다.

```
class Widget {
public:
  void addName(std::string newName)
```

```
    {
      if ((newName.length() >= minLen) &&
          (newName.length() <= maxLen))
      {
          names.push_back(std::move(newName));
      }
    }
    …

private:
    std::vector<std::string> names;
};
```

이 함수는 names에 아무것도 추가하지 않는 경우에도 newName의 생성과 파괴 비용을 유발한다. 이는 참조 전달 접근방식들에서는 치를 필요가 없는 비용이다.

이동이 저렴한 복사 가능 형식에 대해 항상 복사를 수행하는 함수라고 해도 값 전달이 적합하지 않은 경우가 종종 있다. 이는 함수가 매개변수를 복사하는 방식이 두 가지이기 때문이다. 하나는 생성을 통한 복사(즉, 복사 생성이나 이동 생성)이고 또 하나는 배정을 통한 복사(즉, 복사 배정이나 이동 배정)이다. addName은 생성을 사용한다. addName은 자신의 매개변수 newName을 vector::push_back에 넘겨주며, 그 함수는 복사 생성을 이용해서 newName을 std::vector의 끝에 생성된 새 요소로 복사한다. 생성을 통해서 매개변수를 복사하는 함수의 비용은 앞에서 분석한 그대로이다. 즉, 값 전달을 사용하면 다른 대안들에 비해 이동이 한 번 더 수행된다(왼값 인수와 오른값 인수 모두).

매개변수를 배정을 통해서 복사하는 함수에서는 상황이 좀 더 복잡해진다. 예를 들어 패스워드를 나타내는 클래스가 있다고 하자. 패스워드는 바뀔 수 있으므로, changeTo라는 설정 함수를 제공하기로 한다. 다음은 그러한 Password를 값 전달 접근방식으로 구현한 예이다.

```
class Password {
public:
    explicit Password(std::string pwd)      // 값 전달
    : text(std::move(pwd)) {}               // text를 생성한다

    void changeTo(std::string newPwd)       // 값 전달
    { text = std::move(newPwd); }           // text를 배정한다

    …

private:
    std::string text;                       // 패스워드 텍스트
};
```

패스워드를 평문(plain text)으로 저장한다고 하면 회사의 보안팀이 치를 떨 테지만, 그냥 무시하고 다음 코드를 보자.

```
std::string initPwd("Supercalifragilisticexpialidocious");

Password p(initPwd);
```

특별할 것은 없는 코드이다. 주어진 패스워드로 **p.text**가 생성되는데, 생성자에서 값 전달이 쓰이므로 **std::string** 이동 생성 1회의 비용이 발생한다. 만일 중복적재나 완벽 전달을 사용했다면 그 비용을 피할 수 있을 것이다. 이는 모두 예상대로이다.

그런데 프로그램의 사용자가 패스워드만큼 낙천적이지는 않아서, "Supercalifragilisticexpialidocious"†가 여러 사전에 등재된 단어라는 점을 걱정하기 시작했다. 그래서 패스워드를 바꾸기로 했으며, 그 결과로 다음과 같은 코드가 실행된다고 하자.

```
std::string newPassword = "Beware the Jabberwock";

p.changeTo(newPassword);
```

새 패스워드가 이전 패스워드보다 나은지는 논쟁의 여지가 있겠지만, 그것은 사용자의 문제이다. 우리의 문제는 changeTo가 매개변수 newPwd를 복사하려면 배정을(생성이 아니라) 수행해야 하며, 그러면 함수의 값 전달 접근방식 때문에 비용이 아주 커질 수 있다는 것이다.

changeTo에 전달된 인수는 왼값(newPassword)이다. 따라서 매개변수 newPwd가 생성될 때 호출되는 것은 **std::string**의 복사 생성자이다. 그 생성자는 새 패스워드를 담을 메모리를 할당한다. 그런 다음 newPwd가 text로 이동 배정되는데, 이에 의해 text가 차지하고 있던 메모리가 해제된다. 따라서 changeTo 안에서 동적 메모리 관리 동작이 두 번 일어난다. 하나는 새 패스워드를 담을 메모리를 할당하는 것이고, 또 하나는 기존 메모리가 차지하던 메모리를 해제하는 것이다.

그런데 지금 예에서 기존 패스워드("Supercalifragilisticexpialidocious")가 새 패스워드("Beware the Jabberwock")보다 길다. 따라서 메모리를 할당하거나 해

---

† (옮긴이) Supercalifragilisticexpialidocious는 영화 메리 포핀스에 나오는 노래의 제목이자 일종의 감탄사로, 주인공 메리 포핀스는 이것이 딱히 할 말이 없을 때 써먹을 수 있는 단어라고 소개한다. 외우면 행복해지는 주문이라는 소개도 있지만, 뚜렷한 출처는 찾지 못했다. 그러나 "사용자가 패스워드만큼 낙천적이지는 않아서"라는 문구를 생각하면 그쪽이 더 그럴듯하다.

제할 필요가 없다. 중복적재 접근방식을 사용한다면 다음처럼 할당과 해제를 완전히 생략할 수 있다.

```
class Password {
public:
  …

  void changeTo(const std::string& newPwd)      // 왼값을 위한
  {                                             // 중복적재

    text = newPwd;        // 만일 text.capacity() >= newPwd.size()
                          // 이면 text의 메모리를 재사용할 수 있다
  }

  …

private:
  std::string text;                             // 이전과 동일
};
```

이 시나리오에서 값 전달의 비용에는 여분의 메모리 할당과 해제가 포함된다. 동적 메모리 할당 및 해제 비용은 std::string 이동 연산의 수십, 수백 배일 가능성이 크다.

흥미롭게도, 만일 기존 패스워드가 새것보다 짧다면 대체로 배정 도중 할당-해제 쌍을 피하는 것이 불가능하며, 그런 경우 값 전달이 참조 전달과 거의 비슷한 빠르기로 실행될 것이다. 따라서 배정 기반 매개변수 복사의 비용은 배정에 관여하는 객체의 값에 의존한다! 이런 종류의 분석은 동적 할당 메모리에 값을 담는 그 어떤 매개변수 형식에도 적용된다. 모든 형식이 그런 형식은 아니지만, 그런 형식은 많이 있다. 특히 std::string과 std::vector가 그런 형식이다.

일반적으로 이러한 잠재적 비용 증가는 왼값 인수가 전달되었을 때에만 적용된다. 이는, 메모리 할당과 해제는 대체로 진짜 복사 연산(즉, 이동 연산이 아닌)이 수행될 때에만 필요하기 때문이다. 오른값 인수는 거의 항상 이동으로 충분하다.

정리하자면, 매개변수를 배정 연산을 통해서 복사하는 함수에서 값 전달의 이러한 추가 비용(참조 전달에 비한)은 전달되는 형식, 왼값 인수 대 오른값 인수 비율, 형식이 동적 메모리 할당을 사용하는지의 여부에 의존하며, 동적 메모리 할당을 사용한다면 그 형식의 배정 연산자의 구현 방식과 배정 대상에 연관된 메모리가 배정의 원본에 연관된 메모리만큼 큰지의 여부에도 의존한다. std::string의 경우에는 구현이 작은 문자열 최적화(SSO – 항목 29 참고)를 사용하는지, 사용한다면 배정되는 값이 SSO 버퍼에 들어가는 크기인지에도 의존한다.

앞에서도 이야기했듯이, 이처럼 매개변수가 배정을 통해서 복사될 때에는 값

전달 접근방식의 비용 분석이 복잡해진다. 대체로 가장 실용적인 접근방식은 무죄추정 방침("유죄가 확정될 때까지는 무죄")을 적용하는 것이다. 즉, 필요한 매개변수 형식에 대해 값 전달 방식이 충분히 효율적인 코드를 산출한다는 점이 확실하지 않다면 그냥 중복적재나 보편 참조를 사용하면 된다.

결론적으로, 최대한 빨라야 하는 소프트웨어에서는 값 전달이 그리 바람직하지 않은 전략이다. 저렴한 이동 연산이라도 피하는 것이 중요하기 때문이다. 게다가 이동 연산이 몇 번 일어나는지가 확실하지 않은 경우도 있다. `Widget::addName` 예제에서는 값 전달의 추가적인 비용이 이동 연산 하나뿐이었지만, 만일 `Widget::addName`이 `Widget::validateName`이라는 함수를 호출하며 그 함수 역시 값 전달 방식이라고 하면 어떨까? (그 함수가 매개변수를 항상 복사하는 데에는 나름의 이유가 있을 것이다. 이를테면 유효성을 점검하는(validate) 모든 값을 어떤 자료구조에 저장해야 할 수도 있다.) 그리고 그 `validateName` 역시 또 다른 값 전달 방식의 함수를 호출할 수도 있다.

이런 식의 고찰이 어떤 결론으로 이어질지 짐작할 수 있을 것이다. "저렴한 이동 1회의 비용만 치르면 된다"는 이유로 값 전달을 사용하는 함수들이 꼬리를 물고 호출되면, 전체적인 호출 연쇄의 비용은 허용할 수 없는 수준으로 높아질 수 있다. 그러나 참조 전달 매개변수를 사용하는 함수들의 호출 연쇄에서는 추가부담이 그런 식으로 누적되지 않는다.

성능과는 무관하지만 신경 쓸 필요가 있는 또 다른 문제점이 있다. 바로, 참조 전달과는 달리 값 전달에서는 **잘림 문제**(slicing problem)가 발생할 여지가 있다는 점이다. 이 문제는 이미 C++98 시절에 충분히 논의된 것이므로 여기서 길게 이야기하지는 않겠다. 요점만 말하자면, 함수가 기반 클래스 형식이나 **그로부터 파생된 임의의 형식**의 매개변수를 받는 경우에는 그 매개변수를 값 전달 방식으로 선언하지 않는 것이 좋다. 만일 그런 매개변수를 값 전달로 선언하면, 파생 형식의 객체가 전달되었을 때 그 객체의 파생 클래스 부분이 "잘려 나가기(slice off)" 때문이다.

```
class Widget { … };                          // 기반 클래스

class SpecialWidget: public Widget { … };    // 파생 클래스

void processWidget(Widget w);    // Widget과 그로부터 파생된 임의의
                                 // 형식을 받는 함수;
…                                // 잘림 문제가 있다

SpecialWidget sw;

…
```

```
processWidget(sw);          // processWidget은 이를
                            // SpecialWidget이 아니라
                            // Widget으로 인식한다!
```

잘림 문제에 익숙하지 않은 독자라면 검색 엔진으로 웹을 검색해보기 바란다. 웹에 정보가 많이 있다. 잘림 문제가 C++98에서 값 전달이 인기가 없었던 또 다른 이유(효율성 문제와 더불어)임을 알게 될 것이다. C++ 프로그래밍 학습에서 처음으로 배우는 것 중 하나가 사용자 정의 형식의 객체를 값으로 전달하지 말라는 것인 데에는 이처럼 그럴 만한 이유가 있다.

값 전달에 관한 C++98 시절의 조언은 C++11에서도 여전히 유효하다. 일반적으로, 값 전달은 여전히 성능 하락(가능하면 피하고 싶은)을 유발할 수 있다. 잘림 문제로 이어질 수 있다는 점도 여전하다. C++11에서 달라진 것은 왼값 인수와 오른값 인수가 구분된다는 점이다. 복사 가능 형식의 오른값에 대한 이동 의미론의 장점을 취하도록 함수를 구현하려면 중복적재나 보편 참조를 사용해야 하는데, 둘 다 단점이 있다. 이동이 저렴하고 항상 복사되는 복사 가능한, 그리고 잘림 문제가 발생할 여지가 없는 매개변수의 경우에는 값 전달 접근방식이 참조 전달 접근방식들만큼이나 효율적이면서도 그 접근방식들의 단점이 없는 대안이 된다. 게다가 구현하기도 쉽다.

기억해 둘 사항들

☑ 이동이 저렴하고 항상 복사되는 복사 가능 매개변수에 대해서는 값 전달이 참조 전달만큼이나 효율적이고, 구현하기가 더 쉽고, 산출되는 목적 코드의 크기도 더 작다.

☑ 왼값 인수의 경우 값 전달(즉, 복사 생성) 다음의 이동 배정은 참조 전달 다음의 복사 배정보다 훨씬 비쌀 가능성이 있다.

☑ 값 전달에서는 잘림 문제가 발생할 수 있으므로, 일반적으로 기반 클래스 매개변수 형식에 대해서는 값 전달이 적합하지 않다.

항목 42: 삽입 대신 생성 삽입을 고려하라

예를 들어 std::string 객체들을 담는 컨테이너에 삽입 함수(즉 insert, push_front, push_back; std::forward_list의 경우에는 insert_after)를 이용해서 새 요소를 추가한다고 하자. 논리적으로 생각할 때, 해당 삽입 함수에 넘겨주는 요소의 형식은 std::string이어야 할 것이다. 애초에 컨테이너에 담긴 요소들의 형

식이 바로 그것이기 때문이다.

그것이 논리적인 생각일 수는 있지만, 항상 참인 것은 아니다. 다음 코드를 생각해 보자.

```
std::vector<std::string> vs;          // std::string 컨테이너

vs.push_back("xyzzy");                 // 문자열 리터럴을 추가한다
```

이 컨테이너는 std::string들을 담지만, push_back을 통해서 그 컨테이너에 넘겨주려는 것은 문자열 리터럴, 즉 따옴표로 감싸인 일련의 문자들이다. 문자열 리터럴은 std::string 객체가 아니며, 따라서 push_back에 넘겨주는 인수는 컨테이너에 담긴 요소들의 형식과는 다르다.

std::vector의 push_back은 왼값과 오른값에 대해 다음과 같이 중복적재되어 있다.

```
template <class T,                        // C++11 표준
          class Allocator = allocator<T>> // 명세서에서
class vector {
public:
  …
  void push_back(const T& x);             // 왼값을 삽입
  void push_back(T&& x);                  // 오른값을 삽입
  …
};
```

다음 호출에 대해,

```
vs.push_back("xyzzy");
```

컴파일러는 인수의 형식(const char[6])과 push_back이 받는 매개변수의 형식(std::string에 대한 참조)이 일치하지 않음을 인식한다. 이러한 형식 불일치를 해소하기 위해 컴파일러는 문자열 리터럴로부터 임시 std::string 객체를 생성하고 그것을 push_back에 전달하는 코드를 산출한다. 다른 말로 하면, 컴파일러는 위의 호출을 마치 다음 코드인 것처럼 취급한다.

```
vs.push_back(std::string("xyzzy"));  // 임시 std::string 객체를
                                     // 생성해서 push_back에 전달
```

이 코드는 잘 컴파일되고 실행되며, 그래서 모두 만족스럽게 퇴근한다. 단, 성능광﹡(performance freak)들은 집에 가지 못한다. 이 코드가 그래야 마땅한 수준으로 효율적이지는 않음을 알고 있기 때문이다.

성능광이라면 알겠지만, std::string들을 담은 컨테이너 안에 새 요소를 생성하려면 std::string의 생성자가 호출되어야 하는데, 위의 코드는 그 생성자를 한

번만 호출하는 것이 아니다. 두 번 호출한다. 또한 std::string의 소멸자도 호출한다. 실행시점에서 위의 push_back 호출에 의해 일어나는 일은 다음과 같다.

1. 문자열 리터럴 "xyzzy"로부터 임시 std::string 객체가 생성된다. 이 객체에는 이름이 없다. 이것을 *temp*라고 부르기로 하자. 이 *temp*의 생성이 첫 번째 std::string 생성이다. *temp*는 임시 객체이므로 오른값이다.

2. *temp*가 push_back의 오른값 중복적재로 전달된다. 그 중복적재에서 *temp*는 오른값 참조 매개변수 x에 묶인다. 그런 다음 std::vector를 위한 메모리 안에서 x의 복사본이 생성된다. 이 생성이 바로 **두 번째** std::string 생성인데, 이에 의해 std::vector 안에 실제로 새 객체가 만들어진다. (x를 std::vector 안으로 복사하는 데 쓰인 생성자는 이동 생성자이다. x는 오른값 참조라서 복사되기 전에 오른값으로 캐스팅되기 때문이다. 오른값 참조 매개변수가 오른값으로 캐스팅되는 것에 관해서는 항목 25를 보라.)

3. push_back이 반환된 즉시 *temp*가 파괴되어서 std::string 소멸자가 실행된다.

성능광들은 만일 단계 2에서 std::vector 안에 std::string 객체를 생성하는 코드에 문자열 리터럴을 직접 전달할 수 있다면 *temp*의 생성과 파괴를 피할 수 있다는 점에 집착한다. 그렇게 할 수 있다면 효율성이 극대화되며, 따라서 아무리 성능광이라도 만족하고 퇴근할 수 있을 것이다.

사실 C++ 프로그래머는 성능광일 가능성이 50% 이상이다. 성능광이 아닌 독자라도 성능광들의 이런 관점에 공감할 것이다. (애초에 성능에 관심이 없었다면, 지금 독자의 모니터에 떠 있는 것은 Python 코드가 아닐까?) 그런 만큼, push_back 호출의 효율성을 그런 식으로 극대화하는 방법이 실제로 존재한다는 점을 기쁜 마음으로 전해주고자 한다. 그 방법은 push_back을 호출하지 않는 것이다. 애초에 push_back이 문제였다. 지금 필요한 것은 emplace_back이다.

emplace_back은 딱 우리가 원하는 방식으로 작동한다. 이 함수는 주어진 인수를 이용해서 std::vector 안에서 직접 std::string을 생성한다. 그 과정에 임시 객체는 관여하지 않는다.

```
vs.emplace_back("xyzzy");    // "xyzzy"를 이용해서 std::string을
                             // vs 안에 직접 생성한다
```

emplace_back은 완벽 전달을 이용하므로, 완벽 전달의 한계들(항목 30 참고)에 부딪히지 않는 한, 임의의 형식, 임의의 개수의 인수들의 조합을 emplace_back에

전달할 수 있다. 예를 들어 문자 하나와 되풀이 개수를 받는 std::string 생성자를 통해서 vs 안에 std::string을 생성하고 싶다면 다음처럼 하면 된다.

```
vs.emplace_back(50, 'x');    // 'x' 문자 50개로 이루어진
                             // std::string을 삽입
```

push_back을 지원하는 모든 표준 컨테이너는 emplace_back을 지원한다. 마찬가지로, push_front를 지원하는 모든 표준 컨테이너는 emplace_front를 지원한다. 그리고 insert를 지원하는 모든 표준 컨테이너(즉, std::forward_list와 std::array를 제외한 모든 표준 컨테이너)는 emplace를 지원한다. 연관 컨테이너(associative container)들은 insert 함수에 대응되는 emplace_hint라는 함수를 제공하는데, 이 멤버 함수는 '힌트' 반복자를 받는다. 그리고 std::forward_list에는 insert_after에 대응되는 emplace_after가 있다.

이런 생성 삽입(emplacement) 함수들이 삽입 함수들보다 성능이 뛰어난 비결은 인터페이스가 더 유연하다는 것이다. 삽입 함수들은 **삽입할 객체**를 받지만 생성 삽입 함수는 **삽입할 객체의 생성자를 위한 인수들**을 받는다. 이러한 차이 덕분에 생성 삽입 함수들은 삽입 함수에서는 꼭 필요할 수 있는 임시 객체의 생성과 파괴를 피한다.

컨테이너에 담긴 요소의 형식과 동일한 형식의 인수를 생성 삽입 함수에 전달할 수도 있으므로(그런 경우 함수는 복사 생성 또는 이동 생성을 수행한다), 삽입 함수가 임시 객체를 필요로 하지 않는 경우에도 생성 삽입 함수를 사용할 수 있다. 그런 경우 삽입과 생성 삽입은 본질적으로 같은 일을 한다. 예를 들어 다음과 같은 객체가 있을 때,

```
std::string queenOfDisco("Donna Summer");
```

다음 두 호출은 둘 다 유효하며, 컨테이너에 미치는 최종적인 영향도 같다.

```
vs.push_back(queenOfDisco);      // vs의 끝에서 queenOfDisco를
                                 // 복사 생성한다

vs.emplace_back(queenOfDisco);   // 마찬가지
```

따라서 생성 삽입 함수들은 삽입 함수들이 하는 모든 일을 할 수 있다. 게다가 좀 더 효율적으로 수행할 수 있는 경우가 있으며, 적어도 이론적으로는, 덜 효율적으로 수행하는 경우는 결코 없다. 그렇다면 항상 생성 삽입을 사용하면 되지 않을까?

꼭 그렇지는 않다. 왜냐하면, 흔히 말하듯이 이론적으로는 이론과 실제에 차

이가 없지만 실제로는 차이가 있기 때문이다. 표준 라이브러리의 현재 구현들에서는 생성 삽입이 기대한 대로 삽입보다 나은 성능을 보이는 상황이 존재하지만, 안타깝게도 삽입 함수가 더 빠르게 실행되는 상황도 존재한다. 그런 상황들을 특징짓기는 쉽지 않다. 그런 상황에는 전달된 인수들의 형식과 삽입 대상 컨테이너의 종류, 컨테이너 안에서 삽입 또는 생성 삽입이 요청된 장소, 컨테이너가 담는 형식의 생성자의 예외 안전성, 그리고 값의 중복이 금지된 컨테이너(즉 std::set, std::map, std::unordered_set, std::unordered_map)의 경우 추가할 값이 컨테이너에 이미 있는지의 여부 등 다양한 요인이 영향을 미치기 때문이다. 따라서 여기에는 통상적인 성능 조율 조언이 적용된다. 즉, 생성 삽입과 삽입 중 어느 것이 더 빠른지 알고 싶다면 직접 측정해 보라는 것이다.

물론 이는 그리 만족스럽지 않은 조언이다. 다행히, 생성 삽입이 바람직할 가능성이 아주 큰 상황을 식별하는 데 도움이 되는 발견법(heuristic)이 있다. 다음 세 조건이 모두 성립한다면 거의 항상 생성 삽입의 성능이 삽입의 성능을 능가한다.

- **추가할 값이 컨테이너에 배정되는 것이 아니라 컨테이너 안에서 생성된다.** 이번 항목 도입부의 예제(값이 "xyzzy"인 std::string 객체를 std::vector vs에 추가하는)가 이러한 경우이다. 그 예제에서 주어진 값은 vs의 끝에, 즉 아직 그 어떤 객체도 존재하지 않는 곳에 추가된다. 따라서 새 값은 std::vector 안에 생성되어야 한다. 새 std::string을 이미 다른 객체가 차지하고 있는 장소에 배치하도록 코드를 바꾸면 상황이 달라진다. 다음을 보자.

```cpp
std::vector<std::string> vs;          // 이전과 동일

…                                      // 요소들을 vs에 추가한다

vs.emplace(vs.begin(), "xyzzy");      // "xyzzy"를 vs의
                                       // 시작에 추가한다
```

이러한 코드가 주어졌을 때, 주어진 std::string 객체를 vs[0]이 차지하고 있던 메모리 장소에 생성하는 표준 라이브러리 구현은 드물다. 대신 구현들은 그 값을 해당 장소로 이동 배정한다. 그런데 이동 배정을 수행하려면 이동의 원본이 필요하며, 따라서 이동 원본이 될 임시 객체를 생성해야 한다. 삽입에 비한 생성 삽입의 주된 장점은 임시 객체를 생성, 파괴하는 일이 없다는 것이므로, 이처럼 값을 배정을 통해서 컨테이너 안에 넣을 때에는 생성 삽입의 장점이 사라지는 경향이 생긴다.

안타깝게도 한 값을 컨테이너에 추가할 때 생성을 사용하는지 아니면 배정을 사용하는지는 일반적으로 구현자가 결정한다. 그러나 이 경우에도 발견법이 도움이 될 수 있다. 노드 기반 컨테이너들은 거의 항상 생성을 통해서 새 값을 추가하며, 표준 컨테이너들은 대부분 노드 기반이다. 노드 기반이 아닌 표준 컨테이너는 std::vector와 std::deque, std::string 뿐이다. (std::array도 아니지만, 이 컨테이너는 삽입과 생성 삽입 둘 다 지원하지 않으므로 지금 논의와 무관하다.) 노드 기반이 아닌 컨테이너에서는 emplace_back이 항상 배정 대신 생성을 이용해서 새 값을 컨테이너에 넣는다고 간주해도 무방하다. 그리고 std::deque의 경우에는 emplace_front 역시 마찬가지이다.

- **추가할 인수 형식(들)이 컨테이너가 담는 형식과 다르다.** 다시 강조하지만, 일반적으로 삽입에 비한 생성 삽입의 장점은 유연한 인터페이스 덕분에 전달된 인수 형식들이 컨테이너가 담는 형식과 달라도 임시 객체의 생성과 파괴가 일어나지 않는다는 것이다. 어떤 *컨테이너<T>*에 T 형식의 객체를 추가할 때에는 생성 삽입이 삽입보다 빠를 이유가 없다. 그럴 때에는 삽입 인터페이스에서도 임시 객체를 생성할 필요가 없기 때문이다.

- **컨테이너가 기존 값과의 중복 때문에 새 값을 거부할 우려가 별로 없다.** 이는 컨테이너가 중복을 허용하거나, 또는 추가할 값들이 대부분 고유한 경우에 해당한다. 이 조건이 중요한 이유는, 중복 제한이 있는 경우 일반적으로 생성 삽입 구현은 새 값으로 노드를 생성해서 그것을 기존 컨테이너 노드들과 비교한다는 것이다. 만일 추가할 값이 컨테이너에 없으면 그 노드를 컨테이너에 연결한다(link). 그러나 값이 이미 있으면 생성 삽입이 취소되고 그 노드가 파괴된다. 따라서 생성과 파괴 비용이 낭비되고 만다. 이런 노드들은 삽입 함수보다 생성 삽입 함수에서 더 자주 생성된다.

이번 항목에서 지금까지 나온 호출 예들은 이 세 조건을 모두 만족한다. 또한 해당 push_back 호출보다 더 빠르게 실행된다.

```
vs.emplace_back("xyzzy");    // 새 값을 컨테이너의 끝에 생성한다;
                             // 인수의 형식이 컨테이너 요소의 형식과
                             // 다르다; 컨테이너는 중복된 요소를
                             // 거부하지 않는다

vs.emplace_back(50, 'x');    // 마찬가지
```

생성 삽입 함수를 사용할 것인지 결정할 때에는 다음 두 사항도 고려하면 좋

을 것이다. 첫째는 자원 관리와 관련된 것이다. std::shared_ptr<Widget>들을 담는 다음과 같은 컨테이너가 있다고 하자.

```
std::list<std::shared_ptr<Widget>> ptrs;
```

그리고 커스텀 삭제자(항목 19 참고)를 통해서 해제되어야 하는 std::shared_ptr 객체 하나를 이 컨테이너에 추가한다고 하자. 항목 21에서 설명하듯이, std::shared_ptr를 생성할 때에는 가능하면 std::make_shared를 사용하는 것이 좋지만, 그럴 수 없는 경우들도 있다. 그런 경우 중 하나가 바로 커스텀 삭제자를 지정해서 std::shared_ptr를 생성하는 것이다. 이 경우 반드시 new로 얻은 생 포인터로 그것을 관리할 std::shared_ptr 객체를 생성해야 한다.

커스텀 삭제자로 사용할 함수가 다음과 같다고 하자.

```
void killWidget(Widget* pWidget);
```

그러면, 삽입 함수를 이용하는 코드는 다음과 같은 모습이다.

```
ptrs.push_back(std::shared_ptr<Widget>(new Widget, killWidget));
```

또는 이런 방식일 수도 있다. 의미는 동일하다.

```
ptrs.push_back({ new Widget, killWidget });
```

어떤 방식이든, push_back 호출 전에 임시 std::shared_ptr 객체가 생성된다. push_back의 매개변수는 std::shared_ptr에 대한 참조이므로, 그 매개변수가 참조할 std::shared_ptr 객체가 반드시 있어야 한다.

임시 std::shared_ptr 객체의 생성 비용은 일반적으로 우리가 emplace_back으로 피하고자 하는 것이다. 그러나 이 경우 임시 객체에는 그 생성 비용 이상의 가치가 있다. 다음과 같은 일련의 사건들이 일어난다고 생각해 보자.

1. 두 호출 모두, "new Widget"으로 만들어진 생 포인터를 담는 임시 std::shared_ptr<Widget> 객체가 생성된다. 이 객체를 *temp*라고 부르기로 하자.

2. push_back은 그 *temp*를 참조로 받는다. *temp*의 복사본을 담을 목록 노드를 할당하는 도중에 메모리 부족(out-of-memory) 예외가 발생한다.

3. 예외가 push_back 바깥으로 전파되면서 *temp*가 파괴된다. *temp*는 자신이 관리하는 Widget을 참조하는 마지막 std::shared_ptr 객체였으므로, *temp*가 파괴되면서 해당 Widget도 자동으로 해제된다(killWidget 호출에 의해).

예외가 발생해도 어떠한 누수도 일어나지 않음을 주목하자. push_back 호출 시

"new Widget"으로 생성된 Widget은 그것을 관리하기 위해 생성된 std::shared_ptr 객체(*temp*)의 소멸자에서 해제된다. 행복한 결말이다.

이번에는 push_back 대신 emplace_back을 호출하면 어떤 일이 생기는지 생각해 보자.

```
ptrs.emplace_back(new Widget, killWidget);
```

1. "new Widget"으로 만들어진 생 포인터가 emplace_back으로 완벽 전달된다. emplace_back은 새 값을 담을 목록 노드를 할당한다. 그런데 할당이 실패하고 메모리 부족 예외가 발생한다.

2. 예외가 emplace_back 밖으로 전파되면서, 힙에 있는 Widget 객체에 도달하는 유일한 수단인 생 포인터가 사라진다. 결국 그 Widget이(그리고 그 객체가 소유한 모든 자원이) 샌다(자원 누수).

이 시나리오의 결말은 행복하지 **않다**. 그리고 그 원인이 std::shared_ptr는 아니다. 커스텀 삭제자를 가진 std::unique_ptr를 사용한다고 해도 같은 종류의 문제가 발생할 수 있다. 근본적으로, std::shared_ptr나 std::unique_ptr 같은 자원 관리 클래스의 유효성은 자원(new로 얻은 생 포인터 등)이 그것을 관리하는 객체(간단히 자원 관리 객체)의 생성자에 **즉시** 전달된다는 조건에 의존한다. std::make_shared나 std::make_unique 같은 함수가 중요한 것은, 이들이 그런 '생성 즉시 전달'을 보장해 주기 때문이다.

자원 관리 객체(std::list<std::shared_ptr<Widget>> 등)들을 담은 컨테이너의 삽입 함수를 호출할 때, 일반적으로 삽입 함수의 매개변수 형식들은 자원의 획득(즉, new의 적용)과 그 자원을 관리하는 객체의 생성 사이에 아무것도 끼어들지 않음을 보장한다. 그러나 생성 삽입 함수에서는 자원 관리 객체의 생성이 컨테이너의 메모리 안에서 그것을 생성할 수 있는 시점까지 지연된다(완벽 전달에 의해). 그 시점까지의 '위험 구간' 도중에 예외가 발생하면 자원 누수가 일어날 수 있다. 따라서, 자원 관리 객체들의 컨테이너를 다루면서 코드의 효율성을 위해 삽입 대신 생성 삽입을 선택할 때에는, 그 때문에 예외 안전성이 줄어들지는 않는지를 반드시 점검해야 한다.

사실 "new Widget" 같은 표현식을 emplace_back이나 push_back에(그리고 대부분의 함수에) 넘겨주는 것은 바람직하지 않다. 항목 21에서 설명하듯이, 그러면 방금 살펴본 종류의 예외 안전성 문제가 발생할 수 있기 때문이다. 예외에 안전하지 않은 위험 구간을 제거하려면, "new Widget"으로 생긴 포인터를 받아서 자원 관리 객체를 생성하는 작업을 개별적인 문장에서 수행하고, 그 자원 관리 객체를 애초에 "new Widget"을 전달하려 했던 함수에 오른값으로서 전달해야 한다. (항목 21에서 이 기법을 좀 더 자세히 설명한다.) 즉, push_back을 사용하는 코드를 다음과 같은 형태로 작성하는 것이 바람직하다.

```
std::shared_ptr<Widget> spw(new Widget,          // Widget 객체와 그것을
                           killWidget);          // 관리하는 spw 객체를 생성

ptrs.push_back(std::move(spw));                   // spw를 오른값으로 전달
```

emplace_back 버전도 비슷하다.

```
std::shared_ptr<Widget> spw(new Widget, killWidget);
ptrs.emplace_back(std::move(spw));
```

어떤 방식이든, 이 접근방식에는 spw의 생성과 파괴 비용이 발생한다. 삽입 대신 생성 삽입을 사용하는 동기가 컨테이너가 담는 형식(개념적으로는 spw)의 임시 객체를 피하는 것이지만, 자원 관리 객체를 컨테이너에 추가한다면, 그리고 자원 획득과 그 자원을 자원 관리 객체로 변환하는 시점 사이에 아무것도 끼어들지 못하게 하라는 조언을 제대로 따른다면, 생성 삽입이 삽입 함수보다 더 나은 성능을 보일 가능성은 별로 없다.

생성 삽입 함수들의 또 다른 주목할 만한 측면은 explicit 생성자들과의 상호작용 방식이다. C++11에 정규 표현식(regular expression)이 추가된 점을 축하하는 의미에서, 정규표현식(줄여서 정규식)들을 담을 컨테이너를 만들어보자.

```
std::vector<std::regex> regexes;
```

그런데 페이스북 계정을 하루에 몇 번 점검하는 것이 이상적인지 동료와 논쟁하는 데 정신이 팔려서, 실수로 다음과 같이 무의미해 보이는 코드를 작성했다고 하자.

```
regexes.emplace_back(nullptr);      // 정규식들의 컨테이너에
                                    // nullptr를 추가한다고?
```

이 코드를 입력하는 동안 독자는 실수를 깨닫지 못했으며, 컴파일러도 불평 없이 이 코드를 받아들였기 때문에, 나중에 디버깅하는 데 상당한 시간을 허비하게 되었다. 디버깅 도중에 독자는 정규표현식들의 컨테이너에 널 포인터를 하나 삽입했음을 발견한다. 그런데 그런 일이 어떻게 가능할까? 포인터는 정규표현식이 아니다. 예를 들어 다음과 같은 일을 시도하면,

```
std::regex r = nullptr;             // 오류! 컴파일 안 됨
```

컴파일러는 코드를 거부한다. 흥미롭게도, emplace_back은 되지만 다음처럼 push_back을 호출하면 조금 전의 예처럼 컴파일러가 컴파일을 거부한다.

```
regexes.push_back(nullptr);      // 오류! 컴파일 안 됨
```

이 이상한 현상은 C 스타일 문자열로부터 std::regex 객체를 구축할 수 있다는 사실에서 비롯된 것이다. 이 덕분에 다음과 같은 유용한 코드가 적법해진다.

```
std::regex upperCaseWord("[A-Z]+");
```

실행시점에서 C 스타일 문자열로부터 std::regex를 생성하려면 비교적 큰 비용이 필요할 수 있으므로, 의도하지 않게 그런 비용이 발생할 가능성을 줄이기 위해 const char* 포인터를 받는 std::regex 생성자는 explicit으로 선언되어 있다. 다음 두 줄이 컴파일되지 않는 것은 바로 그 때문이다.

```
std::regex r = nullptr;          // 오류! 컴파일 안 됨
regexes.push_back(nullptr);      // 오류! 컴파일 안 됨
```

두 경우 모두 포인터에서 std::regex로의 암묵적 변환을 요청하지만, 생성자가 explicit이라서 컴파일러는 그러한 변환을 거부한다.

그러나 emplace_back 호출 시 지정한 nullptr는 std::regex 객체로 변환할 무엇이 아니라 std::regex 객체의 생성자에 전달할 인수이다. 따라서 컴파일러는 이를 암묵적 변환 요청으로 간주하지 않고, 대신 애초에 다음과 같은 코드를 작성한 것처럼 취급한다.

```
std::regex r(nullptr);           // 컴파일됨
```

주석에서 별 호들갑을 떨지 않고 그냥 간단하게 "컴파일됨"이라고만 한 데에는 이유가 있다. 이 코드가 컴파일되긴 하지만, 미정의 행동을 포함하고 있기 때문이다. const char* 포인터를 받는 std::regex 생성자에는 그 포인터가 널이 아니어야 한다는 요구조건이 있으며, nullptr가 그러한 요구조건을 만족하지 못한다는 점은 명확하다. 이런 코드를 작성해서 컴파일했을 때, 실행시점에서 프로그램이 폭주한다면 그나마 다행이다. 운이 없으면 독자는 아마 디버거와 좀 더 친밀한 관계를 맺게 될 것이다.

push_back과 emplace_back, 그리고 디버거와의 친밀한 관계는 잠시 접어두고, 다음처럼 아주 비슷한 두 초기화 구문이 다른 결과를 낸다는 점에 주목하자.

```
std::regex r1 = nullptr;         // 오류! 컴파일 안 됨
std::regex r2(nullptr);          // 컴파일됨
```

표준의 공식 어법으로 말하자면, r1을 초기화하는 데 쓰인 구문(등호가 있는 것)은 소위 **복사 초기화**(copy initialization)이다. 반면 r2를 초기화하는 데 쓰인 구문(괄호가 있는 것; 사실 중괄호를 사용해도 된다)은 소위 **직접 초기화**(direct initialization)이다. explicit 생성자에서는 복사 초기화를 사용할 수 없지만 직접 초기화는 사용할 수 있다. 이 때문에 r1의 초기화 문장은 컴파일되지 않지만 r2의 초기화 문장은 컴파일된다.

이제 다시 push_back과 emplace_back으로, 좀 더 일반화하자면 삽입 함수와 생성 삽입 함수의 차이로 돌아가자. 생성 삽입 함수는 직접 초기화를 사용한다. 따라서 explicit 생성자를 지원한다. 삽입 함수는 복사 생성자를 사용하므로 explicit 생성자를 지원하지 않는다. 다음 예가 이점을 보여준다.

```
regexes.emplace_back(nullptr);   // 컴파일됨; 직접 초기화에서는
                                 // 포인터를 받는, explicit으로
                                 // 선언된 std::regex 생성자를
                                 // 사용할 수 있다

regexes.push_back(nullptr);      // 오류! 복사 초기화에서는
                                 // 그런 생성자를 사용할 수 없다
```

이 논의의 교훈은, 생성 삽입 함수를 사용할 때에는 제대로 된 인수를 넘겨주는 데 특별히 신경을 써야 한다는 것이다. 컴파일러는 독자의 코드를 어떻게든 유효하게 만들기 위해 심지어 explicit 생성자들까지도 고려한다는 점을 기억하기 바란다.

기억해 둘 사항들

☑ 이론적으로, 생성 삽입 함수들은 종종 해당 삽입 버전보다 더 효율적이어야 하며, 덜 효율적인 경우는 절대로 없어야 한다.

☑ 실질적으로, 만일 (1) 추가하는 값이 컨테이너로 배정되는 것이 아니라 생성되고, (2) 인수 형식(들)이 컨테이너가 담는 형식과 다르고, (3) 그 값이 중복된 값이어도 컨테이너가 거부하지 않는다면, 생성 삽입 함수가 삽입 함수보다 빠를 가능성이 아주 크다.

☑ 생성 삽입 함수는 삽입 함수라면 거부당했을 형식 변환들을 수행할 수 있다.

찾아보기